# Le Autorità di regolazione dei mercati finanziari

IUSTITIAM COLIMUS

Fabrizio Politi

# Le Autorità di regolazione dei mercati finanziari

SECONDA EDIZIONE

Giappichelli

VIA PO, 21 - TEL. 011-81.53.111 - FAX 011-81.25.100
http://www.giappichelli.it

ISBN/EAN 978-88-921-4523-8

G. Giappichelli Editore

Questo libro è stato stampato su carta certificata, riciclabile al 100%

*Stampa*: Rotolito S.p.A. - Pioltello (MI)

# Indice-sommario

*pag.*

## Capitolo Terzo

## Il potere sanzionatorio delle Autorità di regolazione dei mercati finanziari



## Capitolo Quarto

## Le Autorità di regolazione dei mercati finanziari dell'ordinamento europeo



## Capitolo Quinto

## Le Autorità di regolazione dei mercati finanziari quali autorità indipendenti

# Presentazione

Lo studio delle Autorità di regolazione dei mercati finanziari costituisce un privilegiato punto di osservazione per la comprensione di alcune dinamiche dei contemporanei ordinamenti giuridici: la dialettica pubblico-privato; la perimetrazione degli ambiti di intervento del soggetto pubblico e, di converso, lo spazio da riconoscersi all'autonomia privata; gli strumenti da preferire per garantire la tutela dei consumatori (e soprattutto di quella peculiare categoria di consumatori che sono i risparmiatori) ma anche l'efficienza e la stabilità del mercato; il rapporto politica-amministrazione; l'incidenza del processo di integrazione europea. Tutte queste problematiche trovano, nella disciplina delle autorità di regolazione dei mercati finanziari, dei formidabili "banchi di prova" che consentono di riflettere su alcune traiettorie degli ordinamenti contemporanei.

Il presente volume, che non ha pretese di completezza né di esaustività, intende fornire uno strumento didattico nel quale, alla finalità didattica (che è quella di consegnare ai discenti un quadro della disciplina vigente della materia) si è cercato di aggiungere una riflessione scientifica che intende mettere in luce le peculiarità del fenomeno delle autorità di regolazione dei mercati finanziari. Emerge così un quadro eterogeneo e composito, reso ulteriormente complesso dall'intervento delle normative europee, resesi peraltro necessarie in conseguenza dell'integrazione dei mercati finanziari ed in ragione di alcuni effetti negativi conseguenti alla crisi finanziaria del 2007-2008.

Se nell'ultimo decennio del secolo scorso la dottrina si era interrogata in particolare sulla natura delle autorità di regolazione e sulla ammissibilità di autorità dotate di significativi poteri normativi e sanzionatori, può rilevarsi che la concreta esperienza degli ultimi lustri ha confermato, nonostante i tanti aspetti da migliorare, la bontà e validità di tale strumento. Oggi la riflessione della dottrina si concentra soprattutto sull'operato di tali autorità e sulle forme della responsabilità delle medesime. Queste infatti risultano titolari di una funzione (quella di regolazione) che, quantunque da collocare all'interno del più ampio *genus* della funzione amministrativa, si presenta ricca di una propria, spiccata, caratterizzazione, che le rende particolarmente interessanti per lo studioso della contemporaneità.

Il processo di integrazione europea, con la costruzione e difesa di un mercato unico, ha inciso profondamente nella disciplina dei mercati finanziari e, prima ancora, ha inciso sullo stesso ruolo dello Stato nell'economia, avendo indirizzato la cessione di sovranità statale (all'Unione Europea) nella direzione di una ritrazione del potere pubblico dalle dinamiche economiche. La crisi del 2007-2008 ha dimostrato i limiti di tale impostazione e, forse non a caso, la risposta europea alla crisi economica post pandemica è stata da subito di tenore esattamente opposto a quella registrata nel decennio precedente.

E, al di là di questi, quantunque importanti, aspetti, va aggiunto che la disciplina dei mercati finanziari incide su sfere di libertà costituzionalmente garantite, sicché, sullo sfondo, si pone la più generale questione della tutela delle libertà e di protezione dei soggetti "deboli" del mercato. E questa esigenza di tutela deve sempre essere ribadita e garantita.

Sulmona, 21 novembre 2021

F.P.

Capitolo Primo

# Le Autorità di regolazione dei mercati finanziari nell'ordinamento italiano. Assetti e competenze



## 1. Introduzione. Le Autorità di regolazione dei mercati finanziari nel quadro delle autorità indipendenti dell'ordinamento italiano.

Nell'ordinamento italiano il quadro delle discipline normative concernenti la finanza ed il credito è stato oggetto a partire dagli inizi degli anni novanta del secolo scorso di profonde trasformazioni ad opera soprattutto – ma non solo – del testo unico delle leggi in materia bancaria e creditizia (d.lgs. 1° settembre 1993, n. 385, d'ora innanzi Tub) e poi del testo unico della intermediazione finanziaria (d.lgs. n. 58/1998, d'ora innanzi Tuf) e da successive normative adottate in ragione sia dei vincoli europei che di vicende che hanno occupato l'attenzione anche dei mass-media per il grande risvolto economico e sociale (a partire dal *crack* della Parmalat, della Cirio, *Bond* argentini e altri) fino agli effetti successivi alla crisi finanziaria del 2008-2009 (ed alla conseguente crisi di diversi istituti bancari non solo in Italia).

In questi decenni numerose questioni si sono poste all'attenzione della dottrina e del legislatore in particolare con riguardo all'obiettivo della tutela dei risparmiatori e più in generale della trasparenza dell'operato degli attori che interagiscono nei mercati finanziari.

A questo proposito è indicativo ricordare che nel 2004 la Camera dei Deputati ha ritenuto di dover svolgere una "*Indagine conoscitiva sui rapporti tra il sistema delle imprese, i mercati finanziari e la tutela del risparmio*" e, più avanti (nella XVII legislatura), con la legge 12 luglio 2017, n. 107, è stata istituita la "*Commissione parlamentare di inchiesta sul sistema bancario e finanziario*", con il compito di verificare: gli effetti sul sistema bancario italiano della crisi finanziaria globale e le conseguenze dell'aggravamento del debito sovrano; la gestione degli istituti bancari coinvolti in situazioni di crisi o di dissesto, destinatari anche in forma indiretta di risorse pubbliche o posti in risoluzione; l'efficacia delle attività di vigilanza sul sistema bancario e sui mercati finanziari; l'adeguatezza della disciplina legislativa e regolamentare nazionale ed europea sul sistema bancario e finanziario, nonché sul sistema di vigilanza, anche ai fini della prevenzione e gestione delle crisi bancarie.

Nella relazione conclusiva, approvata a maggioranza, la Commissione parlamentare di inchiesta ha formulato alcune proposte, auspicando: un aggiornamento del quadro normativo del sistema di vigilanza e controllo con l'attribuzione di maggiori poteri investigativi alla Banca d'Italia; l'introduzione di limiti più stringenti alla possibilità di assunzione e di ottenere incarichi presso gli enti vigilati e il rafforzamento della collaborazione tra autorità competenti; un rafforzamento della *governance* degli istituti bancari, con un maggior rigore nella prevenzione e nel contrasto al conflitto di interessi ed una maggiore attenzione alla *governance* degli istituti in crisi; una gestione più efficace dei crediti deteriorati, affidandone il *management* ad un organismo pubblico che agisca, a livello nazionale, entro un sistema di regole stabilite in sede europea (*bad bank*); una riforma della normativa penalistico-economica, prevedendo la creazione di nuove fattispecie penali che sanzionino le condotte di gestione fraudolenta e di truffa di mercato, anche in mancanza di declaratoria di insolvenza; con riferimento alla tutela del risparmio, la semplificazione dei prospetti informativi, una più netta separazione tra attività bancaria e finanziaria, nonché la promozione delle iniziative di educazione finanziaria.

Ed anche nella XVIII legislatura è stata istituita, con la legge 26 marzo 2019, n. 28, una Commissione parlamentare bicamerale di inchiesta sul sistema bancario e finanziario.

Da rilevare che, in occasione della promulgazione di tale legge, il Presidente della Repubblica, in una lettera inviata ai Presidenti di Camera e Senato, ha espresso alcune considerazioni sull'oggetto dell'attività di indagine della Commissione di inchiesta e sui relativi poteri.

In particolare il Presidente della Repubblica ha evidenziato che «L'ambito dei compiti attribuiti alla Commissione – a differenza di quella istituita nella precedente Legislatura – non riguarda l'accertamento di vicende e comportamenti che hanno provocato crisi di istituti bancari o la verifica delle iniziative assunte per farvi fronte, ma concerne – insieme al sistema bancario e finanziario nella sua interezza – tutte le banche, anche quelle non coinvolte nella crisi e che svolgono con regolarità la propria attività. Non è in alcun modo in discussione, ovviamente, il potere del Parlamento di istituire commissioni di inchiesta in settori della vita istituzionale, economica o sociale, tenendo conto, peraltro, dei limiti all'attività delle commissioni derivanti dalla Costituzione e puntualmente indicati dalla giurisprudenza della Corte Costituzionale. Non può, tuttavia, passare inosservato che, rispetto a tutte le banche, e anche agli operatori finanziari, questa volta viene, tra l'altro, previsto che la Commissione possa "*analizzare la gestione degli enti cre-*

*ditizi e delle imprese di investimento*". Queste indicazioni, così ampie e generali, non devono poter sfociare in un controllo dell'attività creditizia, sino a coinvolgere le stesse operazioni bancarie, ovvero dell'attività di investimento nelle sue varie forme. Occorre considerare la natura privata degli enti interessati la cui attività costituisce esercizio della libertà di iniziativa economica riconosciuta e garantita dall'articolo 41 della Costituzione. L'eventualità che soggetti, partecipi dell'alta funzione parlamentare ma pur sempre portatori di interessi politici, possano, anche involontariamente, condizionare, direttamente o indirettamente, le banche nell'esercizio del credito, nell'erogazione di finanziamenti o di mutui e le società per quanto riguarda le scelte di investimento si colloca decisamente al di fuori dei criteri che ispirano le norme della Costituzione. Le previsioni della legge in questione pongono anche il tema di possibili interferenze delle attività della Commissione in ambiti di competenza di varie autorità di vigilanza. È possibile, naturalmente, che l'operato di queste sia oggetto di inchiesta parlamentare – laddove così il Parlamento dovesse deliberare – ma occorre evitare il rischio che il ruolo della Commissione finisca con il sovrapporsi – quasi che si trattasse di un organismo ad esse sopra ordinato – all'esercizio dei compiti propri di Banca d'Italia, Consob, Ivass, Covip, Banca Centrale Europea. Ciò urterebbe con il loro carattere di Autorità indipendenti, sancito, da norme dell'ordinamento italiano e da disposizioni dell'Unione Europea, vincolanti sulla base dei relativi trattati. Provocherebbe, inoltre, grande incertezza tra gli operatori sottoposti a vigilanza su quale sia l'organismo cui fare riferimento e quali le indicazioni da osservare, anche considerando che l'attività della Commissione è prevista per l'intera durata della Legislatura. Ricordo, tra l'altro, che né le banche centrali né, tantomeno, la Banca centrale europea possono sollecitare o accettare istruzioni dai governi o da qualsiasi altro organismo degli Stati membri. Va, in particolare, escluso che la Commissione, come potrebbe far temere un'erronea interpretazione dell'art. 3 della legge, possa svolgere attività che rientrino nella competenza di organismi dell'Unione Europea – come la Banca Centrale Europea e l'Esma – in base a norme non derogabili dal diritto interno. L'obiettivo della tutela del risparmio, a difesa dei cittadini, sancito dall'articolo 47 della Costituzione e che deve ritenersi ineludibile riguardo all'attività della Commissione d'inchiesta, richiede, infine, di prestare attenzione al delicato profilo delle informazioni detenute dalle autorità di vigilanza. L'ordinamento dell'Unione Europea, nel promuovere gli obblighi di collaborazione e gli scambi di informazioni per l'assolvimento delle rispettive funzioni tra autorità europee e nazionali, prevede che si osservino determinate cautele nella gestione delle informazioni sugli enti e gli istituti di credito in possesso delle autorità di vigilanza. Come espressamente definito dall'ordinamento dell'UE, anche in riferimento a informazioni trasmesse a commissioni di inchiesta parlamentari, è necessario, che "*le persone che hanno accesso alle informazioni siano soggette ad obblighi di segreto professionale*". È evidente come tale obbligo – richiamato dall'art. 6 della legge – sia volto a scongiurare l'allarme che la diffusione indebita di informazioni relative alla gestione degli enti creditizi e delle società finanziarie può suscitare tra i risparmiatori e sui mercati. Il principio di non interferenza e quello di leale collaborazione vanno affermati anche nei rapporti tra inchiesta parlamentare e inchiesta giudiziaria. ... Sono certo che Ella, nell'esercizio delle Sue prerogative, ... seguirà con attenzione lo svolgimento dei lavori della Commissione affinché sia assicurato il rispetto dei limiti derivanti dalla Costituzione e dall'ordinamento della Unione Europea nonché il rispetto dei diversi ruoli e responsabilità».

In questa "*Lettera*" del Presidente della Repubblica sono magistralmente condensate numerose delle problematiche che ruotano attorno al ruolo e all'operato della autorità di regolazione dei mercati finanziari. E va parimenti ricordato che in dottrina si sono registrate già da tempo riflessioni che distinguono – all'interno del più ampio *genus* delle non poche autorità indipendenti presenti nel nostro ordinamento – quelle operanti nei settori del credito, della finanza e delle assicurazioni (*id est*, Banca d'Italia, Consob e Ivass) da quelle operanti a tutela della concorrenza e nei settori dei pubblici servizi (*id est*, Autorità garante della concorrenza e del mercato, Autorità per le garanzie nelle comunicazioni, Commissione di garanzia per l'attuazione della legge sullo sciopero; ecc.).

La dottrina si è posta diversi quesiti legati, da un lato, all'esatta delimitazione delle funzioni, dei poteri e delle caratteristiche di tali autorità e, dall'altro lato, alla compatibilità di tale figura con l'impianto dettato dalla Costituzione e, nello specifico, con i principi costituzionali in materia di pubblica amministrazione.

A quest'ultimo proposito va rilevato che nella Costituzione italiana si rinviene la contemporanea vigenza dei principi di subordinazione e di separazione dell'amministrazione dal potere politico, contemporanea vigenza che da un lato determina una vivace dialettica fra tali principi, ma che, dall'altro lato, conferisce al sistema amministrativo italiano un alto grado di elasticità che consente l'esistenza di strutture pubbliche in posizione di relativa indipendenza dall'autorità politica e, in particolare, sottratte alla diretta dipendenza dall'indirizzo governativo [1].

E proprio questo costituisce l'elemento peculiare delle autorità di regolazione le quali vengono a porsi, da un lato, come un'importante manifestazione del principio – e dell'esigenza – di separazione tra pubblica amministrazione e organi politici e, dall'altro lato, come risposta all'incapacità delle tradizionali formule organizzative di assicurare efficienza e trasparenza ai mercati finanziari (per ottenere il quale risultato è necessario assicurare effettività al principio di separazione-distinzione tra politica ed amministrazione) [2].

Le autorità di regolazione (quale *species* del più ampio *genus* delle autorità indipendenti) vengono così a configurarsi quali organi caratterizzati da un alto tasso di imparzialità e chiamati ad adottare decisioni fondate su una «neutralità» «tecni-

[1] Al riguardo v. N. LONGOBARDI, *Autorità amministrative indipendenti e sistema giuridico-istituzionale*, Torino, 2009; da ultimo v. N. LONGOBARDI, *Il declino italiano. Le ragioni istituzionali*, Firenze, 2021.

[2] N. LONGOBARDI, *Autorità amministrative indipendenti e sistema giuridico-istituzionale*, cit., 45.

ca e politica» nonché ad instaurare momenti di dialogo fra i differenti soggetti operanti nello specifico settore oggetto di regolazione.

Nell'ordinamento giuridico italiano l'espansione del fenomeno delle autorità indipendenti è avvenuta secondo due differenti linee di sviluppo: da un lato vi è stato un ampliamento del numero dei settori sottoposti al controllo di siffatte autorità (dalla borsa alle assicurazioni, dall'esercizio del diritto di sciopero alla concorrenza, dal trattamento dei dati personali al settore delle comunicazioni, dai servizi di pubblica utilità agli appalti pubblici, ecc.), dall'altro le diverse autorità hanno sempre affermato – e difeso – la propria autonomia esercitando in maniera "piena" i poteri loro conferiti dalla legge.

L'esame del diritto positivo consente di poter affermare l'estrema difficoltà di individuazione di un unico «modello» di autorità indipendente, riscontrandosi dietro siffatta espressione numerose figure tra loro eterogenee [3]. Ma va ribadito che l'elemento peculiare delle autorità di regolazione è quello dell'indipendenza, che deve essere loro assicurata in ragione della funzione da esse svolta. L'indipendenza è infatti assicurata a tali autorità affinché le stesse possano adeguatamente svolgere la funzione di regolazione di settori economicamente e socialmente rilevanti in funzione di protezione di interessi collettivi. E nell'adempimento di tale funzione è necessario che l'autorità agisca in maniera «indipendente», e cioè senza alcun condizionamento ad opera né del potere politico, né di gruppi privati.

L'essenza del fenomeno delle autorità di regolazione – quale *species* del *genus* delle autorità indipendenti – è da ravvisare nell'espletamento delle funzioni di *administrative regulation* e cioè espressione di una funzione amministrativa non intesa quale mera esecuzione di scelte compiute dal potere politico bensì quale struttura soggetta alla legge ed operante a tutela dei diritti dei singoli. Questa visione, così in linea con la Costituzione, dimostra il fondamento costituzionale delle autorità di regolazione di cui peraltro bisogna individuare anche i limiti di intervento e le forme di tutela del singolo.

L'elemento peculiare delle autorità di regolazione è rappresentato – come detto – dalla *indipendenza* di tali organi. Indipendenza significa capacità di determinare la propria azione nell'esercizio dei poteri attribuiti dalla legge. Conseguentemente deve affermarsi la sottrazione, sia sul piano organizzativo che su quello funzionale, di tali autorità ad ogni ingerenza dell'esecutivo.

E per lo svolgimento della funzione di regolazione loro assegnata, le autorità di regolazione dispongono di poteri regolamentari e sanzionatori, poteri che saranno oggetto di specifico esame nei capitoli secondo e terzo e che si presentano particolarmente significativi per la determinazione del concreto ruolo svolto da tali autorità.

Ma prima di approfondire nello specifico i poteri normativi e sanzionatori delle autorità in esame, appare necessario illustrare la struttura e le competenze delle singole autorità di regolazione dei mercati finanziari presenti nel nostro ordinamento.

---

[3] Vedi già F. POLITI, *Regolamenti delle autorità amministrative indipendenti*, in *Enc. giur. Treccani*, vol. XXVI, Roma, 1995 (cui *adde* aggiornamento del 2002).

## 2. La Banca d'Italia

La Banca d'Italia[4] svolge funzioni di regolamentazione bancaria, di vigilanza e di gestione delle crisi. In ragione del processo di integrazione europea (ed in particolare con l'introduzione dell'euro e con l'avvio dell'Unione bancaria), la Banca d'Italia condivide oggi i propri obiettivi – stabilità monetaria e stabilità finanziaria – con le banche centrali degli altri Stati aderenti all'euro e con le competenti autorità europee.

La Banca d'Italia è oggi parte integrante dell'*Eurosistema*, composto dalla *Banca centrale europea* (BCE) e dalle banche centrali nazionali degli Stati aderenti all'euro.

L'Eurosistema e le banche centrali degli Stati membri dell'Unione Europea che non hanno adottato l'euro compongono il *Sistema europeo di banche centrali* (SEBC).

A livello dell'ordinamento europeo, la Banca d'Italia è l'autorità nazionale competente nell'ambito del "*Meccanismo di vigilanza unico*" (*Single Supervisory Mechanism*, SSM) sulle banche ed è autorità nazionale di risoluzione nell'ambito del "*Meccanismo di risoluzione unico*" (*Single Resolution Mechanism*, SRM) delle banche e delle società di intermediazione mobiliare (al riguardo v. *infra*, capitolo quarto).

---

[4] In dottrina v. M. NIGRO, *Profili pubblicistici del credito*, Milano, 1972; F. MERUSI, *Per uno studio sui poteri della banca centrale nel governo della moneta*, in *Riv. trim. dir. pubbl.*, 1972, 1425 ss.; ID., *La posizione costituzionale della banca centrale in Italia*, in *Riv. trim. dir. pubbl.*, 1982, 1081 ss.; S. ORTINO, *Banca d'Italia*, in *Enc. giur. Treccani*, vol. IV, Roma, 1988; L. TORCHIA, *Il controllo pubblico della finanza privata*, Padova, 1992; S. AMOROSINO (a cura di), *Le banche. Regole e mercato*, Milano, 1994; F. CAPRIGLIONE, *L'ordinamento finanziario verso la neutralità*, Padova, 1994; ID. (a cura di), *Commentario al T.U. delle leggi in materia bancaria e creditizia*, Padova, 1994; T. PADOA SCHIOPPA, *La vigilanza bancaria in un mercato globale*, in *Bancaria*, 1995, n. 2, 6 ss.; AA.VV., *La nuova disciplina dell'impresa bancaria*, vol. I, *I soggetti e i controlli*, Milano, 1996; A. PREDIERI, *Il potere della Banca centrale: isola o modello?*, Firenze, 1997; M. CERA, *La regolazione dei soggetti finanziari nell'attività normativa delle autorità*, Milano, 2002; M. CLARICH, *Per uno studio sui poteri normativi della Banca d'Italia*, in *Banca, impresa e società*, 2003, n. 1; G.B. PITTALUGA, *Democrazia e banche centrali*, Milano, 2004; C. GIANNINI, *L'età delle banche centrali*, Bologna, 2004; A. FINOCCHIARO-A.M. CONTESSA, *La Banca d'Italia e i problemi del governo della moneta*, Roma, 2004; F. CAPRIGLIONE (a cura di), *L'ordinamento finanziario italiano*, Milano, 2005; G. MINERVINI, *La Banca d'Italia, oggi*, in *Banca, borsa e tit. cred.*, 2006, 619 ss.; F. GIORDANO, *Storia del sistema bancario italiano*, Roma, 2007; G. DELLA CANANEA, *Una riforma "perversa": l'autonomia della Banca d'Italia e la legge n. 262 del 2005*, in *Diritto dell'economia*, 2007, 205 ss.; D. SICLARI, *Costituzione e autorità di vigilanza bancaria*, Padova, 2007; M. CONDEMI, *La Banca d'Italia*, in *Dizionario giuridico*, Milano, 2009; G. NAPOLITANO, *L'intervento dello Stato nel sistema bancario e i nuovi profili pubblicistici del credito*, in *Giornale di diritto amministrativo*, 2009, n. 4; G. CAMA, *La Banca d'Italia*, Bologna, 2010; R. COSTI, *L'ordinamento bancario*, Bologna, 2012; M. FORNASARI, *La banca, la borsa, lo Stato. Una storia della finanza*, Torino, 2019.

La Banca d'Italia, oltre agli altri compiti ad essa affidati dalla legge, assicura la stabilità e l'efficienza del sistema finanziario e persegue il mantenimento della stabilità dei prezzi (obiettivo principale dell'Eurosistema ai sensi dal Trattato sul Funzionamento dell'Unione Europea, Tfue). Questi compiti della Banca d'Italia trovano fondamento nel principio della tutela del risparmio posto dall'art. 47 della Costituzione secondo cui "*La Repubblica incoraggia e tutela il risparmio in tutte le sue forme; disciplina, coordina e controlla l'esercizio del credito*".

L'assetto strutturale della Banca d'Italia è funzionale alla tutela dell'indipendenza della stessa da condizionamenti esterni. Ed infatti le norme – nazionali ed europee – che ne disciplinano l'assetto e le funzioni sono volte a garantirne l'autonomia necessaria nello svolgimento delle relative funzioni. La disciplina relativa alle competenze e all'assetto della Banca d'Italia trova oggi le proprie fonti, oltre che in normative statali [5], integrate dallo Statuto della Banca d'Italia e dal "Regolamento generale" della stessa, da fonti europee in particolare, ma non solo, il Trattato sull'Unione europea (Tue) e il Trattato sul funzionamento dell'Unione europea (Tfue).

La Banca d'Italia ha un peculiare assetto istituzionale: è un istituto di diritto pubblico avente la struttura di una società per azioni, in cui i soci (i "*Partecipanti al capitale*") non intervengono (né possono intervenire) sulle decisioni relative alle attività istituzionali, che sono invece di esclusiva competenza del Governatore e del Direttorio (composto dal Governatore, dal Direttore generale [6] e dai tre Vice Direttori generali).

Il *Governatore* [7] è nominato con decreto del Presidente della Repubblica su proposta del Presidente del Consiglio dei ministri, previa deliberazione del Consiglio dei ministri, sentito il parere del Consiglio superiore della Banca d'Italia. Gli altri membri del Direttorio sono nominati dal Consiglio superiore, su proposta del Governatore; le nomine sono approvate con decreto del Presidente della Repubblica, su proposta del Presidente del Consiglio dei ministri, di concerto con il Ministro dell'Economia, sentito il Consiglio dei ministri.

Gli altri organi di governo della Banca d'Italia – l'Assemblea dei Partecipanti, il Consiglio superiore, il Collegio sindacale – non dispongono di poteri decisionali e non ricevono informazioni sull'esercizio delle funzioni istituzionali.

---

[5] Vedi, ad es., legge n. 262/2005 e il d.l. n. 133/2013, conv. con modif. dalla legge n. 5/2014.

[6] Il Direttore generale coadiuva il Governatore nell'esercizio delle sue attribuzioni e attua le decisioni del Consiglio superiore.

[7] Il Governatore dispone dei poteri assegnati dalla legge, ma anche di quelli riservati ai membri degli organismi decisionali della Banca centrale europea (BCE) previsti dal Tue e dal Tfue e dallo Statuto del Sistema europeo di banche centrali (SEBC). In particolare, in qualità di componente del Consiglio direttivo della BCE, il Governatore della Banca d'Italia contribuisce a formulare la politica monetaria per l'area dell'euro e partecipa alle decisioni in materia di vigilanza bancaria nell'ambito del Meccanismo di vigilanza unico (*Single Supervisory Mechanism*, SSM). Al riguardo v. *infra*, capitolo quarto.

L'*Assemblea dei Partecipanti*[8] nomina i membri del Consiglio superiore e del Collegio sindacale, approva il bilancio e la ripartizione degli utili. Il *Consiglio superiore* – composto dal Governatore, che lo presiede, e da 13 Consiglieri, eletti dall'Assemblea dei Partecipanti tra personalità con significativa esperienza nel settore imprenditoriale, nell'attività libero-professionale, nell'insegnamento universitario o nell'alta dirigenza della pubblica amministrazione, in possesso di requisiti di onorabilità e indipendenza – esercita le funzioni di amministrazione generale e controlla l'andamento della gestione.

Nelle sue funzioni di autorità di regolazione, la Banca d'Italia sovraintende sul complessivo settore finanziario al fine di prevenire – o attenuare – i rischi di instabilità sistemica e, a questo fine, controlla l'operato degli intermediari bancari e finanziari gestendone anche le situazioni di crisi.

Le attività di regolazione della Banca d'Italia possono essere raggruppate in diverse macroaree:

– vigilanza sugli intermediari bancari e finanziari;
– gestione delle crisi delle banche;
– tutela della stabilità finanziaria e politiche macroprudenziali;
– prevenzione del riciclaggio e attività di Unità di informazione finanziaria (UIF) per l'Italia.

L'indipendenza della Banca d'Italia può essere declinata quale:

a) *indipendenza istituzionale* che si concretizza nella indipendenza della stessa da qualunque altra istituzione, con la conseguenza del divieto per la Banca d'Italia come istituzione e per gli organi ed i membri della stessa di sollecitare o accettare istruzioni da altre istituzioni o organismi sia nazionali che europei;

b) *indipendenza funzionale e operativa*: la Banca d'Italia individua e persegue autonomamente i propri obiettivi ed ha a disposizione le competenze tecniche e gli strumenti adeguati per conseguirli. A questo fine la disciplina vigente fissa regole stringenti in materia di conflitti di interesse e di abuso di informazioni privilegiate;

c) *indipendenza organizzativa*: la Banca d'Italia – nel rispetto delle norme che ne disciplinano l'azione amministrativa – definisce autonomamente il proprio assetto organizzativo con la finalità di assicurare un'azione efficiente, trasparente, responsabile e imparziale;

d) *indipendenza finanziaria*: la normativa vigente assicura alla Banca d'Italia risorse finanziarie adeguate a svolgere i compiti affidatile[9].

---

[8] All'Assemblea intervengono i 120 Partecipanti al capitale dell'Istituto, che risultano così suddivisi: 68 banche, 24 fondazioni di origine bancaria, 11 enti e istituti di previdenza, 10 assicurazioni, 7 fondi pensione. I requisiti per poter accedere al capitale della Banca d'Italia sono stabiliti dalla legge, che definisce anche il numero massimo di quote che ciascun Partecipante può detenere.

[9] Le principali fonti di reddito della Banca d'Italia sono rappresentate dal reddito moneta-

L'indipendenza riconosciuta alla Banca d'Italia è garantita anche dalle varie forme di controllo interno affidate al Consiglio superiore (oltre a quelle assegnate al Collegio sindacale) [10].

Il Titolo III del Tub prevede, con riguardo alla vigilanza sulle banche, la "Vigilanza informativa" (art. 51 Tub) [11], la "Vigilanza regolamentare" (art. 53 Tub) [12] e la "Vigilanza ispettiva" (art. 54 Tub) [13].

---

rio, determinato dai proventi connessi con l'esercizio della politica monetaria, nonché dai rendimenti derivanti dalla gestione delle riserve ufficiali del Paese e del proprio portafoglio di investimento. Come altre banche centrali dell'Eurosistema, la Banca d'Italia amministra anche una parte delle riserve valutarie della BCE ed i relativi investimenti sono effettuati nel rispetto dei vincoli concordati nell'Eurosistema, con l'obiettivo del mantenimento del valore, della pronta liquidabilità e del conseguimento di un rendimento adeguato.

[10] La Banca d'Italia rende conto del proprio operato mediante periodiche Relazioni (Relazione annuale, Relazione sulla gestione e sulle attività della Banca d'Italia, audizioni parlamentari). La Banca d'Italia coopera con istituzioni nazionali in diverse forme: a) con il Parlamento ed il Governo: attraverso audizioni o nell'ambito di indagini conoscitive, fornendo consulenza tecnica ad esempio per l'elaborazione di norme di settore e per le scelte di finanza pubblica; b) con il Ministero dell'Economia e delle Finanze (MEF), collaborando per tutte le rispettive funzioni; c) con l'autorità giudiziaria mediante la segnalazione di episodi riscontrati nello svolgimento dell'attività di vigilanza; d) con ulteriori autorità, sia in funzione di contrasto nei confronti di comportamenti illeciti in campo economico e finanziario, sia per promuovere l'educazione finanziaria. In quest'ultimo ambito possono essere ricompresi i rapporti con le altre autorità di vigilanza quali la Commissione nazionale per le società e la borsa (Consob), la Commissione di vigilanza sui fondi pensione (Covip) e l'Autorità garante della concorrenza e del mercato.

[11] Secondo l'art. 51 Tub le banche inviano alla Banca d'Italia, con le modalità e nei termini da questa stabiliti, i bilanci, le segnalazioni periodiche ed ogni altro dato o documento richiesto (e l'art. 52 Tub concerne le comunicazioni del collegio sindacale e dei soggetti incaricati del controllo dei conti). Vedi anche art. 66 Tub relativo all'attività di vigilanza informativa sui soggetti inclusi nell'ambito della vigilanza consolidata.

[12] L'art. 53 Tub dispone che la Banca d'Italia, in conformità con le deliberazioni del Comitato interministeriale per il credito ed il risparmio (Cicr), emana disposizioni di carattere generale aventi ad oggetto: a) l'adeguatezza patrimoniale; b) il contenimento del rischio; c) le partecipazioni detenibili; l'organizzazione amministrativa e contabile e i controlli interni. Inoltre la Banca d'Italia può: a) convocare gli amministratori, i sindaci e i dirigenti delle banche per esaminare la situazione delle stesse; b) ordinare la convocazione degli organi collegiali delle banche, fissandone l'ordine del giorno, e proporre l'assunzione di determinate decisioni (e procedere direttamente alla convocazione quando sia rimasto inevaso un precedente ordine in tal senso della Banca d'Italia); c) adottare provvedimenti specifici nei confronti di singole banche. V. anche art. 67 Tub sulla vigilanza regolamentare nei confronti dei soggetti inclusi nell'ambito della vigilanza su base consolidata. In dottrina v. S. AMOROSINO, *La funzione amministrativa di vigilanza sulle banche nel nuovo t.u. delle leggi in materia creditizia*, in *Le banche. Regole e mercato dopo il testo unico delle leggi creditizie*, a cura di S. AMOROSINO, Milano, 1995; F. MERUSI, *Vigilanza e «vigilanze» nel nuovo testo unico delle leggi bancarie*, in *Banca, impr., soc.*, 1996, 199; C. CLEMENTE, *Art. 53*, in *Commentario al testo unico delle leggi in materia bancaria e creditizia*, a cura di F. CAPRIGLIONE, Padova, 1994; L. MARUZZI, *Vigilanza bancaria e potere di ordinanza*, in *Banca e borsa*, 1998, I, 735 ss. Secondo V. CERULLI IRELLI,

La Banca d'Italia svolge una funzione di vigilanza anche sulle infrastrutture del sistema finanziario italiano e, insieme con le altre banche centrali dell'Eurosistema, contribuisce alla sorveglianza su quelle europee. Per assicurare il funzionamento del sistema dei pagamenti, anche in relazione alle innovazioni tecnologiche e alle nuove forme di rischio, la Banca d'Italia regola e controlla anche gli strumenti e i servizi di pagamento.

La Banca d'Italia vigila sui sistemi di regolamento dei titoli e su due infrastrutture che agevolano gli scambi in attività finanziarie: il depositario centrale Monte Titoli spa (presso il quale sono detenute e movimentate le principali attività finanziarie) e la Cassa di compensazione e garanzia spa (CCG, che si occupa di limitare il rischio di inadempienza delle parti che effettuano lo scambio di attività finanziarie e di facilitare il perfezionamento delle operazioni)[14]. La Banca d'Italia vigila sul buon funzionamento anche dei circuiti di pagamento utilizzati dalla clientela finale, sia di quelli a rilevanza nazionale, sia delle applicazioni che offrono servizi a tutto il sistema.

La funzione di vigilanza ricomprende un compito di controllo nei confronti anche dei fornitori di servizi tecnologici – o di rete – delle banche e delle imprese, qualora l'attività delle stesse si svolga su tutto il mercato nazionale o su quello internazionale. La vigilanza della Banca d'Italia è indirizzata ad assicurare il corretto funzionamento delle infrastrutture finanziarie – intese come reti – cercando di prevenire due tipologie di rischio: il c.d. "effetto domino", cioè il rischio che gli effetti negativi prodottisi in una parte del sistema – ad esempio, il blocco operativo di un circuito o l'insolvenza di un singolo operatore – determinino una propagazione a catena nelle altre parti in ragione delle interdipendenze nelle (e fra le) reti; il c.d. "fallimento del coordinamento", quale difficoltà di trovare accordi equi e trasparenti tra tutti gli operatori coinvolti.

---

*La vigilanza regolamentare*, in *Mondo bancario*, 1994, n. 6, la nozione di *vigilanza regolamentare* ricomprende al proprio interno istituti diversi, coinvolgendo sia l'intero campo dei poteri amministrativi attribuiti all'insieme delle autorità creditizie (cfr. artt. 2 ss. Tub), sia i vari casi in cui la disciplina legislativa riconosce alla Banca d'Italia il potere di adottare disposizioni a contenuto generale e astratto.

[13] Secondo l'art. 54 Tub, la Banca d'Italia può effettuare ispezioni presso le banche e richiedere a esse l'esibizione di documenti e di atti che ritenga necessari (v. anche artt. 55 e ss. e art. 68 Tub relativo alla vigilanza ispettiva su base consolidata).

[14] La Cassa di compensazione e garanzia (CCG, che deve poter disporre di risorse finanziarie sufficienti per poter gestire i rischi che assume in ogni scambio) si interpone tra due contraenti per evitare il rischio di inadempienza e garantire il buon fine di un'operazione. Complementare ai predetti controlli è la supervisione sul funzionamento di due mercati rilevanti nel sistema finanziario italiano, quello all'ingrosso dei titoli di Stato (MTS) e quello dei depositi interbancari in euro (e-MID). Nell'ambito dei pagamenti, le infrastrutture soggette a vigilanza includono i sistemi di scambio e regolamento al dettaglio (nazionali ed europei) e quelli all'ingrosso. L'attività di sorveglianza concerne anche le piattaforme europee di regolamento dei pagamenti istantanei.

La Banca d'Italia svolge funzioni di controllo, regolamentazione e indirizzo sui mercati e sulle relative infrastrutture [15] anche mediante il controllo delle società che li gestiscono (mediante un esame dello statuto, del bilancio, della compagine azionaria, dei regolamenti operativi, degli assetti proprietari, dei requisiti dei vertici aziendali e, più in generale, della struttura organizzativa e tecnologica).

I poteri di vigilanza sui mercati e sulle infrastrutture che operano a supporto delle negoziazioni sono ripartiti tra la Banca d'Italia e la Commissione nazionale per le società e la borsa (Consob) secondo un criterio per finalità: la Consob è responsabile della trasparenza e della tutela degli investitori; la Banca d'Italia è responsabile della stabilità e del contenimento dei rischi di sistema. Al fine di assicurare alla Banca d'Italia (e, per quanto di competenza, alla Consob) l'esercizio della propria funzione di vigilanza, la normativa vigente impone ai gestori di fornire informazioni a tali autorità di regolazione sia nel momento della loro costituzione, sia successivamente con cadenza periodica.

Al fine di poter svolgere la funzione di vigilanza assegnatale, la vigente normativa consente alla Banca d'Italia (e alla Consob) di poter effettuare ispezioni, irrogare sanzioni ed intervenire direttamente in caso di crisi [16].

Con riguardo alla vigilanza su sistemi e strumenti di pagamento, va ricordato che nell'Eurosistema l'attività di sorveglianza è armonizzata e pertanto la relativa regolamentazione avviene in base a principi e *standard* internazionali, recepiti nell'ordinamento dell'Unione Europea e poi in quello nazionale [17]. A questo pro-

---

[15] La Banca d'Italia partecipa ai principali organismi internazionali che definiscono le linee di indirizzo globali e gli *standard* di sorveglianza dei mercati finanziari. Essa partecipa: al Comitato sui sistemi di pagamento e sulle infrastrutture dei mercati (*Committee on Payments and Market Infrastructures*, CPMI) della Banca dei regolamenti internazionali (BRI), responsabile dei principi di sorveglianza su sistemi e strumenti di pagamento, e al gruppo congiunto CPMI-Iosco per gli *standard* sulle infrastrutture dei mercati finanziari; al Comitato europeo per il rischio sistemico (*European Systemic Risk Board*, ESRB) per le decisioni in materia di controparti centrali; al Gruppo di azione finanziaria internazionale (GAFI) del G7 per la lotta al riciclaggio dei capitali di origine illecita e per la prevenzione del finanziamento al terrorismo.

[16] Il Tub e il Tuf attribuiscono sia alla Banca d'Italia sia alla Consob il compito di tutelare la clientela, distinguendo gli ambiti di azione delle due autorità in funzione del tipo di prodotti offerti dagli intermediari: alla Banca d'Italia è attribuito il compito di tutela dei clienti che utilizzano prodotti bancari e creditizi (es. depositi bancari e prestiti) e servizi di pagamento; alla Consob spetta tutelare chi compie operazioni per finalità di investimento in prodotti finanziari – quali azioni e obbligazioni – anche quando emessi o collocati da banche.

[17] Per favorire lo sviluppo di un mercato integrato dei pagamenti elettronici a livello europeo, con crescenti livelli di sicurezza e trasparenza, sono state introdotte nuove norme (Direttiva UE/2015/2366 sui servizi di pagamento nel mercato interno, *Revised Payment Services Directive*, PSD2; Regolamento UE 2015/751 relativo alle commissioni interbancarie sulle operazioni di pagamento basate su carta, *Interchange Fees Regulation*, IFR) orientate sia a contenere le tariffe interbancarie per l'utilizzo delle carte di pagamento, sia a introdurre nuovi obblighi informativi per alcune tipologie di operatori (circuiti di carte, servizi di pagamento prestati da operatori telefonici, strumenti "a spendibilità limitata").

posito la vigilanza della Banca d'Italia (che quale autorità di sorveglianza può anche emanare raccomandazioni su aspetti specifici – ad esempio, i rischi operativi – oppure può sollecitare l'impegno su scelte strategiche, quale ad esempio l'introduzione di nuove tecnologie) si estrinseca in diverse attività: dalla valutazione periodica (operata mediante le informazioni che gli operatori stessi sono tenuti a fornire) del rispetto della normativa da parte dei sistemi e degli schemi di pagamento all'analisi dei punti di debolezza o di mancato rispetto dei requisiti di affidabilità e di efficienza fino agli interventi in caso di inadempienza (che possono arrivare all'irrogazione di sanzioni).

La funzione di vigilanza della Banca d'Italia sugli intermediari bancari e finanziari disciplinati dal Testo unico bancario [18] ha l'obiettivo di assicurare tutela al risparmiatore, di cui deve essere tutelato (a fronte dei rischi che assume in ogni singolo investimento o operazione bancaria) il diritto ad essere informato dei relativi rischi e che gli stessi siano adeguati alla sua situazione economica e finanziaria [19].

Oltre alle banche, vigilate nell'ambito del Meccanismo unico di vigilanza, la Banca d'Italia svolge un'attività di vigilanza (allo scopo sempre di contenimento del rischio e di garantire la stabilità patrimoniale e la sana e prudente gestione degli intermediari) anche su altri soggetti operanti nel settore finanziario: gli intermediari finanziari non bancari; gli IP; gli Imel; le SIM; i gestori di OICR. I relativi controlli sono svolti nel rispetto delle relative norme comunitarie e nazionali e degli orientamenti emanati dalle autorità europee: l'EBA per SIM, IP e Imel, l'Autorità europea degli strumenti finanziari e dei mercati (*European Securities and Markets Authority*, ESMA) [20] per i gestori di OICR [21].

---

[18] Il Tub disciplina anche altri operatori: gli intermediari finanziari che, pur non raccogliendo il risparmio tra il pubblico, concedono credito; gli istituti di moneta elettronica (Imel); gli istituti di pagamento (IP), attivi nel comparto dei servizi di pagamento. Per le società di intermediazione mobiliare (SIM), che prestano servizi di investimento, e gli organismi di investimento collettivo del risparmio (OICR), che gestiscono in forma accentrata il risparmio affidato loro dalla clientela, il Testo unico della finanza (Tuf, d.lgs. n. 58/1998) assegna alla Banca d'Italia la vigilanza sulla stabilità patrimoniale, sulla conduzione di una sana e prudente gestione e sul contenimento dei rischi assunti dagli intermediari. La Commissione nazionale per le società e la borsa (Consob) vigila sulla trasparenza e sulla correttezza nei confronti della clientela dei comportamenti da parte dei soggetti vigilati.

[19] A questo fine la legislazione assegna alla Banca d'Italia anche il compito di curare iniziative per accrescere le conoscenze dei cittadini in materia finanziaria, nonché la gestione di un sistema per risolvere eventuali controversie tra banche e clienti.

[20] Al riguardo v. *infra*, capitolo quarto.

[21] Le modalità concrete dell'attività di vigilanza di queste istituzioni (vigilanza analoga a quella sulle banche ma basata esclusivamente su norme nazionali, non essendo soggetta ad armonizzazione europea) variano a seconda del loro tipo di attività (e dunque dei rischi assunti). Con riguardo ai gestori di OICR, la supervisione si estende anche ad aspetti dell'operatività (i regolamenti di gestione e il rispetto dei limiti di investimento previsti per le diverse tipologie di

Molteplici, in realtà, sono gli obiettivi dell'attività di vigilanza: dalla salvaguardia della sana e prudente gestione dei soggetti vigilati alla salvaguardia della stabilità e dell'efficienza dell'intero sistema finanziario; dal rispetto delle norme alla garanzia della trasparenza delle condizioni contrattuali e della correttezza dei rapporti con la clientela. L'attività di vigilanza della Banca d'Italia mira inoltre a controllare – e contenere – i rischi assunti dagli intermediari, a gestire le eventuali crisi allo scopo di minimizzare gli eventuali oneri per i risparmiatori e di ridurre – se non eliminare – i rischi di contagio alle altre parti del sistema finanziario.

La Banca d'Italia esercita i propri poteri di vigilanza sulle banche e gli altri operatori finanziari[22] nei limiti e secondo le modalità stabilite a livello europeo (al riguardo v. *infra*, capitolo quarto) dalle disposizioni che instaurano il *Meccanismo di vigilanza unico* (*Single Supervisory Mechanism*, SSM), nel quale le decisioni più rilevanti sono assunte dal Consiglio direttivo della Banca centrale europea (BCE) su proposta del Consiglio di vigilanza (*Supervisory Board*)[23], di cui fa parte un membro del Direttorio della Banca d'Italia in qualità di autorità nazionale competente (*National Competent Authority*, NCA).

Con l'istituzione del *Meccanismo di vigilanza unico* (*Single Supervisory Mechanism*, SSM) – che comporta l'assolvimento da parte della Banca d'Italia di compiti diversificati sui soggetti bancari maggiori (c.d. "significativi") e su quelli minori (c.d. "meno significativi") – la Banca d'Italia esercita su base collegiale (*id est* nell'ambito del Consiglio di vigilanza), gran parte dei poteri di supervisione sulle banche italiane e partecipa anche alla vigilanza sulle banche degli altri Paesi dell'area euro (v. *infra*, capitolo quarto).

L'azione di vigilanza sulle banche consiste, da un lato, nella definizione di norme (c.d. vigilanza regolamentare) e, dall'altro lato, nell'esercizio di controlli.

La prima attività (la "vigilanza regolamentare")[24] è finalizzata ad assicurare il

---

OICR); nelle SIM assumono rilievo principalmente i rischi operativi ed i rischi di mercato nonché (per le SIM che erogano finanziamenti alla clientela) il rischio di credito; con riguardo agli IP e agli Imel, sono oggetto di specifico controllo i profili organizzativi al fine di evitare il rischio di riciclaggio o di finanziamento del terrorismo. La vigilanza sugli agenti finanziari e i mediatori creditizi spetta all'Organismo degli agenti e dei mediatori (OAM) che è vigilato dalla Banca d'Italia, che ne verifica l'adeguatezza dell'organizzazione e delle procedure interne e valuta le principali aree di rischio.

[22] La Banca d'Italia svolge funzioni di vigilanza su un alto numero di soggetti operanti in Italia, molto diversi tra loro per dimensione, attività e forma giuridica. Il numero complessivo dei soggetti vigilati è diminuito nell'ultimo decennio, in ragione del decremento del numero delle banche attive nel Paese, ma anche della diminuzione del numero complessivo delle SIM (quale conseguenza della concentrazione e riorganizzazione di gruppi bancari nazionali ed esteri). Inoltre esistono in Italia numerose altre istituzioni (intermediari finanziari, istituti di pagamento, istituti di moneta elettronica, e altri ancora), su cui la Banca d'Italia esercita funzioni di vigilanza diversificate, a seconda della natura dell'attività svolta.

[23] Art. 4 del Regolamento UE 2013/1024.

[24] La continua innovazione finanziaria ed i progressi tecnologici impongono un continuo

corretto funzionamento del sistema finanziario e dei soggetti che ne fanno parte.

La seconda attività (quella dei controlli) si concretizza nell'esercizio di varie tipologie di strumenti (dall'analisi di dati trasmessi dagli stessi soggetti vigilati a scambi di documenti, da incontri con gli operatori a ispezioni in loco, ecc.) che consentono alla Banca d'Italia di porre in essere azioni differenziate a seconda della gravità delle anomalie riscontrate.

I soggetti vigilati svolgono le rispettive attività sulla base di regole definite innanzitutto a livello europeo ma anche a livello statale.

Le normative europee in materia (spesso completate – per i profili più specialistici – da norme tecniche emanate dalla Commissione europea su proposta dell'Autorità bancaria europea *European Banking Authority*, EBA)[25] mirano a porre un quadro di regole finalizzato a garantire condizioni di parità concorrenziale tra gli operatori del mercato unico[26].

La disciplina statale (in materia bancaria e finanziaria) è costituita da norme sia di grado primario che di grado secondario.

Fra le norme di grado secondario vanno ricordate in particolare le delibere del Comitato interministeriale per il credito e il risparmio (CICR, che su proposta della Banca d'Italia definisce criteri, modalità e limiti in materia di credito e di tutela del risparmio), i decreti ministeriali e gli atti normativi emanati dalla stessa Banca d'Italia[27]. E sono proprio gli atti normativi adottati dalla Banca d'Italia a giocare di fatto un ruolo importante nella definizione dei doveri degli enti vigilati giacché disciplinano profili e questioni essenziali per la gestione sana e prudente degli intermediari – dall'assetto organizzativo alle modalità di governo dell'impresa, dall'adeguatezza patrimoniale al presidio dei rischi, ecc. – nonché con riguardo alla correttezza dei rapporti con la clientela (ivi compresa la trasparenza delle condizioni contrattuali).

Va inoltre ricordato che la Banca d'Italia partecipa – sia pure sotto forme differenti – ai processi relativi alla definizione delle norme di grado primario[28], sia

---

aggiornamento delle regole del settore. A livello di Unione Europea la produzione normativa fa capo in larga misura alle istituzioni comunitarie (v. *infra*, capitolo quarto), ma anche la Banca d'Italia dispone di un significativo potere normativo (su cui v. *infra*, capitolo terzo).

[25] V. *infra*, capitolo quarto.

[26] Le disposizioni comunitarie seguono in genere il modello posto dalle regole definite a livello internazionale dal Consiglio per la stabilità finanziaria (*Financial Stability Board*, FSB), dal Comitato di Basilea per la vigilanza bancaria (*Basel Committee on Banking Supervision*, BCBS), dal Gruppo di azione finanziaria internazionale (GAFI, che promuove misure di contrasto al riciclaggio e al finanziamento del terrorismo) e da altri organismi internazionali.

[27] Anche il Tuf prevede ambiti di disciplina secondaria rimessi (oltre che a decreti ministeriali e ad atti normativi della Banca d'Italia) ad atti normativi della Consob (v. *infra*, capitolo secondo).

[28] La Banca d'Italia partecipa dunque, a vario titolo, all'intero "ciclo della regolamentazione di vigilanza": nella fase di elaborazione delle norme europee e di quelle italiane, nella fase

di quelle europee, sia di quelle italiane (anche in relazione alle innovazioni introdotte da regole europee).

I progetti di regolamentazione secondaria sono sottoposti ad un'analisi di impatto e a consultazione pubblica.

L'attività di vigilanza sulle banche[29] si esplica (oltre che mediante ispezioni presso gli operatori) innanzitutto attraverso una costante supervisione della situazione dei soggetti vigilati, al fine di rilevare tempestivamente eventuali problemi e richiedere interventi correttivi. Alcuni di questi controlli hanno carattere sistematico (analisi dei dati e delle informazioni che gli intermediari sono obbligati a trasmettere periodicamente o su richiesta, come ad esempio in materia di situazione di liquidità, gestione dei rischi e controlli interni).

La Banca d'Italia svolge inoltre accertamenti ispettivi (complementari rispetto ai controlli a distanza) al fine di verificare il rispetto delle disposizioni vigenti, l'attendibilità delle segnalazioni di vigilanza e ogni altro fenomeno rilevante. In questi ultimi anni si è assistito anche ad una pianificazione delle attività di vigilanza mediante simulazioni – a livello europeo e nazionale – volte a verificare la capacità dei soggetti vigilati di continuare a operare anche in condizioni – economiche e di mercato – avverse (c.d. *stress test*)[30].

Questa logica di "pianificazione" dell'azione di vigilanza opera anche nei confronti di ciascun intermediario, riguardo al quale è impostato all'inizio di ogni anno un "piano ispettivo" contenente le principali attività programmate, gli incontri e le verifiche periodiche da effettuare[31].

Nell'ambito dell'attività di verifica la Banca d'Italia invia agli intermediari comunicazioni contenenti richieste a seconda della gravità della situazione: dall'invito ad adottare i correttivi ritenuti opportuni per un miglioramento della gestione alla formulazione di richieste vincolanti con scadenze perentorie (e, a loro volta, tali richieste possono oscillare da misure meno restrittive – quali il divieto di distribuire utili o l'obbligo di reperire risorse patrimoniali aggiuntive o la re-

---

di applicazione delle regole *standard* internazionali FSB, BCBS, IOSCO, GAFI, nella fase di verifica dell'efficacia delle regole, nel G20 nel Forum dei Ministri delle finanze e dei Governatori delle banche centrali.

[29] Per le c.d. "procedure comuni" (autorizzazione o revoca all'esercizio dell'attività bancaria, autorizzazione all'acquisizione di partecipazioni qualificate nelle banche) la Banca d'Italia svolge la fase istruttoria e formula una proposta di decisione che viene sottoposta al Consiglio di vigilanza della BCE, competente ad adottare il provvedimento finale.

[30] La Banca d'Italia collabora allo svolgimento degli *stress test* svolti dall'EBA e dalla BCE sulle banche "significative" e conduce periodicamente *stress test* sul sistema bancario italiano. I risultati di queste simulazioni confluiscono nel processo di revisione e valutazione prudenziale (*Supervisory Review and Evaluation Process*, SREP), condotto annualmente per ottenere una valutazione complessiva di ciascun intermediario.

[31] Le informazioni acquisite nell'ambito sia della vigilanza a distanza che di quella ispettiva confluiscono nello SREP (*Supervisory Review and Evaluation Process*) sul quale vengono basate anche le attività di controllo da pianificare per l'anno successivo.

strizione delle attività o della rete territoriale – a provvedimenti chiamati a fronteggiare situazioni di particolare gravità quali l'attuazione di un piano di risanamento o la rimozione di esponenti aziendali o l'amministrazione straordinaria).

Nel Meccanismo di vigilanza unico (MVU), i gruppi bancari e i singoli istituti di credito non appartenenti a gruppi sono distinti fra "significativi" e "meno significativi" sulla base della loro dimensione – assoluta o relativa – nel sistema creditizio nazionale: i primi sono sottoposti alla vigilanza del Meccanismo di vigilanza unico (che a sua volta opera mediante le Autorità nazionali competenti, NCA). La Banca d'Italia (in quanto NCA) partecipa alla supervisione su tutte le banche significative europee, con un maggior coinvolgimento per quelle insediate in Italia, ed esercita direttamente la vigilanza sulle banche italiane "meno significative"[32]. La vigilanza sulle banche italiane "significative" è svolta da "gruppi di vigilanza congiunti" (GVC o in inglese *Joint Supervisory Team*, JST), guidati da un coordinatore della BCE, coadiuvato da un coordinatore italiano.

La responsabilità primaria delle ispezioni sulle banche significative italiane è in capo al Meccanismo unico di vigilanza, i cui gruppi ispettivi sono di norma diretti (e spesso totalmente composti) da personale della Banca d'Italia (pur non essendo esclusa la possibilità di costituzione di gruppi "misti" in quanto formati anche da personale della BCE e di altre Autorità nazionali competenti)[33]. Le banche italiane meno significative sono vigilate direttamente dalla Banca d'Italia, in base alle linee guida ed agli orientamenti decisi nell'ambito del Meccanismo unico di vigilanza.

La Banca d'Italia informa periodicamente la BCE della pianificazione delle attività di vigilanza e dell'attività svolta, nonché delle misure e delle sanzioni eventualmente adottate. Nei casi di maggiore importanza la BCE è destinataria in via preventiva di comunicazioni relative all'avvio dei relativi procedimenti e all'adozione di specifiche decisioni.

Tra le finalità affidate dal Tub alla Banca d'Italia posizione centrale occupa la tutela della trasparenza delle condizioni contrattuali e della correttezza dei rapporti con la clientela con riguardo ai prodotti bancari e ai servizi di pagamento. La finalità perseguita è ovviamente quella di proteggere il risparmiatore[34] che, nella relazione con l'intermediario, rappresenta la parte debole in ragione della asimmetria informativa e del minore potere contrattuale a disposizione: l'attività di vigilanza, in questo ambito, mira a limitare la capacità dell'intermediario di sfruttare la propria posizione di vantaggio a danno dei clienti.

---

[32] La BCE può decidere di esercitare direttamente i poteri di vigilanza anche nei confronti di una banca "meno significativa" (art. 6, par. 5, lett. b, del Regolamento UE 2013/1024).

[33] Questa prassi è promossa anche allo scopo di creare un'omogeneità delle prassi ispettive e la creazione di una cultura comune all'interno del Meccanismo unico di vigilanza.

[34] All'attività di vigilanza si affiancano gli strumenti posti a disposizione dei singoli clienti, quali la presentazione di esposti alla Banca d'Italia e il ricorso all'Arbitro Bancario Finanziario (ABF).

L'attività di vigilanza della Banca d'Italia è oggi indirizzata a fronteggiare anche i fenomeni di riciclaggio e di finanziamento del terrorismo [35]. Queste ulteriori finalità dell'attività di vigilanza si sono affermate negli ultimi decenni in ragione della crescente consapevolezza del peso, nel sistema economico, dell'evasione fiscale, della corruzione e dell'attività delle criminalità organizzate.

Nell'ordinamento italiano i controlli nei confronti di tali fenomeni sono affidati ad un articolato reticolo di autorità fra cui – come detto – è stata inserita anche la Banca d'Italia [36]. La supervisione svolta da quest'ultima ha l'obiettivo di verificare che gli intermediari vigilati abbiano assetti organizzativi, procedurali e di controllo capaci di impedirne il coinvolgimento in fenomeni di riciclaggio o di finanziamento del terrorismo e di garantirne la collaborazione con l'Unità di informazione finanziaria per l'Italia (UIF) [37].

Uno strumento fondamentale nello svolgimento dell'attività di vigilanza e di regolazione è rappresentato dal potere sanzionatorio (su cui, più dettagliatamente, v. *infra*, capitolo terzo, par. 2).

La disciplina delle sanzioni in materia bancaria e finanziaria è stata profondamente modificata dal 2016 in attuazione di direttive europee [38]. Il nuovo quadro normativo prevede che destinatari delle sanzioni possano essere o la persona giuridica (*id est*, la società) nonché, in presenza di specifiche responsabilità, anche le singole persone fisiche. Il primo strumento (sanzioni alle persone giuridiche) muove nel dichiarato fine di incentivare gli azionisti a porre specifica attenzione nei confronti dell'operato degli esponenti e dei manager. Particolarmente elevato è, in entrambi i casi, il massimale delle sanzioni che possono giungere fino al 10 per cento del fatturato per le persone giuridiche e fino a 5 milioni di euro per le persone fisiche [39].

---

[35] La Banca d'Italia partecipa anche alle attività del Comitato di sicurezza finanziaria, costituito presso il MEF per coordinare l'azione di contrasto al finanziamento del terrorismo, al riciclaggio e ai programmi di proliferazione delle armi di distruzione di massa. Il Comitato di sicurezza finanziaria si pone come punto di raccordo tra tutte le amministrazioni e gli enti operanti nel settore; ne fanno parte, oltre al MEF e alla Banca d'Italia, i Ministeri dell'Interno, della Giustizia, degli Affari esteri e della cooperazione internazionale, dello Sviluppo economico, l'Agenzia delle dogane, la Consob, l'Ivass, la UIF, la Guardia di finanza, la Direzione investigativa antimafia, l'Arma dei Carabinieri e la Direzione nazionale antimafia.

[36] Al riguardo v. il d.lgs. n. 231/2007, come modificato dal d.lgs. n. 90/2017.

[37] La Banca d'Italia collabora con l'autorità giudiziaria nell'individuazione degli illeciti penali finanziari e segnala ogni fatto che possa avere rilevanza penale.

[38] Vedi Direttiva UE/2013/36 (*Capital Requirements Directive*, CRD4) e successive Direttive UE/2014/65 (*Markets in Financial Instruments Directive*, MiFID2), UE/2014/91 (*Undertakings for the Collective Investment in Transferable Securities*, UCITS5) e UE/2015/849 (quarta direttiva antiriciclaggio).

[39] Sono inoltre previste misure alternative alla sanzione pecuniaria (come l'ordine di porre termine alla violazione) e misure accessorie, quali l'interdizione temporanea o permanente dalla carica.

Il procedimento sanzionatorio, a garanzia del diritto di difesa degli enti e dei soggetti sottoposti, prevede una separazione tra la fase istruttoria – che è di competenza dell'Ufficio della vigilanza – e la fase di decisione, rimessa al Direttorio della Banca d'Italia. Nel relativo procedimento è garantito agli interessati il diritto di visione degli atti del procedimento nonché di essere sentiti personalmente dall'Ufficio di vigilanza e di presentare controdeduzioni scritte. E controdeduzioni scritte (c.d. "contradditorio rafforzato") possono essere presentate anche nella fase della decisione: la procedura prevede infatti che al termine dell'istruttoria sia comunicata agli interessati la proposta formulata dall'Ufficio di vigilanza, nei confronti della quale proposta gli interessati hanno la facoltà di trasmettere proprie osservazioni al Direttorio, cui compete la decisione finale.

Nell'ambito del Meccanismo unico di vigilanza, il potere sanzionatorio è assegnato sia alla BCE che alla Banca d'Italia. La prima può adottare sanzioni pecuniarie nei confronti delle banche significative in caso di violazioni di norme europee; la Banca d'Italia, su richiesta della BCE, può applicare sanzioni, anche non pecuniarie, alle banche significative (ed ai relativi esponenti) per la violazione di norme statali. La Banca d'Italia ha autonomi poteri di sanzione nei confronti delle banche meno significative (su cui peraltro anche la BCE dispone di alcuni poteri sanzionatori) e degli altri intermediari vigilati. È competenza della Banca d'Italia adottare sanzioni (in quanto relative a violazioni su materie non trasferite alla BCE), per violazione delle disposizioni poste a tutela della trasparenza e della correttezza nei rapporti con la clientela e di quelle di prevenzione del rischio di riciclaggio e di finanziamento del terrorismo.

Particolarmente significativa, proprio all'interno dell'attività di vigilanza, è la collaborazione con le altre autorità di regolazione – Consob, Autorità garante della concorrenza e del mercato, Commissione di vigilanza sui fondi pensione (Covip) e Istituto per la vigilanza sulle assicurazioni (Ivass) – collaborazione che consente di ottenere una maggiore efficacia dell'azione regolatoria e di vigilanza[40].

La disciplina dei mercati finanziari è posta oggi, in gran parte, dalle normative europee e questo effetto è il risultato delle soluzioni escogitate per rispondere agli effetti della crisi finanziaria del 2007-2008, crisi in cui alcune situazioni – di grave difficoltà – di non pochi intermediari finanziari hanno indotto ad un radicale ripensamento rispetto alle normative precedenti. Come noto, in tale occasione, alcuni Paesi, allo scopo di evitare la propagazione all'intero sistema della crisi di un singolo soggetto, hanno impegnato ingenti risorse pubbliche, allo scopo di evitare

---

[40] La collaborazione è spesso regolata da protocolli di intesa e si realizza attraverso scambi di informazioni e di documenti, nonché attraverso il coordinamento degli interventi di rispettiva competenza e l'adozione di azioni congiunte. Specifiche forme di cooperazione vengono individuate anche mediante l'istituzione di appositi comitati di coordinamento: v., ad esempio, il Comitato strategico ed il Comitato tecnico che la Banca d'Italia ha istituito in virtù di protocollo intercorso con la Consob, nonché il Tavolo di coordinamento con la Consob e l'Ivass in materia di applicazione dei principi contabili internazionali IAS/IFRS.

danni all'intero sistema finanziario e – conseguentemente – all'economia reale.

Ritornando al profilo della collaborazione della Banca d'Italia con altri soggetti, va rilevato che l'ordinamento prevede anche adempimenti di necessaria collaborazione – in funzione di prevenzione – tra operatori economici privati e autorità pubbliche. In particolare si intende fare riferimento al vincolo per gli operatori economici privati ad adempiere a specifici obblighi connessi con l'adeguata conoscenza della clientela, la tracciabilità delle transazioni e la segnalazione delle operazioni connotate da elementi di sospetto alle *Financial intelligence units* (FIU, in italiano *Unità di Informazione Finanziaria* UIF).

La normativa vigente [41] assegna all'*Unità di informazione finanziaria per l'Italia* (UIF, istituita presso la Banca d'Italia) un ruolo centrale nel sistema di prevenzione nazionale, in linea con gli *standard* e le regole internazionali concernenti le FIU [42]. L'UIF è competente alla ricezione delle segnalazioni riguardanti ipotesi di riciclaggio e di finanziamento del terrorismo provenienti dai soggetti obbligati alla collaborazione, in vista della trasmissione agli organi competenti per il seguito investigativo e giudiziario.

La UIF – come detto – è istituita presso la Banca d'Italia, che ne garantisce l'autonomia e l'indipendenza [43] disciplinandone con regolamento l'organizzazione e il funzionamento, nonché la riservatezza delle informazioni acquisite. La Banca d'Italia attribuisce alla UIF i mezzi finanziari e le risorse idonei ad assicurare l'efficace perseguimento dei fini istituzionali.

La UIF riceve le segnalazioni di operazioni sospette (SOS), oltre che dagli intermediari bancari e finanziari, da vari soggetti obbligati: professionisti (notai, avvocati, commercialisti) ed operatori di particolari comparti (servizi di gioco, custodia e trasporto valori, mediazione immobiliare, commercio di cose antiche e case d'asta, servizi relativi alle valute virtuali) [44].

---

[41] D.lgs. n. 231/2007 come modificato dai d.lgs. n. 90/2017, n. 124/2019 e n. 125/2019.

[42] La normativa internazionale (in particolare le 40 raccomandazioni del Gruppo di azione finanziaria internazionale-GAFI, che opera presso l'OCSE, e le direttive europee antiriciclaggio) prescrive l'istituzione di una FIU in ogni ordinamento, individuando quali caratteristiche essenziali: l'unicità a livello nazionale, l'autonomia e l'indipendenza operativa, la specialità delle funzioni di analisi finanziaria, la capacità di collaborare nel circuito internazionale, la natura multidisciplinare (finanziaria, amministrativa e investigativa) delle informazioni disponibili.

[43] Al Direttore dell'Unità compete in autonomia la responsabilità della gestione. Il Direttore è nominato con provvedimento del Direttorio della Banca d'Italia, su proposta del Governatore, tra persone dotate di adeguati requisiti di onorabilità, professionalità e conoscenza del sistema finanziario; il suo mandato dura cinque anni ed è rinnovabile una sola volta. Un Comitato di esperti svolge funzioni di consulenza e ausilio a supporto dell'azione della UIF. Il Comitato è composto dal Direttore e da quattro membri nominati per tre anni con decreto del Ministro dell'Economia e delle Finanze, sentito il Governatore. L'Unità rende conto del proprio operato mediante il rapporto annuale sull'attività svolta, che è trasmessa dal Ministro dell'Economia e delle Finanze al Parlamento.

[44] Art. 3 del d.lgs. n. 231/2007.

La UIF trasmette le segnalazioni ritenute meritevoli ed i risultati delle proprie analisi al Nucleo speciale di polizia valutaria della Guardia di finanza (NSPV) e alla Direzione investigativa antimafia (DIA); comunica all'autorità giudiziaria i fatti di possibile rilevanza penale[45]. La UIF, di propria iniziativa o su richiesta dell'NSPV, della DIA, dell'autorità giudiziaria o di FIU estere, può sospendere (per un massimo di cinque giorni) l'esecuzione delle operazioni sospette.

L'UIF dispone di poteri di regolamentazione e controllo al fine di promuovere condizioni di efficace collaborazione attiva da parte dei segnalanti. Può emanare istruzioni per la rilevazione e la segnalazione delle operazioni sospette ed elaborare indicatori di anomalia e schemi di comportamenti anomali, per specifici fenomeni o settori di attività. La UIF esercita controlli anche di tipo ispettivo per verificare il rispetto delle disposizioni in tema di obblighi di segnalazione oppure per approfondire operazioni e fenomeni sospetti.

A seguito dei controlli l'UIF, a seconda della fattispecie rilevata, contesta agli interessati le irregolarità rilevate e trasmette le relative informazioni al Ministero dell'Economia e delle Finanze oppure sottopone alle autorità di vigilanza di settore le ipotesi di violazione degli obblighi segnaletici per l'attivazione delle sanzioni previste dalla legge. La UIF infatti riceve dai soggetti obbligati, con cadenza periodica, dati e informazioni individuati in base a criteri oggettivi concernenti operazioni a rischio di riciclaggio o di finanziamento del terrorismo (c.d. *comunicazioni oggettive*, disciplinate da istruzioni dell'UIF). Ed anche le pubbliche amministrazioni che svolgono specifiche funzioni nell'ambito di settori esplicitamente richiamati dalla legge (ad esempio procedimenti autorizzativi o concessori, scelta del contraente nei contratti pubblici, concessione di finanziamenti, ausili o sovvenzioni) sono tenute a comunicare alla UIF dati e informazioni concernenti operazioni sospette di cui vengano a conoscenza[46].

## 3. L'Istituto per la vigilanza sulle assicurazioni (Ivass). Dall'Isvap all'Ivass

L'*Istituto per la vigilanza sulle assicurazioni* (*Ivass*), istituito dall'art. 13 del d.l. n. 95/2012, convertito in legge n. 135/2012, è un organo di controllo delle imprese di assicurazione ed è succeduto all'Isvap (Istituto per la vigilanza sulle assi-

---

[45] I rapporti della UIF con la Guardia di finanza, con la DIA e con la Direzione nazionale antimafia e antiterrorismo (DNA) mirano ad un'efficiente integrazione informativa (c.d. ciclo informativo di intelligence). Specifiche forme di collaborazione intercorrono con la DNA cui l'UIF trasmette i dati anagrafici contenuti nelle SOS ricevute per consentire l'incrocio con i nominativi presenti nelle basi dati della Direzione.

[46] La UIF svolge inoltre studi su singole anomalie, su settori dell'economia ritenuti a rischio, su categorie di strumenti di pagamento e su specifiche realtà economiche territoriali, avvalendosi anche di segnalazioni aggregate, trasmesse dagli intermediari.

curazioni private e di interesse collettivo), già istituito dalla legge 12 agosto 1982, n. 576, legge che inizialmente assegnava a tale Istituto funzioni istruttorie e conoscitivo-consultive del Ministro dell'Industria.

L'art. 13 del d.l. n. 95/2012, conv. in legge n. 135/2012, ha istituito l'Ivass quale ente avente personalità giuridica di diritto pubblico, chiamato a svolgere le funzioni già affidate all'Istituto per la vigilanza sulle assicurazioni private e di interesse collettivo (Isvap) e cui è assegnato l'ulteriore compito "*di assicurare la piena integrazione dell'attività di vigilanza nel settore assicurativo, anche attraverso un più stretto collegamento con la vigilanza bancaria*". Il legislatore del 2012 mirava dunque a rafforzare il controllo sul mercato assicurativo mediante un più stretto collegamento con la vigilanza bancaria, in ragione delle evidenti interconnessioni fra il mercato assicurativo e quello bancario.

Il collegamento del controllo del mercato assicurativo con la vigilanza bancaria pone il problema del rapporto con le autorità di vigilanza del mercato borsistico e, a questo proposito, sempre l'art. 13 del d.l. n. 95/2012 ha precisato che "*resta, in ogni caso, ferma la disciplina in materia di poteri di vigilanza regolamentare, informativa, ispettiva e sanzionatori esercitati dalla Consob sui soggetti abilitati e sulle imprese di assicurazione nonché sui prodotti di cui all'articolo 1, comma 1, lettera w-bis), del decreto legislativo 24 febbraio 1998, n. 58, e relativa disciplina regolamentare di attuazione*". Viene così a delinearsi un quadro coordinato di funzioni fra Ivass, Banca d'Italia e Consob.

La legge istitutiva sottolinea che l'Ivass opera sulla base dei principi di autonomia organizzativa, finanziaria e contabile, oltre che di trasparenza e di economicità. Si specifica inoltre che l'Ivass opera con piena autonomia e indipendenza e non può essere sottoposto a direttive di altri soggetti pubblici o privati. Sull'Ivass incombe l'onere di trasmettere annualmente al Parlamento e al Governo una relazione sulla propria attività [47].

---

[47] Sull'Ivass, senza pretesa di esaustività, v. S. AMOROSINO, *Principi "costituzionali", poteri pubblici e fonti normative: lo* jus commune *dei mercati finanziari, bancari ed assicurativi*, in *Diritto della banca e del merc. fin.*, 2003, I, 335 ss.; M. GNES, *La disciplina delle assicurazioni*, in *Trattato di diritto amministrativo*, a cura di S. CASSESE, parte speciale, tomo III, Milano, 2003; S. AMOROSINO-L. DESIDERIO (a cura di), *Il Nuovo codice delle assicurazioni*, Milano, 2006; M. BIN (a cura di), *Commentario al codice delle assicurazioni*, Padova, 2006; I. BOZZANO, *Il controllo e la regolamentazione del mercato assicurativo*, in *Le assicurazioni private*, a cura di G. ALPA, Torino, 2006; F. CAPRIGLIONE (a cura di), *Il codice delle assicurazioni private*, Padova, 2007; C. ARMBRÜSTER, *La vigilanza su banche ed assicurazioni: è meglio avere un'autorità o due?*, in *Banche, assicurazioni e gestori del risparmio*, a cura di M. PROSPERETTI-A. COLAVOLPE, Padova, 2009; L. DESIDERIO, *Temi e problemi di diritto delle assicurazioni*, Milano, 2010; C. BORTOLANI, *La sorveglianza*, in *Le assicurazioni*, a cura di A. COLAVOLPE-M. PROSPERETTI, Padova, 2012; M. DE BELLIS, *Unificazione, differenziazione e tecnificazione nella regolazione europea dei mercati finanziari*, in *Riv. it. dir. com.*, 2015, n. 6, 1553 ss.; S. STACCA, *A proposito di alcuni atti "flessibili" dell'IVASS: possibili implicazioni per imprese e consumatori*, in *Assicurazioni*, 2017, 2-3, 241 ss.

Sono organi dell'Ivass:

a) il Presidente (tale carica spetta al Direttore Generale della Banca d'Italia) che è il legale rappresentante dell'Istituto e che presiede il Consiglio;

b) il Consiglio (che è composto dal Presidente e da due consiglieri scelti tra persone di indiscussa moralità ed indipendenza oltre che di elevata qualificazione professionale in campo assicurativo, nominati con decreto del Presidente della Repubblica, previa delibera del Consiglio dei Ministri, su iniziativa del Presidente del Consiglio, su proposta del Governatore della Banca d'Italia e di concerto con il Ministro dello sviluppo economico) [48];

c) il Direttorio (che è il Direttorio della Banca d'Italia, operante nella c.d. "composizione integrata", cioè con la partecipazione anche dei due consiglieri dell'Ivass).

Al Consiglio spetta l'amministrazione generale dell'Ivass. In particolare il Consiglio: adotta il regolamento organizzativo dell'Ivass; delibera in ordine al trattamento normativo ed economico del personale dipendente dell'Istituto e adotta il relativo regolamento; provvede alla gestione dei contributi dei soggetti vigilati; esamina ed approva il bilancio [49].

Nell'esercizio delle funzioni istituzionali attribuite all'Ivass, il Direttorio della Banca d'Italia – come detto – è integrato con i due consiglieri dell'Ivass (c.d. "Direttorio integrato" o "a composizione integrata").

Al "Direttorio integrato" spetta l'attività di indirizzo e la direzione strategica dell'Ivass e la competenza ad assumere i provvedimenti aventi rilevanza esterna relativi all'esercizio delle funzioni istituzionali in materia di vigilanza assicurativa.

Nell'ambito delle proprie competenze il "Direttorio integrato" può rilasciare deleghe al Presidente, a singoli consiglieri, a dipendenti dell'Istituto con qualifica dirigenziale o a Comitati, Commissioni o Collegi previsti dallo Statuto, stabilendone oggetto e limiti nel rispetto delle modalità previste dallo Statuto medesimo. Rientra in ogni caso nella competenza esclusiva del Direttorio integrato l'approvazione della relazione annuale e l'adozione di provvedimenti a carattere normativo. Rientra altresì nella competenza del Direttorio integrato l'adozione nei con-

---

[48] I due consiglieri restano in carica sei anni, con possibilità di rinnovo per un ulteriore mandato. Gli emolumenti connessi alla carica sono fissati con decreto del Ministro dello sviluppo economico, adottato su proposta del Governatore della Banca d'Italia.

[49] L'Ivass inoltre adotta anche i provvedimenti di nomina, assegnazione, promozione e cessazione dal servizio dei dipendenti; conferisce gli incarichi di livello dirigenziale; approva gli accordi stipulati con le organizzazioni sindacali; esercita le competenze indicate dallo Statuto e delibera sulle questioni che il Direttorio integrato ritenga di sottoporgli. Nell'ambito delle proprie competenze, il Consiglio può rilasciare deleghe anche a singoli consiglieri o al personale dell'Istituto con qualifica dirigenziale per l'adozione di provvedimenti che non richiedono valutazioni di carattere discrezionale, stabilendone oggetto e limiti, nel rispetto delle modalità previste dallo Statuto.

fronti dei dirigenti dell'Ivass di provvedimenti di distacco ed il conferimento di particolari incarichi, ivi compresa la nomina dei delegati presso l'Autorità europea delle assicurazioni e delle pensioni aziendali e professionali (EIOPA)[50].

Il Direttorio integrato viene informato dal Presidente dell'Ivass sui fatti rilevanti concernenti l'amministrazione dell'Istituto.

Lo Statuto dell'Ivass è deliberato dal Direttorio della Banca d'Italia ed approvato con decreto del Presidente della Repubblica su proposta del Presidente del Consiglio dei Ministri, di concerto con il Ministro dello sviluppo economico, previa deliberazione del Consiglio dei Ministri. Le modifiche allo Statuto dell'Ivass, deliberate dal Direttorio integrato, sono approvate con le medesime modalità.

Lo Statuto detta disposizioni in ordine all'assetto organizzativo dell'Ivass e in particolare: stabilisce norme di dettaglio sulle competenze degli organi dell'Istituto; prevede la facoltà del Direttorio integrato di nominare un Segretario generale con compiti di ordinaria amministrazione, anche su delega del Consiglio; disciplina il funzionamento degli organi e in tale ambito, stabilisce i *quorum* costitutivi e deliberativi di quelli collegiali, prevedendo che il Direttorio integrato possa assumere i provvedimenti di sua competenza solo con la presenza di almeno uno dei consiglieri; definisce principi e criteri ai fini del conferimento delle deleghe da parte degli organi collegiali; definisce le modalità dell'esercizio delle funzioni istituzionali nei casi di necessità e di urgenza; stabilisce norme in materia di incompatibilità e principi per l'adozione del codice etico sia per i dipendenti che per i componenti degli organi; definisce i criteri ai fini di eventuali provvedimenti di distacco dei dipendenti dalla Banca d'Italia all'Ivass o viceversa; definisce norme relative alla consulenza e rappresentanza in giudizio dell'Ivass; stabilisce criteri per l'ottimizzazione delle risorse, la riduzione delle spese per il funzionamento e per le collaborazioni esterne.

Il testo normativo di riferimento del settore assicurativo è oggi il d.lgs. 7 settembre 2005, n. 209, Codice delle Assicurazioni Private (e successive modificazioni e integrazioni) che pone le norme fondamentali del settore assicurativo e definisce le competenze dell'Ivass.

Il Codice delle Assicurazioni Private (Cod. Ass.) realizza la codificazione delle norme in materia di assicurazione, cui bisogna ovviamente aggiungere le norme contenute nel Codice civile, nella legge istitutiva dell'Ivass (legge n. 135/2012, di conversione, con modifiche, del d.l. n. 95/2012) e talune norme in materia di contabilità[51].

Il Codice delle Assicurazioni Private ha posto un'organica disciplina della ma-

---

[50] Nei casi di necessità e di urgenza, i provvedimenti di competenza del Direttorio integrato possono essere assunti dai componenti del Consiglio di amministrazione anche singolarmente, salvo ratifica collegiale.

[51] Da ricordare quanto meno le norme relative alla disciplina antiriciclaggio e alla lotta al finanziamento del terrorismo (d.lgs. 21 novembre 2007 n. 231 e s. m.) e quelle relative alla revisione contabile.

teria e assegna all'Ivass funzioni di vigilanza sul settore assicurativo mediante l'esercizio di poteri di natura autorizzativa, prescrittiva, accertativa, cautelare e repressiva.

La vigilanza posta in essere dall'Ivass ha per scopo la sana e prudente gestione delle imprese di assicurazione e di riassicurazione e la trasparenza e la correttezza dei comportamenti delle imprese, degli intermediari e degli altri operatori del settore assicurativo, avendo riguardo alla stabilità, all'efficienza, alla competitività ed al buon funzionamento del sistema assicurativo, alla tutela degli assicurati e degli altri aventi diritto a prestazioni assicurative, all'informazione ed alla protezione dei consumatori.

Come anticipato, il previgente *Istituto per la vigilanza sulle assicurazioni private e di interesse collettivo* (Isvap), organo di controllo sulle imprese di assicurazione, era stato istituito dalla legge 12 agosto 1982, n. 576, che assegnava all'Isvap funzioni istruttorie e conoscitivo-consultive del Ministro dell'Industria[52]. In seguito la legge n. 20/1991 attribuiva all'Isvap nuove competenze e poteri in materia di regolazione degli assetti proprietari e di gruppo nel settore assicurativo, e poi con il D.P.R. 18 aprile 1994, n. 385 (*Regolamento recante semplificazione dei procedimenti amministrativi in materia di assicurazioni private e di interesse collettivo di competenza del Ministero dell'Industria, del Commercio e dell'Artigianato*) venivano attribuite all'Isvap tutte le funzioni di controllo del settore assicurativo[53].

---

[52] In dottrina v. G. SANGIORGIO, *Istituto per la vigilanza sulle assicurazioni private e di interesse collettivo (Isvap)*, in *Enc. giur. Treccani*, Roma, 1995; A. JORIO, *Impresa di assicurazione: I) Diritto commerciale*, in *Enc. giur. Treccani*, Roma, 1988, che (p. 6) sottolinea come già dalla legge istitutiva all'Isvap veniva assegnato «un potere sostanzialmente illimitato di controllo, esame e verifica sulla vita delle imprese sotto il triplice profilo tecnico, finanziario e patrimoniale». G. MANGHETTI, *Intervento del Presidente dell'Isvap al Convegno "Il consumatore ed i servizi assicurativi: verso nuove forme di tutela"*, Roma, 6 giugno 2000, secondo cui la «fondamentale funzione di garanzia» svolta dall'Isvap si realizza perseguendo il duplice l'obiettivo che la vigilanza deve raggiungere: «quello della stabilità delle imprese attraverso la puntuale verifica del loro grado di solvibilità e quello di una gestione d'impresa finalizzata alla qualità del servizio offerto».

[53] Il D.P.R. n. 385/1994 è stato adottato in attuazione dell'art. 2, commi 7-9, legge n. 537/1993, che prevedeva l'emanazione di uno o più regolamenti governativi di delegificazione volti a disciplinare le categorie dei procedimenti amministrativi riportati in allegato (in cui era espressamente menzionato il procedimento relativo alle autorizzazioni e ai dinieghi all'esercizio dell'attività assicurativa nei rami danni e vita e quella relativa ad estendere l'esercizio dell'attività assicurativa ad altri rami danni e vita). L'art. 2 di tale D.P.R., dopo aver previsto al comma 1, le competenze spettanti al Ministero dell'Industria, dispone, al comma 2 che «Tutte le attività di controllo e vigilanza in materia di assicurazioni private ed interesse collettivo, non previste dal precedente comma e in precedenza esercitate dal Ministero dell'Industria, del commercio e dell'artigianato, sono trasferite all'Isvap, che le esercita in piena autonomia e nel rispetto esclusivo del proprio ordinamento, come definito dalla legge 12 agosto 1982, n. 576 e successive modificazioni ed integrazioni». Sul D.P.R. n. 385/1994 v. M. BALDUZZI, *La semplificazione dei procedimenti ammini-*

In seguito i d.lgs. nn. 174 e 175/1995 (adottati in attuazione della legge comunitaria per il 1993, legge 22 febbraio 1994, n. 146, che all'art. 17 delegava il governo ad adottare norme di attuazione della Direttiva 92/96/CEE del Consiglio del 10 novembre 1992, in materia di assicurazione diretta sulla vita e che agli artt. 18 e 19 conferiva delega al governo per l'attuazione della Direttiva 92/49/CEE in materia di assicurazione diretta diversa dalla assicurazione sulla vita) ampliavano ulteriormente i poteri dell'Isvap, aggiungendo al precedente controllo tecnico, finanziario e patrimoniale della vita delle imprese assicurative, anche il rilascio dell'autorizzazione all'esercizio dell'attività di assicurazione ed un più penetrante potere di vigilanza[54]. L'Isvap è venuto così a disporre di un pieno potere di controllo e regolazione del settore assicurativo[55].

Si deve dunque rilevare che l'Isvap, se inizialmente svolgeva una funzione meramente preparatoria o consultiva o istruttoria di provvedimenti ministeriali[56], viene progressivamente ad acquisire, in ragione delle normative successive, funzioni di controllo e di regolamentazione, guadagnando così la qualifica di autorità di regolazione indipendente, avente autonomia giuridica, patrimoniale, contabile,

---

*strativi in materia di assicurazioni private e di interesse collettivo*, in *Nuove leggi civ. comm.*, 1995, 93 ss. Il D.P.R. n. 385/1994, nel trasferire all'Isvap le competenze in materie di vigilanza già spettanti al Ministro, espressamente dispone che l'Isvap esercita la sua attività «in piena autonomia e nel rispetto esclusivo del proprio ordinamento». In particolare al Consiglio di amministrazione dell'Istituto è assegnata piena potestà in merito all'organizzazione dell'Istituto medesimo, nonché in materia di trattamento giuridico ed economico del personale (v. art. 20, legge n. 576/1982). Al riguardo v. Provvedimento Isvap 5 settembre 1995 (*Regolamento concernente la disciplina delle modalità dell'esercizio del diritto di accesso ai documenti amministrativi di cui al Capo V della l. 7 agosto n. 241 sulle «Nuove norme in materia di procedimento amministrativo e di diritto di accesso ai documenti amministrativi»*); Provvedimento 5 settembre 1995 (*Regolamento concernente le cause di esclusione del diritto di accesso ai documenti amministrativi di cui al Capo V della l. 7 agosto n. 241 sulle «Nuove norme in materia di procedimento amministrativo e di diritto di accesso ai documenti amministrativi»*).

[54] G. SANGIORGIO, *op. ult. cit.*, 2, secondo cui una «costante» delle disposizioni contenute nei d.lgs. nn. 174 e 175/1995 è «costituita dall'attribuzione all'Isvap di ulteriori, specifiche competenze provvedimentali, con funzioni di regolamentazione e di controllo del settore assicurativo, finalizzate ad assicurare la stabilità del mercato e l'efficienza degli operatori, mediante l'uso di una discrezionalità di natura tecnica che esclude in radice la possibilità di interventi politici regolatori o di indirizzo». I d.lgs. n. 174 e n. 175/1995, nel dare attuazione alle direttive comunitarie c.d. di terza generazione in materia di assicurazione vita e danni, hanno ampliato l'ambito dei poteri di vigilanza dell'Isvap assegnandole il compito di vigilare sulle imprese aventi sede legale in Italia anche per l'attività da queste svolta a livello comunitario in regime di stabilimento o di libera prestazione dei servizi e ciò in conformità ai principi comunitari dell'*home country control* e del mutuo riconoscimento della legislazione nazionale.

[55] Così già V. CERULLI IRELLI, *Lezioni di diritto amministrativo*, Torino, 1997.

[56] La nuova disciplina lasciava al Ministro solo il potere di revoca dell'autorizzazione, sempre su proposta dell'Isvap; A. JORIO, *Il controllo dell'Isvap sugli enti di gestione fiduciaria*, in *Giur. comm.*, 1984, 1051 ss.

organizzativa e gestionale, e dotata di specifiche competenze tecniche e di ampi strumenti operativi [57].

E, sempre nel periodo antecedente l'istituzione dell'Ivass (e di vigenza dell'Isvap), è stato il "*Codice delle assicurazioni private*" (d.lgs. n. 209/2005 entrato in vigore il 1° gennaio 2006) a riscrivere la disciplina della materia assegnando all'ente di vigilanza del settore (allora l'Isvap oggi l'Ivass) il compito della vigilanza.

L'obiettivo dell'attività dell'Istituto (ieri l'Isvap, oggi l'Ivass) è di assicurare la stabilità del mercato e delle imprese nonché la solvibilità e l'efficienza degli operatori, a garanzia degli interessi degli assicurati e dunque, più in generale, dei consumatori e dell'utenza nel suo insieme. A tale scopo l'Istituto esercita la vigilanza nei confronti delle imprese di assicurazione e degli intermediari di assicurazione mediante il controllo sulla gestione tecnica, finanziaria, patrimoniale e contabile delle stesse, verificandone la rispondenza alle vigenti disposizioni legislative, regolamentari ed amministrative.

Per l'esercizio delle proprie funzioni, l'Ivass ha, tra l'altro, la facoltà di richiedere alle imprese vigilate la comunicazione di dati, elementi e notizie [58]; può disporre nei loro confronti ispezioni e indagini di altra natura; può convocarne i rappresentanti legali, il direttore generale e il presidente del collegio sindacale nonché, ove occorra, i rappresentanti della società di revisione incaricata di certificare il bilancio.

L'Ivass – come detto – esercita le funzioni di vigilanza nei confronti delle imprese di assicurazione e riassicurazione, dei gruppi assicurativi, dei c.d. "conglomerati finanziari" nei quali le imprese assicurative sono incluse, nonché dei soggetti che svolgono funzioni anche solo parzialmente comprese nel ciclo operativo delle imprese e degli intermediari assicurativi e riassicurativi.

Nel perseguimento dei propri obiettivi istituzionali l'Ivass esercita sia la cosiddetta "*vigilanza microprudenziale*" – consistente nella supervisione sui soggetti vigilati mediante controlli patrimoniali, finanziari e tecnici, sulla *corporate governance* e sugli assetti proprietari – sia la cosiddetta "*vigilanza macroprudenziale*", consistente nell'esercizio di funzioni di vigilanza sulla stabilità del sistema.

È l'Ivass a disporre del potere di autorizzazione all'esercizio dell'attività assicurativa e riassicurativa e, nella sua funzione di autorità di regolazione del settore cui è preposta, l'Ivass può svolgere accertamenti ispettivi presso i gruppi e le im-

---

[57] Organi dell'Isvap erano il Presidente e il Consiglio, le cui attribuzioni riguardavano sia l'ambito organizzativo interno sia quello dei rapporti esterni. Al riguardo v. R. TITOMANLIO, *Indipendenza e autonomia delle Authorities: profili organizzativi*, cit., 197 ss.

[58] L'Ivass (ieri l'Isvap) può richiedere notizie, informazioni e collaborazione a tutte le pubbliche amministrazioni; promuove inoltre tutte le forme di collaborazione ritenute necessarie con le altre autorità di vigilanza finanziarie e con gli organi di controllo assicurativi dei Paesi dell'Unione Europea; M. D'ALBERTI, *Autorità indipendenti*, in *Enc. giur. Treccani.*, IV, Roma, 1988, 4; G. VESPERINI, *Le funzioni delle autorità amministrative*, in *Dir. banca e mercato finanziario*, 1990, 444 ss.

prese del mercato assicurativo e riassicurativo e presso gli altri soggetti vigilati, anche in collaborazione con la Banca d'Italia, (o con altre autorità pubbliche o di vigilanza assicurativa dell'Unione Europea).

Nell'attività di vigilanza sull'operato degli intermediari assicurativi e riassicurativi l'Ivass verifica la conformità dei comportamenti di tali soggetti alla normativa di settore, con particolare riguardo al rispetto degli obblighi di separazione patrimoniale e d'informativa, alla correttezza e alla trasparenza nelle relazioni con il cliente.

L'Ivass cura la tenuta del Registro unico degli intermediari assicurativi e riassicurativi (RUI) e promuove la diffusione di buone prassi tra gli operatori nell'ottica di protezione del consumatore [59].

Per l'esercizio delle funzioni di vigilanza sulla gestione tecnica, finanziaria e patrimoniale delle imprese e sulla trasparenza e sulla correttezza dei comportamenti degli operatori, l'Ivass adotta regolamenti di attuazione delle norme di grado primario poste dal Codice delle assicurazioni nonché delle norme europee direttamente applicabili (in particolare dei regolamenti europei e dei regolamenti per l'attuazione delle raccomandazioni, linee guida e delle altre disposizioni emanate dall'Autorità di vigilanza europea, EIOPA).

A questo proposito va ricordato che l'Ivass è parte del Sevif (*Sistema europeo di vigilanza finanziaria*) nell'ambito del quale collabora alla convergenza delle prassi di vigilanza. A tal fine coopera con l'EIOPA (*European Insurance and Occupational Pensions Authority*), con il Comitato congiunto delle tre Autorità di vigilanza europee (l'ESRB, *European Systemic Risk Board*) e con le Autorità di vigilanza degli altri Stati membri [60].

L'Ivass vigila sulla correttezza dei comportamenti delle imprese nei confronti del consumatore e sulla trasparenza dei prodotti assicurativi. A questo fine l'Ivass stabilisce anche regole di comportamento che le imprese e gli intermediari sono tenuti a osservare nell'offerta e nell'esecuzione dei contratti. Svolge anche funzioni di accertamento di condotte illecite – o di mancato rispetto delle norme vigenti – da parte dei soggetti vigilati e applica le relative sanzioni (che possono essere sia pecuniarie che disciplinari; al riguardo v. *infra*, capitolo terzo, par. 3).

È l'Ivass che provvede ad autorizzare le imprese all'esercizio dell'attività assicurativa e all'estensione in altri rami di tale attività, nonché a svolgere tutte le attività connesse con il rilascio di tale autorizzazione, verificando la sussistenza delle condizioni richieste dalla legge per l'esercizio della stessa.

Nell'ambito dei compiti di supervisione prudenziale volti a garantire la sana e

[59] Le entrate dell'Ivass sono costituite dai contributi a carico dei soggetti vigilati, il cui ammontare è definito annualmente con decreto del Ministro dell'economia e delle finanze adottato, su proposta dell'Ivass, in modo da assicurare la copertura finanziaria degli oneri di funzionamento dello stesso.

[60] L'Ivass partecipa anche alla IAIS (*International Association of insurance Supervisors*) e contribuisce alla predisposizione della normativa europea.

prudente gestione dell'impresa assicurativa, l'Ivass opera un costante controllo della situazione patrimoniale e finanziaria dell'impresa, con riguardo, in particolare, al possesso del margine di solvibilità e di riserve tecniche sufficienti in rapporto all'insieme dell'attività svolta nonché di attivi congrui alla loro integrale copertura (c.d. vigilanza finanziaria)[61].

L'Ivass esercita un intervento di regolazione nei confronti del mercato assicurativo, non solo vigilando sull'osservanza delle leggi e dei regolamenti vigenti da parte degli operatori del mercato assicurativo ma anche dettando direttive e introducendo regole di comportamento finalizzate all'attuazione (ed anche, a volte, all'integrazione) delle norme di grado primario all'interno delle concrete dinamiche di mercato in cui si esplica l'attività assicurativa[62].

Infatti, oltre che in materia di auto-organizzazione, l'Ivass gode di potere regolamentare nei confronti del mercato assicurativo, potere regolamentare diretto ad «assicurare i necessari collegamenti tra l'ordinamento di "primo livello" e la concreta realtà in cui si esplica l'attività assicurativa»[63].

L'Ivass, nel suo ruolo di tutela del consumatore, può essere destinatario dei reclami presentati dagli interessati nei confronti delle imprese soggette alla vigilanza dell'Istituto, ed ha anche il compito di agevolare la sollecita ed esatta esecuzione dei contratti, di chiedere chiarimenti alle imprese, di facilitare la soluzione delle questioni ad esso sottoposte.

L'Ivass viene così a rivestire la figura di "*Ombudsman* assicurativo" con competenze riguardanti in particolare la trasparenza nei rapporti tra imprese e assicurati e l'informazione del consumatore. Dette competenze vengono esercitate dal-

---

[61] L'evoluzione del quadro normativo ha reso il sistema del controllo operato (in precedenza dall'Isvap, oggi) dall'Ivass sempre più attento al trattamento delle informazioni e all'analisi dei dati relativi alla gestione dell'impresa assicurativa, accentuando il carattere preventivo della vigilanza e consentendo così all'Ivass di poter intervenire con tempestività nel caso di insorgenza di situazioni di rischio. A questo proposito rivestono un ruolo chiave le informazioni che le imprese devono comunicare in corso d'esercizio e che vanno ad affiancare e integrare i controlli tradizionali basati sull'analisi del bilancio annuale. Gli sviluppi dell'attività finanziaria hanno portato al conferimento all'Ivass del potere di autorizzare l'assunzione di partecipazioni di controllo e di partecipazioni qualificate nel capitale delle imprese di assicurazione. Inoltre l'Ivass ha il potere di ordinare la dismissione delle partecipazioni di imprese assicurative, qualora queste siano ritenute estranee all'oggetto sociale ovvero pregiudizievoli per la stabilità dell'impresa. Anche la disciplina dei bilanci consolidati a livello di gruppi assicurativi è demandata all'Ivass, cui le imprese hanno l'obbligo di comunicare preventivamente taluni atti infragruppo aventi contenuto patrimoniale che esse intendono porre in essere.

[62] Sul potere regolamentare dell'Isvap v. già F. POLITI, *Regolamenti delle autorità amministrative indipendenti*, cit., 7 ss.

[63] G. SANGIORGIO, *op. ult. cit.*, 4, secondo il quale «la specificità del settore interessato ha reso necessaria la previsione, accanto alle fonti normative "primarie", di un complesso di disposizioni definite di "secondo livello" che promanano direttamente dall'Autorità di vigilanza».

l'Ivass nei confronti di tutte le imprese operanti sul mercato italiano, comprese quelle aventi sede legale in un altro Paese dell'Unione Europea e operanti in regime di stabilimento o di libera prestazione dei servizi [64].

Il controllo dell'Ivass, diretto a garantire l'efficienza, la stabilità e la solvibilità degli operatori delle assicurazioni, è stato definito «*controllo-regolazione*», in quanto a metà strada fra tra il «*controllo-vigilanza*» (consistente in interventi di mera polizia economica) e il «*controllo-direzione*» (diretto ad influenzare le stesse scelte imprenditoriali) [65]. Ed è stato autorevolmente rilevato che l'istituzione già dell'Isvap rispondeva all'esigenza di «neutralizzazione» del settore («di scorporo dello stesso dalla linea e dagli apparati dell'ordinaria vita amministrativa, in ragione certo della tecnicità della materia ma anche di sue particolari implicazioni politiche, le quali richiedono strutture dotate di una certa indipendenza in funzione di garanzia oltre che di efficienza») attraverso apposite strutture [66].

Le irregolarità nella conduzione dell'attività assicurativa e, in particolare, l'inosservanza delle disposizioni sulle riserve tecniche e sul margine di solvibilità possono dar luogo all'applicazione di sanzioni che possono andare dal divieto imposto all'impresa assicurativa di compiere atti di disposizione dei propri beni alla sospensione dell'attività riguardo all'assunzione di nuovi affari, alla revoca dell'autorizzazione cui consegue la liquidazione coatta amministrativa dell'azienda assicurativa (al riguardo v. *infra*, capitolo terzo, par. 3).

## 4. La Commissione Nazionale per le Società e la Borsa (Consob)

In tutte le economie avanzate la disciplina dei mercati finanziari – con riguardo sia ai soggetti operanti in tali mercati, sia ai prodotti venduti, sia alle attività concretamente svolte – è posta da norme specifiche che pongono peculiari oneri e

---

[64] L'art. 4 della legge n. 576/1982 assegnava già all'Isvap un ampio potere di controllo: controllo della gestione tecnica e patrimoniale delle imprese; esame e verifica dei bilanci; vigilanza sull'osservanza della disciplina che regola il settore assicurativo; conoscenza dell'andamento dei mercati internazionale e comunitario nonché dei problemi relativi all'evoluzione, alla prevenzione e alla copertura dei rischi; controllo delle tariffe e della congruità dei programmi delle imprese; vigilanza sul rispetto delle norme relative al margine di solvibilità ed alle quote di garanzia; pareri sui piani di risanamento e di finanziamento; proposta di misure sanzionatorie. Tale controllo si svolgeva (e si svolge oggi) attraverso la verifica costante dei momenti salienti della vita delle imprese assicurative. L'Ivass (ieri l'Isvap) esercita inoltre un controllo di gestione sui bilanci delle società assicurative che, a tal fine, devono essere predisposti secondo un apposito modello e trasmessi all'Ivass unitamente alla relazione di una società di revisione.

[65] M. NIGRO, *La riforma della vigilanza sulle assicurazioni e la posizione dell'Isvap*, in *Giur. comm.*, 1984, I, 1041.

[66] M. NIGRO, *op. ult. cit.*, 1043.

vincoli sugli operatori del settore ed in cui crescente è il ruolo di norme di diritto pubblico o comunque derogatorie rispetto al diritto comune [67].

Le esigenze di fondo che le normative presenti in tutti i sistemi economici avanzati mirano a soddisfare sono, da un lato, quella di evitare "fallimenti del mercato" (che possono determinare costi a catena e rischi di tenuta dell'intero sistema) e, dall'altro lato, quella di assicurare una tutela del consumatore (in ragione delle – sempre presenti – asimmetrie informative, nonché delle situazioni di conflitti di interesse, o di accaparramento, di ingiusti profitti, ecc.).

L'esperienza storica ha purtroppo dimostrato l'elevata possibilità del verificarsi di eventi negativi o patologici in tutti i casi in cui il mercato venga ad essere interamente lasciato nelle mani dell'autonomia privata. Proprio per assicurare il rispetto delle predette esigenze (ed allo scopo di evitare i descritti fenomeni patologici) l'attività di intermediazione, che è un'attività svolta da imprese private in regime privatistico, viene ad essere sottoposta ad una vigilanza di tipo pubblicistico, ma, a sua volta, anche questa attività di vigilanza può esplicarsi in differenti forme.

Nel nostro ordinamento – così come nella maggior parte delle contemporanee economie capitaliste – si registra la forma della c.d. "*vigilanza prudenziale*", caratterizzata dal fatto che l'autorità di settore adotta regole che incidono anche sull'autonomia delle società ma giustificate appunto dalla esigenza di assicurare – oltre che la tutela degli investitori – l'efficienza e la stabilità dell'intermediazione finanziaria.

A questo proposito va rilevato che le discipline che regolamentano l'accesso al mercato e l'attività di intermediazione vengono ad incidere su attività che nel nostro ordinamento costituiscono esercizio della libertà – costituzionalmente garantita – di iniziativa economica (art. 41 Cost.), sicché le singole limitazioni (a partire dalla previsione della necessità di un'autorizzazione per lo svolgimento della relativa attività) sono ammissibili soltanto se rispettose dei vincoli costituzionali ed in particolare della necessità che i requisiti richiesti siano fissati dalla legge e che il potere – di vigilanza e di regolazione – venga assegnato ad una "autorità indipendente". E questo modello è quello seguito – oltre che dalle normative europee – dal Testo unico bancario (Tub) e dal Testo unico della finanza (Tuf).

La vigilanza sui mercati finanziari è assegnata, nel nostro ordinamento, alla *Commissione Nazionale per le Società e la Borsa (Consob)* [68], che è un organo

---

[67] R. COSTI, *Il mercato mobiliare*, Torino, 2020, 25.

[68] Sull'evoluzione della disciplina legislativa che ha portato all'istituzione della Consob v. F. CARBONETTI, *Commissione nazionale per le società e la borsa – Consob*, in *Enc. giur. Treccani*, vol. VII, Roma, 1988; v. inoltre G. NARDOZZI-G. VACIAGO, *La riforma della Consob nella prospettiva del mercato mobiliare europeo*, Bologna, 1994; A. JANNUZZI, *La Consob: caratteri e funzioni*, Milano, 1990; G. ROMAGNOLI, *Consob. Profili e attività*, Torino, 2012; F. D'AMBROSI, *Consob e sistema di vigilanza*, Napoli, 2017; F. NUNZIATA, *La disciplina del mercato mobiliare*, Torino, 2021, 57 ss. M.S. GIANNINI, *Consob*, in *Consob. L'istituzione e la legge penale*, a cura di G.M. FLICK, Milano, 1987, 53, definiva la Consob un «ente pubblico

collegiale composto da cinque membri (Presidente e quattro Commissari)[69], nominati – per un mandato (non rinnovabile) di sette anni – con decreto del Presidente della Repubblica, su proposta del Presidente del Consiglio dei Ministri.

La Consob è stata istituita con la legge 7 giugno 1974, n. 216, che ha convertito in legge con modificazioni il d.l. 8 aprile 1974, n. 95.

Il legislatore del 1974 affidava alla Consob due compiti principali:

1) il controllo della trasparenza delle società e dell'informazione fornita al pubblico;
2) la vigilanza sul corretto funzionamento delle borse valori.

Negli anni successivi numerosi interventi legislativi (in particolare nel periodo

---

reggente di settore» cui la legge affida poteri normativi («aventi efficacia nelle materie del codice civile») e gestionali del settore medesimo. In merito al potere sanzionatorio appare utile ricordare che la Consob si era spesso lamentata della limitatezza dei propri poteri sanzionatori ritenuti privi di reale forza deterrente. Al riguardo v. P. MASI, *Le condotte illecite degli intermediari finanziari*, Torino, 1998. La Consob era sottoposta alla vigilanza del Ministero del tesoro (oggi Ministero dell'Economia e delle Finanze): il Ministro deve essere informato dal Presidente della Consob degli atti e degli eventi di maggior rilievo e gli devono essere trasmessi i regolamenti che non siano organizzatori. In tale funzione il Ministro ha facoltà di formulare valutazioni da comunicare, oltre che alla Consob, al Parlamento. Il Ministro ha inoltre il potere di informare il Parlamento degli atti ed eventi che ritiene rilevanti al fine del corretto funzionamento del mercato mobiliare (art. 1, comma 12, legge n. 216/1974); è infine il Ministro che trasmette, entro il 31 maggio di ogni anno, al Parlamento la relazione annuale della Consob con le proprie valutazioni. Al Consiglio dei Ministri spetta invece: scegliere i membri della Consob (poi nominati con decreto del Presidente della Repubblica su proposta del Presidente del Consiglio); verificare la legittimità dei regolamenti di organizzazione prima di renderli esecutivi; determinare le indennità spettanti al Presidente e ai membri della Consob; sciogliere la Commissione nei casi indicati dalla legge n. 216/1974 di impossibilità di funzionamento o di continuata inattività (scioglimento disposto sempre con D.P.R.) e nominare un commissario straordinario in attesa della costituzione della nuova Commissione. Sulla Consob grava l'obbligo di informativa nei confronti del MEF e l'obbligo di inviare al Governo, entro il 31 marzo di ogni anno, una relazione sull'attività svolta, sulle questioni incorso e sugli indirizzi e le linee programmatiche che intende seguire. La Consob, entro il 31 marzo di ciascun anno, trasmette al Ministero dell'Economia, una relazione sull'attività svolta, sulle questioni in corso e sugli indirizzi e le linee programmatiche che intende seguire. Entro il 31 maggio successivo il Ministro trasmette la Relazione al Parlamento con le proprie eventuali valutazioni. Il Presidente della Consob tiene informato il Ministro degli atti e degli eventi di maggior rilievo riguardanti l'attività istituzionale, comunicando gli atti di natura regolamentare adottati dalla Commissione. Vedi anche A. PREDIERI, *La posizione della Consob nell'apparato amministrativo*, in *Consob. L'istituzione e la legge penale*, cit., 221; N. MARZONA, *Amministrazione pubblica del mercato mobiliare*, Padova, 1988; G. VESPERINI, *La Consob e l'informazione del mercato mobiliare. Contributo allo studio delle funzioni regolative*, Padova, 1988; G. MINERVINI, *La Consob. Lezioni di diritto del mercato finanziario*, Napoli, 1989.

[69] Le decisioni della Consob, in quanto organo collegiale, sono assunte a maggioranza dei componenti presenti, salvo i casi in cui la legge richiede una maggioranza qualificata.

a cavallo fra gli anni ottanta e novanta del secolo scorso) hanno progressivamente ampliato le competenze della Consob finché il d.lgs. n. 58/1998 ("*Testo unico delle disposizioni in materia di intermediazione finanziaria*", Tuf) ha assegnato alla Consob il ruolo di tutela degli investitori in quanto garante:

a) della correttezza e trasparenza dei comportamenti degli intermediari;
b) della trasparenza dei mercati e dell'ordinato svolgimento delle negoziazioni;
c) dell'efficienza e della trasparenza del mercato dei capitali e del mercato di controllo societario;
d) della correttezza contabile dei bilanci societari.

La Consob ha il compito di assicurare l'esattezza e la completezza dell'informazione societaria, a tale scopo essa può richiedere alle società e agli enti con titoli quotati la comunicazione di atti e documenti.

Il controllo sulla trasparenza si realizza anche attraverso il sistematico assolvimento da parte delle società quotate (e loro controllanti) di obblighi di informazione del mercato su fatti societari rilevanti. A questo proposito, va specificato che i "fatti societari rilevanti" sono individuati nel regolamento sull'informazione societaria, dove sono stabilite anche le modalità, i termini e le condizioni per la diffusione delle informazioni. Tali obblighi riguardano tutte le notizie ed i fatti che possono assumere interesse per i soci, per i risparmiatori e per il corretto funzionamento del mercato mobiliare. Per accertare l'esattezza e la completezza dei dati e delle notizie, la Consob può eseguire ispezioni presso le società e assumere notizie e chiarimenti dagli organi amministrativi e di controllo.

La Consob vigila sui mercati regolamentati al fine di assicurare la trasparenza, l'ordinato svolgimento delle negoziazioni e la tutela degli investitori.

Con riguardo agli scambi sui mercati non regolamentati, la Consob può richiedere agli organizzatori, agli emittenti e agli operatori dati, notizie e documenti e, ai fini di tutela degli investitori, stabilire le modalità, i termini e le condizioni dell'informazione da fornire al pubblico su tali scambi; può inoltre sospendere e, nei casi più gravi, vietare gli scambi stessi [70].

La Consob vigila sulle società di intermediazione mobiliare (Sim), sulle imprese di investimento, sulle banche, sulle società di gestione del risparmio, sulle società di investimento a capitale variabile (Sicav) e sugli agenti di cambio per assicurare il rispetto degli obblighi di trasparenza e correttezza e la regolarità delle negoziazioni di strumenti finanziari. Può richiedere agli intermediari la comunicazione anche periodica di dati e notizie e la trasmissione di atti e di documenti; inoltre può assumere notizie e chiarimenti dagli amministratori, dai sindaci, dai direttori generali e dai dirigenti muniti del potere di rappresentanza, al fine di accertare l'esattezza e la completezza dei dati e delle notizie comunicati o pubblicati. Complementare a tali poteri è quello di effettuare ispezioni presso gli stessi in-

---

[70] A. JANNUZZI, *La Consob: caratteri e funzioni, l'informazione societaria, controlli e sanzioni*, Milano, 1990, 55 ss.

termediari, chiedendo l'esibizione di tutti i documenti e gli atti occorrenti per l'esercizio delle funzioni di vigilanza.

La Consob è un organismo che, in ragione dell'evoluzione dalla stessa registrata [71], è stata oggetto – da parte della dottrina – di differenti definizioni, in ragione sia dei mutamenti normativi registrati neri decenni sia delle peculiarità dei diversi poteri ad essa assegnati [72].

Infatti le numerose leggi che, a partire dal 1974, si sono progressivamente sovrapposte [73], hanno dato vita ad un organismo strutturato secondo modelli diversi. E così la Consob è stata ritenuta, insieme, ente con funzioni di regolazione dell'ordinamento sezionale della Borsa (e quindi delle società i cui titoli sono quotati in Borsa), ente con funzione di tutela, di vigilanza e di controllo (in senso ampio) dei mercati e dei valori mobiliari, ente addetto alla raccolta e alla distribuzione di informazioni societarie, ente preposto alla vigilanza e tutela delle società di revisione [74].

La legge istitutiva della Consob (la legge n. 216/1974) conferiva (art. 2) delega al governo ad emanare decreti legislativi riguardanti:

– il controllo contabile e la certificazione di bilanci delle società per azioni quotate in borsa (delega attuata con il D.P.R. n. 136/1975);

– la disciplina del conto profitti e perdite delle società finanziarie e fiduciarie, delle assicurazioni delle aziende di credito (D.P.R. n. 137/1975);

– l'organizzazione ed il funzionamento delle borse valori e l'ammissione dei titoli alle quotazioni (D.P.R. n. 138/1975) [75].

---

[71] La dottrina ha individuato quattro fasi di sviluppo della Consob: nella prima fase prevale l'attenzione alla trasparenza dell'informazione societaria; nella seconda fase vengono aggiunti gli interventi in tema di sollecitazioni del pubblico risparmio; nella terza fase prevale l'attenzione all'organizzazione e al funzionamento del mercato; infine nella quarta fase si riscontra il controllo dell'intero sistema degli intermediari mobiliari. Attraverso tali passaggi la Consob da organo del Ministero del tesoro ha progressivamente acquisito il ruolo di autorità indipendente di regolazione del mercato mobiliare. Cfr. G. NARDOZZI-G. VACIAGO, *La riforma della Consob nella prospettiva del mercato mobiliare europeo*, Bologna, 1994; A. JANNUZZI, *La Consob: caratteri e funzioni*, Milano, 1990.

[72] Secondo M.S. GIANNINI, *Consob*, in *Consob. L'istituzione e la legge penale*, a cura di G.M. FLICK, Milano, 1987, 53, la Consob è un «ente pubblico reggente di settore» cui la legge affida poteri normativi «aventi efficacia nelle materie del codice civile» e gestionali del settore medesimo.

[73] Sull'evoluzione della disciplina legislativa che ha portato all'istituzione della Consob v. F. CARBONETTI, *Commissione nazionale per le società' e la borsa – Consob*, in *Enc. giur. Treccani*, vol. VII, Roma, 1988.

[74] Al riguardo v. G. MINERVINI, *La Consob. Lezioni di diritto del mercato finanziario*, Napoli, 1989; A. PREDIERI, *La posizione della Consob nell'apparato amministrativo*, cit., 223.

[75] Di tali decreti legislativi sono ancora in vigore gli artt. 16 e 18 del D.P.R. n. 138/1975, essendo state le restanti disposizioni abrogate dal Tuf.

La legge n. 216/1974 [76], anche in ragione della sua originaria formulazione (da alcuni giudicata incompleta), ha subito – come detto – notevoli modifiche ed integrazioni nel corso degli anni, modifiche rese necessarie anche allo sviluppo del mercato mobiliare.

E così, con la legge 23 febbraio 1977, n. 49 (*Legge concernente la negoziazione dei titoli non ammessi alla quotazione ufficiale nelle borse valori*), è stata colmata la lacuna dei poteri della Consob relativa alle contrattazioni nel cosiddetto "borsino".

Con la legge 23 marzo 1983, n. 77 (*Istituzione e disciplina dei fondi comuni di investimento mobiliare*), i poteri della Consob (fino ad allora limitati al solo mercato borsistico) sono stati estesi (in ragione dello sviluppo dei titoli atipici) a tutte le offerte pubbliche di acquisto o di vendita di azioni o obbligazioni o qualsiasi altro valore mobiliare e ad ogni sollecitazione del pubblico risparmio.

Con la legge 4 giugno 1985, n. 281 (*Disposizioni sull'ordinamento della Consob; norme per l'identificazione delle società con azioni quotate in borsa e delle società per azioni esercenti il credito; norme di attuazione delle direttive CEE 79/279, 80/390, 82/121 in materia di mercato dei valori mobiliari e disposizioni per la tutela del risparmio*), la Consob, da organo dello Stato inserito nel Ministero del tesoro, ha assunto i caratteri tipici di un'autorità indipendente, acquistando personalità giuridica ed un'ampia autonomia.

L'evoluzione del mercato mobiliare ha inoltre condotto (potremmo dire "quasi obbligato") il legislatore ad assegnare ulteriori poteri alla Consob.

A questo proposito possono essere ricordati: la legge 19 giugno 1986, n. 289 (*Disposizioni relative all'amministrazione accentrata di valori mobiliari presso la Monte Titoli S.p.A.*); la legge 23 giugno 1988, n. 230; la legge 2 gennaio 1991, n. 1, relativa alle società di intermediazione mobiliare (che ha integralmente modificato la struttura del mercato finanziario italiano, introducendo fra l'altro l'operatore polifunzionale, la disciplina del conflitto di interesse, ecc.); la legge

---

[76] La legge n. 216/1974 assegna alla Consob potere regolamentare: *a*) in materia di acquisizione e diffusione delle notizie di informazione societaria (dovute alla Consob da parte delle società ed enti con titoli quotati in Borsa, o svolgenti attività, esclusiva o principale, finanziaria, art. 4, comma 2, e art. 3, lett. c), legge n. 216/1974); *b*) in materia di trasparenza della proprietà azionaria (art. 5, legge n. 216/1974, cui si aggiungono l'art. 4-bis in funzione strumentale e l'art. 5-bis in funzione sanzionatoria); a questo scopo l'art. 5, comma 3, attribuiva alla Consob potere regolamentare riguardo al modello di redazione delle comunicazioni; *c*) in materia di vigilanza su tutte le «sollecitazioni del pubblico risparmio» (art. 18-ter, commi 3, 4 e 5, legge n. 216/1974); *d*) in materia di controllo sulle operazioni di Borsa (ad esempio può citarsi il potere regolamentare che compete alla Consob in materia di contrattazione dei valori mobiliari). A suo tempo peculiare rilevanza ebbe la pronuncia del TAR Piemonte, 2 marzo 1987, n. 64, in *Trib. amm. reg.*, 1987, I, 1795, che ha riconosciuto legittima la disposizione del regolamento Consob che richiede per l'ammissione in borsa delle società commissionarie la forma della società per azioni ed un capitale minimo di almeno 500 milioni; v. anche P. VALENTINO, *Il potere regolamentare della Consob e le società commissionarie di borsa*, in *Foro amm.*, 1988, 814.

17 maggio 1991, n. 157 (relativa all'*insider trading*); la legge n. 149/1992 (in materia di offerte pubbliche di acquisto e di scambio); il D.P.R. 27 giugno 1992, n. 352; la legge 30 luglio 1994, n. 474 (relativa alle privatizzazioni); la legge 23 dicembre 1994, n. 724 (inerente il finanziamento della Consob).

Ruolo fondamentale è oggi rivestito dal Tuf (d.lgs. n. 58/1998, *Testo unico dell'intermediazione finanziaria*) che ha esplicitamente assegnato alla Consob il ruolo di tutela degli investitori in quanto garante:

– della correttezza e trasparenza dei comportamenti degli intermediari operanti in strumenti finanziari;
– della trasparenza dei mercati regolamentati e dell'ordinato svolgimento delle negoziazioni;
– dell'efficienza e trasparenza del mercato dei capitali e del mercato di controllo societario;
– della correttezza contabile dei bilanci societari [77].

La pluralità di funzioni che la Consob esercita porta a condividere la definizione di organizzazione complessa, «polifunzionale e polivalente, in questo ambito di polifunzionalità, per funzioni differenziate previste dalla legge» [78].

Questa pluralità di funzioni è in realtà imperniata su due differenti modelli di base: il modello dell'ordinamento sezionale (ed è quello della Borsa, secondo cui la Consob appare come una figura organizzatoria, regolatrice del processo economico di scambio, in cui può intervenire con atti di amministrazione attiva autoritativa) ed il modello dell'autorità amministrativa indipendente, cioè di un ente amministrativo non dipendente dal Governo e che applica regole di legge ed avente poteri normativi e sanzionatori. Oggi possiamo affermare che la Consob è stata negli anni un «ponte operativo» [79] fra questi due modelli, esercitando poteri di regolazione e di governo del mercato finanziario e della Borsa e vigilando sulle contrattazioni dei titoli quotati in Borsa e in genere dei valori mobiliari offerti in vendita al pubblico [80].

La Consob dispone oggi di numerosi poteri: autorizzatori [81], di accertamen-

---

[77] F. CAVAZZUTI, *La Consob e la regolazione dei mercati finanziari*, in *Quaderni di Finanza*, n. 38, maggio 2000, p. 23.

[78] A. PREDIERI, *La posizione della Consob nell'apparato amministrativo*, in *Consob. L'istituzione e la legge penale*, cit., 224.

[79] A. PREDIERI, *La posizione della Consob nell'apparato amministrativo*, cit., 225.

[80] G. MINERVINI, *La Consob*, cit., 23, sottolinea come tale «doppiezza» della Consob dipendesse dalla compresenza, innanzitutto a livello legislativo e poi anche a livello interpretativo, di due differenti e contrapposti orientamenti: uno ispirato alla «filosofia della trasparenza», l'altro alla «filosofia della supervisione burocratica».

[81] Numerosi sono i casi in cui la Consob adotta atti autorizzatori: la pubblicazione dei prospetti informativi in caso di offerte pubbliche di vendita e dei documenti d'offerta in caso di offerte pubbliche d'acquisto; l'esercizio dei mercati regolamentati; l'esercizio dell'attività di gestione accentrata degli strumenti finanziari; ecc.

to [82], di indirizzo [83], di vigilanza [84] e controllo [85], regolamentari [86] e sanzionatori [87],

---

[82] La funzione di accertamento svolta dalla Consob concerne in particolare eventuali andamenti anomali delle contrattazioni su titoli quotati, potendo essa compiere (allo scopo di tutelare il regolare andamento delle operazioni di borsa) atti di verifica di violazioni delle norme in materia di abuso di informazioni riservate (*insider trading*) e di aggiotaggio su strumenti finanziari.

[83] Il potere d'indirizzo si manifesta tramite raccomandazioni che, seppur non vincolanti, finiscono per costituire criteri-guida per gli operatori.

[84] La funzione di vigilanza e controllo è esercitata *in primis* nei confronti degli intermediari e promotori che operano sul mercato (al fine appunto di garantire la correttezza dei comportamenti egli stessi), nonché delle società di gestione dei mercati; tale funzione si esplica attraverso la vigilanza ispettiva e la facoltà di richiedere informazioni. Nel caso di riscontro di irregolarità la Consob adotta provvedimenti repressivi e sanzionatori e ne dà eventualmente informazione ai soggetti competenti (ad es. Banca d'Italia nel caso in cui l'intermediario sia un ente creditizio).

[85] La funzione di controllo svolta dalla Consob concerne principalmente le informazioni fornite da parte delle società quotate (comprese quelle contenute nei rispettivi documenti contabili) e da parte di chi promuove offerte al pubblico di strumenti finanziari. Tale controllo «ha ad oggetto le forme, gli strumenti e i modi attraverso i quali si svolge la sollecitazione del pubblico risparmio ovvero l'informazione fornita alla stessa Consob, agli azionisti e al pubblico da parte della società in ordine ai fatti della gestione sociale, al fine di assicurare piena trasparenza all'operazione e ampiezza e correttezza all'informazione» (così Relazione Consob, 1984, p. 682). N. MARZONA, *L'amministrazione pubblica del mercato mobiliare*, Padova, 1988, 55, sottolinea come il controllo, mirando prevalentemente alla tutela del risparmio pubblico, non coinvolga il merito delle operazioni a cui le informazioni stesse si riferiscono: una volta accertato che «una sollecitazione del risparmio avviene sulla base di un'informazione di sufficiente livello, il compito della Consob è virtualmente concluso, e la fase temporalmente successiva è contrassegnata dal pieno e consapevole libero svolgersi delle negoziazioni tra il proponente (e gli altri soggetti che prendono parte all'offerta) e l'investitore».

[86] Il potere regolamentare è stato attribuito alla Consob innanzitutto dalla legge n. 216/1974 con riguardo all'organizzazione e al funzionamento della stessa, nonché alla disciplina della contabilità e alla gestione del personale (art. 1, commi 8 e 9, legge n. 216/1974); il successivo comma 12, prevedendo l'obbligo di comunicare al Ministro del tesoro «gli atti di natura regolamentare diversi da quelli disciplinati dai commi ottavo e nono del presente articolo», implicitamente stabiliva che il potere regolamentare della Consob non si limitava alla autoregolamentazione, ma potesse spingersi oltre. A. JANNUZZI, *Consob: caratteri e funzioni*, Milano, 1986, sottolinea come il potere regolamentare della Consob sia «quasi-legislativo», emanando essa norme sub-primarie, dirette a completare una disciplina lasciata incompleta dal legislatore ovvero dirette a disciplinare materie aventi dignità legislativa ma non regolate dalla legge. La funzione regolamentare esercitata dalla Consob acquista particolare rilievo in quanto è dal suo esercizio che deriva, in molti casi, la disciplina per lo svolgimento delle altre competenze attribuite alla Consob medesima (essendo la regolamentazione del mercato mobiliare, oltre che un obiettivo in sé della Consob, anche uno strumento funzionale al raggiungimento degli altri fini generali per cui la stessa è stata costituita). Su queste problematiche v. *infra*, capitolo secondo, par. 4.

[87] Al riguardo v. *infra*, capitolo terzo, par. 4.

e poteri che si esplicano mediante atti di natura eterogenea (delibere, disposizioni, provvedimenti, sanzioni, comunicazioni, segnalazioni, autorizzazioni, ordini, divieti, raccomandazioni, ecc.)[88].

Il Tuf assegna alla Consob poteri:

– di vigilanza informativa (art. 8, comma 1: «La Consob può chiedere, per le materie di sua competenza, ai soggetti abilitati la comunicazione di dati e notizie e la trasmissione di atti e documenti con le modalità e nei termini da essa stessa stabiliti»)[89];

– di vigilanza ispettiva (art. 10: «*La Consob può, per le materie di sua competenza e in armonia con le disposizioni comunitarie, effettuare ispezioni e richiedere l'esibizione dei documenti e il compimento degli atti ritenuti necessari presso i soggetti abilitati*»);

– di intervento sui soggetti abilitati (art. 7: «*La Consob, con riguardo ai soggetti abilitati, può convocare gli amministratori, i sindaci e i dirigenti; ordinare la convocazione degli organi collegiali, fissandone l'ordine del giorno; procedere direttamente alla convocazione degli ordini collegiali quando gli organi competenti non vi abbiano ottemperato*»);

– di autorizzazione all'esercizio di attività di intermediazione[90] e di tenuta dell'albo degli intermediari autorizzati.

Al fine di assicurare i predetti obiettivi, la Consob svolge molteplici funzioni.

Innanzitutto la Consob svolge una funzione di vigilanza sul corretto funzionamento dei mercati regolamentati.

A questo proposito, la Consob vigila, in particolare, sulla trasparenza e sull'ordinato svolgimento delle negoziazioni, nonché sulla trasparenza e correttezza dei

---

[88] Gli atti della Consob sono sottoposti a varie forme di pubblicità. L'art. 3, comma 3, Tuf stabilisce che «i regolamenti e i provvedimenti di carattere generale della Banca d'Italia e della Consob sono pubblicati nella Gazzetta Ufficiale. Gli altri provvedimenti rilevanti relativi ai soggetti sottoposti a vigilanza sono pubblicati dalla Banca d'Italia e dalla Consob nei rispettivi Bollettini». L'art. 16 del D.P.R. n. 138/1975 stabilisce che la Consob determina con il regolamento concernente la propria organizzazione ed il proprio funzionamento, le forme di comunicazione agli interessati delle proprie deliberazioni in relazione alla natura e all'oggetto delle stesse. L'aspetto della pubblicazione dei provvedimenti della Consob è particolarmente importante qualora si consideri che i provvedimenti della stessa sono destinati ad incidere direttamente o indirettamente sulla posizione soggettiva di terzi. Gli atti di carattere generale sono impugnabili davanti al TAR del Lazio (davanti al TAR competente per territorio se l'atto riguarda una società determinata).

[89] Disposizione attuata già con la delibera Consob n. 12191 del 10 novembre 1999.

[90] Art. 19, comma 3, Tuf: «La Consob ... disciplina la procedura di autorizzazione e le ipotesi di decadenza dalla stessa quando la Sim non abbia iniziato o abbia interrotto lo svolgimento dei servizi autorizzati». Fra i primi provvedimenti attuativi di tale disposizione vanno citate le delibere Consob n. 11522 del 1° luglio 1998, n. 12409 del 1° marzo 2000, n. 12498 del 20 aprile 2000.

comportamenti dei soggetti che operano sui mercati finanziari e sull'operato delle società di gestione dei mercati regolamentati. Rientra in tale funzione di vigilanza anche il controllo (avente lo scopo appunto di assicurare un'informazione adeguata e trasparente) svolto dalla Consob sulle informazioni, le notizie e i dati forniti al mercato dagli emittenti quotati e dai soggetti che fanno appello al pubblico risparmio.

La funzione di vigilanza, a sua volta, va ricompresa nella più ampia funzione di regolazione dei mercati svolta dalla Consob[91] ed all'interno della quale va ricompreso anche il potere di autorizzazione (oltre che delle iscrizioni agli Albi delle imprese di investimento) dei prospetti relativi alle offerte pubbliche di vendita ed i documenti d'offerta concernenti offerte pubbliche di acquisto e l'esercizio dei mercati regolamentati.

Nello svolgimento della funzione di controllo del mercato e degli intermediari – oltre che per assicurare la tutela del pubblico risparmio – la Consob svolge anche attività in collaborazione e cooperazione con altri soggetti istituzionali, in particolare con la Banca d'Italia e con le altre Autorità di regolazione dei mercati nonché con il Ministero dell'Economia.

In questa attività di collaborazione vanno ricompresi rapporti anche con le autorità internazionali preposte al funzionamento dei mercati finanziari[92]. A questo proposito va ricordato che la Consob partecipa all'*ESMA* (*European Securities and Markets Authority*)[93], che è l'autorità di vigilanza europea sui mercati finanziari (al riguardo v. *infra*, capitolo quarto).

La Consob dispone anche di poteri sanzionatori, essendo chiamata a sanzionare le condotte illecite poste in essere dai soggetti che operano sui mercati (al riguardo v. *infra*, capitolo terzo, par. 4), e di un significativo potere normativo (al riguardo v. *infra*, capitolo secondo, par. 4).

La Consob infatti adotta i regolamenti chiamati a disciplinare la prestazione dei servizi e delle attività di investimento da parte degli intermediari, gli obblighi

---

[91] Nella funzione di regolazione va ricompreso anche il potere della Consob di comunicare con gli operatori e con il pubblico degli investitori al fine di rendere più efficace il proprio operato ed anche allo scopo di sviluppare nei risparmiatori un'adeguata cultura finanziaria.

[92] Con riguardo al livello internazionale, va ricordato che la Consob è membro della *IOSCO* (*International Organization of Securities Commissions*), organizzazione che coopera con il Comitato di Basilea per la regolamentazione bancaria e per coordinare gli sforzi per un'adeguata azione di vigilanza e di cui fanno parte le autorità di controllo dei mercati finanziari di numerosi Stati. Inoltre la Consob partecipa ai lavori del *FSB* (*Financial Stability Board*) ed aderisce all'*IFIAR* (*International Forum of Indipendent Audit Regulators*), *forum* che mira a facilitare lo scambio di conoscenze ed esperienze in tema di vigilanza sui revisori e a promuovere la collaborazione tra gli organismi competenti in materia.

[93] L'*ESMA* (*European Securities and Markets Authority*) dal 2011 ha sostituito il *CESR* (*Committee of European Securities Regulators*), a sua volta istituito nel 2001 e che aveva il compito di approfondire materie di interesse comune ai Paesi membri dell'Unione e di altri stati dello Spazio Comune Europeo.

informativi delle società quotate nei mercati regolamentati e le operazioni di appello al pubblico risparmio.

La Consob dispone anche di un potere normativo di auto-organizzazione, giacché è essa stessa a disciplinare con propri regolamenti – resi esecutivi con Decreto del Presidente del Consiglio dei Ministri – il proprio assetto organizzativo ed a porre le norme relative al proprio funzionamento, oltre al trattamento giuridico ed economico del personale, all'amministrazione e alla contabilità.

In merito al funzionamento della Consob, va rilevato che la legge assegna alla Consob stessa il potere di reperire le risorse finanziarie necessarie per il proprio funzionamento mediante i contributi versati dai soggetti vigilati.

A questo scopo la Consob – mediante deliberazioni rese esecutive con Decreto del Presidente del Consiglio dei Ministri, sentito il Ministro dell'Economia – determina annualmente l'ammontare delle contribuzioni dovute dai soggetti sottoposti alla sua vigilanza (c.d. "*regime contributivo*"), secondo i principi previsti dall'art. 40, comma 3, della legge n. 724/1994. In realtà tale legge prevede un sistema "misto" di finanziamento della Consob, giacché le risorse necessarie per il funzionamento della stessa dovrebbero provenire in parte dalle contribuzioni versate dai soggetti vigilati ed in parte da fondi pubblici. Ma, negli ultimi anni, gli interventi di contenimento della spesa pubblica hanno fatto progressivamente ridurre, fino all'azzeramento della stessa, la parte a carico del bilancio statale con la conseguenza che i costi relativi alle attività della Consob sono interamente coperti con gli introiti derivanti dalle contribuzioni dei soggetti vigilati.

Dal punto di vista più strettamente operativo, va rilevato che ogni triennio la Consob adotta un "*Piano strategico*" in cui individua gli obiettivi ritenuti prioritari, in particolare con riguardo alla protezione dei risparmiatori anche in relazione alle dinamiche in atto negli scenari economico-finanziari.

Annualmente la Consob adotta poi il proprio "*Piano delle attività di regolazione*", che è un documento di programmazione non vincolante e nel quale è inserito l'insieme delle attività che la Consob si prefigge di svolgere per l'adozione (e per la revisione periodica) degli atti di regolazione generale.

Come visto, la Consob svolge un'attività di vigilanza sui soggetti che operano sul mercato finanziario. Questa attività di vigilanza è stata definita anche "*vigilanza prudenziale*", in quanto attività giustificata e caratterizzata dall'obiettivo – oltre che della tutela degli investitori – della stabilità del mercato. In questo quadro, appare evidente come il fine che la Consob persegue – assicurare la solvibilità degli intermediari – sia funzionale al raggiungimento di entrambi gli obiettivi sopra indicati (tutela degli investitori e stabilità del mercato), obiettivi che dunque marciano di pari passo.

Ed in questa direzione operano anche le norme sulla trasparenza – in quanto assicurano all'investitore di avere piena consapevolezza dei rischi connessi con lo specifico investimento – e quelle sulla correttezza dei rapporti, ma anche quelle che – oltre a prevedere obblighi di informazione – pongono vincoli attinenti al merito dei singoli contratti.

Questa ulteriore – e più penetrante – disciplina trova il proprio fondamento nella dichiarata consapevolezza che il consumatore riveste il ruolo di "soggetto debole" del relativo rapporto commerciale sicché il legislatore pone un reticolo di norme volte ad assicurare una effettiva tutela dello stesso. I limiti posti all'autonomia privata in questi casi sono sempre giustificati dall'esigenza di garantire l'efficienza e la stabilità del mercato finanziario, però questo obiettivo non è immediato ma piuttosto mediato dal fine di riequilibrare la posizione (ritenuta asimmetrica) fra intermediari e risparmiatori. È dunque la garanzia della tutela dei risparmiatori a venire ad assicurare (oltre alla protezione degli investitori) anche la stabilità e l'efficienza del mercato finanziario.

A questo proposito va citato il regolamento europeo (artt. 39 ss. del Regolamento n. 600/2014) che assegna alle autorità competenti degli Stati membri e, in subordine, all'*ESMA* il potere di "vietare temporaneamente o limitare" "la commercializzazione, la distribuzione o la vendita di determinati strumenti finanziari o di strumenti finanziari con particolari caratteristiche", quando sussista la necessità di evitare una minaccia: a) alla tutela degli investitori; b) all'ordinato funzionamento e all'integrità del mercato; c) alla stabilità del sistema finanziario.

Nella funzione di regolazione rientra, come detto, il potere di autorizzazione allo svolgimento di determinate attività [94]. Con riguardo alla Consob, come visto, questa dispone del potere di autorizzazione all'esercizio di attività di intermediazione [95] e di tenuta dell'albo degli intermediari autorizzati.

Con riguardo all'autorizzazione alla prestazione dei servizi di investimento, va ricordato che la normativa europea dispone che la prestazione dei servizi di investimento è subordinata al rilascio di un'autorizzazione da parte dell'autorità competente del singolo Stato membro [96]. E, in base al principio del mutuo riconoscimento, la normativa europea consente, a determinate condizioni, alle imprese di investimento di uno Stato membro di prestare i rispettivi servizi anche negli altri Paesi dell'Unione. L'accesso alla prestazione di siffatti servizi avviene secondo modalità diverse a seconda che il richiedente sia una banca o un'impresa di investimento e a tali soggetti bisogna aggiungere altre figure sottoposte a regimi *ad hoc*: dalle società di gestione del risparmio (SGR) alle società di gestione armonizzate (SGA), dai gestori di fondi alternativi (FIA) alle società finanziarie di cui

---

[94] R. LENER, *Diritto del mercato finanziario. Saggi*, Torino, 2011, 71.

[95] Art. 19, comma 3, Tuf: «La Consob ... disciplina la procedura di autorizzazione e le ipotesi di decadenza dalla stessa quando la Sim non abbia iniziato o abbia interrotto lo svolgimento dei servizi autorizzati».

[96] In tal senso già l'art. 5 della MiFID. A questo proposito va ricordato che la direttiva MiFID (*Markets in Financial Instruments Directive*, 2004/39/EC) ha disciplinato i mercati finanziari dell'Unione Europea dal 31 gennaio 2007 al 2 gennaio 2018. Dal 3 gennaio 2018 è entrata in vigore in tutta l'Unione la nuova direttiva MiFID II (2014/65/EU) che, insieme alla MiFIR (*Markets in Financial Instruments Regulation*, Regolamento EU n. 600/2014) ha preso il posto della precedente regolamentazione europea.

all'art. 106 Tub, dagli agenti di cambio ai consulenti finanziari, dalle società fiduciarie iscritte in una sezione speciale dell'albo delle SIM alle società di gestione di mercati regolamentati.

L'art. 18 Tuf dispone (al comma 1) che "*l'esercizio professionale nei confronti del pubblico dei servizi e delle attività di investimento è riservato alle Sim, alle imprese di investimento UE, alle banche italiane, alle banche UE e alle imprese di paesi terzi*".

Il comma successivo aggiunge che le SGR "possono prestare professionalmente nei confronti del pubblico" alcuni servizi (quelli relativi alla gestione di portafogli e alla consulenza in materia di investimenti), e possono altresì prestare professionalmente nei confronti del pubblico il servizio di ricezione e trasmissione di ordini qualora autorizzate a prestare il servizio di gestione di FIA.

Gli intermediari finanziari iscritti nell'albo previsto dall'art. 106 Tub possono esercitare professionalmente nei confronti del pubblico ("nei casi e alle condizioni stabilite dalla Banca d'Italia, sentita la Consob") alcuni servizi ed attività (negoziazione per conto proprio ed esecuzione di ordini per conto dei clienti) limitatamente agli strumenti finanziari derivati, nonché il servizio relativo ad assunzione a fermo e/o collocamento sulla base di un impegno irrevocabile nei confronti dell'emittente e al collocamento senza impegno irrevocabile nei confronti dell'emittente.

Il quarto comma infine dispone che le SIM (fatte "salve le riserve di attività previste dalla legge") possono prestare professionalmente nei confronti del pubblico i servizi accessori e altre attività finanziarie, nonché attività connesse o strumentali.

L'art. 18, comma 1, Tuf prevede dunque una *riserva di attività.*

La riserva dei servizi di investimento concerne l'esercizio "*professionale*" (e quindi l'esercizio di un'attività caratterizzata da abitualità, stabilità, continuità sistematica) e "nei confronti del pubblico", con la conseguente esclusione dal campo riservato di ogni attività che un soggetto non svolga per il mercato, ma per se stesso o per il proprio "gruppo" di appartenenza (come ad esempio le attività "infragruppo").

Con riguardo al concetto di "*pubblico*" la dottrina si è interrogata sulle eventuali differenze intercorrenti fra la nozione di "pubblico" posta dall'art. 18 Tuf e il concetto di "pubblico" di cui agli artt. 93-bis ss. del Tuf, relativi alla disciplina dell'appello al pubblico risparmio.

In quest'ultimo caso, l'espressione "pubblico" sembra far riferimento ad una massa di persone indeterminata e indeterminabile al momento dell'offerta. Le norme sull'offerta al pubblico non trovano applicazione nei casi in cui l'offerta, pur non avendo destinatari esattamente individuabili, sia rivolta esclusivamente a investitori "qualificati" (art. 100 Tuf). E la dottrina ha più volte sottolineato come questa scelta dipenda dalla constatazione che, laddove i destinatari dell'offerta siano soggetti già "informati", in ragione della loro qualifica professionale, la necessità delle "informazioni" posta dalla disciplina della sollecitazione si pone in misura minore (o comunque diversa). Viceversa, la disciplina dell'appello al pubblico mira a tutelare il "pubblico" quale massa indefinita di risparmiatori a tutela dei quali l'ordinamento giuridico appresta una specifica protezione, risparmiatori non individuabili al momento dell'offerta.

È stato peraltro sottolineato che la riserva di attività di cui all'art. 18 Tuf, oltre a – e prima ancora di – perseguire obiettivi di "trasparenza", è funzionale a porre sugli intermediari regole di comportamento e di stabilità[97]. È evidente dunque come in questo caso sia la stessa disciplina a prescindere da eventuali distinzioni fra un pubblico "qualificato" e uno "non qualificato", giacché i relativi oneri concernono i doveri degli intermediari.

L'art. 18 Tuf, disciplinando l'attività delle imprese di investimento, pone regole di comportamento caratterizzate dalla obbligatorietà nei confronti di ogni soggetto che intenda esercitare sul mercato le attività contemplate da tale disposizione[98]. E l'attività riservata dall'art. 18 Tuf si caratterizza per la contemporanea presenza dei seguenti elementi:

a) è un'attività da ricomprendere in una delle fattispecie descritte dall'art. 1, comma 5, Tuf (secondo cui per "*servizi e attività di investimento*" si intendono le seguenti attività, "quando hanno per oggetto strumenti finanziari": *a*) negoziazione per conto proprio; *b*) esecuzione di ordini per conto dei clienti; *c*) assunzione a fermo e/o collocamento sulla base di un impegno irrevocabile nei confronti dell'emittente; *c*-bis) collocamento senza impegno irrevocabile nei confronti dell'emittente; *d*) gestione di portafogli; *e*) ricezione e trasmissione di ordini; *f*) consulenza in materia di investimenti; *g*) gestione di sistemi multilaterali di negoziazione; *g*-bis) gestione di sistemi organizzati di negoziazione);

b) è un'attività esercitata "professionalmente", ancorché non in via esclusiva, né senza interruzioni;

c) è un'attività non circoscritta al gruppo, ma destinata al mercato.

Il successivo art. 19 Tuf dispone che la Consob ("sentita la Banca d'Italia"), entro sei mesi dalla presentazione della domanda, autorizza "l'esercizio dei servizi e delle attività di investimento da parte delle Sim" se ("in conformità a quanto specificato dalle pertinenti norme tecniche di regolamentazione e di attuazione emanate dalla Commissione europea ai sensi della direttiva 2014/65/UE") ricorrono le seguenti condizioni:

---

[97] R. LENER, *Diritto del mercato finanziario. Saggi*, cit., 81.

[98] La Consob sin dall'entrata in vigore della legge n. 1/1991, con la comunicazione n. 91007155 dell'11 dicembre 1991, ha riconosciuto che "*non è sufficiente ritenere sussistente il concetto di pubblico solo quando una attività finanziaria è prestata a favore di una pluralità indifferenziata di soggetti fungibili. ... La nozione di pubblico invece è configurabile anche quando una attività finanziaria è indirizzata ad una pluralità di persone, che sono individuabili per effetto della loro mera appartenenza ad una determinata categoria di soggetti*".

a) sia adottata la forma di società per azioni;
b) la denominazione sociale comprenda le parole "società di intermediazione mobiliare";
c) la sede legale e la direzione generale della società siano situate nel territorio della Repubblica;
d) il capitale versato sia di ammontare non inferiore a quello determinato in via generale dalla Banca d'Italia;
e) vengano fornite tutte le informazioni, compreso un programma di attività, che indichi in particolare i tipi di operazioni previste e la struttura organizzativa;
f) i soggetti che svolgono funzioni di amministrazione, direzione e controllo siano "idonei";
g) i titolari delle partecipazioni abbiano i requisiti e soddisfino i criteri stabiliti dalla legge;
h) la struttura del gruppo di cui è parte la società non sia tale da pregiudicare l'effettivo esercizio della vigilanza sulla società stessa e siano fornite almeno le informazioni richieste dalla legge;
i) siano rispettati, per la gestione di sistemi multilaterali di negoziazione o di sistemi organizzati di negoziazione, gli ulteriori requisiti dettati dal Tuf.

Come evidente, il Tuf pone dunque un reticolo di requisiti chiamati a svolgere una funzione di garanzia nei confronti dei consumatori e del mercato.

Il Tuf, oltre a specificare che l'autorizzazione è negata quando non risulti garantita la sana e prudente gestione o non risulti assicurata la capacità dell'impresa di esercitare correttamente i servizi o le attività di investimento, rimette al potere normativo della Consob ("sentita la Banca d'Italia") la disciplina delle ipotesi di decadenza dall'autorizzazione di una Sim.

L'art. 19 Tuf rimette inoltre alla Banca d'Italia ("sentita la Consob") il potere di autorizzare l'esercizio dei servizi e delle attività d'investimento da parte delle banche italiane e delle succursali italiane di banche di Paesi terzi, nonché l'esercizio dei servizi e delle relative attività da parte di intermediari finanziari iscritti nell'albo previsto dall'art. 106 Tub.

Come detto, l'art. 19 Tuf assegna alla Consob – "sentita la Banca d'Italia" – il potere di rilasciare l'autorizzazione alle Sim.

La vigente normativa richiede, a tal fine, requisiti soggettivi (esponenti aziendali, capitale minimo, partecipanti al capitale, ecc.), nonché requisiti legati alla organizzazione aziendale, in particolare con riferimento alle procedure aziendali e più specificamente ai profili attinenti alla gestione dei conflitti di interessi e all'esternalizzazione di funzioni aziendali. E così l'art. 19, comma 2, Tuf, subordina il rilascio dell'autorizzazione al fatto che risulti garantita la "sana e prudente gestione" e che sia "assicurata la capacità dell'impresa di esercitare correttamente i servizi o le attività di investimento".

Anche in questo caso può dirsi che appare evidente come la normativa vigente assegni alla Consob – e, per quanto di competenza, alla Banca d'Italia – un ambito valutativo che non può ritenersi semplicemente ricompreso in un'attività di formale verifica della presenza delle condizioni richieste dalla legge.

In particolare, il criterio della "*sana e prudente gestione*", quale criterio da rispettare per il rilascio dell'autorizzazione (e quindi per l'accesso al mercato da parte dell'intermediario)[99], viene a rivestire un significato peculiare. Infatti, a questo proposito, è stato evidenziato che il concetto di "sana e prudente gestione" contenuto nelle norme europee non coincide con quello del Tuf ove tale concetto appare più ampio. Infatti, se nella disciplina europea la valutazione della "sana e prudente gestione" concerne la qualità soggettiva degli azionisti con partecipazioni qualificate, nel Tuf il richiamo alla "sana e prudente gestione" viene a rivestire un significato ulteriore giacché costituisce un criterio di valutazione, oltre che delle qualità soggettive degli azionisti, anche di tutti gli ulteriori requisiti che l'art. 19 Tuf prevede per la concessione dell'autorizzazione.

E conferma in tal senso si trae dalla lettura dell'art. 34 Tuf che tratta della "sana e prudente gestione" in materia di prestazione del servizio di gestione collettiva.

L'art. 34 Tuf dispone che la Banca d'Italia, sentita la Consob, autorizza le SGR all'esercizio del servizio di gestione collettiva del risparmio con riferimento sia agli OICVM sia ai FIA, nonché all'esercizio del servizio di gestione di portafogli, del servizio di consulenza in materia di investimenti e del servizio di ricezione e trasmissione di ordini. Tale autorizzazione può essere concessa se:

a) sia adottata la forma di società per azioni;

b) la sede legale e la direzione generale della società siano situate nel territorio della Repubblica;

c) il capitale sociale versato sia di ammontare non inferiore a quello determinato in via generale dalla Banca d'Italia;

d) i soggetti che svolgono funzioni di amministrazione, direzione e controllo siano "idonei", secondo quanto previsto dalla legge;

e) i titolari delle partecipazioni abbiano i requisiti stabiliti dalla legge;

f) la struttura del gruppo di cui è parte la società non sia tale da pregiudicare l'effettivo esercizio della vigilanza sulla società stessa e siano fornite le informazioni richieste dalla legge;

g) venga presentato, unitamente all'atto costitutivo e allo statuto, un programma concernente l'attività iniziale nonché una relazione sulla struttura organizzativa;

h) la denominazione sociale contenga le parole "società di gestione del risparmio".

Il secondo comma dell'art. 34 Tuf specifica che l'autorizzazione è negata quando non risulti garantita la sana e prudente gestione.

A questo proposito in dottrina è stata sottolineata la centralità della nozione di "sana e prudente gestione" anche con riguardo alla determinazione dell'estensione

---

[99] F. ANNUNZIATA, *op. ult. cit.*, 116.

dei poteri dell'autorità di regolazione. Appare evidente infatti come un'interpretazione estensiva di tale nozione finisca inevitabilmente per assegnare all'autorità un ampliamento della relativa discrezionalità; secondo altri sarebbe da preferire un'interpretazione più restrittiva, in quanto più in linea con una ricostruzione della disciplina del provvedimento autorizzatorio quale "provvedimento vincolato" (e dunque con restrizione della discrezionalità dell'autorità).

Il secondo comma dell'art. 19 Tuf – come visto – esplicita due principi:

1) sana e prudente gestione;

2) capacità dell'impresa di esercitare correttamente i servizi o le attività di investimento.

Come già evidenziato, il richiamo al principio della "sana e prudente gestione" corre il rischio di lasciare ampio margine di valutazione nelle mani dell'autorità. Al tempo stesso va rilevato che l'assegnazione di un'ampia discrezionalità all'autorità di regolazione finisce per comportare anche una parallela crescita del perimetro della responsabilità dell'autorità con riguardo alla *culpa in vigilando*.

A questo proposito va ricordata la giurisprudenza della Cassazione [100], che, peraltro con riguardo a fatti antecedenti al 1991, e dunque in epoca in cui *ratione temporis*, era applicabile la sola legge (la n. 216/1974) istitutiva della Consob, ha affermato che tale legge già assegnava alla Consob il potere di vagliare nel merito la regolarità dell'attività degli intermediari. In altri termini, la Cassazione ha ritenuto assegnata alla Consob già dalla legge del 1974 un potere di controllo non meramente formale sui soggetti vigilati, con riguardo raccolta di informazioni relative alla società e al gruppo di appartenenza. Ma bisogna rilevare che dalla lettura della sola legge n. 216/1974 non sembra che alla Consob fosse conferito un potere di vigilanza sostanziale giacché solo con la legge n. 1/1991 a tale autorità iniziano ad essere attribuiti ulteriori poteri di controllo: dalla valutazione dei requisiti di onorabilità delle persone fisiche coinvolte nell'amministrazione della società (art. 3, comma 2) al potere di effettuare ispezioni in caso di sospette irregolarità (art. 9, comma 8), fino al potere di sospensione in via cautelare dell'attività di intermediazione autorizzata (art. 13).

La legge n. 216/1974 e poi anche la legge n. 1/1991 assegnavano alla Consob un potere di controllo (anche e soprattutto in sede di autorizzazione), ma era un controllo di tipo formale sulle imprese di investimento, cioè senza poteri sostanziali di verifica dell'operato delle stesse.

La Cassazione però, nella propria giurisprudenza, ha affermato la necessità di una lettura costituzionalmente orientata delle predette normative e dei poteri attribuiti alla Consob dalla legge istitutiva del 1974 e dalla legge del 1991. Per la Cassazione dunque, la funzione della Consob fin dal 1974 non può essere ridotta a quella di organo di controllo formale del mercato dei valori e dei soggetti che in

---

[100] Cass. 23 marzo 2011, n. 6681.

tale mercato sono autorizzati a operare. Invece, afferma la Cassazione, la Consob, in ragione del compito istituzionale affidatole dal legislatore, riveste il ruolo di garante della protezione del risparmio nell'accezione ricavabile dagli artt. 41 e 47 Cost. e, pertanto, alla stessa è richiesta "*una condotta virtuosa in relazione alla propria funzione fondamentale di ente di controllo dei mercati di borsa cui si aggiunge, con la novellazione della legge del 1991 n. 1, art. 1 lettera f, e art. 3 comma 2º e 3º, la funzione del controllo al momento del rilascio della autorizzazione alle società di intermediazione mobiliare*".

La crescita della responsabilità assegnata alla Consob da tale orientamento giurisprudenziale comporta parallelamente la necessità di riconoscere che il potere autorizzatorio della Consob non può ritenersi vincolato al mero riscontro dei requisiti formali elencati dall'art. 19 Tuf, presupponendo invece un più ampio intervento da parte dell'autorità di regolazione, la quale deve assicurarsi anche che dall'autorizzazione concessa all'intermediario non possano derivare danni a terzi investitori [101].

A questo proposito bisogna aggiungere, con riguardo alla responsabilità della Consob, che l'art. 24, comma 6-bis, della legge 28 dicembre 2005, n. 262, ha posto una limitazione della responsabilità delle autorità con compiti di vigilanza sul mercato finanziario ai soli casi di danni da esse cagionati "con dolo o colpa grave".

Ma l'ampliamento del potere discrezionale dell'autorità di vigilanza comporta conseguenzialmente un incremento di richieste risarcitorie, basate su una *culpa in vigilando* [102].

A sua volta, va rilevato che la crescita del contenzioso (basato sul principio della responsabilità aquiliana ritenuta imputabile alla Consob in ragione dell'aumento della discrezionalità alla medesima riconosciuta) si riflette sui contributi di vigilanza, chiamati a coprire anche il fondo rischi per richieste risarcitorie.

L'art. 19, comma 3, Tuf assegna alla Consob, sentita la Banca d'Italia, il compito di disciplinare "*la procedura di autorizzazione e le ipotesi di decadenza dalla stessa quando la Sim non abbia iniziato o abbia interrotto lo svolgimento dei servizi e delle attività autorizzati*".

A questo proposito va rilevato che l'autorizzazione (differentemente dalla disciplina prevista per le banche) è richiesta – non come condizione per la costituzione della società, né per l'iscrizione nel registro delle imprese, ma – per l'avvio

---

[101] V. anche Cass. civ., sez. III, 29 gennaio 2013, n. 2074, che, con riguardo ad una società fiduciaria e alla funzione di vigilanza del Ministero delle Attività Produttive, afferma che "*i provvedimenti di sospensione o di revoca dell'autorizzazione all'esercizio dell'attività fiduciaria ... rientrano nella piena discrezionalità amministrativa*".

[102] Anche la Corte dei Conti (deliberazione della Sezione centrale di controllo n. 1/2014/4), all'interno di una relazione positiva circa la corretta amministrazione della Consob, ha rilevato la crescita del contenzioso nei confronti della Consob, con la conseguenza di dover aumentare il fondo rischi per ipotesi di risarcimento dei danni *ex* art. 2043 cod. civ.

dell'attività. E l'art. 11, comma 4, del regolamento intermediari prevede una forma di silenzio-assenso, giacché dispone che la domanda è da intendersi accolta trascorsi 120 giorni senza che la Consob abbia deliberato sulla stessa.

Con riguardo all'attività transfrontaliera, le imprese comunitarie possono operare in Italia tramite succursali (in questo caso il primo insediamento deve essere preceduto da una comunicazione alla Consob ad opera dell'autorità competente dello Stato di origine) o in regime di libera prestazione di servizi (anche in questo caso l'avvio dell'attività è subordinato ad un'informazione resa alla Consob dall'autorità competente dello Stato d'origine, ai sensi dell'art. 27, comma 2, Tuf) [103].

Invece le imprese di investimento extracomunitarie devono acquisire un'autorizzazione della Consob (sentita la Banca d'Italia *ex* art. 28 Tuf), subordinata alla sussistenza di condizioni di reciprocità con lo Stato di origine dell'intermediario, nei limiti consentiti dagli accordi internazionali e da apposite intese tra la Banca d'Italia, la Consob e l'autorità dello Stato di origine [104].

Il Tuf prevede un'assidua collaborazione fra Banca d'Italia e Consob ma a volte le relative norme non chiariscono adeguatamente le interrelazioni (e le modalità di interrelazione) che devono intercorrere fra tali autorità nel rilascio delle autorizzazioni alla prestazione dei servizi di investimento.

E così, ad esempio, se la Consob deve sentire la Banca d'Italia per autorizzare le imprese di investimento, la seconda, nel concedere alle banche l'autorizzazione alla prestazione di servizi di investimento, non deve acquisire alcun parere obbligatorio da parte della Consob (fatta eccezione per l'autorizzazione alla prestazione del servizio di "gestione di sistemi multilaterali di negoziazione"). Soltanto per l'attività di gestione di sistemi multilaterali di negoziazione, l'art. 19, comma 4, Tuf, prevede che la Banca d'Italia, sentita la Consob, autorizza l'esercizio dei servizi e delle attività di investimento da parte delle banche autorizzate in Italia. In questo caso il potere attribuito alla Consob trova giustificazione nelle peculiarità tecniche che caratterizzano l'attività di siffatte piattaforme, il cui funzionamento è

---

[103] Una posizione del tutto peculiare è quella dei GEFIA ("*Gestori di fondi alternativi*"), riguardo ai quali l'art. 41-quater Tuf, al comma 2, prevede che un GEFIA non UE, autorizzato in altro Stato membro, può gestire un fondo alternativo (FIA) italiano in libera prestazione o con stabilimento. Dunque si applica ("in quanto compatibile") il regime della mera informazione alla Banca d'Italia da parte dell'autorità dello Stato di origine anche per un intermediario non comunitario.

[104] Specularmente l'art. 26 Tuf dispone che le imprese di investimento italiane possono operare in uno Stato membro dell'Unione Europea o anche in uno Stato extracomunitario, con o senza succursali. La Sim qualora intenda aprire una succursale, deve essere autorizzata (non dalla Consob bensì) dalla Banca d'Italia. Nel Provvedimento della Banca d'Italia del 4 agosto 2000 si afferma che l'autorizzazione può essere rifiutata per motivi che attengono alla "adeguatezza della struttura organizzativa e della situazione finanziaria, economica e patrimoniale della Sim".

dettato da regole organizzative in parte assimilabili a quelle di un mercato regolamentato [105].

O, ancora, può citarsi l'art. 16, quarto comma, Tub che prevede un parere obbligatorio della Consob, in caso di autorizzazione – da parte della Banca d'Italia – a banche extracomunitarie alla prestazione di servizi di investimento in Italia, ma solo nell'ipotesi di libera prestazione di servizi (e non anche in caso di stabilimento di succursale da parte di una banca extracomunitaria).

Deve dunque rilevarsi che l'accesso ai servizi di investimento da parte delle banche è regolato in modo peculiare giacché in questo caso si applica la disciplina bancaria in cui l'autorizzazione della Banca d'Italia (art. 19, comma 4, Tuf) presuppone requisiti diversi ed è rilasciata mediante procedure differenti (sulla vigilanza bancaria e sull'autorizzazione all'esercizio dell'attività bancaria v. *supra*, par. 2).

L'attività di vigilanza dei mercati, fra norme europee e discipline italiane, sembra dunque muoversi secondo modelli non sempre coincidenti.

Da un lato si registrano infatti discipline tese a promuovere la regolazione del mercato e dall'altro lato impianti normativi basati sull'autonomia degli attori che operano sul mercato.

Riemerge così, sia a livello nazionale che a livello europeo, il dilemma che ruota attorno alla individuazione della *ratio* della vigilanza.

A questo proposito, la dottrina riconosce che il primo obiettivo della normativa di regolazione dei mercati deve essere la tutela del risparmio investito. Ma questa risposta richiede ulteriori chiarimenti soprattutto con riguardo alla questione di una tutela diretta o indiretta degli investitori. Si ripropone dunque la questione relativa ad una tutela solo indiretta degli investitori quale risultato di una ottimizzazione del funzionamento del mercato, ottimizzazione perseguita garantendo trasparenza e stabilità. Secondo questa impostazione, la tutela del risparmio viene ad essere un effetto secondario dell'attività di vigilanza che ha ad oggetto innanzitutto l'attività delle imprese e degli intermediari. Viceversa, l'affermazione secondo cui l'unico o principale obiettivo delle autorità di vigilanza è la tutela dell'investitore comporta la possibilità del prodursi di situazioni di conflitto fra tale obiettivo e quello della stabilità dei mercati [106].

Si pone così l'ulteriore problema se le autorità di regolazione possano ritenersi enti esponenziali degli interessi complessivi dei soggetti controllati. Qualora si

---

[105] La MiFID assegna alla Consob sia il compito di stabilire i requisiti minimi degli MTF e degli internalizzatori, sia l'attività di vigilanza su tali piattaforme.

[106] Negli Stati Uniti il *Dodd-Frank Act* (*Dodd-Frank Wall Street Reform and Consumer Protection Act*, legge federale approvata il 21 luglio 2010) era espressamente mirato all'esigenza di tutela dei risparmiatori creando una nuova autorità con tale specifico compito. Ed il legislatore statunitense ha assegnato a tale nuova autorità il potere di qualificare abusiva una pratica commerciale o un atto, qualora ritenga che la stessa interferisca con la capacità del consumatore di comprendere i termini o le clausole di un prodotto o di un servizio finanziario.

volesse optare per questa conclusione, si dovrebbe aggiungere che questo esito non potrebbe consentire alla Consob di svolgere efficacemente entrambe le funzioni di tutore degli interessi degli intermediari e, allo stesso tempo, degli interessi dei risparmiatori. Appare dunque preferibile riconoscere che gli obiettivi della vigilanza sono plurimi e che le varie autorità di regolazione sono chiamate a ponderare i diversi interessi.

Deve però rilevarsi che la legislazione europea ha imposto un sostanziale innalzamento dei livelli di tutela per gli investitori. Infatti, per ciascuno strumento finanziario deve essere individuato il mercato di riferimento e la categoria di clienti (art. 16, par. 3, Direttiva 2014/65/UE); o ancora che le imprese adottino misure ragionevoli per assicurare che lo strumento finanziario sia distribuito ai clienti solo all'interno del mercato target (art. 24, par. 2, Direttiva 2014/65/UE). Qualora la raccomandazione non basti, si attribuisce alle Autorità nazionali il potere di vietare o limitare la distribuzione o la vendita di determinati strumenti finanziari [107].

Alla Consob (come visto) venivano affidati originariamente due incarichi principali: il controllo della trasparenza delle società e dell'informazione fornita al pubblico; la vigilanza sul corretto funzionamento delle borse valori.

Come detto, la legge n. 216/1974 ha subìto notevoli modifiche ed integrazioni nel corso degli anni, in ragione anche dello sviluppo del mercato mobiliare. Con la legge 4 giugno 1985, n. 281 (*Disposizioni sull'ordinamento della Consob; norme per l'identificazione delle società con azioni quotate in borsa e delle società per azioni esercenti il credito; norme di attuazione delle direttive CEE 79/279, 80/390, 82/121 in materia di mercato dei valori mobiliari e disposizioni per la tutela del risparmio*), la Consob, da organo dello Stato inserito nel Ministero del Tesoro, è venuta ad assumere i caratteri tipici di una autorità amministrativa indipendente, e l'evoluzione del mercato mobiliare ha spinto il legislatore ad intervenire ulteriormente assegnando a tale autorità ulteriori poteri e sfere d'azione.

Infine il Tuf ha abrogato esplicitamente (art. 214 t.u. interm. fin.) quasi tutte le norme previgenti in materia ed ha assegnato alla Consob il ruolo di tutela degli investitori in quanto garante:

– della correttezza e trasparenza dei comportamenti degli intermediari operanti in strumenti finanziari (art. 5 Tuf);

– della trasparenza dei mercati regolamentati e dell'ordinato svolgimento delle negoziazioni;

– dell'efficienza e trasparenza del mercato dei capitali e del mercato di controllo societario;

– della correttezza contabile dei bilanci societari [108].

---

[107] E così negli Stati Uniti, il *Dodd-Frank Act* dispone una tutela rafforzata per il risparmiatore di età superiore ai sessantadue anni.

[108] F. CAVAZZUTI, *La Consob e la regolazione dei mercati finanziari*, in Quaderni di Fi-

La pluralità di funzioni esercitate dalla Consob porta a condividere la definizione di organizzazione complessa, «polifunzionale e polivalente» [109], avente poteri di regolazione del mercato finanziario.

---

*nanza*, n. 38, maggio 2000, 23. La Consob è dunque l'organismo pubblico che controlla il mercato mobiliare italiano a tutela del pubblico risparmio e a tale scopo essa vigila sulla trasparenza e la correttezza dei comportamenti dei soggetti che operano sui mercati mobiliari; controlla l'esattezza e la completezza delle informazioni che le società quotate forniscono al pubblico; controlla l'adeguatezza dell'informativa contenuta nei prospetti informativi relativi a offerte al pubblico di valori mobiliari; vigila sulle società di revisione iscritte nell'albo speciale; compie accertamenti per la verifica di eventuali violazioni delle norme in materia di insider trading (abuso di informazioni privilegiate e aggiotaggio su strumenti finanziari). Cfr. G. VESPERINI, *La Consob e l'informazione del mercato mobiliare*, Milano, 1993, 33 ss.; A. JANNUZZI, *La Consob: caratteri e funzioni, l'informazione societaria, controlli e sanzioni*, Milano, 1990, 55 ss.; G. MINERVINI, *La Consob, lezioni di diritto del mercato finanziario*, Liguori, Napoli, 1982; A. PREDIERI, *La posizione della Consob nell'apparato amministrativo*, in *Consob. L'istituzione e la legge penale*, cit., 132 ss.

[109] A. PREDIERI, *La posizione della Consob nell'apparato amministrativo*, in *Consob. L'istituzione e la legge penale*, cit., 142.

Capitolo Secondo

# Il potere regolamentare delle Autorità di regolazione dei mercati finanziari



## 1. Introduzione. Potere regolamentare e principio di legalità

Con riguardo al potere regolamentare assegnato alle autorità di regolazione dei mercati finanziari, si deve innanzitutto rilevare che le varie discipline legislative vigenti attribuiscono, alle singole autorità di regolazione, «tipologie» variegate ed ampie di potestà normativa. Infatti quasi tutte le autorità di regolazione (hanno il potere di ed) adottano regolamenti (o atti normativi di varia denominazione): di organizzazione; di attuazione e/o di esecuzione e/o di integrazione di norme di grado primario; di disciplina di ambiti delegificati; e si registrano anche regolamenti (delle autorità di regolazione) che incidono in ambiti non disciplinati da alcuna norma di grado legislativo (c.d. potestà regolamentare indipendente).

Appare dunque opportuno svolgere un'analisi delle distinte potestà regolamentari di ciascuna autorità di regolazione prendendo in esame innanzitutto le norme legislative che attribuiscono il relativo potere e poi i concreti atti normativi adottati dalle diverse autorità. Lo scopo ultimo di tale analisi sarà quello di individuare la collocazione di tali atti normativi nel sistema delle fonti e così contribuire, da tale prospettiva, all'individuazione dell'effettivo ruolo giocato nel sistema dei pubblici poteri da parte di ciascuna autorità.

Al tempo stesso va ricordato che, nell'esame della potestà regolamentare delle autorità di regolazione, sussiste la difficoltà di scindere i diversi poteri di cui le autorità godono, in quanto espressione tutti di «*una funzione ... unitariamente costruita*» [1]. E quindi anche nel momento dell'esame del «potere normativo» delle

[1] N. MARZONA, *Il potere normativo delle autorità indipendenti*, in *I garanti delle regole*, a cura di S. CASSESE e C. FRANCHINI, Bologna, 1996, 89. Vedi anche F. POLITI, *Il potere norma-*

autorità di regolazione non si deve dimenticare che tale potere si manifesta, oltre che – formalmente – mediante atti regolamentari, anche mediante un'ingente serie di attività e comportamenti non formali (o non sempre formalmente del tutto definiti), mediante i quali però tali organismi contribuiscono «*alla costruzione della disciplina normativa di un determinato ambito di attività*»[2].

Infatti le autorità di regolazione godono di poteri c.d. di "co-normazione" in quanto partecipano – sia pure sotto forme diverse e variegate – alla "scrittura" di atti normativi (anche di grado primario). Va pertanto rilevato che le "potenzialità normative" delle autorità di regolazione non si esauriscono negli atti regolamentari dalle stesse adottati, ma si sprigionano anche in altri atti.

L'esame della potestà regolamentare delle autorità di regolazione necessita però, innanzitutto, del preliminare approfondimento di alcune problematiche legate al potere regolamentare in generale, quali la individuazione dell'atto regolamenta-

---

*tivo delle autorità amministrative indipendenti*, L'Aquila, 2000; ID., *Regolamenti delle autorità amministrative indipendenti*, in *Enc. giur. Treccani*, vol. XXVI, 2002; ID., *La potestà normativa delle Autorità amministrative indipendenti*, in N. LONGOBARDI (a cura di), *Autorità amministrative indipendenti e sistema giuridico-istituzionale*, I ed., Torino, 2004; ID., *La potestà normativa delle autorità amministrative indipendenti: nuovi profili di studio*, in N. LONGOBARDI, *Autorità amministrative indipendenti e sistema giuridico-istituzionale*, II ed., Torino, 2009, 295 ss.; R. TITOMANLIO, *Autonomia e indipendenza delle* authorities*: profili organizzativi*, Milano, 2000; ID., *Potestà normativa e funzione di regolazione. La potestà regolamentare delle autorità amministrative indipendenti*, Torino, 2012; ID., *Riflessioni sul potere normativo delle autorità amministrative indipendenti fra legalità "sostanziale", legalità "procedurale" e funzione di regolazione*, in *Nomos. Le attualità nel diritto*, 2017, 1, 1 ss.; la dottrina sul tema è oramai consistente: P. BILANCIA, *Riflessi del potere normativo delle Autorità indipendenti sul sistema delle fonti*, in *Dir. e soc.*, 1999, 231 ss.; ID., *Attività normativa delle Autorità indipendenti e sistema delle fonti*, in *Le Autorità indipendenti*, Milano, 1999; S.A. FREGO LUPPI, *L'amministrazione regolatrice*, Torino, 1999; C. TUBERTINI, *Nuove prospettive in tema di tutela giurisdizionale nei confronti degli atti normativi e degli atti amministrativi generali della P.A.*, in *Dir. proc. amm.*, 1999, 1076 ss.; M.A. CABIDDU-D. CALDIROLA, *L'attività normativa delle autorità indipendenti*, in *Amministrare*, 2000, 39 ss.; G. DELLA CANANEA, *Gli atti amministrativi generali*, Padova, 2000; P. LAZZARA, *La potestà regolamentare della Consob in materia di intermediazione finanziaria*, in *Foro amm.*, 2000, 703 ss.; S. NICODEMO, *Gli atti normativi delle autorità indipendenti*, Padova, 2002; S. FOÀ, *I regolamenti delle autorità amministrative indipendenti*, Torino, 2002; L. GIANI, *Attività amministrativa e regolazione di sistema*, Torino, 2002; U. DE SIERVO (a cura di), *I poteri normativi delle autorità indipendenti*, in *Osservatorio sulle fonti*, 2005, fasc. 2003/2004 (numero monografico); M. FOGLIA, *I poteri normativi delle autorità amministrative indipendenti*, in *Quad. reg.*, 2008, 559 ss.; L. DI BONA, *Potere normativo delle autorità amministrative indipendenti e contratto*, Napoli, 2008; M. MANETTI, *I regolamenti delle autorità indipendenti*, in *Scritti in onore di Lorenza Carlassare*, Napoli, 2009; F. CINTIOLI, *I regolamenti delle Autorità indipendenti nel sistema delle fonti tra esigenze della regolazione e prospettive della giurisdizione*, in *www.giustizia-amministrativa.it*; H. SIMONETTI, *Codici di autoregolamentazione e sistema delle fonti*, Napoli, 2009; F. ZAMMARTINO, *Il modello molteplice. La potestà normativa delle autorità amministrative indipendenti*, Torino, 2020.

[2] N. MARZONA, *op. ult. cit.*, 88.

re, il fondamento ed i limiti di operatività dello stesso, i controlli cui il medesimo viene ad essere sottoposto.

Relativamente al problema della individuazione dell'atto regolamentare [3], possiamo ricordare che, in senso generico e residuale, "regolamento" è denominato ogni atto normativo distinto dalla legge e a questa subordinato [4].

Riguardo alla identificazione dell'atto regolamentare vari sono i criteri individuati o proposti dalla dottrina, ma (senza addentrarci in tale analisi) appare possibile affermare che criterio sufficientemente preciso sembra rivelarsi quello relativo alla "capacità" dell'atto di porre precetti *erga omnes* (riguardo ai quali, in altri termini, non esistono "terzi", giacché anche una legge provvedimento o *ad personam* svolge verso tutti la propria efficacia) [5]. In questa ricostruzione la "generalità" dell'atto normativo viene a concretizzarsi nella "capacità" dello stesso di rivolgersi a tutti i soggetti dell'ordinamento, sicché siffatta "capacità" viene a costituire "l'elemento di identificazione" del potere di introdurre norme generali [6].

All'interno della problematica relativa alla identificazione dell'atto regolamentare si pone anche la questione relativa alla distinzione di tale tipologia di atto (normativo, appunto) da altri tipi di atti amministrativi e in particolare dagli atti amministrativi generali privi però di contenuto normativo.

La demarcazione in concreto della linea di separazione fra l'una e l'altra tipologia di atti amministrativi appare difficoltosa per una pluralità di ragioni. Infatti spesso sono le stesse autorità amministrative competenti ad adottare entrambe le tipologie di atti a non distinguere – né nel *nomen iuris*, né nel procedimento di formazione dell'atto – fra le due tipologie. E la difficoltà di individuazione delle diverse tipologie di atti (innanzitutto fra quelli regolamentari e quelli non regolamentari; e poi all'interno della categoria degli atti regolamentari) e di una loro sistematizzazione appare confermata dalla autorevole ricostruzione [7] che innanzitutto enuclea diverse "categorie" di atti regolamentari e poi all'interno di queste individua la categoria di regolamenti che pongono "*norme efficaci in settori non in dominio della amministrazione, emesse da organi amministrativi indipendenti*" (che sono appunto quelli oggetto del presente capitolo).

E l'elemento dirimente, in questa ricerca, è rappresentato dal requisito della

---

[3] Dal punto di vista della disciplina positiva, sul potere regolamentare dobbiamo ricordare: art. 87, comma 5, Cost.; D.P.R. 28 dicembre 1985, n. 1092 (*Approvazione del testo unico delle disposizioni sulla promulgazione delle leggi, sulla emanazione dei decreti del Presidente della Repubblica e sulle pubblicazioni ufficiali della Repubblica italiana*); legge 23 agosto 1988, n. 400 (*Disciplina dell'attività di Governo e ordinamento della Presidenza del Consiglio dei Ministri*).

[4] Così A. CERRI, *Regolamenti*, in *Enc. giur. Treccani*, XXVI, Roma, 1991, 1.

[5] A. PIZZORUSSO, *Delle fonti del diritto*, in *Commentario al codice civile*, a cura di Scialoja e Branca, sub artt. 1-9, vol. I, Bologna-Roma, 1977, 16.

[6] A. CERRI, *op. ult. cit.*, 3, che fa espresso riferimento a C. ESPOSITO, *Eguaglianza e giustizia nell'art. 3 della Costituzione*, in *La Costituzione italiana. Saggi*, Padova, 1954, 30 ss.

[7] A. CERRI, *Regolamenti*, cit., 3.

"necessaria capacità innovativa" dell'atto affinché lo stesso possa ritenersi "atto normativo" (*id est*, regolamento)[8].

Nello scritto sull'attività normativa della pubblica amministrazione, Sandulli cita espressamente il fenomeno delle "potestà normative delle *regulatory commissions* americane" come esempio del mutamento del ruolo della potestà normativa "delle pubbliche amministrazioni"[9].

L'esame della potestà normativa delle autorità indipendenti porta ad interrogarci in merito alla collocazione (o meno) dei regolamenti di tali autorità fra gli atti normativi (o piuttosto fra gli atti amministrativi a contenuto generale concreto ma non normativo) o, ancora, fra gli atti normativi meramente interni (e dunque non fonti del diritto per l'ordinamento generale)[10]. La risposta che viene data a tale interrogativo non è indifferente perché solo i regolamenti (in quanto atti normativi secondari)[11], appartenendo al novero delle fonti del diritto[12], vengono a godere del relativo *status* giuridico, quale, ad esempio, l'applicazione del principio *iura novit curia* (art. 10 disp. prel. cod. civ.), dei principii sulla interpretazione *ex* art. 12 disp. prel. cod. civ., del principio *nemo jus ignorare censetur*, e della ricorribilità in Cassazione (art. 360 cod. proc. civ. e art. 111 Cost.) per mancata o falsa applicazione delle relative norme.

Ritornando alla distinzione fra atti normativi secondari e atti amministrativi generali (non normativi), si deve ricordare che i primi si differenziano dai secondi appunto per il loro "carattere normativo" (*id est*, per la generalità ed astrattezza delle disposizioni in esse contenute)[13] discendente dall'attribuzione con legge della relativa competenza[14].

---

[8] A. CERRI, *Regolamenti*, cit., 5.

[9] A.M. SANDULLI, *L'attività normativa della pubblica amministrazione (Origini - Funzione - Caratteri)*, Napoli, 1970, 52.

[10] La distinzione fra atti amministrativi generali a contenuto normativo e quelli non aventi tale contenuto ha importanti conseguenze e riflessi: a) solo ai primi può essere riconosciuta efficacia *erga omnes* (mentre l'operatività dei secondi concerne i soli soggetti degli stessi destinatari, non potendo essere invocati da "altri", ulteriori, soggetti); b) solo per i primi è configurabile il ricorso in Cassazione per violazione di legge in caso di erronea interpretazione degli stessi da parte dei giudici di merito; c) solo per i primi si applicano le disposizioni preliminari al codice civile (art. 10): pubblicazione, *vacatio*, interpretazione, ecc.; d) non immediata impugnabilità davanti al giudice amministrativo.

[11] V. CRISAFULLI, *Atto normativo*, in *Enc. dir.*, vol. IV, Milano, 1959.

[12] S. ROMANO, *Principi di diritto amministrativo*, Milano, 1901, 18: "la facoltà regolamentare non si scompagna mai dal fine di creare diritto"; A.M. SANDULLI, *Sugli atti amministrativi generali a contenuto non normativo*, in *Scritti giuridici in memoria di V.E. Orlando*, vol. II, Padova, 1957, 449 s.

[13] Per tutti V. CRISAFULLI, *Lezioni di diritto costituzionale*, II, 1, *Le fonti normative*, Padova, 1984; vedi anche C. MORTATI, *Istituzioni di diritto pubblico*, Padova, 1975; C. LAVAGNA, *Istituzioni di diritto pubblico*, Torino, 1989; A.M. SANDULLI, *Manuale di diritto amministrativo*, Napoli, 1989; F. POLITI, *Le fonti del diritto nell'ordinamento italiano*, Torino, 2020.

[14] A.M. SANDULLI, *L'attività normativa della pubblica amministrazione*, cit., 450, nota 10.

Se fonte del diritto è "ogni atto o fatto capace, secondo un ordinamento dato, di produrre norme giuridiche" [15] – con la ulteriore precisazione che la individuazione di "che cosa debba intendersi per sistema normativo" necessita che si muova dal "dato storico" [16] – deve rilevarsi che l'elemento caratterizzante l'atto regolamentare (e che lo distingue da altri atti che normativi non sono) è la "*capacità innovativa dell'atto*".

Va però aggiunto che, nella distinzione dell'atto regolamentare dagli altri atti amministrativi non-normativi, è necessaria la compresenza di una duplice caratterizzazione: che l'atto sia dotato, oltre che di "forza innovativa" (e cioè della capacità di innovare l'ordinamento giuridico, quale carattere "proprio ed essenziale di tutte le fonti di produzione giuridica" indipendentemente dal fatto che le stesse abbiano poi concretamente carattere normativo), anche di una "*funzione normativa*" (e cioè di essere destinato all'introduzione di norme giuridiche). Siffatta funzione (normale in tutte le fonti giuridiche) "è essenziale soltanto alle fonti secondarie" [17], essendo esse "destinate" fin dall'atto (legislativo) in cui trovano fondamento ad introdurre norme giuridiche (esecutive, attuative, integrative, ecc.), rappresentando dunque questa caratteristica l'elemento distintivo degli atti regolamentari rispetto agli atti amministrativi.

Con specifico riguardo al potere regolamentare delle autorità indipendenti, va rilevato che siffatta constatazione porta a concludere che tale potestà regolamentare (come ogni altra potestà regolamentare) ha (nel senso che "deve avere") una funzione normativa: in altri termini le autorità indipendenti hanno potestà regolamentare poiché sulle stesse incombe l'obbligo giuridico di adozione di norme destinate a regolare i settori loro affidati ed il cui contenuto trova nella legge attributiva di competenza non solo il proprio fondamento, ma anche l'obbligo in positivo (la "funzione", appunto) di disciplinare la materia *de qua*.

In questa prospettiva il potere normativo delle autorità di regolazione viene a configurarsi (piuttosto che come espressione di un ampliamento dei poteri delle stesse) quale esercizio di una funzione che trova nella legge e nella Costituzione fondamento e vincolo [18].

Perché possa parlarsi di atto regolamentare non è dunque sufficiente che l'atto stesso si rivolga ad una generalità di soggetti, essendo necessario anche che le disposizioni da esso poste siano (oltre che rivolte alla generalità) "destinate a regolare in astratto, per il futuro, una serie indefinita di fattispecie" [19].

Con riguardo al fondamento della potestà regolamentare, la dottrina è unanime

---

[15] V. CRISAFULLI, *Lezioni di diritto costituzionale*, II, cit., 3.

[16] V. CRISAFULLI, *Atto normativo*, cit., 252.

[17] A.M. SANDULLI, *Sugli atti amministrativi generali a contenuto non normativo*, cit., 451-452.

[18] F. POLITI, *Regolamenti delle autorità amministrative indipendenti*, in *Enc. giur. Treccani*, Roma, 1995.

[19] A.M. SANDULLI, *Sugli atti amministrativi generali a contenuto non normativo*, cit., 454.

nel ritenere che tale potestà è subordinata al principio di legalità [20], sicché la normazione secondaria deve esplicarsi "nel rispetto" e "in sottordine" rispetto alla norma primaria di cui quella secondaria rappresenta l'attuazione e specificazione [21].

Il principio di legalità postula che ogni potere normativo secondario debba trovare il proprio fondamento nella legge (principio di legalità in senso formale). Nell'accezione in senso sostanziale, il principio di legalità richiede che la legge – oltre ad assegnare il relativo potere – disponga anche i limiti di intervento della fonte secondaria e la disciplina generale e di principio cui quest'ultima deve attenersi.

La dottrina si è spesso interrogata sulla portata e sul significato del principio di legalità e, in particolare, sul ruolo di tale principio in un ordinamento democratico [22].

In via estremamente riassuntiva deve ricordarsi che il principio di legalità si afferma nei sistemi giuridici continentali come riflesso, sul piano del sistema delle fonti, della superiorità dell'organo parlamentare (e dell'atto da questo approvato, *id est* la legge) nei confronti dell'organo governativo (e dunque dell'atto normativo proprio dello stesso, il regolamento).

Il dibattito dottrinale relativo al rapporto fra legge e regolamento (in relazione al tema del fondamento del potere regolamentare) non può non misurarsi con basilari nodi teorici quali il rapporto fra principio democratico ed esigenze della efficienza, fra competenze tecnico-professionali, da un lato, e il principio della rappresentanza politica e della legittimazione democratica, dall'altro [23]. Le dimensioni del presente lavoro non consentono (né consigliano) di approfondire tali aspetti, ma può rilevarsi, sulla base della teoria della pluralità degli ordinamenti giuridici, che il potere regolamentare viene ad atteggiarsi in maniera differente anche a seconda dei rapporti fra specifico ordinamento particolare e ordinamento generale [24]. E co-

---

[20] V. CRISAFULLI, *Lezioni di diritto costituzionale*, II, cit., 1.

[21] A.M. SANDULLI, *L'attività normativa della pubblica amministrazione*, cit., 7.

[22] In dottrina sul principio di legalità: S. FOIS, *La riserva di legge*, Milano, 1963, 19 ss.; ID., *Legalità (principio di)*, in *Enc. dir.*, vol. XXIII, Milano, 1973, 662 ss.; L. CARLASSARE, *Regolamenti dell'esecutivo e principio di legalità*, cit., 120 ss.; F. SATTA, *Principio di legalità e pubblica amministrazione nello Stato democratico*, I, *Premesse generali*, Padova, 1967; C. MARZUOLI, *Principio di legalità e attività di diritto privato della pubblica amministrazione*, Milano, 1982; A.M. SANDULLI, *L'attività normativa della pubblica amministrazione*, cit., 8, nota 9: «Il principio di legalità negli ordinamenti democratici contemporanei comporta che la potestà di normazione in questione non possa svolgersi se non "sul fondamento" di una legge e "nel rispetto delle leggi"».

[23] Proprio la consapevolezza "dell'ambivalenza delle relazioni implicate" spinge A. CERRI, *Regolamenti*, cit., 4, ad "un approccio prudente e realistico ... perché l'inefficienza, l'incapacità di far fronte ai problemi conduce al deperimento dei valori della democrazia ma anche la incapacità di controllare le forze interne ed esterne all'apparato pubblico; perché la negazione del 'pluralismo giuridico' conduce ad una impensabile struttura di mero 'comando', ma l'esasperazione di esso conduce al deperimento di un potere responsabile e governante".

[24] S. ROMANO, *L'ordinamento giuridico* (1916), Milano, 1962.

sì, facendo leva sulla teoria della pluralità degli ordinamenti giuridici, Santi Romano ritenne di poter fondare la potestà regolamentare della pubblica amministrazione sul principio di autonomia di quest'ultima, pur ritenendo sempre necessaria una legge affinché tali regolamenti potessero esplicare i propri effetti anche nell'ordinamento generale[25].

I riflessi di tale dibattito teorico si rinvengono anche in epoca repubblicana: il riconoscimento ad opera della Costituzione del 1948 del principio pluralistico, se può essere ritenuto un importante "tassello" per l'elaborazione di una teoria che ravvisi il potere regolamentare quale espressione diretta di una sfera di autonomia costituzionalmente fondata, parimenti non può ritenersi da solo sufficiente a sostenere la non-necessarietà di un fondamento legislativo.

All'interno di tale cornice di riflessione, il problema del fondamento del potere regolamentare non può non venire ad assumere un nuovo significato ed una nuova dimensione. Dall'impianto costituzionale è agevole dedurre che la Costituzione ha tracciato il livello primario delle fonti del diritto, mentre ha lasciato "aperto" il livello secondario[26]. La tesi che assegna specifico valore alla posizione istituzionale dell'organo titolare del rispettivo potere regolamentare[27] e che contemporaneamente riconosce la necessità di una previa legge che attivi il relativo potere appare dunque in linea con il quadro costituzionale.

Si rivela così l'importanza centrale di un aspetto (quello della collocazione istituzionale del soggetto titolare del potere regolamentare in discussione) che, nello studio delle autorità indipendenti e del relativo potere regolamentare, viene a rivestire un ruolo decisivo. In tale quadro, l'intervento legislativo è sempre necessario ma viene a mutare di significato perché il rapporto legge-regolamento viene di volta in volta ad atteggiarsi in maniera differente proprio in ragione del rapporto intercorrente fra Parlamento e soggetto dotato di potestà regolamentare.

Quindi deve riconoscersi un duplice fondamento – costituzionale e legislativo – del potere regolamentare delle autorità di regolazione giacché l'intervento del legislatore è "necessario" in un duplice senso:

– come fondamento e limite del potere regolamentare,

– ma anche quale vincolo in positivo per il legislatore che non può giungere a comprimere del tutto il potere regolamentare.

---

[25] S. ROMANO, *Principii di diritto costituzionale*, Milano, 1947, 283.

[26] Cfr. Corte costituzionale, sent. n. 26/1966, in *Giur. cost.*, 1966; sent. n. 79/1970, in *Giur. cost.*, 1970; sent. n. 165/1989, in *Giur. cost.*, 1989. In dottrina v. S. FOIS, *Legalità (principio di)*, in *Enc. dir.*, vol. XXIII, Milano, 1973, 691; V. CRISAFULLI, *Lezioni di diritto costituzionale*, II, cit., 134; G. ZAGREBELSKY, *Il sistema costituzionale delle fonti del diritto*, cit., 5 ss.; A. CERRI, *Regolamenti*, cit., 4.

[27] A. CERRI, *Regolamenti*, cit., 5: "la posizione dell'organo nel sistema costituzionale non è irrilevante, ma non è sufficiente da sola a fondare da sola il potere, e cioè non esclude la necessità di una *interpositio legislatoris*".

Questo articolato fondamento del potere regolamentare conduce ad una ricostruzione a sua volta complessa dei rapporti fra fonti secondarie che non può certo esaurirsi nel mero rapporto gerarchico, me che invece richiede il riconoscimento di un rapporto di competenza fra tali fonti.

Quest'ultimo ordine di considerazioni muove dalla preliminare distinzione fra regolamenti dell'esecutivo (o governativi) e potestà regolamentare della pubblica amministrazione e regolamenti delle autorità indipendenti. I principi costituzionali in tema di separazione fra politica e amministrazione conducono a ritenere fondata tale distinzione. E la base pluralistica del sistema democratico comporta che anche la pubblica amministrazione (o meglio, le pubbliche amministrazioni) non possa più essere intesa in senso unitario e compatto, ma piuttosto vista come una pluralità di amministrazioni diverse, fra loro variamente coordinate, e dotate di molteplici e differenti forme di autonomia [28].

Viene così a configurarsi un quadro composito e complesso nel quale, alla riaffermazione dell'indiscutibile collocazione della legge in un grado di superiorità, si affianca il riconoscimento di una "ripartizione di aree" tra potere legislativo e potere governativo e potere amministrativo, all'interno della quale ripartizione anche la sfera delle 'autonomie normative' delle singole autorità (governative e amministrative) viene delimitato all'interno di un "sistema pluriarticolato" [29] ed in cui, appunto, tali "autonomie" si appalesano come "distinte componenti".

In questa prospettiva la possibilità per gli atti normativi secondari di intervenire in materie già disciplinate dalla legge (o da fonti di grado primario) non appare in sé un fenomeno eccezionale perché non viene affatto inficiata la validità del principio di legalità, né negata la operatività del principio gerarchico. E bisogna ricordare che secondo risalente autorevole dottrina «*oltre che leggi materiali, i regolamenti amministrativi sono atti materialmente e formalmente amministrativi: in essi la funzione legislativa e la funzione esecutiva trovano un punto in cui si incontrano e si esplicano con atti di carattere misto, che costituiscono una legislazione amministrativa minore e secondaria, rispetto a quella delle leggi formali, e anche un'amministrazione normativa superiore all'amministrazione concreta che si estrinseca in singoli provvedimenti*» [30].

Le considerazioni appena esposte in tema di "sfere di autonomia" rispettivamente riconosciute dalla legge (e, prima ancora, dalla Costituzione) al potere governativo e alle pubbliche amministrazioni portano ad affermare che lo studio dei regolamenti delle autorità indipendenti conduce a distinguere fra potere regola-

---

[28] A.M. SANDULLI, *La potestà normativa della pubblica amministrazione*, cit., 47-48.

[29] A.M. SANDULLI, *op. ult. cit.*, 57.

[30] S. ROMANO, *Principii di diritto costituzionale generale*, Milano, 1947, 283, sottolinea che «lo Stato appare sempre di più un'istituzione complessa e, aumentando questa sua complessità, si moltiplicano anche i suoi uffici e istituti». Sottolinea lo stretto collegamento esistente fra l'aumento dei compiti e delle sfere di azione dello Stato anche A.M. SANDULLI, *La potestà normativa della pubblica amministrazione*, cit., 37 ss.

mentare dell'esecutivo (da un lato, e che ricomprende i regolamenti governativi, quelli ministeriali, interministeriali, ecc.), potere regolamentare delle autorità indipendenti (da un altro lato, e che ricomprende gli atti normativi adottati dalle autorità indipendenti) e potere regolamentare della pubblica amministrazione (intesa in senso lato, da un altro ancora, e che ricomprende la vasta serie degli atti normativi adottati dalle molteplici "pubbliche amministrazioni" presenti nel nostro ordinamento).

Emerge in questa maniera la peculiarità dei regolamenti delle autorità indipendenti, regolamenti che sono espressione della potestà normativa alle stesse conferita, potestà normativa – a sua volta – espressione della funzione di regolazione e che si estrinseca in una pluralità di atti aventi eterogenee denominazioni (provvedimenti, regolamenti, delibere, autorizzazioni, ecc.).

Secondo autorevole dottrina i regolamenti delle autorità di regolazione sono espressione della "autonomia" propria di tali enti [31]. Parimenti è stata ribadita l'esigenza che tali regolamenti, sempre in conformità con il principio di legalità, trovino il proprio fondamento nella legge [32].

Ad avviso di chi scrive, appare opportuno aggiungere che, posta la sempre necessaria *interpositio legislatoris*, il nostro ordinamento costituzionale impone di riconoscere che se da un lato non può negarsi alla potestà regolamentare di essere espressione di una sfera di "autonomia", dall'altro lato bisogna aggiungere che in tale quadro la stessa legge ordinaria viene a doversi misurare con un duplice limite, positivo e negativo:

a) positivo, giacché il legislatore "deve" intervenire per assicurare al relativo organo la possibilità esplicare un'autonomia costituzionalmente garantita;

b) negativo, nel senso che la legge deve porre una legislazione di principio, non potendo invadere l'ambito di autonomia riservato al soggetto titolare del relativo potere.

## 2. Il potere regolamentare della Banca d'Italia

Il legislatore (*in primis*, ma non solo, tramite numerose disposizioni del Tub) conferisce alla Banca d'Italia un ampio potere regolamentare, a volte anche in maniera generica ed anche con – non pochi – casi di delegificazione.

L'esame del potere regolamentare della Banca d'Italia [33] è particolarmente arduo perché tale autorità, pur formalmente esclusa dal vertice organizzativo dei relativi settori economico-finanziari, dispone in realtà di un potere e di un'auto-

---

[31] M.S. GIANNINI, *Regolamento (in generale)*, in *Enc dir.*, vol. XXXIX, Milano, 1988, 605.

[32] A. CERRI, *Regolamenti*, cit., 3.

[33] In generale sulla Banca d'Italia v. S. ORTINO, *Banca d'Italia*, in *Enc. giur. Treccani*, vol. IV, Roma, 1988.

revolezza, di fatto, di gran lunga maggiori rispetto a quanto a prima vista rintracciabile nei testi legislativi.

La Banca d'Italia «determina» il contenuto di numerosi atti normativi che però vengono concretamente adottati sotto forme diverse.

E così, ad esempio, vanno ricordati: i regolamenti adottati dal Cicr (Comitato interministeriale per il credito ed il risparmio) su proposta della Banca d'Italia ai sensi degli artt. 11, commi 3 e 4, lett. b) ed e); 27, 117 e 118 Tub; i regolamenti adottati dal Ministro dell'Economia e delle Finanze, all'interno dei quali vanno tenuti distinti quelli adottati in base all'art. 17, comma 3, legge n. 400/1988 (cfr. artt. 25, 26, 106, 107, 108 e 109, 116 e 155 Tub) dagli altri non menzionati come regolamenti ministeriali (cfr. artt. 107, comma 1, 116, comma 2, Tub)[34].

La Banca d'Italia gode di uno specifico potere regolamentare nell'esercizio della funzione di organo di vigilanza sulle aziende e istituti di credito e in altri numerosi casi previsti dalla legge[35].

A questo proposito va innanzitutto ricordato l'art. 4, comma 1, Tub in base al quale la Banca d'Italia, nell'esercizio delle sue funzioni di vigilanza «emana regolamenti nei casi previsti dalla legge».

Non è chiaro se di questa disposizione possa ritenersi specificazione l'art. 53 (*Vigilanza regolamentare*) Tub che attribuisce alla Banca d'Italia – nello svolgimento della sua funzione di vigilanza sulle banche e che comprende anche la vigilanza informativa e quella ispettiva – il potere di emanare (sulla base delle deliberazioni del Comitato interministeriale per il credito e il risparmio) «disposizioni di carattere generale» in materia di adeguatezza patrimoniale, di contenimento del rischio, di partecipazioni detenibili e circa l'organizzazione amministrativa e con-

---

[34] V., ad esempio, art. 4 Tub, secondo cui «La Banca d'Italia, nell'esercizio delle funzioni di vigilanza, formula le proposte per le deliberazioni di competenza del Cicr previste nei titoli II e III e nell'art. 107. La Banca d'Italia, inoltre, emana regolamenti nei casi previsti dalla legge, impartisce istruzioni e adotta i provvedimenti di carattere particolare di sua competenza».

[35] V., ad esempio, art. 13 del d.lgs. 23 luglio 1996, n. 415, attuazione del quale è il Provvedimento della Banca d'Italia, 29 settembre 1996 (*Regolamento attuativo dell'art. 13 del decreto legislativo 23 luglio 1996, n. 415, in materia di apertura di succursali e prestazione di servizi all'estero da parte di società di intermediazione mobiliare*); oppure v. Provvedimento 24 dicembre 1996 (*Regolamento emanato ai sensi dell'art. 6, commi, lettera d), e 4, dell'art. 10, comma 6 e dell'art. 25, comma 1, letta b), del decreto legislativo 23 luglio 1996, n. 415, di recepimento della direttiva 93/22/CEE del 10 maggio 1993 relativa ai servizi di investimento nel settore dei valori mobiliari e della direttiva 93/6/CEE del 15 marzo 1993 relativa all'adeguatezza patrimoniale delle imprese di investimento e degli enti creditizi*); Regolamento della Banca d'Italia 2 luglio 1991 (*Regolamento emanato ai sensi dell'art. 3, comma 2, lett. a) e dell'art. 9, commi 4 e 5, della legge 2 gennaio 1991, n. 1, riguardante: il capitale minimo iniziale delle Sim; le attività connesse e strumentali, La separazione organizzativa e contabile; i coefficienti minimi di patrimonio, di liquidità e di concentrazione ed il patrimonio utile a fini di vigilanza; le forme tecniche dei bilanci e delle situazioni periodiche, le segnalazioni per la redazione delle statistiche finanziarie*).

tabile ed i controlli interni, o se invece le due disposizioni (art. 4 e art. 53 Tub) abbiano perimetri differenti. L'ampia formulazione dell'art. 4 Tub conduce ad assegnare a tale disposizione il valore di norma di carattere generale (il cui contenuto è poi rimesso alle singole disposizioni legislative che assegnano concretamente potere regolamentare alla Banca d'Italia), mentre l'art. 53 Tub si caratterizza per una chiara definizione degli ambiti regolamentari rimessi alla Banca d'Italia,

Bisogna inoltre ricordare che l'art. 5 Tub elenca i criteri cui le autorità creditizie debbono conformarsi nell'esercizio dei poteri di vigilanza ad esse attribuiti:

– «sana e prudente gestione dei soggetti vigilati»,
– attenzione alla «stabilità complessiva, all'efficienza e alla competitività del sistema finanziario», e
– attenzione «all'osservanza delle disposizioni in materia creditizia» [36].

Secondo parte della dottrina [37] la nozione di *vigilanza regolamentare* ricomprende al proprio interno istituti diversi, coinvolgendo sia l'intero campo dei poteri amministrativi (attribuiti non solo alla Banca d'Italia ma all'insieme delle autorità creditizie; artt. 2 ss. Tub), sia i numerosi casi in cui la disciplina legislativa riconosce alla Banca d'Italia il potere di adottare disposizioni a contenuto generale e astratto. E così possono ricordarsi: (*a*) le «disposizioni» (o i «provvedimenti») «di carattere generale» adottati dalla Banca d'Italia (in conformità a delibere del Cicr a loro volta quasi sempre assunte su proposta della Banca d'Italia stessa; cfr. artt. 12, commi 5 e 6, 17, 38, 49 e 53 Tub); e (*b*) i «regolamenti» emanati dalla Banca d'Italia «nei casi previsti dalla legge» (riguardo ai casi compresi in tale categoria, v. artt. 12, comma 7, 20, 117, comma 8, Tub); c) e, più in generale, i numerosi conferimenti di potestà regolamentare operati dal Tub [38].

---

[36] Sulla vigilanza regolamentare v., in dottrina, S. AMOROSINO, *La funzione amministrativa di vigilanza sulle banche nel nuovo t.u. delle leggi in materia creditizia*, in *Le banche. Regole e mercato dopo il testo unico delle leggi creditizie*, a cura di S. AMOROSINO, Milano, 1995; F. MERUSI, *Vigilanza e «vigilanze» nel nuovo testo unico delle leggi bancarie*, in *Banca, impr., soc.*, 1996, 199; MOROSINI, *La vigilanza nel nuovo testo unico: profili generali*, in *Dir. banc.*, 1995, 359 ss.; C. CLEMENTE, *Art. 53*, in *Commentario al testo unico delle leggi in materia bancaria e creditizia*, a cura di F. CAPRIGLIONE, Padova, 1994; L. MARUZZI, *Vigilanza bancaria e potere di ordinanza*, in *Banca e borsa*, I, 1998, 735 ss.; S. DELL'ATTI, *La vigilanza creditizia in Italia dopo Maastricht: adozione del modello tedesco o rivisitazione dell'attuale rapporto autoritativo di vertice?*, in *Banca e borsa*, I, 1998, 763 ss.; v. anche art. 6 Tuf.

[37] V. CERULLI IRELLI, *La vigilanza regolamentare*, in *Mondo bancario*, n. 6, 1994.

[38] Oltre al citato art. 4 Tub si vedano anche (sempre del Tub): – l'art. 8, comma 1, secondo cui «La Banca d'Italia pubblica un bollettino contenente i provvedimenti di carattere generale emanati dalle autorità creditizie nonché altri provvedimenti rilevanti relativi ai soggetti sottoposti a vigilanza»; e il comma 2, che specifica che «I provvedimenti di carattere generale della Banca d'Italia sono pubblicati nella *Gazzetta ufficiale* della Repubblica quando le disposizioni in esso contenute sono destinate anche a soggetti diversi da quelli sottoposti a vigilanza»; – l'art. 12, comma 5, secondo cui «L'emissione delle obbligazioni non convertibili o convertibili

in titoli di altre società è disciplinata dalla Banca d'Italia, in conformità delle deliberazioni del Cicr»; commi 6 e 7, che assegnano alla Banca d'Italia rispettivamente il potere di «disciplinare le modalità di emissione» dei titoli di deposito nominativi o al portatore da parte delle banche (comma 6), e l'emissione da parte delle banche di prestiti subordinati, irredimibili ovvero rimborsabili previa autorizzazione della medesima Banca d'Italia (comma 7); – l'art. 17 che assegna alla Banca d'Italia il potere di disciplinare («in conformità delle deliberazioni del Cicr») «l'esercizio di attività non ammesse al mutuo riconoscimento comunque effettuato da parte di banche comunitarie nel territorio della Repubblica»; – l'art. 19, comma 9, che esplicitamente assegna alla Banca d'Italia («in conformità delle deliberazioni del Cicr») il potere di emanare «disposizioni attuative» della disciplina posta dall'articolo medesimo in tema di autorizzazione alla partecipazione al capitale delle banche; – l'art. 20, comma 3, secondo cui «La Banca d'Italia determina presupposti, modalità e termini delle comunicazioni previste dal comma 1 [relativo agli obblighi di comunicazione gravanti sui partecipanti al capitale di una banca]» nonché «le modalità delle comunicazioni» di accordi incidenti su assetti bancari; – l'art. 38, comma 2, che, in materia di credito fondiario, assegna alla Banca d'Italia il potere di determinare («in conformità delle deliberazioni del Cicr») «l'ammontare massimo dei finanziamenti, individuandolo in rapporto al valore dei beni ipotecati e al costo delle opere da eseguire sugli stessi, nonché le ipotesi in cui la presenza di precedenti iscrizioni ipotecarie non impedisce la concessione dei finanziamenti» (tale disposizione va collegata con l'art. 153); – gli artt. 36 e 39 in materia di fondo comune, artt. 41, 42, 43 e 44 in materia di Sicav e di Sgr; – l'art. 49, co. 2, che, in materia di assegni circolari, conferisce alla banca d'Italia («in conformità delle deliberazioni del Cicr») il potere di determinare «la misura, la composizione e le modalità per il versamento della cauzione che le banche emittenti sono tenute a costituire presso la medesima Banca d'Italia»; – in materia di vigilanza, l'art. 51 («Le banche inviano alla Banca d'Italia, con le modalità e nei termini da essa stabiliti, le segnalazioni periodiche, nonché ogni altro dato e documento richiesto»); l'art. 52, comma 4 («La Banca d'Italia stabilisce modalità e termini per la trasmissione delle informazioni previste» in materia di comunicazioni del collegio sindacale e dei soggetti incaricati del controllo dei conti); l'art. 53 (che disciplina la c.d. «Vigilanza regolamentare»); l'art. 58, comma 1 («La Banca d'Italia emana istruzioni per la cessione a banche di aziende, di rami d'azienda, di beni e rapporti giuridici individuabili in blocco. Le istruzioni possono prevedere che le operazioni di maggiore rilevanza siano sottoposte ad autorizzazione della Banca d'Italia»; l'art. 66, comma 2 (secondo cui la Banca d'Italia «determina modalità e termini per la trasmissione delle situazioni, dei dati e delle informazioni» necessarie per svolgere la c.d. «vigilanza informativa»); e 67, comma 1; – artt. 92, comma 2, e 93, comma 4, in tema di disciplina di «forme integrative di pubblicità» di fasi finali della liquidazione coatta amministrativa delle banche (al riguardo v. anche art. 103); – art. 96-ter che, nel prevedere i poteri della Banca d'Italia nella disciplina dei sistemi di garanzia dei depositanti, assegna anche un potere normativo volto alla «tutela dei risparmiatori e alla stabilità del sistema bancario» (al riguardo v. anche l'art. 96-quater in tema di esclusione dai sistemi di garanzie); – art. 110 che, in tema di obblighi di comunicazioni da parte di soggetti operanti nel settore finanziario; – art. 129 (in tema di emissione di valori mobiliari; a tal proposito v. Cons. Stato, sez. VI, 5 giugno 1998, n. 936, in *Giur. it.*, 1999, 186 ss.), art. 133, comma 2 (in tema di abuso della denominazione di «banca»), art. 146 (che, in tema di vigilanza sui sistemi di pagamento, assegna alla Banca d'Italia il potere di emanare «disposizioni volte ad assicurare sistemi di compensazione e di pagamento efficienti ed affidabili»), art. 157, comma 3 (che, riformulando l'art. 5 del d.lgs. n. 87/1992, dispone che «Gli enti creditizi e finanziari si attengono alle disposizioni che la Banca d'Italia emana relativamente alle forme tecniche, su base individuale e su

Riguardo ai regolamenti della Banca d'Italia autorevole dottrina ha sostenuto, in passato, la tesi dell'ordinamento sezionale [39], secondo cui la Banca d'Italia risponderebbe a regole proprie, giustificate appunto dalla peculiarità del settore cui la stessa è preposta.

## 3. Il potere regolamentare dell'Ivass

L'Ivass, come visto (*supra*, capitolo primo, par. 3) ha preso il posto del preesistente Isvap [40], organo di controllo sulle imprese di assicurazione, istituito dalla legge 12 agosto 1982, n. 576.

L'Ivass è un ente di diritto pubblico avente come finalità della propria azione garantire un'adeguata protezione degli assicurati perseguendo la sana e prudente gestione delle imprese di assicurazione e riassicurazione e la trasparenza e correttezza del loro operato nei confronti della clientela, perseguendo altresì la stabilità del sistema e dei mercati finanziari.

Inizialmente la legge n. 576/1982 assegnava all'Isvap funzioni istruttorie e conoscitivo-consultive del Ministro dell'Industria [41]. Successivamente con la legge n. 20/1991 sono state attribuite all'Isvap ulteriori competenze in materia di regolazione degli assetti proprietari e di gruppo nel settore assicurativo; poi con il D.P.R. 18 aprile 1994, n. 385 (*Regolamento recante semplificazione dei procedimenti amministrativi in materia di assicurazioni private e di interesse collettivo di competenza del Ministero dell'Industria, del Commercio e dell'Artigianato*) sono state attribuite all'Isvap tutte le funzioni controllo del settore assicurativo [42]. Infine

base consolidata, dei bilanci e delle situazioni dei conti destinate al pubblico nonché alle modalità e ai termini della pubblicazione delle situazioni dei conti») e (l'ormai abrogato) art. 158 (che prevedeva uno extra ordinem potere normativo della Banca d'Italia e della Consob).

[39] M.S. GIANNINI, *Diritto amministrativo*, Milano, 1992.

[40] In dottrina v. G. SANGIORGIO, *Istituto per la vigilanza sulle assicurazioni private e di interesse collettivo (Isvap)*, in *Enc. giur Treccani*, Roma, 1995 (e dottrina ivi citata).

[41] A. JORIO, *Impresa di assicurazione: I) Diritto commerciale*, in *Enc. giur. Treccani*, Roma, 1988, 6, sottolinea che già dalla legge istitutiva all'Isvap era assegnato «un potere sostanzialmente illimitato di controllo, esame e verifica sulla vita delle imprese sotto il triplice profilo tecnico, finanziario e patrimoniale». G. MANGHETTI, *Intervento del Presidente dell'Isvap al Convegno "Il consumatore ed i servizi assicurativi: verso nuove forme di tutela"*, Roma, 6 giugno 2000, ricorda come la «fondamentale funzione di garanzia» svolta dall'Isvap si realizza perseguendo il duplice l'obiettivo che la vigilanza deve raggiungere: «quello della stabilità delle imprese attraverso la puntuale verifica del loro grado di solvibilità e quello di una gestione d'impresa finalizzata alla qualità del servizio offerto».

[42] Il D.P.R. n. 385/1994 è stato adottato in attuazione dell'art. 2, commi 7 e 9, della legge n. 537/1993. L'art. 2 di tale D.P.R. dispone, al comma 2 che «Tutte le attività di controllo e vigilanza in materia di assicurazioni private ed interesse collettivo, non previste dal precedente comma e in precedenza esercitate dal Ministero dell'Industria, del commercio e dell'artigiana-

i d.lgs. nn. 174 e 175/1995 hanno ulteriormente ampliato i poteri dell'Isvap, aggiungendo al precedente controllo tecnico, finanziario e patrimoniale della vita delle imprese assicurative, anche il rilascio dell'autorizzazione all'esercizio dell'attività di assicurazione ed un più penetrante potere di vigilanza[43].

L'Isvap è venuta così a disporre non più soltanto di poteri preparatori e conoscitivo-consultivi – come avveniva invece in precedenza quando l'adozione dei relativi atti era sempre di competenza del Ministro dell'industria[44] – ma di un pieno potere di controllo e regolazione del settore assicurativo[45].

Il controllo dell'Ivass è diretto a garantire l'efficienza, la stabilità e la solvibilità degli operatori delle assicurazioni.

L'istituzione dell'Isvap (oggi Ivass) risponde dunque all'esigenza fondamentale di «neutralizzazione» del settore – «di scorporo dello stesso dalla linea e dagli apparati dell'ordinaria vita amministrativa, in ragione certo della tecnicità della materia ma anche di sue particolari implicazioni politiche, le quali richiedono strutture dotate di una certa indipendenza in funzione di garanzia oltre che di efficienza»[46] – attraverso l'istituzione di un'apposita struttura destinata all'esercizio del controllo.

In merito all'autonomia organizzativa e funzionale bisogna ricordare che il D.P.R. n. 385/1994 – nel trasferire all'Isvap (oggi Ivass) le competenze in materie di vigilanza già spettanti al Ministro – espressamente assegnava all'Isvap il potere di esercitare la sua attività «in piena autonomia e nel rispetto esclusivo del proprio ordinamento». Ma, oltre che in materia di auto-organizzazione, l'Isvap godeva di poteri regolamentari anche nei confronti del mercato assicurativo, in quanto potere diretto ad «assicurare i necessari collegamenti tra l'ordinamento di

---

to, sono trasferite all'Isvap, che le esercita in piena autonomia e nel rispetto esclusivo del proprio ordinamento, come definito dalla legge 12 agosto 1982, n. 576 e successive modificazioni ed integrazioni». Per un commento v. M. BALDUZZI, *La semplificazione dei procedimenti amministrativi in materia di assicurazioni private e di interesse collettivo*, in *Nuove leggi civ. comm.*, 1995, 93 ss.

[43] G. SANGIORGIO, *op. ult. cit.*, 2, evidenzia come una «costante» delle disposizioni contenute nei d.lgs. nn. 174 e 175/1995 sia «costituita dall'attribuzione all'Isvap di ulteriori, specifiche competenze provvedimentali, con funzioni di regolamentazione e di controllo del settore assicurativo, finalizzate ad assicurare la stabilità del mercato e l'efficienza degli operatori, mediante l'uso di una discrezionalità di natura tecnica che esclude in radice la possibilità di interventi politici regolatori o di indirizzo».

[44] Precedentemente ai menzionati decreti legislativi del 1995 l'Isvap svolgeva una funzione soltanto preparatoria ed istruttoria di provvedimenti ministeriali, esplicantesi nella formulazione di pareri sui programmi delle imprese. In tal senso esplicitamente anche TAR Lazio, sez. I, 4 giugno 1986, n. 676, in *Trib. amm. reg.*, 1986, I, 2023 ss., secondo cui la legge n. 576/1982 ha attribuito all'Isvap «funzioni di carattere essenzialmente preparatorio e conoscitivo».

[45] A. JORIO, *Il controllo dell'Isvap sugli enti di gestione fiduciaria*, in *Giur. comm.*, 1984, 1051 ss.

[46] M. NIGRO, *op. ult. cit.*, 1041.

"primo livello" e la concreta realtà in cui si esplica l'attività assicurativa»[47].

L'art. 4 della legge n. 576/1982 già assegnava all'Isvap un ampio potere di controllo: controllo della gestione tecnica e patrimoniale delle imprese; esame e verifica dei bilanci; vigilanza sull'osservanza della disciplina che regola il settore assicurativo; conoscenza dell'andamento dei mercati internazionale e comunitario nonché dei problemi relativi all'evoluzione, alla prevenzione e alla copertura dei rischi; controllo delle tariffe e della congruità dei programmi delle imprese; vigilanza sul rispetto delle norme relative al margine di solvibilità ed alle quote di garanzia; pareri sui piani di risanamento e di finanziamento; proposta di misure sanzionatorie. Tale potere di controllo si svolgeva mediante la verifica costante dei momenti salienti della vita delle imprese assicurative oltre che mediante il controllo sui bilanci delle società assicurative (bilanci che, a tal fine, devono essere predisposti secondo un apposito modello e trasmessi all'Isvap – oggi all'Ivass – unitamente alla relazione di una società di revisione iscritta nell'albo speciale).

Le irregolarità nella conduzione dell'attività assicurativa e, in particolare, l'inosservanza delle disposizioni sulle riserve tecniche e sul margine di solvibilità danno luogo all'applicazione di sanzioni, che possono andare dal divieto imposto all'impresa stessa di compiere atti di disposizione dei propri beni alla sospensione dell'attività riguardo all'assunzione di nuovi affari, fino alla revoca dell'autorizzazione cui consegue la liquidazione coatta amministrativa dell'azienda assicurativa (al riguardo v. *infra*, capitolo terzo, par. 3).

Come detto, i decreti legislativi nn. 174 e 175/1995 (poi abrogati dal Codice delle assicurazioni, v. *infra*) avevano già notevolmente ampliato i poteri normativi dell'Isvap. Vanno così menzionati, del d.lgs. n. 174/1995, gli artt. 14 e 38 (che assegnano all'Isvap il compito di determinare i contenuti, le modalità ed i termini della comunicazione che l'impresa è tenuta a fare all'Isvap stessa, successivamente al rilascio dell'autorizzazione, e che contiene gli elementi essenziali delle basi tecniche utilizzate per il calcolo dei premi e delle riserve tecniche di ciascuna tariffa); gli artt. 22, 23, 24 e 25 (che prevedono il rispetto, da parte delle imprese, delle «disposizioni impartite dall'Isvap» riguardo alla determinazione delle tariffe, del tasso di interesse tecnico e delle riserve tecniche); l'art. 26 (che, elencando le disponibilità con cui le imprese possono coprire le riserve tecniche, fa rinvio anche ad «altri strumenti del mercato monetario e dei capitali che verranno identificati con provvedimento di carattere generale dell'Isvap, il quale indicherà anche i criteri per l'utilizzazione e la valutazione di strumenti derivati»); l'art. 27, comma 3 (secondo cui «l'Isvap stabilisce con proprio provvedimento norme più dettagliate per l'applicazione» delle modalità di valutazione degli attivi posti a copertura delle riserve tecniche previste dai commi precedenti); l'art. 29, commi 2 e 3 (che, nell'ambito dei limiti e principi indicati nell'articolo medesimo, consentono

---

[47] G. SANGIORGIO, *op. ult. cit.*, 4, secondo il quale «la specificità del settore interessato ha reso necessaria la previsione, accanto alle fonti normative "primarie", di un complesso di disposizioni definite di "secondo livello" che promanano direttamente dall'Autorità di vigilanza».

all'Isvap rispettivamente di stabilire «ulteriori disposizioni sui limiti massimi di investimento per singole categorie di attivi, nonché sui criteri di investimento negli attivi stessi» e di adottare «criteri più restrittivi per l'utilizzo ai fini della copertura delle riserve tecniche» degli attivi elencati nel comma medesimo); l'art. 31, comma 2 (secondo cui è con provvedimento dell'Isvap che va approvato il modello del prospetto che le imprese devono utilizzare per trasmettere, ogni trimestre, all'Isvap stesso la situazione delle attività a copertura delle riserve tecniche); l'art. 33, comma 4 (secondo cui «I criteri per la determinazione degli utili realizzati e della durata residua media dei contratti, nonché dei capitali "vita", sono stabiliti con provvedimento dell'Isvap») [48].

E del d.lgs. n. 175/1995 (anch'esso abrogato dal Codice delle assicurazioni e che ricalcava in gran parte la disciplina posta dal decreto legislativo n. 174) dal punto di vista dell'assegnazione di potere regolamentare possono essere segnalati: l'art. 23, comma 5 (che assegnava all'Isvap, «con proprio provvedimento», stabilire: *a*) i criteri che le imprese che esercitano le assicurazioni delle cauzioni, della grandine e delle altre calamità naturali e quelle dei danni derivanti dall'energia nucleare devono seguire per integrare la riserva dei premi per i rischi in corso; e *b*) metodi particolari per la valutazione della riserva sinistri); l'art. 26, comma 1 (che assegnava a provvedimento dell'Isvap il compito di fissare i criteri che le imprese devono rispettare nella costituzione della riserva per i sinistri denunciati tardivamente); l'art. 27, comma 2 (che affidava a «provvedimento di carattere generale» dell'Isvap la determinazione dei «criteri per l'utilizzazione e la valutazione di strumenti derivati», nonché l'indicazione degli «altri strumenti del mercato monetario e dei capitali» con cui le imprese possono coprire le riserve tecniche); l'art. 28, comma 3 (che, con riguardo alla valutazione delle attività patrimoniali, assegnava all'Isvap il compito di adottare con proprio provvedimento «norme più dettagliate per l'applicazione di quanto disposto» nei commi precedenti).

Quindi già a metà degli anni novanta del secolo scorso si registra una significativa crescita del potere normativo dell'Isvap sia dal punto di vista della dilatazione quantitativa del novero degli ambiti materiali sottoposti a potere regolamentare dell'Isvap, che da quello qualitativo. E questa tendenza è stata confermata dal successivo d.lgs. n. 373/1998 (anch'esso abrogato dal Codice delle assicurazioni) che affidava all'Isvap la competenza sugli albi degli agenti, mediatori e periti assicurativi (nonché la disciplina delle modalità per l'iscrizione all'albo e per lo svolgimento della relativa prova di idoneità, rispettivamente, degli agenti, dei mediatori e dei periti assicurativi).

Oggi il quadro normativo del settore assicurativo è composto da norme internazionali, da discipline europee e nazionali e da disposizioni emanate dall'Ivass.

A livello europeo, l'ordinamento del settore assicurativo è disciplinato da fonti europee (direttive, regolamenti, ecc.), ma va aggiunto che assumono crescente ri-

---

[48] V. inoltre gli artt. 37, 42 e ss., 49 e ss., 106, 114 e 121 del d.lgs. n. 174/1995.

lievo le norme tecniche di regolamentazione e le norme tecniche di attuazione elaborate dall'EIOPA (*European Insurance and Occupational Pensions Authority*) e adottate dalla Commissione europea con proprio regolamento. Le Linee guida emanate dall'EIOPA sono volte a supportare la convergenza dell'applicazione delle disposizioni delle direttive europee.

A livello nazionale, il testo normativo di riferimento è – come visto – il d.lgs. 7 settembre 2005 n. 209, Codice delle Assicurazioni Private (e successive modificazioni e integrazioni). Il Codice delle Assicurazioni Private (Cod. Ass.), come detto (v. *supra*, capitolo primo, par. 3) stabilisce le norme fondamentali del settore assicurativo e definisce le competenze dell'Ivass. In particolare il Codice attribuisce all'Ivass il potere di emanare norme secondarie (regolamenti, provvedimenti, ecc.).

L'Ivass adotta misure normative dirette agli operatori del settore assicurativo connotate da elevato tecnicismo.

La funzione normativa dell'Ivass si esplica attraverso l'adozione di regolamenti e di provvedimenti (che hanno carattere generale e natura vincolante), ma anche mediante raccomandazioni e orientamenti (c.d. *soft regulation*) espressi attraverso comunicazioni, lettere al mercato e circolari.

Nell'adozione dei propri atti normativi, l'Ivass segue procedimenti caratterizzati da trasparenza e da una partecipazione attiva dei soggetti interessati dall'atto regolamentare anche attraverso la fase di pubblica consultazione. Infatti l'Ivass, nel proprio Regolamento n. 3/2013 (adottato in attuazione di quanto disposto dall'art. 23 della legge 28 dicembre 2005, n. 262), ha individuato gli adempimenti procedurali da rispettare ed indirizzati a garantire la realizzazione di un processo regolamentare chiaro e trasparente. In tale regolamento si specifica che gli atti normativi dell'Ivass seguono i principi:

– di trasparenza degli interventi regolatori;

– di proporzionalità, intesa come esercizio del potere adeguato al raggiungimento del fine, con il minor sacrificio degli interessi dei destinatari;

– e di partecipazione attiva dei soggetti interessati dall'atto regolamentare anche attraverso la fase di pubblica consultazione.

Come detto, la disciplina delle modalità procedurali mediante le quali l'Ivass adotta i propri atti di regolazione è posta dal Regolamento Ivass n. 3/2013 adottato in attuazione di quanto disposto dall'art. 23 della legge 28 dicembre 2005, n. 262, che indica i criteri a cui le Autorità di vigilanza devono attenersi per esercitare in modo efficace ed efficiente i rispettivi poteri regolamentari. Infatti, già la legge n. 262/2005 dispone che ogni Autorità, nell'esercizio del proprio potere regolamentare, debba tener conto del principio di proporzionalità (inteso come esercizio del potere adeguato al raggiungimento del fine, con il minor sacrificio degli interessi dei destinatari), sicché le analisi di impatto e le consultazioni devono essere improntate a criteri di economicità ed efficienza in funzione della rilevanza dei rischi per le finalità di vigilanza.

In particolare, il Regolamento Ivass n. 3/2013, nel porre le disposizioni di carattere generale che disciplinano il processo di regolamentazione (art. 2) e la programmazione dell'attività regolamentare dell'Ivass (art. 3), disciplina anche i casi di esclusione, omissione e deroga a tutto o a parte del processo di regolamentazione.

Più precisamente, il Regolamento disciplina gli adempimenti di:

– illustrazione dei casi di esclusione e omissione nonché, per ragioni di necessità, urgenza o riservatezza, di possibile deroga a tutte o ad alcune disposizioni del procedimento di regolamentazione;
– illustrazione delle conseguenze della regolamentazione sull'attività degli operatori del mercato e degli altri destinatari;
– motivazione delle scelte effettuate, anche con comparazione dei costi e benefici delle opzioni valutate;
– revisione periodica degli atti di regolazione adottati, per adeguarli all'evoluzione delle condizioni del mercato e degli interessi degli investitori e risparmiatori.

Si prevede, nello specifico, che, in adempimento del principio di trasparenza, il documento che accompagna l'intervento regolamentare deve contenere le ragioni giustificative dell'eventuale esenzione all'applicazione delle disposizioni del Regolamento oppure omissione dell'analisi d'impatto oppure deroga alle disposizioni, o ad alcune di queste, del procedimento per la regolamentazione.

Opera nella direzione di un rafforzamento della trasparenza dell'attività di vigilanza, la previsione di un programma di attività, relativa all'adozione degli atti di regolazione che l'Ivass intende emanare nei dodici mesi successivi. Infatti in questa maniera viene anche sollecitato il confronto con i destinatari delle norme e gli altri soggetti interessati. A questo fine è disciplinata la previsione della pubblica consultazione del programma normativo. Viene così prevista l'acquisizione dei contributi e delle posizioni dei soggetti direttamente destinatari delle norme e comunque di tutti i soggetti interessati che rientrano nel processo assicurativo, ivi comprese le associazioni rappresentative di interessi e posizioni di operatori della filiera assicurativa.

Il regolamento elenca dunque i principi generali per l'adozione degli atti di regolamentazione e di quelli aventi contenuto generale dell'Ivass (art. 4: "*L'Ivass, valutata la necessità di intervenire attraverso atti di regolazione, definisce gli obiettivi dell'intervento, individua i relativi destinatari, effettua un'analisi sulle conseguenze della regolamentazione e mette in atto procedure di consultazione, motivando le scelte di regolazione e di vigilanza effettuate. Nell'attività di regolazione l'Ivass tiene conto del principio di proporzionalità, inteso come criterio di esercizio del potere adeguato al raggiungimento del fine con il minore sacrificio degli interessi dei destinatari*") ed indica le modalità che verranno seguite per effettuare l'analisi di impatto della regolamentazione e le relative scelte delle opzioni valutate (art. 5: "*l'Ivass effettua una analisi di impatto della regolamentazione: a) esaminando eventuali fallimenti di mercato e regolamentari; b) individuando le possibili scelte regolatorie volte al raggiungimento degli obiettivi stabiliti, inclusa, ove appropriata, l'opzione di non porre in essere alcun intervento regolamentare; c) valutando i costi e i benefici delle diverse opzioni prospettate, anche in termini comparati*"; il secondo comma specifica che l'analisi "*è calibrata in funzione della materia oggetto di regolamentazione*" e "*della rilevanza dell'intervento*"; e "*A seguito dell'analisi ..., l'Ivass individua le opzioni regolamentari più idonee al conseguimento degli obiettivi della regolamentazione e di vigilanza, motivando la scelta effettuata anche tenendo conto del minor sacrificio delle posizioni soggettive dei destinatari*"). È inoltre specificato che "*Dell'analisi di impatto della regolamentazione, l'Ivass fornisce evidenza nel documento di consultazione*".

Il Regolamento n. 3/2013 disciplina inoltre (art. 6) le procedure di consultazione che includono la parte di pubblica consultazione da effettuarsi entro un termine definito compreso tra 30 e 90 giorni e le consultazioni ulteriori con i rappresentanti delle parti interessate, nonché (art. 7) la documentazione da redigere all'esito della procedura di consultazione. L'atto normativo definitivo deve infatti essere accompagnato da un documento (c.d. *Air finale*), che riepiloghi l'iter e le considerazioni assunte dall'Istituto nell'emanazione dell'atto interessato.

Sono inoltre previste (e disciplinate):

– la possibilità di istituire *panel* consultivi rappresentativi delle parti interessate per approfondimenti su tematiche relative all'attività di regolazione dell'Ivass (art. 8);

– la procedura (ed i termini) di revisione degli atti regolamentari (secondo quanto disposto dalla legge n. 262/2005, che prevede l'obbligo di revisione triennale) (art. 9);

– le condizioni (art. 10) per l'adozione degli atti di regolazione per i quali sono previsti l'intesa, il concerto o l'adozione congiunta con una o più delle altre Autorità di regolazione (indicate dalla legge n. 262/2005).

Il Regolamento n. 3/2013 specifica che, nell'ambito dell'analisi d'impatto della regolamentazione, la scelta tra diverse opzioni regolamentari ritenute idonee al perseguimento del fine debba avvenire anche sulla base di valutazioni di costi e di benefici di tali opzioni, anche in termini comparati, in coerenza con i recenti orientamenti nazionali e internazionali in materia.

È infine prevista la possibilità di avviare da parte dell'Ivass autonome iniziative volte a verificare l'effettivo perseguimento degli obiettivi dell'atto normativo originario, in modo da ricevere dal mercato valutazioni su eventuali esigenze di revisione dell'atto interessato.

## 4. Il potere regolamentare della Consob

Le discipline legislative che attribuiscono, in molteplici ambiti, poteri normativi alla Consob sono numerose e non mancano casi in cui la Consob esercita potere regolamentare in modo indipendente.

Innanzitutto va ricordata la legge n. 216/1974 che attribuisce potere regolamentare alla Consob in materia di auto-organizzazione e funzionamento, di contabilità e di gestione del personale (art. 1, commi 8 e 9) ed implicitamente assegna alla Consob una generale facoltà di emanare «atti di natura regolamentare» (art. 1, comma 12).

Queste disposizioni già costituiscono una base normativa di assegnazione di un ampio potere regolamentare, ed anche a voler ritenere che tale potere regolamentare sia comunque limitato alle materie relative ai settori cui la Consob è preposta, bisogna aggiungere che l'indeterminatezza di tali disposizioni legislative ha permesso alla Consob di disciplinare numerosi ambiti (anche non regolati – e addirittura non previsti – dalla legge) di modo che la Consob si è venuta ad attribuire un potere regolamentare di tipo indipendente.

Le leggi successive, pur modificando in misura notevole la legge n. 216/1974, hanno conservato l'originaria distinzione fra regolamento di organizzazione e regolamenti "autonomi" (*ex* art. 1, comma 12, legge n. 216/1974).

A tal proposito vanno ricordate (quantunque oramai abrogate dal Tuf), oltre alle disposizioni introdotte dai decreti legislativi adottati in attuazione della delega contenuta nell'art. 2 della stessa legge n. 216/1974 [49], la legge 23 febbraio 1977, n. 49 (*Norme per la negoziazione dei titoli non ammessi alla quotazione ufficiale nelle borse valori*) e la legge 23 marzo 1983, n. 77 (*Istituzione e disciplina dei fondi comuni di investimento mobiliare*), che ampliarono i poteri di controllo e normativi della Consob. Parimenti va ricordata la legge n. 281/1985 (*Disposizioni sull'ordinamento della Consob; norme per l'identificazione delle società con azioni quotate in borsa e delle società esercenti il credito; norme di attuazione delle direttive CEE 79/279, 80/390 e 82/121 in materia di mercato dei valori mobiliari e disposizioni per la tutela del risparmio*), di riordino della Consob e dei poteri della stessa [50].

Oggi il Tuf attribuisce alla Consob potere regolamentare da esercitarsi, spesso in collaborazione con la Banca d'Italia, in numerosi ambiti del mercato mobiliare (spaziandosi dalla disciplina degli intermediari alla disciplina dei mercati, dalla

---

[49] Cfr., ad es., art. 8 del D.P.R. n. 138/1975 che ampliò il potere normativo della Consob in materia, fra l'altro, di requisiti per l'ammissione alla quotazione di borsa e di connessa pubblicità-informazione che deve corredare il procedimento di ammissione. Tale disposizione è stata abrogata dall'art. 214, lett. v), Tuf (disciplinando diversamente il relativo potere).

[50] Parimenti va ricordata la legge n. 241/1990 in attuazione del cui art. 24, commi 1 e 2, (secondo cui «Le singole amministrazioni hanno l'obbligo di individuare con uno o più regolamenti ... le categorie di documenti da esse formati o comunque rientranti nella loro disponibilità sottratti all'accesso» in ragione dell'esigenza di salvaguardare la sicurezza, la difesa nazionale e le relazioni internazionali, la politica monetaria e valutaria, l'ordine pubblico e la prevenzione e repressione della criminalità, la riservatezza di terzi, persone, gruppi ed imprese), la Consob ha adottato il Regolamento n. 9641 del 13 dicembre 1995, che (anche sulla base di quanto previsto dal D.P.R. 27 giugno 1992, n. 352) individua i documenti non accessibili.

regolamentazione del comportamento degli emittenti al comportamento di chi opera in borsa, ecc.).

Riguardo alla disciplina degli intermediari, è compito della Consob assicurare la trasparenza dell'operato degli intermediari, disciplinando i flussi di informazione che i soggetti abilitati devono assicurare al mercato, nonché gli strumenti che questi possono utilizzare, vigilando sul rispetto delle leggi e dei regolamenti in materia di informazione e di strumenti utilizzati, spettando alla Banca d'Italia vigilare sulla solvibilità degli intermediari. Il Tuf stabilisce che la Consob detta con regolamento, sentita la Banca d'Italia, «*le procedure, anche di controllo interno, relative ai servizi prestati e la tenuta delle evidenze degli ordini e delle operazioni effettuate ...; il comportamento da osservare nei rapporti con gli investitori ...; gli obblighi informativi nella prestazione dei servizi; i flussi informativi tra i diversi settori dell'organizzazione aziendale*» (art. 6, comma 2, Tuf) [51].

La vigilanza della Consob coinvolge, oltre agli intermediari, anche i soggetti "controllori" degli stessi. L'art. 17 Tuf stabilisce che la Consob dispone con regolamento [52] il termine entro cui:

– le Sim, le società di gestione del risparmio e le Sicav ovvero le società e gli enti di qualsiasi natura che partecipano al loro capitale devono rispondere alla richiesta di comunicare alla Consob stessa i nomi dei loro soci;

– gli amministratori delle società ed egli enti che partecipano al capitale delle Sim, delle società di gestione del risparmio e delle Sicav, devono indicare i soggetti controllanti, in seguito a richiesta della Consob;

– le società fiduciarie che partecipano al capitale delle Sim, delle società di gestione del risparmio e delle Sicav debbono indicare le generalità dei fiducianti, sempre in risposta ad una richiesta della Consob.

La disciplina dell'attività di intermediazione nel mercato mobiliare (già posta dal regolamento adottato dalla Consob con delibera n. 11522 del 1° luglio 1998, e successivamente modificato con le delibere n. 11745 del 9 dicembre 1998, n. 12409 del 1° marzo 2000 e n. 12498 del 20 aprile 2000) è oggi posta dal c.d. "*Regolamento intermediari*" adottato con delibera n. 20307 del 15 febbraio 2018 (e da ultimo modificato con delibera n. 21755 del 10 marzo 2021). Tale regolamento potrebbe essere ritenuto un regolamento di esecuzione e attuazione (degli art. 6, comma 2, 19, comma 3, 23, comma 1, 27, commi 3 e 4, 28, comma 3, 30, comma 2 e 5, 31, comma 6, 32, comma 2, e 201 comma 8, Tuf), ma può senz'altro definirsi quale regolamento di integrazione della disciplina di grado legislativo.

Tale regolamento prevede l'*iter* che deve seguire una Sim per essere autorizza-

---

[51] La Consob ha attuato tale disposizione legislativa con le delibere Consob n. 11522 del 1° luglio 1998 e n. 12409 del 1° marzo 2000, e n. 12498 del 20 aprile 2000.

[52] Provvedimento attuativo è la delibera Consob n. 12191 del 10 novembre 1999.

ta ad operare (nonché le ipotesi di decadenza dalla autorizzazione)[53], pone la disciplina dei servizi di investimento e di gestione collettiva (in attuazione dell'art. 6, comma 2, lett. b) e c), Tuf)[54], la disciplina della promozione e del collocamento a distanza di servizi di investimento e di prodotti finanziari (in attuazione dell'art. 32, comma 2, Tuf), la disciplina dei promotori finanziari e dei provvedimenti sanzionatori (in base a quanto disposto dall'art. 31, comma 6, Tuf)[55].

Nel campo dei servizi di investimento (la cui prestazione è riservata dal Tuf alle banche e alle imprese di investimento), la Consob «*sentita la Banca d'Italia, può prevedere con regolamento che, per motivate ragioni tecniche o in relazione alla natura professionale dei contraenti, particolari tipi di contratto possano o debbano essere stipulati in altra forma*» (art. 23 Tuf)[56].

In materia di negoziazione la Consob «*può disciplinare con regolamento le ipotesi in cui la negoziazione degli strumenti finanziari trattati nei mercati regolamentati italiani deve essere eseguita nei mercati regolamentati; in tale eventualità, conformemente alla normativa comunitaria, stabilisce le condizioni in presenza delle quali l'obbligo non sussiste*» (art. 25 Tuf)[57].

Secondo l'art. 27 Tuf, la Consob, sentita la Banca d'Italia, «*disciplina con regolamento le condizioni e le procedure che le imprese di investimento comunitarie devono rispettare per prestare nel territorio della Repubblica i servizi ammessi al mutuo riconoscimento, mediante lo stabilimento di succursali o la libera*

---

[53] In attuazione dell'art. 19, comma 1, Tuf, nonché dell'art. 27, commi 3 e 4, per le imprese di Paesi comunitari, e dell'art. 28, comma 3, per le imprese extracomunitarie.

[54] A tal riguardo appare opportuno segnalare che in alcuni casi Consob utilizza il proprio potere regolamentare in maniera più ampia di quanto sembrerebbe emergere dalla lettura delle relative disposizioni legislative, ma accade anche il contrario, e cioè un uso "di basso profilo" da parte della Consob di propri poteri regolamentari. Si intende far riferimento all'art. 26 del regolamento inerente gli intermediari che, a fronte di quanto disposto dall'art. 6 Tuf (secondo cui spetta al regolamento della Consob fissare «il comportamento da osservare» da parte dei soggetti interessati), si limita a prevedere generiche regole di comportamento sì da non soddisfare appieno quanto richiesto dalla normativa di grado primario che richiede la fissazione di regole comportamentali oggettive e chiare da osservare nelle diverse situazioni. Può forse sostenersi che la fissazione di regole generiche consente alla stessa Consob di intervenire volta per volta *ad hoc* sull'operato e sul comportamento dei singoli intermediari con strumenti più flessibili del regolamento. Questa scelta appare però, oltre che in contrasto con quanto disposto dalla legge, anche con criteri di generalità e di eguaglianza di trattamento.

[55] La Consob individua gli atti o fatti il compimento dei quali determina l'applicazione delle sanzioni previste dall'art. 196 Tuf.

[56] V. delibera Consob n. 11522 del 1° luglio 1998. Il Tuf assegna alla Consob il compito di autorizzare le Sim all'esercizio dei servizi di investimento previo accertamento del possesso dei requisiti per l'esercizio degli stessi.

[57] V., al riguardo, delibera Consob n. 11768 del 23 dicembre 1998. L'accentramento delle negoziazioni nei mercati regolamentati è uno strumento fondamentale per renderle trasparenti e per rendere possibile un maggiore controllo del possesso societario.

*prestazione di servizi*»; la Consob inoltre «*disciplina con regolamento l'autorizzazione all'esercizio di attività non ammesse al mutuo riconoscimento comunque effettuato dalle imprese di investimento comunitarie nel territorio della Repubblica*». Sempre nello stesso ambito l'art. 28 Tuf dispone che la Consob, sentita la Banca d'Italia, «*può indicare in via generale, i servizi che le imprese di investimento extracomunitarie non possono prestare nel territorio della repubblica senza stabilimento di succursali*».

L'art. 30 Tuf, in merito alla c.d. «offerta fuori sede» [58], assegna al regolamento della Consob («sentita la Banca d'Italia») il compito: a) di individuare gli investitori professionali nei confronti dei quali l'eventuale offerta non costituisce «offerta fuori sede» (comma 2); b) di determinare le modalità con cui le imprese di investimento possono procedere all'offerta fuori sede di prodotti diversi dagli strumenti finanziari e dai servizi di investimento (comma 5) [59].

Connessa alla offerta fuori sede è la figura del promotore finanziario (definito, dall'art. 31, comma 2, Tuf come «la persona fisica che, in qualità di dipendente, agente o mandatario, esercita professionalmente l'offerta fuori sede») del cui Albo unico nazionale la Consob è depositaria. Al regolamento della Consob spetta (comma 6):

«a) l'istituzione e il funzionamento su base territoriale di commissioni per l'albo dei promotori finanziari ...;

b) le modalità di formazione dell'albo unico nazionale dei promotori finanziari e le relative forme di pubblicità;

c) i compiti dell'organismo indicato nel comma 4 e gli obblighi cui lo stesso è soggetto;

d) le attività incompatibili con l'esercizio dell'attività di promotore finanziario [60];

e) le modalità per l'iscrizione all'albo previsto dal comma 4 dei soggetti che, alla data di entrata in vigore del presente decreto sono iscritti all'albo ...;

f) le regole di presentazione e di comportamento che i promotori finanziari devono osservare nei rapporti con la clientela [61];

---

[58] Ai sensi dell'art. 30, comma 1, Tuf, «Per offerta fuori sede si intendono la promozione e il collocamento presso il pubblico: a) di strumenti finanziari in luogo diverso dalla sede legale o dalle dipendenze dell'emittente, del proponente l'investimento o del soggetto incaricato della promozione o del collocamento; b) di servizi di investimento in luogo diverso dalla sede legale o dalle dipendenze di chi presta, promuove o colloca il servizio».

[59] Al riguardo v. delibere Consob n. 11522 del 1° luglio 1998, n. 12409 del 1° marzo 2000 e n. 12498 del 20 aprile 2000.

[60] Di tale disposizione colpisce immediatamente la potenzialità, in quanto incidente direttamente su aspetti, anche costituzionalmente tutelati, dei diritti dei singoli.

[61] Anche questa norma regolamentare conferisce alla Consob un penetrante potere in materia di libertà di iniziativa economica.

g) le modalità di tenuta della documentazione concernente l'attività svolta;

h) le violazioni alle quali si applicano le sanzioni previste dall'art. 196, comma 1»[62].

Sempre in materia di promozione finanziaria, l'art. 32 Tuf (in relazione alla promozione e al collocamento a distanza di servizi di investimento e strumenti finanziari) assegna al potere regolamentare della Consob, sentita la Banca d'Italia, «in conformità con i principi stabiliti nell'art. 30», la facoltà di disciplinare la promozione e il collocamento mediante tecniche di comunicazione a distanza di servizi di investimento, e di prodotti finanziari diversi da quelli *ex* art. 100, comma 1, lett. f) («individuando anche i casi in cui i soggetti abilitati devono avvalersi di promotori finanziari»).

Riguardo ai fondi comuni di investimento, l'art. 42, comma 3, Tuf, stabilisce che «la Consob, sentita la Banca d'Italia, con regolamento:

a) individua le informazioni da fornire al pubblico nell'ambito della commercializzazione delle quote [del fondo comune] nel territorio della Repubblica;

b) determina le modalità con cui devono essere resi pubblici il prezzo di emissione o di vendita, di riacquisto o di rimborso delle quote»[63].

Riguardo alla disciplina dei mercati e della gestione di strumenti finanziari la Consob ha assunto il ruolo di supervisore dell'autoregolamentazione dei mercati ed è chiamata ad intervenire per indirizzare i mercati tramite semplici comunicazioni. Alla Consob spetta potere regolamentare in materia di gestione dei momenti di crisi dei mercati oltre che nel campo della gestione accentrata di strumenti finanziari.

Il Tuf assegna alla Consob potere regolamentare sia nell'ambito dei mercati regolamentati che dei mercati non regolamentati.

Riguardo ai mercati regolamentati (in ragione del ruolo chiave svolto dalla c.d. società di gestione)[64], al potere regolamentare della Consob spetta determinare (art. 61, comma 2, Tuf): il capitale minimo delle società di gestione; le attività connesse e strumentali a quelle di organizzazione e gestione dei mercati che possono essere svolte dalle società di gestione[65].

---

[62] Al riguardo v. le delibere Consob n. 11522 del 1° luglio 1998, n. 11745 del 9 dicembre 1998, n. 12409 del 1° marzo 2000, n. 12498 del 20 aprile 2000. L'ultimo comma dell'art. 31 prevede inoltre che la Consob «può chiedere ai promotori finanziari o ai soggetti che si avvalgono di promotori finanziari la comunicazione di dati e notizie e la trasmissione di atti e documenti fissando i relativi termini. Essa può inoltre effettuare ispezioni e richiedere l'esibizione di documenti e il compimento degli atti ritenuti necessari».

[63] V. delibera Consob n. 11971 del 14 maggio 1999.

[64] Ad oggi La Borsa Italiana S.p.A.

[65] V. delibere Consob n. 11768 del 23 dicembre 1998, n. 12497 del 20 aprile 2000. Il potere della Consob è limitato alla determinazione dei requisiti necessari per svolgere l'attività di ge-

Riguardo ai mercati non regolamentati, l'art. 65 Tuf assegna al regolamento della Consob il compito di stabilire:

«a) le modalità di registrazione di tutte le operazioni compiute su strumenti finanziari;
b) i termini e le modalità con cui i soggetti che prestano servizi di investimento aventi a oggetto strumenti finanziari ammessi alla negoziazione su un mercato regolamentato devono comunicare le operazioni eseguite fuori da tale mercato».

A volte la disciplina legislativa assegna un potere che, pur non espressamente definito quale potere regolamentare, in concreto finisce per rivelarsi tale: può citarsi, ad esempio, quanto previsto dall'art. 78, comma 2, Tuf secondo cui «Ai fini della tutela degli investitori», la Consob può «stabilire le modalità, i termini e le condizioni d'informazione del pubblico riguardante gli scambi». Ed infatti l'atto adottato dalla Consob in attuazione di tale disposizione legislativa si presenta come (ed è) un regolamento.

Il Tuf (art. 72) assegna al potere regolamentare della Consob il compito di porre la disciplina delle insolvenze di mercato e delle relative modalità di accertamento e di liquidazione[66].

In materia di gestione accentrata di strumenti finanziari la Consob (in ragione del suo ruolo di supervisore della autoregolamentazione dei mercati) è titolare della facoltà di regolamentare la gestione delle crisi dei mercati, oltre che nel campo della gestione accentrata di strumenti finanziari.

In materia di mercati regolamentati, la Consob (art. 61, comma 2, Tuf) determina con regolamento:

– il capitale minimo delle società di gestione[67];

---

stione; le relative modalità di esercizio sono affidate alla autoregolamentazione sotto la supervisione della Consob. In tal senso v. art. 62 Tuf secondo cui «l'organizzazione e la gestione del mercato sono disciplinate da un regolamento deliberato dall'assemblea ordinaria della società di gestione; il regolamento può attribuire al consiglio di amministrazione il potere di dettare disposizioni di attuazione».

[66] V. delibere Consob n. 11768 del 23 dicembre 1998 e n. 12497 del 20 aprile 2000.

[67] A tale proposito appare necessario ricordare che il d.lgs. n. 415/1996 (noto con il nome di "decreto Eurosim") ha introdotto il principio per cui l'organizzazione e la gestione dei mercati finanziari è divenuta un'attività libera, svolta da persone giuridiche autorizzate (Borsa Italiana S.p.A.), che la esercitano come attività d'impresa, in forma di società per azioni, con un capitale minimo stabilito dalla Consob e con un oggetto sociale esclusivo. Gli esponenti di tale società devono possedere i requisiti di onorabilità e professionalità determinati dal Ministro del tesoro, mentre i soci devono possedere solo quelli di onorabilità. All'autorità di vigilanza spetta il compito di richiedere informazioni o di interrompere le contrattazioni in caso di grave pregiudizio per gli investitori. Così i poteri della Consob sono venuti ad essere limitati al controllo della trasparenza del mercato, all'ordinato svolgimento delle contrattazioni e alla tutela degli investitori. L'organizzazione e la gestione del mercato sono stati affidati ad un regolamento il cui ambito e le cui finalità sono fissati dal d.lgs. n. 415/1996. Tale regolamento è stato delibe-

– le attività connesse e strumentali a quelle di organizzazione e gestione dei mercati che possono essere svolte dalle società di gestione [68].

Il potere regolamentare della Consob è indirizzato a fissare e determinare i requisiti necessari per svolgere l'attività di gestione, lasciando alla autoregolamentazione dei mercati il compito di individuare le modalità di esercizio dell'attività medesima. In tal senso va letta la disposizione contenuta nell'art. 62 Tuf, secondo cui «l'organizzazione e la gestione del mercato sono disciplinate da un regolamento deliberato dall'assemblea ordinaria della società di gestione; il regolamento può attribuire al consiglio di amministrazione il potere di dettare disposizioni di attuazione».

Riguardo ai mercati non regolamentati l'art. 65, comma 1, Tuf assegna al potere regolamentare della Consob il compito di individuare:

– le modalità di registrazione di tutte le operazioni compiute su strumenti finanziari;
– i termini e le modalità con cui i soggetti che prestano servizi di investimento aventi a oggetto strumenti finanziari ammessi alla negoziazione su un mercato regolamentato devono comunicare le operazioni eseguite fuori da tale mercato.

In materia di gestione accentrata di strumenti finanziari, il Tuf, oltre ad attribuire alla Consob il potere di vigilanza sulle società di gestione (prevedendo espressamente che l'attività di gestione ha carattere di impresa ed è esercitata nella forma di società per azioni, anche senza fine di lucro, art. 80 Tuf), assegna al potere regolamentare della Consob («d'intesa con la Banca d'Italia») la competenza a determinare «il capitale minimo delle società e le attività connesse e strumentali» (art. 80, comma 3, Tuf).

Il successivo art. 81 Tuf prevede che la Consob («d'intesa con la Banca d'Italia»), stabilisce con regolamento:

– le categorie di soggetti e gli strumenti finanziari ammessi alla gestione accentrata;
– i modelli e le modalità di rilascio delle certificazioni previste dall'art. 85 Tuf [69];

---

rato dall'Assemblea ordinaria della Borsa Italiana S.p.A. il 19 novembre 1997 ed approvato dalla Consob il successivo 12 dicembre. L'autodisciplina introdotta dal decreto Eurosim conferma l'impostazione privatistica del settore delle Borse in cui all'Autorità di regolazione spetta una funzione di vigilanza e controllo (volto ad assicurare la permanenza delle condizioni di libera concorrenza) a tutela dell'ordinato svolgimento delle contrattazioni e degli interessi degli investitori (sull'equazione libera concorrenza = democrazia v. F. MERUSI, *Democrazia e autorità amministrative indipendenti*, Bologna, 2000). Il nuovo assetto ha rivoluzionato la precedente struttura dei mercati, struttura che ruotava intorno al Consiglio di Borsa, soggetto di diritto pubblico, dotato di autonomia organizzativa e finanziaria (con sede principale a Milano e sedi secondarie in ogni Borsa valori locale), i cui vertici erano nominati (per una durata triennale) con decreto del Ministro del tesoro.

[68] V. delibere Consob n. 11768 del 23 dicembre 1998 e n. 12497 del 20 aprile 2000.

[69] L'art. 85 Tuf, disciplinando i casi in cui gli strumenti finanziari immessi nel sistema di

– le forme e le modalità che devono essere osservate per le registrazioni e per la tenuta dei conti relativi alla gestione accentrata, rispettando il principio della piena separazione tra i conti propri della società e quelli relativi allo svolgimento del servizio;

– le caratteristiche tecniche e il contenuto delle registrazioni dei conti relativi alla gestione accentrata;

– le altre disposizioni dirette ad assicurare la trasparenza del sistema e l'ordinata prestazione del servizio [70].

Il funzionamento e la struttura del mercato mobiliare sono stati disciplinati dalla Consob (in attuazione di quanto disposto dall'art. 25, comma 2, art. 61, comma 2, art. 65, 72, comma 2, 80, comma 3, 81, comma 1, e 214, comma 3, Tuf, e degli artt. 12, comma 2, e 36 del d.lgs. n. 213/1998) mediante il c.d. "*Regolamento Mercati*" (adottato con delibera n. 20249 del 28 dicembre 2017 e da ultimo modificato con la delibera n. 21624 del 10 dicembre 2020).

Anche in tale regolamento appaiono individuabili disposizioni meramente attuative, di esecuzione, di integrazione, ma anche disposizioni indipendenti e di delegificazione.

In tale regolamento ritroviamo la disciplina delle sedi di negoziazione, gli obblighi informativi e di comunicazione, gli obblighi dei gestori di MTF e OTF, la disciplina relativa all'organizzazione e funzionamento delle sedi di negoziazione, la disciplina dei servizi di comunicazione dei dati, la disciplina sui sistemi interni di segnalazione delle violazioni, la disciplina sulla trasparenza delle negoziazioni e l'integrità dei mercati.

Riguardo alla disciplina degli emittenti, il Tuf assegna alla Consob – in ragione della funzione della stessa di garantire, fra l'altro, la tutela degli investitori e l'efficienza e la trasparenza del mercato dei capitali del controllo societario – il compito di fissare tramite regolamento il contenuto e la forma del prospetto informativo che il proponente l'investimento deve consegnare.

Circa la rilevanza di tale potere regolamentare, va ricordato che in precedenza tali elementi erano disciplinati tramite legge. Ed infatti il testo originale della legge n. 216/1974 determinava essa stessa gli elementi di forma e di sostanza dei prospetti informativi. Il Tuf ha dunque posto in essere un'operazione di delegificazione avendo abrogato le disposizioni previgenti ed avendo assegnato al regolamento della Consob il compito di disciplinare *pro futuro* lo stesso ambito sostanziale (artt. 94 e 95 Tuf; v. anche art. 102 Tuf).

---

gestione accentrata siano rappresentati da titoli, assegna a tali «certificazioni» la funzione di attestazione della legittimazione all'esercizio dei diritti incorporati negli strumenti finanziari-titoli, disponendo anche le norme relative a tali «certificazioni».

[70] Anche in questa disposizione legislativa è agevole riscontrare un'ampia ed indefinita assegnazione alla Consob di potere regolamentare che assume la dimensione di un potere regolamentare indipendente in quanto operante in ambiti privi di disciplina di grado primario ed in assenza comunque di una disciplina di principio di livello legislativo.

In ragione della «sensibilità» dei mercati anche nei momenti antecedenti la pubblicazione del prospetto, l'art. 95 Tuf assegna alla Consob il compito di determinare «le modalità da osservare, prima della pubblicazione del prospetto, per diffondere notizie, per svolgere indagini di mercato ovvero per raccogliere intenzioni di acquisto o di sottoscrizione». Spetta inoltre alla Consob stabilire «le modalità di svolgimento della sollecitazione anche al fine di assicurare la parità di trattamento tra i destinatari», nonché «le norme di correttezza che sono tenuti ad osservare l'offerente, l'emittente e chi colloca i prodotti finanziari nonché coloro che si trovano in rapporto di controllo o di collegamento con tali soggetti» [71].

Viene così a manifestarsi il rilevante potere regolamentare della Consob, che è chiamata a disciplinare gli ambiti propri delle offerte pubbliche di acquisto e di scambio (Opa e Ops), oltre che tutte le sollecitazioni all'investimento (potere regolamentare che si somma ai poteri interdittivi e sospensivi delle sollecitazioni stesse di cui la Consob dispone quando accerti la violazione della legge o dei regolamenti o vi sia un ragionevole sospetto della loro violazione).

Particolare risalto va assegnato all'art. 100 Tuf che conferisce al regolamento della Consob il potere di prevedere casi particolari in cui le disposizioni del decreto stesso relative alle sollecitazioni all'investimento non si applicano. All'atto normativo della Consob è dunque rimesso il potere di individuare i casi nei quali allo stesso regolamento della Consob è conferito potere di delegificazione.

In materia di Opa, il Tuf assegna al regolamento della Consob il potere di porre (art. 103, comma 4, Tuf) «disposizioni di attuazione della presente sezione» [72] e, in particolare, di disciplinare:

a) il contenuto del documento da pubblicare nonché le modalità per la pubblicazione del documento e per lo svolgimento dell'offerta;

b) la correttezza e la trasparenza delle operazioni sui prodotti finanziari oggetto dell'offerta;

c) le offerte di aumento e quelle concorrenti, senza limitare il numero dei rilanci, effettuabili fino alla scadenza di un termine massimo [73].

---

[71] In tale ambito il potere della Consob concerne anche la disciplina delle modalità di riconoscimento in Italia dei prospetti informativi approvati dalle Autorità competenti in altri Stati.

[72] L'art. 102 Tuf dispone l'obbligo per chiunque effettui una offerta pubblica di acquisto o di scambio di darne preventiva comunicazione alla Consob («allegando un documento destinato alla pubblicazione, contenente le informazioni necessarie per consentire ai destinatari di pervenire ad un fondato giudizio sull'offerta») la quale, entro 15 giorni, può indicare agli offerenti «informazioni integrative da fornire e specifiche modalità di pubblicazione del documento d'offerta, nonché particolari garanzie da prestare». Ricordiamo inoltre che la Consob può sospendere l'offerta «in caso di fondato sospetto di violazione delle disposizioni del presente capo o delle norme regolamentari» o anche dichiararla decaduta «in caso di accertata violazione».

[73] V. anche art. 103, comma 5: «La Consob individua con regolamento quali delle disposi-

La disciplina regolamentare degli emittenti (c.d. "*Regolamento Emittenti*"), adottata con regolamento approvato con delibera Consob n. 11971 del 14 maggio 1999 (e più volte modificato, da ultimo con delibere n. 21625 del 10 dicembre 2020 e n. 21639 del 15 dicembre 2020), pone la disciplina dell'appello al pubblico risparmio e la disciplina dell'operato degli emittenti [74].

Anche altre leggi assegnano alla Consob potere regolamentare [75]. E così ad

---

zioni richiamate nel comma 2 si applicano, nei periodi ivi indicati agli offerenti, ai soggetti in rapporto di controllo con gli offerenti e con l'emittente nonché agli intermediari incaricati di raccogliere le adesioni».

[74] Questa parte del regolamento è molto complessa in ragione della delicatezza dell'oggetto disciplinato rappresentato dalla informazione che le società quotate devono fornire al mercato e alla Consob (c.d. informazione societaria). L'art. 114 Tuf richiede agli emittenti quotati e ai soggetti che li controllano di informare il pubblico dei fatti idonei ad influenzare i corsi dei loro strumenti finanziari, attribuendo alla Consob il potere di determinare le modalità di informazione del pubblico su fatti "rilevanti", non definendo però l'art. 114 Tuf quali siano i fatti "rilevanti". E così la Consob allo scopo di individuare una precisa casistica di situazioni in presenza delle quali derivi l'obbligo informativo ha stabilito l'obbligo per le società di informare con mezzi idonei il mercato circa le situazioni contabili destinate ad essere riportate nel bilancio di esercizio, nel bilancio consolidato e nella relazione semestrale, nonché sulle deliberazioni con le quali il consiglio di amministrazione approva il progetto di bilancio, la proposta di distribuzione del dividendo, il bilancio consolidato e la relazione semestrale. La genericità del comma 3 ha consentito alla Consob di introdurre ulteriori obblighi e modalità di informazione del mercato: periodiche (artt. 77-82 reg.); in occasione di operazioni straordinarie – quali fusioni e scissioni (art. 70 reg.), acquisizioni e cessioni (art. 71), modifiche dell'atto costitutivo ed emissione di obbligazioni (art. 72), acquisto e vendita di azioni proprie (art. 73) – e relative ad esercizio di diritti, verbali assembleari, partecipazioni reciproche, comunicazioni dei capigruppo, e offerta dei diritti di opzione. Così la Consob ha introdotto norme indipendenti che disciplinano settori non disciplinati da legge e che la stesse legge ha voluto lasciare alla Consob.

[75] V. ad esempio il d.lgs. n. 213/1998 (*Disposizioni per l'introduzione dell'euro nell'ordinamento nazionale, a norma dell'art. 1 della legge 17 dicembre 1997, n. 433*), il cui art. 36 attribuisce alla Consob il compito di determinare con regolamento, d'intesa con la Banca d'Italia, le caratteristiche di diffusione tra il pubblico che debbono avere gli strumenti finanziari per potere procedere alla loro dematerializzazione e quali procedure e modalità debbano essere rispettate qualora ricorrano le caratteristiche richieste. Sempre del Tuf vanno inoltre ricordati l'art. 106 (che in materia di offerta pubblica di acquisto totalitaria assegna al regolamento della Consob un ampio potere in ambiti indipendenti – e di rilevante significato economico-finanziario), l'art. 113 (relativamente all'informazione societaria da parte degli emittenti), l'art. 114, comma 2 (in tema di comunicazione al pubblico da parte degli emittenti), l'art. 116 (relativamente agli strumenti finanziari diffusi tra il pubblico), l'art. 122 (sui patti parasociali), l'art. 127, comma 1 (sul voto per corrispondenza nelle assemblee dei soci), l'art. 133 (sull'esclusione dalle negoziazioni su richiesta della stessa società), l'art. 144 (sulla sollecitazione e raccolta delle deleghe di voto), l'art. 155 (sull'attività di revisione contabile), l'art. 159 (in tema di conferimento e revoca dell'incarico di revisione del bilancio), l'art. 165 (sulla revisione contabile dei gruppi), l'art. 201, comma 8 (la Consob stabilisce con proprio regolamento le modalità di controllo contabile da parte di società di revisione; al riguardo v. delibere Consob n. 12191 del 10 novembre 1999, n. 12409 del 1° marzo 2000 e n. 12498 del 20 aprile 2000), l'art. 202 (le

esempio, l'art. 2, comma 5, legge n. 130/1999 prevede che la Consob stabilisca con proprio regolamento i requisiti di professionalità e indipendenza degli operatori che svolgono la valutazione del merito di credito nelle operazioni di cartolarizzazione di crediti e l'informazione sugli eventuali rapporti esistenti tra questi e i soggetti che a vario titolo partecipano alle operazioni stesse.

Come visto, l'adozione del Tuf ha segnato un importante momento di cesura (unitamente al decreto Eurosim) fra passato e presente in tema di potestà regolamentare della Consob (e, più in generale, in tema di funzione e ruolo della Consob), ma va ricordato che in tema di potestà di auto-organizzazione è rimasta in vigore la disciplina iniziale posta dalla legge n. 216/1974.

Questa infatti, limitandosi a determinare la composizione della Consob e a prevedere la figura del direttore generale (fissando il numero massimo di dipendenti), affidava (e affida) alla Consob un'ampia autonomia organizzativa.

L'art. 1, comma 8, della legge n. 216/1974 prevede infatti che la Consob «delibera le norme concernenti la propria organizzazione e il proprio funzionamento, disciplinando in ogni caso i rapporti tra il presidente ed i commissari anche ai fini della relazione in commissione sui singoli affari; quelle concernenti il trattamento giuridico ed economico del personale e l'ordinamento delle carriere, nonché quelle dirette a disciplinare la gestione delle spese nei limiti previsti dal presente decreto, anche in eroga alle disposizioni sulla contabilità generale dello Stato» [76]. Il successivo comma 9 disciplina il procedimento di formazione di tali atti regolamentari. Essi sono deliberati dalla Consob («con non meno di quattro voti favorevoli») e «sottoposti al Presidente del Consiglio dei ministri, il quale, sentito il Ministro del tesoro, ne verifica la legittimità in relazione alle norme del presente decreto, e successive modificazioni e integrazioni, e li rende esecutivi, con proprio decreto, entro il termine di venti giorni dal ricevimento, ove non intenda formulare, entro il termine suddetto, proprie eventuali osservazioni. Queste ultime devono essere effettuate, in unico contesto, sull'insieme del regolamento sulle singole disposizioni. In ogni caso, trascorso il termine di venti giorni dal ricevimento senza che siano state formulate osservazioni, i regolamenti divengono esecutivi» [77].

---

competenze in materia di liquidazione coattiva dei contratti spettano alla Consob, la quale può coordinare con regolamento tale procedura con quella prevista dall'art. 72).

[76] Il precedente comma 7 dispone che «La Commissione provvede all'autonoma gestione delle spese per il proprio funzionamento nei limiti del fondo stanziato a tale scopo nel bilancio dello Stato e iscritto, con unico capitolo, nello stato di previsione della spesa del Ministero del tesoro. la gestione finanziaria si svolge in base al bilancio di previsione approvato dalla Commissione entro il 31 dicembre dell'anno precedente a quello cui il bilancio si riferisce. Il contenuto e la struttura del bilancio di previsione, il qual deve comunque contenere le spese indicate entro i limiti delle entrate previste, sono stabiliti dal regolamento, di cui al successivo comma, che disciplina anche le modalità per le eventuali variazioni. il rendiconto della gestione finanziaria, approvato entro il 30 aprile dell'anno successivo, è soggetto al controllo della Corte dei conti. Il bilancio preventivo e il rendiconto della gestione finanziaria sono pubblicati nel Bollettino della Commissione».

[77] Il comma 12, nel prevedere che «Il Presidente della Commissione tiene informato il Mi-

L'art. 2, comma 3, della legge n. 216/1974 prevede infine un potere regolamentare della Consob in materia di disciplina del personale dipendente: «Il trattamento giuridico ed economico del personale e l'ordinamento delle carriere sono stabiliti dal regolamento di cui al precedente art. 1, ottavo comma, in base ai criteri fissati dal contratto collettivo di lavoro in vigore per la Banca d'Italia, tenuto conto delle specifiche esigenze funzionali ed organizzative della Commissione. Il regolamento detta altresì norme per l'adeguamento alle modificazioni del trattamento giuridico ed economico che intervengano nel predetto contratto collettivo in quanto applicabili» [78].

Il regolamento della Consob sull'organizzazione e il funzionamento (c.d. "*Regolamento organizzazione e funzionamento*") è stato adottato con delibera Consob n. 8674 del 17 novembre 1994 e reso esecutivo con decreto del Presidente del Consiglio dei ministri del 25 novembre 1994 (da ultimo modificato con delibera n. 18591 del 26 giugno 2013) [79], mentre il "Regolamento per la amministrazione e la contabilità" attualmente vigente è stato adottato con delibera n. 18540 del 24 aprile 2013 (da ultimo aggiornato con delibera n. 20991 del 5 luglio 2019). Il "*Regolamento del Personale*" attualmente vigente è stato adottato dalla Consob con delibera n. 21621 del 10 dicembre 2020, resa esecutiva con d.p.c.m. 18 marzo 2021.

I regolamenti di organizzazione della Consob sembrano confermare la fondatezza di quell'opinione dottrinale [80] che ricomprende nella potestà normativa delle

---

nistro del tesoro sugli atti di maggiori rilievo e gli trasmette le notizie e i dati di volta in volta richiesti; in ogni caso gli comunica gli atti di natura regolamentare diversi da quelli disciplinati dai commi ottavo e nono del presente articolo e dal terzo comma dell'art. 2 del presente decreto».

[78] Il successivo comma 5 dispone che «Il regolamento indicato nel precedente comma può prevedere, per il coordinamento degli uffici, la qualifica di direttore generale, determinandone le funzioni. Il direttore generale risponde del proprio operato alla Commissione. La deliberazione relativa alla sua nomina è adottata con non meno di quattro voti favorevoli».

[79] "*Regolamento concernente l'organizzazione e il funzionamento della Commissione Nazionale per le Società per le Società e la Borsa*", adottato dalla Consob con deliberazione n. 8674 del 17 novembre 1994 e successivamente modificato con delibere n. 13195 dell'11 luglio 2001, n. 15551 dell'11 settembre 2006, n. 17682 del 1° marzo 2011, n. 17912 del 1° settembre 2011, n. 18503 del 20 marzo 2013 e n. 18591 del 26 giugno 2013. Le delibere n. 8674 e n. 13195 sono state rese esecutive, rispettivamente, con decreto del Presidente del Consiglio dei Ministri del 25 novembre 1994 e del 27 luglio 2001. La delibera n. 15551 dell'11 settembre 2006 è stata resa esecutiva con decreto del Presidente del Consiglio dei Ministri n. 8744 del 22 settembre 2006. La delibera n. 17682 del 1° marzo 2011 è stata resa esecutiva con decreto del Presidente del Consiglio dei Ministri del 9 marzo 2011. La delibera n. 17912 del 1° settembre 2011 è stata resa esecutiva con decreto del Presidente del Consiglio dei Ministri del 9 settembre 2011. La delibera n. 18503 del 20 marzo 2013 è stata resa esecutiva con decreto del Presidente del Consiglio dei Ministri del 24 aprile 2013. La delibera n. 18591 del 26 giugno 2013 è stata resa esecutiva con decreto del Presidente del Consiglio dei Ministri del 29 luglio 2013.

[80] N. MARZONA, *Il potere normativo delle autorità indipendenti*, in *I garanti delle regole*, a cura di S. CASSESE-C. FRANCHINI, Bologna, 1996, 89.

autorità di regolazione anche quegli atti non strettamente riferibili alle autorità medesime, ma nella formazione dei quali la rispettiva autorità svolge un ruolo decisivo. Riguardo ai regolamenti di organizzazione della Consob può infatti riscontrarsi un atto normativo adottato da (e dunque riferibile ad) un soggetto (il Presidente del Consiglio dei Ministri), ma nella determinazione del relativo contenuto decisivo è l'intervento della Consob. Ad un più attento esame non può non riscontrarsi che in tali atti regolamentari l'intervento del Presidente del Consiglio dei Ministri costituisce solo un momento di controllo di un atto (e del relativo contenuto) elaborato dalla Consob. Inoltre va ricordato, da un lato, che la disciplina legislativa introdotta dalla legge n. 216/1974 costituisce anche un retaggio del passato e, dall'altro lato, che il Governo ha sempre utilizzato tale potere "rispettando" i contenuti "predeterminati" dalla Consob, dando così vita ad una consuetudine che individua nell'atto di adozione un momento solo di controllo delle decisioni operate dalla Consob.

In conclusione può affermarsi che la Consob tramite i propri regolamenti disciplina sia la propria organizzazione e il proprio funzionamento (nonché la disciplina del proprio personale), sia l'attività e le situazioni di soggetti privati [81] operanti nell'ambito in cui la Consob è chiamata ad esercitare le proprie funzioni.

E l'esercizio da parte della Consob delle proprie funzioni si esplica attraverso una serie di atti fra loro differenti: normativi, atti amministrativi generali [82], provvedimenti amministrativi, atti endo-procedimentali e atti «commendatori». A quest'ultimo riguardo si fa in particolare riferimento alle «raccomandazioni» della Consob che, seppure giuridicamente non vincolanti, rappresentano criteri-guida autorevoli per gli operatori; tali atti «fondano la loro effettività esclusivamente sulla *autorevolezza morale* della quale la stessa amministrazione gode nei confronti dei soggetti sottoposti al suo controllo» [83].

Nella scelta fra tali differenti tipi di atti la Consob, pur dettando regole e limiti alla sua azione, preferisce in genere optare per soluzioni che non conducano ad un eccessivo irrigidimento della propria attività, ma che consentano invece una certa

---

[81] Nella distinzione fra regolamenti adottati dalla Consob e quelli di organizzazione della stessa riferibili all'esecutivo, può forse trovare conferma la distinzione secondo cui la Consob sarebbe caratterizzata da due diversi modelli di base. E così nel momento di adozione dei regolamenti attinenti all'organizzazione della stessa prevarrebbe il modello di ente posto a capo di un ordinamento sezionale (e quindi l'autonomia organizzativa e di investitura della Consob rientrerebbe nello schema consueto dell'autonomia degli enti pubblici), mentre l'autonomia gestionale, in quanto frutto diretto del modello dell'autorità amministrativa indipendente, consentirebbe la creazione di norme secondarie senza alcuna forma di approvazione, visto o senza alcuna forma preventiva di controllo di legittimità se non quella dell'obbligo di comunicazione (legislativamente previsto per il Presidente della Consob) al Ministro del tesoro degli atti regolamentari adottati (e di informazione degli atti e degli eventi di maggior rilievo).

[82] Al riguardo non può che rinviarsi a quanto detto *supra*, capitolo primo.

[83] G. VESPERINI, *La Consob e l'informazione del mercato mobiliare*, cit., 197 s.

elasticità e duttilità di manovra e di scelta per svolgere in maniera efficace i propri compiti. E così spesso la Consob preferisce adottare disposizioni di carattere generale non con regolamento bensì con atti di tipo diverso giacché così operando la Consob, che si ritiene vincolata da un proprio regolamento, non derogabile nemmeno per un caso specifico, si lascia aperta la possibilità di derogare per casi singoli a quanto da essa stessa precedentemente disposto. Ma la tendenza della Consob a non utilizzare lo strumento regolamentare bensì altri strumenti (raccomandazioni, comunicazioni, ecc.) finisce per essere facilmente travolto dalla giurisprudenza ordinaria [84].

In giurisprudenza è inoltre possibile individuare alcune risposte in merito alla portata dei regolamenti della Consob, in particolare in relazione al rapporto degli stessi con le norme di grado legislativo, alla loro capacità di integrare la disciplina legislativa, alla possibilità del regolamento Consob di porre esaustivamente la disciplina della materia. E così la giurisprudenza ha sempre affermato la subordinazione dei regolamenti della Consob alle fonti di grado primario [85].

---

[84] In tale senso il Tribunale di Milano, secondo cui «il giudizio espresso in una comunicazione della Consob, con cui essa dichiara di non ravvisare secondo una corretta interpretazione della legge la sussistenza delle condizioni per la promozione doverosa di una OPA, non fa venir meno l'obbligo, per l'acquirente della partecipazione in una società quotata, di dar corso all'offerta, qualora ne sussistano effettivamente i presupposti» (Trib. Milano, 23 giugno 1997, in *Giur. it.*, 1998, 100 (e in *Le Società*, 1998, 303, con nota di Lener). E se ai sensi dell'art. 106 Tuf la Consob ha potere regolamentare in materia di presupposti Opa, non può esercitarlo attraverso semplici comunicazioni (e la sentenza appena citata conferma l'assenza di valore normativo delle comunicazioni).

[85] Cons. Stato, sez. VI, 29 ottobre 1999, n. 1924, in *Foro it.*, 1999, III, 577 (anche in *Cons. Stato*, 1999, I, 1946; e in *Le Società*, 2000, 91 con nota di Picone). In tale pronuncia il Consiglio di Stato ha sospeso l'efficacia dell'art. 35, lett. c), del regolamento della Consob, 14 maggio 1999, n. 11971 (nonché della Comunicazione Consob 2 ottobre 1999, n. 990715, che ne fornisce l'interpretazione autentica), nella parte in cui tale disposizione regolamentare, definendo il "periodo di offerta" nel procedimento di Opa e di Ops di azioni quotate, fa decorrere l'obbligo per la società emittente di astenersi da comportamenti che contrastino con gli obiettivi dell'offerta (salvo autorizzazione in tal senso dell'assemblea a maggioranza qualificata) dalla comunicazione preventiva dell'intenzione di promuovere l'offerta anziché dalla presentazione completa del documento di offerta, in quanto in violazione degli artt. 102, 103 e 104 t.u. interm. fin. V. anche TAR Lazio, sez. I, 21 ottobre 1999, n. 2964, in *Foro it.*, 1999, III, 577 (e in *Le Società*, 2000, 91, con nota di Picone), anch'essa di sospensione degli effetti degli artt. 35, lett. c), e 37, co. 1, dell'identico regolamento Consob per violazione degli artt. 102, 103 e 104 t.u. interm. fin. in quanto: a) impongono a chi intenda promuovere una opa o una ops di azioni quotate di darne comunicazione preventiva al mercato, alla società emittente le azioni e alla Consob; b) danno decorrere da detta comunicazione (e non alla presentazione del competo documento di offerta) l'obbligo per la società emittente di astenersi a comportamenti che contrastino con gli obiettivi dell'offerta, salvo autorizzazione in tale senso dell'assemblea a maggioranza qualificata. E a seguito di tale pronuncia la Consob ha ritenuto opportuno modificare gli articoli in questione mediante la delibera n. 12475 del 6 aprile 2000. E la stessa Presidente della Consob, nella Relazione annuale ha affermato che "anche se tale ripensamento non era

Di particolare interesse si rivela la pronuncia della Cassazione [86] che ha ritenuto contrario all'art. 6, comma 1, legge n. 1/1991, l'art. 6 del regolamento della Consob n. 5387 del 2 luglio 1991, nella parte in cui prescrive un obbligo per l'intermediario di allegare al contratto una scheda descrittiva dei dati relativi al cliente, prescrivendo la legge unicamente il dovere dell'intermediario in valori mobiliari di assumere dal cliente le più complete ed accurate informazioni sulla sua situazione finanziaria al fine di orientarlo verso l'investimento più consono al suo profilo di rischio-rendimento (e non il ben più gravoso obbligo di allegare la suddetta scheda) [87].

Di tenore opposto la pronuncia del Consiglio di Stato con cui si è ritenuto che «l'elenco di gravi violazioni che possono comportare la radiazione dall'albo dei promotori finanziari non ha carattere tassativo» [88]. Così l'elevata discrezionalità nel disporre la radiazione dei promotori finanziari di cui la Consob si era dotata attraverso l'art. 98, comma 1, del regolamento inerente gli intermediari (delibera n. 11523 del 1° luglio 1998) è stato ritenuto non illegittimo dal Consiglio di Stato [89].

Gli atti amministrativi che la Consob ha il potere di adottare possono essere generali (in quanto rivolti ad una indeterminata categoria di soggetti e rapporti; e a titolo di esempio possiamo ricordare le *istruzioni*, destinate a specificare e chiarire obblighi e limiti posti da leggi o regolamenti) o speciali (cioè diretti a uno o più soggetti determinati e concernenti specifici rapporti). Alcuni [90] distinguono nettamente gli atti amministrativi generali (della Consob) dai regolamenti (sempre

obbligatorio, la Commissione ha preferito aderire ad una interpretazione letterale delle disposizioni del testo unico concernenti la definizione temporale della procedura di offerta, al fine di prevenire ulteriori casi di ricorso alla giustizia amministrativa, con pregiudizio delle regole su cui gli operatori devono poter contare».

[86] Cass., sez. I, 14 novembre 1997, n. 11279, in *Foro it.*, 1998, I, 3292.

[87] Ricordiamo che spesso al regolamento della Consob è conferito il potere di introdurre nuovi obblighi e limiti anche per i singoli.

[88] Cons. Stato, sez. IV, 31 ottobre 1997, n. 1554, in *Gazz. giur.*, 1998, fasc. 2, 59.

[89] V. anche, a proposito di giurisprudenza in materia di Consob, Trib. Napoli, 25 novembre 1998, in *Giur. comm.*, 1999, II, 315, con nota di Minervini; Cons. Stato, sez. VI, 14 luglio 1999, n. 964, in *Foro amm.*, 1999, 491 (e in *Cons. Stato*, 1999, I, 1185): «Le norma regolamentare della Consob, secondo la quale i compensi e rimborsi corrisposti dallo Stato o da altri enti o soggetti ai dipendenti per prestazioni rese su incarico o su autorizzazione della commissione, devono essere riservati a quest'ultima o incamerati direttamente, non è applicabile agli emolumenti percepiti non in relazione alla posizione funzionale dei dipendenti Consob, ma a seguito d'incarico *aliunde* attribuito in ragione di specifiche qualità professionali e competenze, in ogni caso non oggetto di espressa autorizzazione della Consob»; Cons. Stato, sez. IV, 14 ottobre 1998, n. 1389, in *Cons. Stato*, 1998, I, 1629, di conferma della validità dell'art. 98, comma 2, lett. b), del regolamento inerente gli intermediari, che dispone la radiazione del promotore di servizi finanziari che svolga attività di sollecitazione del pubblico risparmio per conto di un soggetto non autorizzato ai sensi della legge 2 gennaio 1991, n. 1.

[90] G. MINERVINI, *La Consob*, cit., 49.

della Consob) giacché questi ultimi, in quanto esercizio di potere normativo, si differenziano «per natura e per disciplina» dagli atti amministrativi generali[91].

Secondo un diverso orientamento dottrinale, tutti gli atti precettivi della Consob (anche le comunicazioni) possono venire ad avere contenuto normativo quando, «intervenendo ed integrando le normative vigenti, si rivolgono ad una pluralità di soggetti»[92].

I regolamenti Consob, pur rimanendo fonti secondarie, vengono dunque a collocarsi nel sistema delle fonti innanzitutto in base ad un criterio di competenza[93]. E l'esame della realtà concreta dimostra quanto appaia sempre più sfumata la distinzione fra legge e regolamento[94], giacché, pur restando fermi il principio di legalità e quello di gerarchia, gli spazi devoluti all'autonomia normativa, benché secondaria, sono sempre nuovi e presuppongono l'adozione di scelte *lato sensu* politiche.

I regolamenti della Consob vengono così a configurarsi come «regolamenti di autonomia», in quanto espressione di «autonomia normativa», del tutto distinti dai regolamenti governativi e dai regolamenti degli altri enti pubblici e dunque definibili anch'essi (se non fonti primarie)[95] quali fonti «sub-primarie»[96].

---

[91] G. MINERVINI, *op. ult. cit.*, 49, che richiama l'art. 26, comma 3, del *Regolamento di organizzazione*, che impone la pubblicazione anche della relazione illustrativa che deve sempre accompagnare i regolamenti adottati dalla Consob.

[92] E. CARDI-P. VALENTINO, *L'istituzione Consob. Funzioni e struttura*, Milano, 1993, 37-38; a titolo di esempio si segnala la *Comunicazione* n. BOR/RM/92006158 del 28 agosto 1992 con la quale la Consob ha fornito chiarimenti nella materia del collocamento dei valori mobiliari: «partendo da una richiesta di parere, il provvedimento, indirizzato ad associazioni di categoria ed organi locali di borsa, è giunto ad interpretare, chiarire ed integrare il disposto legislativo e regolamentare».

[93] Cfr. E. CARDI, *Commento agli artt. 1-4 della legge n. 281 del 1985*, in *Nuove leggi civ. comm.*, 1990.

[94] A questo proposito vanno ricordate le riflessioni di A. Predieri.

[95] M.S. GIANNINI, *Consob*, cit., 59-60, «non come le leggi, perché non possono modificare norme imperative di leggi; possono però modificare norme dispositive e possono sviluppare autonomamente materie aventi dignità legislativa non trattate dalla legge». Differente appare invece il significato assegnato a tale espressione da C. MORTATI, *Istituzioni di diritto pubblico*, cit., che definisce tali i decreti legislativi.

[96] E. CARDI, *Commento artt. 1-4*, cit., 288, «ovvero di atti che postulano la sola intermediazione della legge attributiva di potere e il limite rappresentato dalle scelte legislative di principio e di indirizzo». Va infine ricordata la tendenza, che si è andata sempre più affermando a partire dall'inizio degli anni novanta e che ha trovato piena consacrazione nel t.u. interm. fin., volta a far convergere, per la determinazione di alcune discipline regolamentari, le volontà di più autorità indipendenti. A tal riguardo va citata la legge sulla Monte Titoli S.p.A. (legge n. 289 del 19 giugno 1986) che ha introdotto in maniera sistematica quel regime d'intesa (divenuto poi prassi abituale nelle successive discipline legislative soprattutto in materia di intermediazione mobiliare; cfr. artt. 2, 6, 9, 11, legge n. 1/1991) in base al quale la Consob ed un'altra autorità indipendente (in questo e nella maggior parte dei casi, la Banca d'Italia) stabiliscono («d'intesa») le relative disposizioni regolamentari (cfr. art. 10, comma 1, legge n. 289, riguardo al regolamento di attua-

La Consob ha disciplinato il proprio procedimento di adozione degli atti normativi con il "*Regolamento concernente i procedimenti per l'adozione di atti di regolazione generale ai sensi dell'articolo 23 della legge 28 dicembre 2005, n. 262 e successive modificazioni*" adottato con delibera n. 19654 del 5 luglio 2016 e successivamente modificato con delibera n. 22203 del 10 febbraio 2022.

Con tale Regolamento, la Consob ha introdotto la disciplina di adozione dei propri "*atti di regolazione generale*" specificando che sono tali "*i regolamenti e gli atti di contenuto generale aventi natura prescrittiva*" (art. 1) ed elencando anche gli atti che non rientrano nell'ambito di applicazione di tale regolamento:

a) le risposte a quesiti relativi a fattispecie specificatamente individuate;
b) gli atti attinenti all'organizzazione e al funzionamento della Consob, ivi inclusi quelli in materia di personale, gestione della spesa e accesso agli atti;
c) i regolamenti adottati ai sensi della legge 7 agosto 1990, n. 241, e successive modificazioni;
d) gli atti di regolazione generale adottati dalla Consob al di fuori dell'esercizio delle funzioni di vigilanza ad essa attribuite dalla legge;
e) i pareri e le altre valutazioni formulati dalla Consob in relazione ad atti normativi o di contenuto generale di competenza di altre Autorità).

---

zione della legge e, in particolare, riguardo alla determinazione dei soggetti depositari e dei valori ammessi al sistema di gestione accentrata). Una collaborazione tra la Consob e la competente autorità di vigilanza per l'elaborazione di alcuni atti regolamentari era già prevista nella legge n. 216/1974 (cfr. art. 5-bis, comma 9, per le eventuali dispense dall'obbligo di informazione del pubblico delle comunicazioni ricevute e relative al possesso di determinate percentuali del capitale sociale, se da tale comunicazione possa derivare grave danno alla società). Ma è la legge n. 1/1991 ad aver «esaltato» tale meccanismo, predisponendo una serie di «momenti» di collaborazione fra Consob e Banca d'Italia tale da consentire ai due organismi di preparare «d'intesa» il quadro normativo entro cui svolgere in maniera efficace la rispettiva attività di controllo (cfr. artt. 13 e 22, commi 2 e 3). Tale legge attua dunque una ripartizione di compiti sia a livello regolamentare che di vigilanza: il potere normativo attribuito alla competenza di Banca d'Italia e Consob è molto ampio (dalla determinazione del capitale minimo delle società di intermediazione mobiliare alla disciplina delle regole di comportamento da rispettare nell'esercizio dell'attività, dalla specificazione dei coefficienti patrimoniali e di liquidità alla disciplina dei limiti di investimento del patrimonio gestito dalle Sim, ecc.). Non vi è quindi (riguardo alla predisposizione e formulazione delle norme regolamentari) una netta prevalenza di un organismo rispetto all'altro, avendo il legislatore preferito optare per una distribuzione per finalità dei relativi poteri normativi, che vengono così cogestiti da entrambe le strutture (e laddove il procedimento normativo è affidato ad altro organismo, quale il Ministero del tesoro, l'intesa tra Consob e Banca d'Italia si sposta alla fase propositiva del provvedimento da adottare: cfr. art. 15, comma 2, legge n. 1/1991, riguardo alla determinazione delle modalità di organizzazione e funzionamento del fondo di garanzia). Le discipline legislative di questi ultimi anni hanno dunque inteso far fronte (con lo strumento dell'intesa) al problema generato dalla sovrapposizione dei fenomeni regolati dalla legislazione bancaria e dalla legislazione sul mercato mobiliare (e quindi anche al problema dei rapporti intercorrenti fra diverse autorità indipendenti quando esse vengano a conoscere, per le rispettive sfere di competenza, della medesima realtà).

Il Regolamento aggiunge che la procedura di consultazione va utilizzata anche per l'adozione di Raccomandazioni "qualora abbiano contenuto generale".

La disciplina di adozione dei regolamenti è fondata sul "*principio della programmazione*": si prevede infatti che ("ai fini dell'efficace ed efficiente perseguimento delle proprie finalità") la Consob è chiamata a definire annualmente "un documento di programmazione non vincolante", contenente "il piano delle attività che intende svolgere per l'adozione degli atti di regolazione generale".

Nello svolgimento di tale attività di programmazione, la Consob tiene conto:

a) delle fonti normative sovraordinate, anche dell'Unione Europea, da recepire o attuare con propri atti di regolazione generale;

b) degli impegni assunti nelle sedi di cooperazione nazionale e internazionale tra le Autorità di vigilanza sui mercati finanziari;

c) dei risultati dell'attività di verifica d'impatto della regolamentazione precedentemente svolta;

d) della necessità di effettuare la verifica d'impatto della regolamentazione della normativa;

e) delle eventuali indicazioni e proposte pervenute dai soggetti vigilati, dagli investitori e dai risparmiatori nonché dalle associazioni rappresentative di tali soggetti.

Come specificato dallo stesso Regolamento, il "*documento di programmazione*" non è vincolante e pertanto, da un lato, la Consob può in ogni caso procedere all'adozione di atti di regolazione generale anche non previsti dal documento di programmazione e, dall'altro lato, l'attività indicata nel documento medesimo può essere integrata o modificata nel corso dell'anno di riferimento qualora intervengano nuove esigenze di regolazione.

Con riguardo specifico al contenuto degli atti di regolazione generale, il Regolamento (sulla scorta di quanto previsto dalla legge n. 262/2005) dispone che la Consob, nella definizione del contenuto di tali atti, "applica il principio di proporzionalità adottando le soluzioni ragionevolmente idonee a conseguire le finalità dell'atto di regolazione con i minori oneri aggiuntivi per i destinatari" (art. 3).

Ed al fine di applicare il principio di proporzionalità, la Consob deve effettuare una "*analisi di impatto della regolamentazione*" da svolgere "sulla base delle Linee Guida della Commissione Europea in materia di migliore regolamentazione, graduando i metodi e le procedure di analisi in funzione della rilevanza dei rischi correlati alle finalità di vigilanza, della complessità della materia e del margine di discrezionalità risultante dalla normativa sovraordinata".

Con riguardo all'attività di analisi di impatto della regolamentazione, il Regolamento specifica che tale attività:

a) indica i soggetti destinatari, l'ambito, i settori e i mercati interessati dall'atto di regolazione, il presupposto e gli obiettivi dell'intervento normativo, dopo aver condotto l'analisi dei fallimenti di mercato e regolamentari;

b) definisce le opzioni regolamentari, considerando, ove consentito dalla legge, anche l'opzione di non effettuare alcun intervento regolamentare;

c) stima i costi e i benefici attesi delle opzioni regolamentari, anche in considerazione dei tempi della loro attuazione, della tipologia dei destinatari delle norme e di quanto emerso nell'ambito delle procedure di consultazione;

d) indica gli oneri amministrativi introdotti o eliminati a carico degli investitori e delle imprese, stimandone l'impatto;

e) individua indicatori da utilizzare ai fini della successiva revisione dell'atto;

f) dà conto delle circostanze eccezionali in relazione alle quali si rende necessario il superamento del livello minimo di regolazione europea.

Il Regolamento (art. 5) dispone che gli atti di regolazione generale sono adottati previo svolgimento di una consultazione in forma pubblica (durante la quale la Consob può effettuare incontri con gruppi ristretti di soggetti interessati o anche aperti al pubblico) il cui termine di conclusione – salva diversa motivata indicazione fornita dalla Consob – non può essere inferiore a sessanta giorni dalla data di avvio della consultazione. Preventivamente, per la predisposizione dello schema di atto di regolazione generale, la Consob può effettuare consultazioni preliminari volte a raccogliere evidenze e opinioni su materie oggetto di intervento regolamentare. All'interno di tale procedura, la Consob può istituire comitati (istituiti e disciplinati ai sensi dell'art. 28 del Regolamento di organizzazione e funzionamento, comitati che possono formulare proposte e osservazioni in merito all'efficacia delle attività svolte dalla Consob), composti da operatori del mercato, da esponenti dei soggetti interessati ed esperti, ai quali richiedere un parere preventivo sui documenti da sottoporre a consultazione.

Prima dell'adozione dell'atto di regolazione generale la Consob diffonde un documento recante:

a) lo schema dell'atto nonché un'illustrazione, anche sintetica, dei suoi contenuti;

b) la descrizione delle motivazioni, degli obiettivi e delle conseguenze del provvedimento, delle consultazioni preliminari effettuate, nonché delle attività di analisi di impatto della regolamentazione realizzate e dell'attività di verifica d'impatto della regolamentazione eventualmente svolta;

c) le modalità e il termine entro cui possono essere trasmesse le osservazioni alla Consob.

Al termine della procedura di consultazione la Consob, qualora lo ritenga necessario, può effettuare anche ulteriori consultazioni oppure adotta l'atto finale che deve essere accompagnato da una "*Relazione illustrativa degli esiti della consultazione e dell'impatto della regolamentazione*".

Tale Relazione illustra le conseguenze dell'atto sulla regolamentazione, sull'attività delle imprese e degli operatori e sugli interessi degli investitori e dei risparmiatori.

La Relazione deve inoltre contenere: le motivazioni e gli obiettivi del provvedimento; i risultati dell'attività di analisi di impatto della regolamentazione realizzata e dell'attività di verifica d'impatto della regolamentazione eventualmente svolta; gli esiti, anche in forma sintetica, delle consultazioni effettuate; gli elementi di valutazione emersi nel corso di eventuali incontri con soggetti interessati non aperti al pubblico; gli indicatori che saranno utilizzati ai fini della successiva revisione dell'atto.

È possibile, per la Consob – indicandone le ragioni nella motivazione dell'atto – derogare in tutto o in parte a tale procedura:

a) in casi di necessità e urgenza o per ragioni di riservatezza, allorché ricorra uno dei seguenti motivi:

– situazioni di mercato che possano compromettere il regolare funzionamento e l'integrità dei mercati finanziari nonché la tutela degli investitori, imponendo la tempestiva adozione di atti di regolazione generale;

– il termine per l'attuazione stabilito da una fonte normativa sovraordinata ne impedisca l'osservanza;

– specifiche e motivate esigenze di tutela dei soggetti interessati rendano necessaria l'immediata adozione di atti di regolazione generale;

b) oppure quando l'atto di regolazione non comporta l'esercizio di scelte discrezionali e si limita ad attuare o recepire, senza introdurre elementi innovativi, il contenuto di atti, anche non vincolanti, di Autorità europee già sottoposti a procedure di consultazione o di analisi di impatto della regolamentazione;

c) oppure quando l'atto di regolazione non comporta l'esercizio di scelte discrezionali ed è di mero adeguamento a disposizioni normative o atti di altre Autorità direttamente applicabili o vincolanti.

Con riguardo agli atti adottati congiuntamente con altre Autorità, il Regolamento (art. 9) di dispone che agli atti di regolazione generale da adottare d'intesa o congiuntamente con altre Autorità si applicano le identiche disposizioni "compatibilmente con i protocolli d'intesa o gli appositi accordi stipulati con tali Autorità volti a disciplinare l'attuazione dei principi di cui all'articolo 23 della legge 28 dicembre 2005, n. 262".

Con cadenza biennale deve essere effettuata la programmazione delle attività di verifica d'impatto della regolamentazione.

La Consob infatti, sempre sulla base della programmazione, sottopone a "*verifica d'impatto della regolamentazione*" (art. 8) le disposizioni contenute negli atti regolamentari che non siano stati oggetto di interventi di modifica negli ultimi tre anni, dando priorità a quelli per cui è stata svolta l'analisi di impatto della regolamentazione e che abbiano, comunque, determinato impatti significativi sui destinatari, o sul sistema economico e finanziario nel suo complesso, o per i quali sia riscontrata l'esistenza di criticità in sede di attuazione o a causa di modifiche nel contesto socio-economico di riferimento, valutando l'idoneità degli stessi a conseguire le finalità perseguite in relazione all'onerosità complessiva del quadro regolatorio.

## 5. Considerazioni conclusive. Il ruolo dei regolamenti delle Autorità di regolazione nel sistema delle fonti del diritto

L'esame delle singole potestà normative delle diverse autorità di regolazione dei mercati finanziari presenti nel nostro ordinamento evidenzia innanzitutto l'ampiezza del conferimento normativo operato dal legislatore statale. Le autorità dispongono infatti di un "esteso" potere normativo, nel senso che coinvolge numerosi ambiti ed aspetti dei settori regolati.

Unendo l'ampiezza degli ambiti disciplinati alla eterogeneità (nella forma – denominazione, procedimento di formazione, controlli, ecc. – e nel contenuto) degli atti normativi adottati dalle autorità di regolazione, emerge la elevata capacità di tali atti normativi di incidere nel quadro regolatorio dei mercati finanziari (introducendo anche discipline concernenti la tutela di diritti soggettivi, il conferimento di obblighi e prevedendo anche l'imposizione di sanzioni).

L'analisi svolta ha dimostrato inoltre l'eterogeneità di contenuto di tali atti normativi anche dal punto di vista della «tradizionale» ripartizione di tipologie regolamentari (di esecuzione, di attuazione o integrazione, indipendenti, di delegificazione, di organizzazione). Infatti in ciascun atto normativo di singole autorità di regolazione è agevole riscontrare norme attuative, esecutive, di integrazione (di norme di grado primario), ma anche norme «indipendenti» e «di delegificazione».

In tale eterogeneo quadro l'unica categoria chiaramente individuabile è dunque quella dei regolamenti di organizzazione.

La gran parte delle autorità di regolazione esaminate gode di autonomia organizzatoria (e spesso anche relativa alla gestione delle spese), in un quadro caratterizzato da pochi vincoli da parte della legge. Questa scelta del legislatore statale è conseguenziale alla volontà di istituire un soggetto operante in autonomia e indipendenza di giudizio (che impone dunque di riconoscere all'istituenda autorità la massima libertà nella disciplina della propria organizzazione)[97].

Riguardo ai "restanti" atti normativi delle autorità di regolazione, va ribadito che appare inidoneo – tentare di – applicare la "classica" tipologia di regolamenti proposta dalla legge n. 400/1988 per i regolamenti governativi, giacché non rispondente alle peculiarità del fenomeno delle autorità di regolazione.

Infatti, se la scelta operata dal legislatore è quella di istituire un soggetto chiamato a regolare un determinato settore, è inevitabile la constatazione secondo cui gli atti che l'autorità verrà ad adottare sono (e saranno) eterogenei nel senso che conterranno disposizioni strettamente esecutive di norme legislative, ma anche disposizioni attuative, integrative, indipendenti (giacché per interi ambiti il legislatore non avrà previsto alcunché) e (quando previsto) anche di delegificazione.

---

[97] N. LONGOBARDI, in *Studi in memoria di M. Nigro*, cit.; C. FRANCHINI, *Le autorità amministrative indipendenti*, in *Riv. trim. dir. pubbl.*, 1988; R. TITOMANLIO, *Riflessioni sul potere normativo delle Autorità amministrative indipendenti fra legalità "sostanziale", legalità "procedurale" e funzione di regolazione*, in *Nomos*, 2017, n. 1.

In merito al rapporto intercorrente tra la legge e gli atti normativi delle autorità di regolazione, va ribadito che questi ultimi, quantunque espressione di un potere normativo che opera in ambiti lasciati liberi dalla legge (che però può sempre «rioccupare» tale ambito anche con interventi episodici e puntuali), agiscono sempre all'interno dell'attribuzione operata dalla legge e dunque questa non determina un'attribuzione "intoccabile" di potere normativo [98].

A questa conclusione è da aggiungere un ulteriore "tassello" da tenere presente nell'esame degli atti normativi delle autorità di regolazione e che è rappresentato dalla "posizione" ricoperta dalle autorità nel sistema costituzionale «ed alla conseguente esigenza di garantirne l'indipendenza e l'autonomia nell'esercizio delle funzioni» [99].

Si intende così evidenziare la necessità di un nuovo e diverso approccio al sistema delle fonti [100], che tenga maggiormente conto del pluralismo giuridico, di cui è portatrice la Carta costituzionale [101].

---

[98] In tal senso S. NICCOLAI, *Autorità amministrative indipendenti come potere di garanzia*, in *Rass. parlam.*, 1998, 358 ss.

[99] Questa tesi è stata sostenuta in relazione alla Corte costituzionale da S.P. PANUNZIO, *Regolamenti della Corte costituzionale*, in *Enc. giur. Treccani*, Roma, 1988, 2; ID., *I regolamenti della Corte costituzionale*, Padova, 1970, 235 ss. (che, peraltro, ritiene possibile individuare il fondamento dei regolamenti della Corte anche in espresse disposizioni costituzionali, pp. 1723 ss. e 272 ss.).

[100] In tal senso L. CIMELLARO, *Delegificazione e deregulation. Linee d'ombra su un mito*, in *Dir. soc.*, 1999, 133; P. CARETTI, *Tendenze evolutive dei poteri di direzione dell'amministrazione: alcune esperienze a confronto*, in P. CARETTI-U. DE SIERVO (a cura di), *Potere regolamentare e strumenti di direzione dell'amministrazione*, Bologna, 1991, 12 ss.; L. COLACINO CINNANTE, *Trasformazioni dell'amministrazione e potere regolamentare*, in *Scritti in onore di G. Guarino*, vol. I, Padova, 1998, 691 ss.

[101] P. GROSSI, *Pagina Introduttiva (ossia: delle miserie del legislatore italiano)*, in *Quaderni fiorentini*, n. 26 (1997), Milano, 1998, 5. In precedenza (p. 2) dopo aver definito il legislatore «burattinaio ingombrante del diritto moderno», afferma: «Il legislatore! Questa entità suprema che il giurista mediocre menziona di continuo quasi evocando una creatura numinosa, però dai contorni pressappoco antropomorfici, in guisa non molto diversa da come l'antico credente evocava Giove insediato sull'Olimpo; questo nume tutelare che è servito – e serve – ad ammantare e riparare (ma anche a incentivare) la proverbiale pigrizia dei giuristi; questo legislatore troppo idealizzato va finalmente deposto da un olimpo immeritato, e guardato nelle sue miserie». E riguardo all'atto legislativo (p. 3): «ci si para dinnanzi un ammasso legislativo di genesi prevalentemente parlamentare, composto il più delle volte di atti maggiormente vicini a volgari transazioni che a lucide diagnosi di bisogni oggettivi della comunità nazionale. Leggi, espressioni delle voci dei partiti, espressioni di interessi particolari, spesso all'insegna della più crassa incultura giuridica, con in più il frequente tocco ineffabile della ignoranza delle elementari regole grammaticali della lingua italiana. Un ammasso legislativo che smentisce troppo spesso tutto quanto si insegna ai nostri allievi del primo anno di una Facoltà di Giurisprudenza sulla generalità e sulla astrattezza come qualità prime di un atto legislativo». E poi: «Qui, in questo modo di agire del legislatore italiano, siamo in presenza di una crisi gravissima della legge come fonte di diritto e della stessa legalità, giacché di legalità puramente formale si tratta

E a questo punto decisivo è il confronto riguardante l'attuale significato del principio di legalità. A questo proposito bisogna ricordare che la potestà normativa delle autorità di regolazione si differenzia per specifiche peculiarità dalla potestà regolamentare del governo in ragione del pluralismo politico-istituzionale e del ruolo – costituzionalmente riconosciuto – delle stesse.

Deve infatti riconoscersi che rientrano nel novero delle fonti del diritto tutti quegli atti con cui la pubblica amministrazione, dettando norme nel campo d'azione affidato alle sue cure, comunque innova l'ordinamento giuridico (Sandulli). La pluralità delle pubbliche amministrazioni e la separazione fra le stesse determinano un'espansione anche del fenomeno dell'attività normativa dalle medesime svolte. Ed anche la giurisprudenza amministrativa ha affermato la necessità che ciascuna pubblica amministrazione, nell'esercizio dei poteri discrezionali affidatile dalla legge, debba prefissare i criteri e i principi che devono regolare la successiva azione amministrativa e l'adozione dei singoli provvedimenti. E all'interno dell'ampio *genus* della potestà normativa delle pubbliche amministrazioni particolare ruolo riveste la potestà regolamentare delle autorità indipendenti.

La potestà regolamentare assegnata a tali autorità discende dall'obbligo giuridico sulle stesse ricadenti di adozione di norme, destinate a regolare i settori loro affidati, il cui contenuto trova nella legge attributiva di competenza non solo il proprio fondamento, ma anche l'obbligo in positivo (la «funzione», appunto) di disciplinare la materia *de qua*. In questa prospettiva il potere normativo delle autorità di regolazione viene a configurarsi (piuttosto che come espressione di un ampliamento dei poteri delle stesse) quale esercizio di una funzione che trova nella legge e nella Costituzione fondamento e vincolo.

Le autorità di regolazione dei mercati finanziari operanti nel nostro ordinamento godono di diverse «tipologie» di potestà normativa (di auto-organizzazione, di attuazione, di esecuzione e/o di integrazione di norme di grado primario, di disciplina di ambiti delegificati, di potestà regolamentare indipendente in quanto operante in ambiti non disciplinati da alcuna norma di grado legislativo) concretizzantisi in atti eterogenei che si differenziano tra loro per una pluralità di ragioni.

Siffatta eterogeneità si riflette anche nella collocazione dei relativi regolamenti all'interno del sistema delle fonti. Un approccio tendente all'individuazione di una definizione valida per tutti i regolamenti delle autorità di regolazione non ap-

---

e per di più beffarda, beffarda del povero cittadino e soprattutto del più debole, che non è affatto appagato dalla qualità legislativa dell'atto ma che si sente scaricare sulle spalle – autoritariamente e ipocritamente insieme – i mille contenuti, taluni dei quali assai incisivi sulla sua difficile esistenza quotidiana quando non addirittura incisivi su dimensioni del suo status. Qui siamo di fronte a un legislatore per un verso così impotente e timoroso da non affrontare singolarmente e autonomamente le varie tematiche e proporle in un'aula parlamentare, per un altro verso, tanto sicuro di sé, tanto insuperbito dalla superiorità garantitagli da una tradizione bisecolare, che può permettersi (e sa di poterlo) la violazione sostanziale della legalità, giacché questa tradizione non ha contemplato, quasi fino a ieri, la figura dell'arbitrio del legislatore e gli ha consegnato ancor oggi una psicologia di assoluta sfrontatezza».

pare infatti corretto, dovendosi invece distinguere, all'interno dell'indistinta categoria «regolamenti delle autorità indipendenti», i regolamenti i cui rapporti con la legge (in quanto da questa previsti e ad essa subordinati) sono facilmente ricostruibili secondo il principio gerarchico, da quegli altri regolamenti il cui rapporto con la fonte di grado primario appare caratterizzato da una maggiore «indipendenza» e riguardo ai quali la legge, una volta tracciate le rispettive sfere di competenza, lascia al regolamento dell'autorità la disciplina del relativo settore.

La riflessione sui regolamenti delle autorità di regolazione deve misurarsi con la problematica concernente il fondamento e i limiti del potere normativo della pubblica amministrazione e, dall'altra parte, con quella relativa al ruolo e ai poteri spettanti a tali autorità. Lo studio del potere normativo delle autorità indipendenti impone infatti di esaminare sia gli effetti che il menzionato potere determina a livello di sistema delle fonti, sia l'incidenza del potere medesimo nella individuazione del ruolo delle autorità indipendenti nel sistema costituzionale. Infatti, se il contemporaneo pluralismo normativo rende impossibile riordinare l'intero sistema delle fonti secondo un ordine esclusivamente piramidale, il pluralismo istituzionale non consente semplicistiche soluzioni del fenomeno delle autorità di regolazione.

L'esame svolto con riguardo ai poteri normativi delle autorità di regolazione dimostra che queste si trovano a disporre in concreto di un'ampia autonomia.

A questo proposito appare utile ricordare che negli Stati Uniti, con l'*Administrative Procedure Act* (del 1946) fu introdotto un quadro di regole procedimentali fondate sul principio della partecipazione al procedimento dei soggetti destinatari del provvedimento finale e sul principio del rispetto del contraddittorio (procedura di «*notice and comment*», caratterizzata dalla preliminare pubblicazione della «proposta di atto» sulla quale tutti i soggetti interessati possono far pervenire le proprie osservazioni, di cui l'autorità procedente deve tenere conto in sede di adozione dell'atto di regolazione). Ed il «*procedimento partecipativo*» (quale «*strumento della partecipazione dei soggetti interessati, sostitutivo della dialettica propria delle strutture rappresentative*») è oggi invocato quale uno dei principi giustificativi del ruolo e dei poteri delle autorità indipendenti le quali, ponendosi «*al di fuori della tradizionale tripartizione di poteri ... trovano in questo modo una legittimazione dal basso, proprio attraverso le garanzie del giusto procedimento e poi mediante il controllo in sede giurisdizionale*».

Garanzia del giusto procedimento e controllo giurisdizionale sono dunque principi sostanziali dell'attività delle autorità di regolazione. La previsione di garanzie procedimentali e il principio del contraddittorio (con garanzia della partecipazione dei privati al procedimento di formazione degli atti normativi delle autorità indipendenti) assegnano alle autorità una «legittimazione democratica dal basso» giacché «la caduta del valore della legalità sostanziale viene ... almeno in parte compensata dalla legalità procedurale. Si instaura una correlazione inversa tra legalità sostanziale e legalità procedurale» [102]. L'ampia potestà normativa con-

---

[102] R. CHIEPPA, *Tipologie procedimentali e contraddittorio davanti alle Autorità indipen-*

ferita alle autorità di regolazione viene così ad essere giustificata dalla garanzia di partecipazione «attiva» al relativo procedimento dei soggetti interessati. E la «legalità procedurale» (intesa come predisposizione di forme procedurali volte a garantire la partecipazione al procedimento degli interessati in posizione «attiva» e con il rispetto del principio del contraddittorio) «compensa» il difetto di legalità sostanziale del potere normativo delle amministrazioni indipendenti, ma anche il deficit di legittimazione democratica delle medesime.

L'art. 23 della legge n. 262/2005, in merito ai "*Procedimenti per l'adozione di atti regolamentari e generali*", ha previsto che gli atti «*aventi natura regolamentare o di contenuto generale*» della Banca d'Italia, della Consob, dell'Isvap e della Covip «*devono essere motivati con riferimento alle scelte di regolazione e di vigilanza del settore ovvero della materia su cui vertono*» e tali atti devono essere «*accompagnati da una relazione*» volta ad illustrarne le «*conseguenze*» su: a) la regolamentazione in generale; b) sull'attività delle imprese e degli operatori; c) sugli interessi degli investitori e dei risparmiatori. I regolamenti delle singole autorità devono disciplinare le modalità di applicazione dei principi elencati nel medesimo art. 23 cit. (motivazione, relazione illustrativa, principio di proporzionalità, ecc.) indicando «*i casi di necessità e di urgenza o le ragioni di riservatezza*» che possono giustificare la deroga ai principi medesimi.

E l'importanza delle regole procedimentali quale «*correttivo*» alla perdita di legalità sostanziale e al *deficit* di legittimazione democratica delle autorità amministrative indipendenti era stata inizialmente sottolineata dalla giurisprudenza del Consiglio di Stato (Cons. Stato, sez. VI, n. 5105/2002; Cons. Stato, sez. Consultiva per gli atti normativi, n. 11603/2004; Cons. Stato, sez. VI, 11 aprile 2006, n. 2007; Cons. Stato, sez. VI, sent. 27 dicembre 2006, n. 7296) che riconosce la possibilità di una «*compensazione della caduta della legalità sostanziale*» per effetto di un «*rafforzamento della legalità procedurale sotto forma di garanzie del contraddittorio*» [103].

---

*denti*, Relazione al Convegno "*Imparzialità ed indipendenza delle Authorities nelle recenti dinamiche istituzionali ed amministrative*", Roma, Consiglio di Stato, 14 dicembre 2005.

[103] Nel parere sul "*Codice dei contratti pubblici di lavori, servizi e forniture*", il Consiglio di Stato (sez. norm., parere n. 355/06 del 6 febbraio 2006) ha ribadito che i poteri normativi delle amministrazioni indipendenti trovano giustificazione anche nella previsione di un procedimento partecipativo «*inteso come strumento della partecipazione dei soggetti interessati sostitutivo della dialettica propria delle strutture rappresentative. Il rischio di una caduta del valore della legalità sostanziale deve essere compensato, almeno in parte, con un rafforzamento della legalità procedurale, sotto forma di garanzie del contraddittorio*». L'autorità deve prevedere «*idonee garanzie partecipative in sede di approvazione dei propri regolamenti*» nonché «*dotarsi di sistemi di consultazione preventiva, volta a raccogliere il contributo informativo e valutativo dei soggetti vigilati*».

Capitolo Terzo

# Il potere sanzionatorio delle Autorità di regolazione dei mercati finanziari



## 1. Introduzione

La sanzione costituisce un momento significativo della funzione regolatoria ed è conseguenza della scelta di prevedere un ambiente regolamentato e vigilato da una specifica autorità. Il momento sanzionatorio costituisce una componente dell'apparato regolatorio e mira a realizzare il corretto funzionamento del settore cui l'autorità è preposta.

Va rilevato che il tema della sanzione presenta caratteri propri, differenti rispetto al momento regolamentare ed a quello della vigilanza in generale. Nel momento sanzionatorio infatti, l'autorità è chiamata ad accertare la violazione e ad irrogare la sanzione e pertanto si pone in primo piano il profilo delle garanzie, profilo che impone innanzitutto una specifica attenzione alla definizione precisa dei comportamenti vietati, della misura delle singole sanzioni, nonché dell'intero procedimento sanzionatorio (comprensivo anche della fase di applicazione della sanzione stessa).

È stato da tempo sottolineato che l'apparato sanzionatorio a disposizione delle autorità di regolazione dei mercati finanziari è "fortemente atipico" e "derogatorio rispetto alla disciplina generale delle sanzioni amministrative" [1].

In dottrina si è più volte rilevato che le diverse autorità di regolazione operanti

---

[1] E. BANI, *Il potere sanzionatorio delle Autorità Indipendenti. Spunti per un'analisi unitaria*, Torino, 2000; R. TITOMANLIO, *Funzione di regolazione e potestà sanzionatoria*, Milano, 2007; L. CUOCOLO, *Il potere sanzionatorio delle autorità indipendenti: spunti per una comparazione*, in *Quad. reg.*, 2007; AA.VV., *Le autorità amministrative indipendenti*, a cura di G.P. Cirillo e R. Chieppa, Padova, 2010; AA.VV., *Le sanzioni delle autorità amministrative indipendenti*, a cura di M. Fratini, Padova, 2011; S.L. VITALE, *Le sanzioni amministrative tra diritto nazionale e diritto europeo*, Torino, 2018.

nel nostro ordinamento sono caratterizzate da una eterogeneità che rende difficoltosa la delineazione di un unico «modello» sul quale misurare e rapportare ciascuna autorità ed i rispettivi poteri sanzionatori.

Infatti nelle discipline regolanti le varie autorità di regolazione presenti nel nostro ordinamento è riscontrabile l'attribuzione di diverse «tipologie» di potestà sanzionatoria. Per questa ragione appare necessario svolgere un'analisi delle distinte potestà sanzionatorie di ciascuna autorità con riguardo sia alle norme legislative attributive del relativo potere che ai concreti atti adottati dalle diverse autorità.

Ma va innanzitutto sottolineata la stretta connessione esistente fra il momento sanzionatorio e l'esercizio dell'attività di regolazione [2].

A questo proposito va rilevato che tutte le discipline istitutive di autorità regolatorie conferiscono alle stesse penetranti poteri sanzionatori. E, del resto, è stato evidenziato che le poche eccezioni a tale regola confermano che "queste autorità, per quanto dotate di grande autorevolezza e capacità di persuasione morale, hanno bisogno, per svolgere i propri compiti, anche di adeguati poteri sanzionatori" [3].

Come rilevato con riguardo al potere regolamentare, anche con riferimento al potere sanzionatorio merita di essere ripresa la considerazione secondo cui le autorità di regolazione, in quanto chiamate ad esercitare «una funzione ... unitariamente costruita» [4], dispongono di poteri (compreso quello sanzionatorio) che, quantunque esaminati singolarmente, vanno poi sempre analizzati da un punto di vista unitario.

---

[2] Sul rapporto di strumentalità tra il potere sanzionatorio e quello di vigilanza (e viceversa) si veda E. CREMONA, *Le Autorità indipendenti*, in *Diritto Amministrativo*, a cura di M. DI BENEDETTO, Rimini, 1999, p. 1066, che sottolinea lo "stretto legame sussistente tra controlli e sanzioni"; R. LOMBARDI, *Autorità amministrative indipendenti: funzione di controllo e funzione sanzionatoria*, in *Dir. amm.*, 1995, 633 ss.; E. BANI, *Il potere sanzionatorio*, cit., 39: "Se è vero che il potere sanzionatorio è un tutt'uno con quello di vigilanza e di regolazione, anche le forme di tutela contro l'esercizio dello stesso ne verranno influenzate. In particolare, più il potere sanzionatorio assumerà connotati di strumentalità alla vigilanza, tanto più si allontanerà dal modello esclusivamente afflittivo che è alla base della disciplina generale delle sanzioni amministrative dettata dalla 689/81 e pertanto richiederà adattamenti sempre più derogatori, anzi autonomi, rispetto a quella disciplina"; M. CLARICH-L. ZANETTINI, *Le garanzie del contraddittorio nei procedimenti sanzionatori dinanzi alle Autorità indipendenti*, in *Giur. comm.*, 2, 2013, 358 ss.; A. MONTEDURO, *I principi del procedimento nell'esercizio del potere sanzionatorio delle Autorità amministrative indipendenti. Tessuto delle fonti e nodi sistematici*, in M. ALLENA-S. CIMINI (a cura di), *Il potere sanzionatorio delle Autorità amministrative indipendenti*, in *Diritto dell'economia*, 2013, 93 ss.; M. TRIMARCHI, *Funzione di regolazione e potere sanzionatorio delle Autorità indipendenti*, *ibidem*, 135 ss.; N. LONGOBARDI, *Le amministrazioni indipendenti verso il giusto procedimento. La separazione tra funzioni istruttorie e funzioni decisorie*, in *Amministrazioneincammino.it*, 2005.

[3] E. BANI, *Il potere sanzionatorio delle Autorità Indipendenti*, cit., 63.

[4] N. MARZONA, *Il potere normativo delle autorità indipendenti*, in *I garanti delle regole*, a cura di S. CASSESE-C. FRANCHINI, Bologna, 1996, 89.

Ovviamente questa considerazione, legata alla funzione unitaria (la "funzione di regolazione") svolta dalle autorità, non fa venir meno l'utilità (se non la necessità) di un'analisi del potere sanzionatorio delle singole autorità di regolazione (pena il rischio appunto di accomunare atti eterogenei). La constatazione della "unitarietà" delle funzioni svolte dalle esaminate autorità è utile a dimostrare che la funzione (di regolazione) svolta da ciascuna di tali autorità si sprigiona in tutti i relativi atti. Al tempo stesso va ribadito che gli atti sanzionatori delle autorità di regolazione vengono spesso a caratterizzarsi, oltre che per i procedimenti seguiti, per specifici contenuti e peculiarità.

Ma, prima di procedere oltre in tale ordine di considerazioni, ribadita la centralità (per la relativa funzione di garanzia) dell'importanza delle norme attinenti al procedimento sanzionatorio, appare necessario passare all'analisi delle potestà sanzionatorie delle singole autorità aventi funzione di vigilanza e di controllo dei settori del credito, della finanza e delle assicurazioni.

## 2. Il potere sanzionatorio della Banca d'Italia

La Banca d'Italia svolge, insieme alle altre competenze indicate nel primo capitolo, la funzione di vigilanza sugli enti creditizi [5]. E la potestà sanzionatoria viene ad essere strumento di svolgimento di tale funzione.

La crisi finanziaria del 2007/2008 ha fatto emergere alcuni elementi oggi rite-

---

[5] In dottrina, in generale, sulla Banca d'Italia v. F. MERUSI, *Per uno studio sui poteri della banca centrale nel governo della moneta*, in *Riv. trim. dir. pubbl.*, 1972, 1425 ss.; ID., *La posizione costituzionale della banca centrale in Italia*, in *Riv. trim. dir. pubbl.*, 1982, 1081 ss.; S. ORTINO, *Banca d'Italia*, in *Enc. giur. Treccani*, vol. IV, Roma, 1988; F. MERUSI, *Commento all'art. 2, in Commentario al T.U. delle leggi in materia bancaria e creditizia*, a cura di F. CAPRIGLIONE, Padova, 1994, 8 ss.; S. AMOROSINO (a cura di), *Le banche. Regole e mercato*, Milano, 1994; P. FERRO LUZZI-G. CASTALDI (a cura di), *La nuova legge bancaria*, 3 voll., Milano, 1995 (cui *adde* le due appendici di aggiornamento, curate da A. Napoletano e pubblicate nel 1998 e nel 2000); AA.VV., *La nuova disciplina dell'impresa bancaria*, 3 voll., Milano, 1996; AA.VV., *Il Testo Unico bancario. Esperienze e prospettive*, Roma, 1997; G. AMATO, *Le autorità indipendenti nella costituzione economica*, in AA.VV., *Regolazione e garanzia del pluralismo. Le autorità amministrative indipendenti*, Milano, 1997, 6 ss.; A. PREDIERI, *Il potere della Banca centrale: isola o modello?*, Firenze, 1997; P.F. LOTITO, *Banca d'Italia e potere monetario*, Torino, 1998; F. CAPRIGLIONE, *Commentario al testo unico delle leggi in materia bancaria e creditizia*, Padova, 2001; R. COSTI, *L'ordinamento bancario*, Bologna, 2001; M. CLARICH, *Per uno studio sui poteri normativi della Banca d'Italia*, in *Banca, impresa e società*, 2003, n. 1; F. BELLI-G. CONTENTO-A. PATRONI GRIFFI-M. PORZIO-V. SANTORO (a cura di), *Testo unico delle leggi in materia bancaria e creditizia, Commentario al d.lgs. 1° settembre 1993, n. 385*, Bologna, 2003; G.B. PITTALUGA, *Democrazia e banche centrali*, Milano, 2004; C. GIANNINI, *L'età delle banche centrali*, Bologna, 2004; G. DELLA CANANEA, *Una riforma "perversa": l'autonomia della Banca d'Italia e la legge n. 262 del 2005*, in *Diritto dell'economia*, 2007, 205 ss.; M. CONDEMI, *Banca d'Italia*, in *Dizionario Giuridico*, Milano, 2010.

nuti di intrinseca debolezza: dall'opacità dei bilanci bancari all'esistenza di situazioni di conflitto di interesse in capo a quanti (società di revisione, società di rating, ecc.) sono chiamati a fornire le informazioni necessarie per consentire l'applicazione delle "regole del mercato"; dal riscontro di numerosi casi di *moral hazard* fondati sull'aspettativa di implicita garanzia di salvataggio pubblico (a partire dalla regola del *too big to fail*) all'esistenza di inadeguati consigli di amministrazione (inadeguati giacché tali consigli, a fronte di un alto numero di membri, si rivelavano spesso carenti sul piano della professionalità e della complementarietà delle competenze dei vari componenti), fino a fenomeni di inadeguatezza degli amministratori (inadeguati sia perché carenti di titoli specifici, sia perché insufficientemente impegnati nell'assolvimento dei rispettivi compiti o perché dotati di insufficienti informazioni; ma anche per collegamento con fenomeni di incentivi a favore degli amministratori esecutivi e di altri *key officers* disallineati da corrette prassi remunerative).

La dottrina ha così agevolmente evidenziato le numerose – ed in alcuni casi anche marchiane – inefficienze derivanti da inadeguati assetti organizzativi e/o di monitoraggio o conseguenti a flussi informativi insufficienti e/o ritardati o comunque a sistemi di gestione e controllo dei rischi frammentati ed incompleti. La constatazione di questi fenomeni ha spinto il legislatore (statale ma soprattutto europeo) all'adozione di discipline più puntuali indirizzate verso una maggiore specificazione dei compiti da assegnare all'organo gestorio, un rafforzamento del sistema di gestione e controllo ed una specifica attenzione sui sistemi di remunerazione.

In questo quadro emerge una crescita dei poteri, anche sanzionatori, delle autorità di vigilanza.

A questo proposito va innanzitutto rilevato che la Banca d'Italia non dispone formalmente di uno specifico potere sanzionatorio, potendo soltanto "proporre" l'irrogazione della relativa sanzione al Ministro dell'Economia e delle Finanze. Infatti la legge vede nel Ministro del Tesoro (oggi dell'Economia e delle Finanze) il soggetto formalmente titolare del potere sanzionatorio, ma è opinione unanimemente riconosciuta quella secondo cui da un punto di vista sostanziale tale potestà sanzionatoria sia da riferirsi alla Banca d'Italia.

Secondo la prevalente dottrina, l'esame del potere sanzionatorio della Banca d'Italia rivelerebbe la persistenza dell'impianto instaurato già con la legge bancaria del 1936 [6]. Oggi la relativa disciplina si rinviene negli artt. 145 Tub [7] e 195 Tuf

---

[6] C. DESIDERIO, *Le sanzioni amministrative della legge bancaria*, in *Banca borsa e tit. cred.*, 1974, I, 167 ss.; M. CONDEMI, *Commento sub artt. 144 e 145 t.u. bancario*, in AA.VV., *Commentario al t.u. delle leggi in materia bancaria e creditizia*, a cura di F. Capriglione, Padova, 1994, 713 ss.; M. CLARICH, *Le sanzioni amministrative nel testo unico delle leggi in materia bancaria e creditizia: profili sostanziali e processuali*, in *Scritti in memoria di Aldo Piras*, Milano, 1996, 65 ss.; S. CECI IAPICHINO, *Sanzioni amministrative*, in AA.VV., *La nuova legge bancaria*, a cura di P. Ferro-Luzzi e G. Castaldi, Milano, 1996, 2113 ss.; B. MATTARELLA, *Le*

che sostanzialmente seguono il procedimento già introdotto dall'art. 90 del r.d.l. n. 375/1936. Tale procedimento si articola in una fase amministrativa ed in una eventuale fase giurisdizionale consistente nella competenza esclusiva della Corte d'Appello di Roma a conoscere in unico grado delle impugnative del decreto ministeriale di irrogazione delle relative sanzioni[8].

L'art. 145 Tub attribuisce alla Banca d'Italia il potere di proporre al Ministro dell'Economia e delle Finanze l'applicazione di sanzioni pecuniarie per le violazioni di norme del medesimo testo unico o delle disposizioni (generali o particolari) impartite dalle autorità creditizie. Analoga previsione è stabilita dall'art. 155 Tuf per l'inosservanza di disposizioni primarie o secondarie concernenti l'esercizio dei servizi d'investimento.

Tale disciplina sanzionatoria risponde all'esigenza di assicurare che lo svolgimento dell'attività bancaria e creditizia sia ispirato a principi di prudenza, correttezza e di trasparenza dei comportamenti da parte degli operatori. L'assegnazione alla Banca d'Italia del potere di irrogare sanzioni amministrative è dunque collegata al perseguimento di quelle finalità prudenziali poste dalle norme che prevedono la c.d. "vigilanza informativa" e la c.d. "vigilanza regolamentare"[9].

In merito alla procedura da seguire, la disciplina prevede che la contestazione degli addebiti da parte della Banca d'Italia debba avvenire entro il termine di 90 giorni dall'«accertamento» della irregolarità. Con la contestazione formale da parte della Banca d'Italia, nei confronti dei soggetti responsabili delle irregolarità riscontrate nell'esercizio dell'attività di vigilanza, ha dunque inizio il procedimento sanzionatorio.

La responsabilità delle infrazioni deve essere riferita ai soggetti cui le stesse risultano addebitabili, quindi ai soggetti cui l'atto (commissivo od omissivo) irregolare è riferibile in relazione alle funzioni svolte ed anche in assenza di una corrispondente qualifica formale. Le sanzioni pertanto possono essere applicate nei confronti di coloro che svolgono funzioni di amministrazione, direzione o control-

---

*sanzioni amministrative nel nuovo ordinamento bancario*, in *Riv. trim. dir. pubbl.*, 1996, 714 ss.; A. CASTIELLO, *Nuovi aspetti problematici del contenzioso in materia di sanzioni bancarie*, in *Bancaria*, n. 1/1999, 35 ss.; V. CARBONE, *Le sanzioni amministrative dal testo unico bancario a quello sui mercati finanziari*, in *Danno e resp.*, n. 4/1999, 414 ss.

[7] Cfr. M. CONDEMI, *Commento all'art. 145*, in *Commentario al t.u. delle leggi in materia bancaria e creditizia*, a cura di F. CAPRIGLIONE, Padova, 1994, 714.

[8] In dottrina v. L. DESIDERIO, *Le sanzioni amministrative della legge bancaria: aspetti procedurali*, in *Banca, borsa e titoli di credito*, 1974, I, 162 ss.; ID., *Giurisprudenza e dottrina sulle sanzioni amministrative della legge bancaria*, in *Banca e borsa*, 1974, I, 239 ss.; M. CONDEMI, *Le sanzioni amministrative bancarie e la giurisprudenza della Corte di Appello di Roma*, in *Quaderni di ricerca giuridica della Consulenza legale della Banca d'Italia*, Roma, 1991; G. SANGIORGIO, *Le autorità creditizie e i loro poteri*, *ibidem*, 1992, 29 ss.; F. CASTIELLO, *Incostituzionalità delle sanzioni bancarie*, in *Bancaria*, 1996, n. 3, 56 ss.

[9] Al riguardo v. V. CERULLI IRELLI, *La vigilanza "regolamentare"*, in AA.VV., *La nuova disciplina dell'impresa bancaria*, vol. I, *I soggetti e i controlli*, Milano, 1996, 48 ss.

lo, nonché dei dipendenti cui è affidata, nell'ambito della struttura aziendale, la responsabilità di specifiche funzioni presso aree o settori operativi [10].

Per le violazioni rilevate nel corso di ispezioni di vigilanza, il termine di 90 giorni dall'accertamento decorre dalla conclusione degli accertamenti presso l'intermediario. Per le irregolarità riscontrate durante l'attività di vigilanza cartolare il termine decorre dal momento in cui la Banca d'Italia sia venuta in possesso degli elementi utili a qualificare un fatto come sanzionabile (ossia, normalmente, dalla data di ricezione dei chiarimenti richiesti all'intermediario ovvero della comunicazione da parte di altre Autorità che hanno effettuato l'accertamento).

La lettera di contestazione (che viene notificata con le modalità previste dall'art. 14 della legge n. 689/1981) [11], oltre agli elementi formali idonei a qualificarla come atto di contestazione introduttivo della procedura sanzionatoria, deve contenere: il riferimento all'accertamento ispettivo ovvero alla documentazione amministrativa altrimenti acquisita, dalla quale sia emersa l'irregolarità; la descrizione dell'irregolarità; il richiamo alle disposizioni violate e alle connesse norme sanzionatorie; l'invito al destinatario a far pervenire le proprie controdeduzioni nel termine di trenta giorni. Ed infatti entro tale termine (trenta giorni dalla contestazione) i destinatari della stessa possono presentare le proprie deduzioni alla Banca d'Italia che è chiamata a "valutarne" il contenuto unitamente al complesso delle informazioni raccolte. Una breve proroga, di norma non superiore ai quindici giorni, può essere richiesta nei casi in cui sussistano particolari motivi che impediscano il rispetto del termine indicato per l'invio delle controdeduzioni. La mancata presentazione di controdeduzioni non pregiudica il seguito della procedura sanzionatoria. La Banca d'Italia valuta le controdeduzioni presentate dai soggetti interessati, tenuto conto anche del complesso di informazioni raccolte. Nelle ipotesi in cui le controdeduzioni presentate siano ritenute idonee a giustificare i fatti contestati, la Banca d'Italia comunica all'interessato l'accoglimento delle controdeduzioni. In caso contrario, la Banca d'Italia propone al Ministro dell'Economia l'applicazione delle sanzioni amministrative. A conclusione di tale fase di valutazione la Banca d'Italia propone l'applicazione delle sanzioni (*ex* artt.

---

[10] P.F. LOTITO, *Banca d'Italia e potere monetario*, cit., 67 ss.; F. CAPRIGLIONE, *Commentario al testo unico delle leggi in materia bancaria e creditizia*, cit., 560 ss.

[11] Secondo l'art. 14 della legge n. 689/1981, la violazione, quando possibile, deve essere contestata immediatamente tanto al trasgressore quanto alla persona obbligata in solido al pagamento della somma dovuta per la violazione stessa. Se non è avvenuta la contestazione immediata per tutte o per alcune delle persone indicate nel comma precedente, gli estremi della violazione debbono essere notificati agli interessati residenti nel territorio della Repubblica entro il termine di novanta giorni e a quelli residenti all'estero entro il termine di trecentosessanta giorni dall'accertamento. Quando gli atti relativi alla violazione sono trasmessi all'autorità competente con provvedimento dell'autorità giudiziaria, i termini decorrono dalla data della ricezione. La notificazione può essere effettuata anche da un funzionario dell'amministrazione che ha accertato la violazione. L'obbligazione di pagare la somma dovuta per la violazione si estingue per la persona nei cui confronti è stata omessa la notificazione nel termine prescritto.

130 ss. Tub)[12] al Ministro dell'Economia che provvede ad applicare la sanzione "con decreto motivato" (art. 145, comma 3, Tub).

Il diritto alla difesa è tutelato, all'interno del procedimento amministrativo, mediante la possibilità, per i soggetti destinatari, di presentare proprie controdeduzioni e, a conclusione del procedimento amministrativo, mediante lo strumento giudiziale rappresentato dal reclamo dinanzi alla Corte di Appello di Roma contro il decreto sanzionatorio (art. 145, comma 4, Tub)[13].

Ai sensi dell'art. 145, comma 9, Tub e dell'art. 195, comma 9, Tuf, gli enti (banche, società ecc.) ai quali appartengono i responsabili delle violazioni rispondono in solido del pagamento della sanzione e per questa ragione la contestazione – da parte della Banca d'Italia – avviene anche nei confronti del legale rappresentante dell'ente di appartenenza del soggetto responsabile delle violazioni[14]. E la legge puntualizza che l'ente è tenuto ad esercitare il diritto di regresso verso i responsabili[15].

L'entità della sanzione pecuniaria è determinata seguendo i criteri stabiliti dalla legge n. 689/1981[16]. E la gravità della violazione viene valutata tenendo conto, tra l'altro, delle conseguenze della medesima sulla complessiva situazione dell'ente.

Il decreto del Ministro contenente le misure sanzionatorie viene pubblicato per estratto sul Bollettino di vigilanza della Banca d'Italia. La notifica e l'esecuzione

---

[12] Le valutazioni della Banca d'Italia tengono conto della natura e della rilevanza della violazione e, in generale, delle conseguenze che l'infrazione determina sui profili tecnico-aziendali. In tale ambito assumono specifico rilievo le violazioni relative al mancato rispetto delle regole prudenziali, e in particolare di quelle che disciplinano l'assunzione dei rischi, nonché a carenze negli assetti organizzativi e nel sistema dei controlli interni; particolare rilevanza e altresì attribuita a carenze nei flussi informativi trasmessi alla Banca d'Italia tali da incidere sulla rappresentazione della situazione tecnica dell'intermediario; P.F. LOTITO, *Banca d'Italia e potere monetario*, Torino, 1998, 67 ss.; F. CAPRIGLIONE, *Commentario al testo unico delle leggi in materia bancaria e creditizia*, Padova, 2001, 560 ss.

[13] E. BANI, *Il potere sanzionatorio delle autorità indipendenti*, cit., 34 ss.; AA.VV., *Il procedimento davanti alle autorità amministrative indipendenti*, Torino, 1999.

[14] P.F. LOTITO, *Banca d'Italia e potere monetario*, cit., 67 ss.; F. CAPRIGLIONE, *Commentario al testo unico delle leggi in materia bancaria e creditizia*, cit., 560 ss.

[15] La sanzione pecuniaria ha carattere personale; conseguentemente, in linea con l'art. 7 della legge n. 689/1981, che sancisce l'intrasmissibilità agli eredi dell'obbligazione relativa alla sanzione irrogata, va rilevato che la procedura sanzionatoria si estingue in caso di decesso dei soggetti interessati.

[16] L'art. 11 ("Criteri per l'applicazione delle sanzioni amministrative pecuniarie") della legge n. 689/1981 dispone che, nella determinazione della sanzione amministrativa pecuniaria fissata dalla legge tra un limite minimo ed un limite massimo e nell'applicazione delle sanzioni accessorie facoltative, si deve avere riguardo alla gravità della violazione, all'opera svolta dall'agente per l'eliminazione o attenuazione delle conseguenze della violazione, nonché alla personalità dello stesso e alle sue condizioni economiche.

del decreto di irrogazione delle sanzioni, ivi comprese le connesse incombenze anche di tipo coattivo, hanno luogo a cura delle competenti Sezioni provinciali delle Direzioni regionali dell'Agenzia delle Entrate. Il decreto di applicazione delle sanzioni previste dall'art. 144, commi 3 e 4, Tub è pubblicato per estratto, entro il termine di 30 giorni dalla data della notificazione, a cura e spese della banca, della società o dell'ente a cui appartengono i responsabili delle violazioni, su almeno due quotidiani a diffusione nazionale, di cui almeno uno economico. Il pagamento delle sanzioni pecuniarie deve essere effettuato presso le Sezioni della Tesoreria provinciale dello Stato entro trenta giorni dalla notifica del decreto ed i soggetti sanzionati devono dare comunicazione del pagamento effettuato all'ente di appartenenza. In caso di inadempienza delle persone fisiche interessate, l'ente subentra nell'obbligazione – in quanto civilmente responsabile del pagamento della sanzione – ma resta fermo l'obbligo per l'ente di esercitare il diritto di regresso verso i responsabili.

Contro il decreto emesso dal Ministro dell'Economia e delle Finanze gli interessati possono presentare, entro 30 giorni dalla notifica, opposizione alla Corte d'Appello di Roma (entro lo stesso termine l'atto di opposizione deve essere notificato alla Banca d'Italia). La presentazione dell'opposizione non sospende l'efficacia del decreto impugnato. La Banca d'Italia, nel costituirsi in giudizio, presenta le proprie osservazioni a difesa della legittimità del decreto opposto e della procedura sanzionatoria seguita e deposita i relativi documenti.

La Corte d'Appello decide sull'opposizione in camera di consiglio, sentito il pubblico ministero, con decreto motivato (art. 145, comma 7, Tub) che è pubblicato per estratto nel Bollettino di Vigilanza della Banca d'Italia [17].

L'accentramento della giurisdizione a pronunciarsi sul decreto ministeriale di irrogazione della sanzione nella Corte d'Appello di Roma ha fatto sorgere dubbi di costituzionalità, accentuati dall'entrata in vigore del Tuf, anche perché tale caratteristica si somma ad altre peculiarità che differenziano profondamente i provvedimenti sanzionatori nel cui procedimento di formazione decisivo è il ruolo della Banca d'Italia, in particolare rispetto ai principi posti dalla legge n. 689/1981 [18].

La Banca d'Italia nell'esercizio dei propri poteri sanzionatori può spaziare con ampia discrezionalità fra minimo e massimo della sanzione.

Va richiamata infine la differenza intercorrente fra l'art. 145 Tub e l'art. 195 Tuf che prevede che contro le sanzioni irrogate dal Ministro dell'Economia "è ammessa opposizione alla Corte d'appello nel luogo in cui ha sede la società o

---

[17] E. BANI, *Il potere sanzionatorio delle autorità indipendenti*, cit., 34 ss.; AA.VV., *Il procedimento davanti alle A.A.I.*, cit., 35.

[18] La Corte costituzionale con sentenza n. 152/1995 ha affermato che il principio di cui all'art. 16 della legge n. 689/1981, *id est* l'ammissione del pagamento in misura ridotta delle sanzioni amministrative, costituisce un principio di valore generale con effetti vincolanti non solo sulla legislazione regionale ma anche su quella statale; su tale pronuncia v. A. TRAVI, in *Foro it.*, 1995, I, 2039 ss.

l'ente cui appartiene l'autore della violazione", dando così vita ad una palese fattispecie di differente trattamento, giacché, mentre nel caso degli esponenti bancari la competenza a decidere i reclami contro le sanzioni irrogate dal Ministro spetta esclusivamente alla Corte d'Appello di Roma, nel caso degli intermediari finanziari non bancari i reclami (contro i provvedimenti dello stesso Ministro) possono essere proposti alla Corte d'Appello del luogo in cui ha sede l'ente (con possibili profili di incostituzionalità dal punto di vista della eguaglianza di trattamento e di ragionevolezza della differente disciplina) [19].

## 3. Il potere sanzionatorio dell'Ivass

L'Ivass (subentrato – come detto – all'Isvap) [20] è, come visto, l'organo di controllo sulle imprese di assicurazione. La legge n. 576/1982 assegnava all'Isvap funzioni istruttorie e conoscitivo-consultive del Ministro dell'Industria [21]. Con la legge n. 20/1991 all'Isvap viene assegnata la vigilanza e la regolamentazione sul gruppo assicurativo, con l'aumento dei relativi poteri di controllo, mediante la fissazione di obblighi per assicurare la trasparenza della gestione assicurativa dell'impresa (es. obblighi di comunicazione) [22]. Indi il D.P.R. n. 385/1994 (*Regolamento recante semplificazione dei procedimenti amministrativi in materia di assicurazioni private e di interesse collettivo di competenza del Ministero dell'Industria, del Commercio e dell'Artigianato*) ha attribuito all'Isvap tutte le funzioni di controllo del settore assicurativo.

---

[19] Cfr. F. CASTIELLO, *Nuovi aspetti problematici del contenzioso in materia di sanzioni bancarie*, in *Bancaria*, 1999, n. 1, 32 ss.; P. FERRO LUZZI-G. CASTALDI, *La nuova legge bancaria. IV. Appendice di aggiornamento*, Milano, 1998, 158.

[20] In dottrina v. G. SANGIORGIO, *Istituto per la vigilanza sulle assicurazioni private e di interesse collettivo (Isvap)*, in *Enc. giur Treccani*, Roma, 1995 (e dottrina ivi citata).

[21] Al riguardo v. A. JORIO, *Impresa di assicurazione: I) Diritto commerciale*, in *Enc. giur. Treccani*, Roma, 1988, che (p. 6) sottolinea come già dalla legge istitutiva all'Isvap venga assegnato «un potere sostanzialmente illimitato di controllo, esame e verifica sulla vita delle imprese sotto il triplice profilo tecnico, finanziario e patrimoniale». G. MANGHETTI, *Intervento del Presidente dell'Isvap al Convegno "Il consumatore ed i servizi assicurativi: verso nuove forme di tutela"*, Roma, 6 giugno 2000, ricorda come la «fondamentale funzione di garanzia» svolta dall'Isvap si realizza perseguendo il duplice l'obiettivo che la vigilanza deve raggiungere: «quello della stabilità delle imprese attraverso la puntuale verifica del loro grado di solvibilità e quello di una gestione d'impresa finalizzata alla qualità del servizio offerto».

[22] L'art. 1 della legge n. 20/1991 assegnava all'Isvap, quale forma di potere anche sanzionatorio, il potere di nomina del commissario per il compimento di determinati atti. L'adozione del provvedimento era di competenza del Ministro dell'industria. Va aggiunto che con l'adozione del D.P.R. n. 385/1994 è stato capovolto il criterio di riparto di competenze e sono state attribuite all'Isvap tutte le attività di controllo e vigilanza in materia di assicurazioni private e di interesse collettivo non espressamente riservate al Ministro.

In seguito i d.lgs. nn. 174 e 175/1995 hanno ampliato i poteri dell'Isvap, aggiungendo al precedente controllo tecnico, finanziario e patrimoniale della vita delle imprese assicurative, anche il rilascio dell'autorizzazione all'esercizio dell'attività di assicurazione ed un più penetrante potere di vigilanza[23].

L'Ivass dispone dunque di un penetrante potere di controllo e regolazione del settore assicurativo.

Le irregolarità nella conduzione dell'attività assicurativa e, in particolare, l'inosservanza delle disposizioni sulle riserve tecniche e sul margine di solvibilità danno luogo all'applicazione di sanzioni che possono andare dal divieto imposto all'impresa stessa di compiere atti di disposizione dei propri beni fino alla sospensione dell'attività con riguardo all'assunzione di nuovi affari, e fino alla revoca dell'autorizzazione cui consegue la liquidazione coatta amministrativa dell'azienda assicurativa.

L'irrogazione della sanzione deve essere preceduta da una contestazione degli addebiti alla società interessata, con la prefissione di un termine per presentare le deduzioni[24].

I d.lgs. nn. 174 e 175/1995 (come visto) hanno notevolmente ampliato i poteri dell'Isvap anche con riguardo al potere sanzionatorio.

Il t.u. delle assicurazioni del 1959 (D.P.R. n. 449/1959) prevedeva sanzioni pecuniarie amministrative e sanzioni penali. La depenalizzazione operata dalla legge n. 689/1981 e il richiamo agli artt. 114 e 115 t.u. delle assicurazioni operato dagli artt. 127 e 141 dei d.lgs. nn. 174 e 175/1995 hanno depenalizzato l'intero settore. L'art. 127 del d.lgs. n. 174/1995 e l'art. 141 del d.lgs. n. 175/1995 costituivano le disposizioni centrali in tema di potere sanzionatorio dell'Isvap, cui bisogna aggiungere il d.lgs. n. 373/1998 che attribuiva all'Isvap sia il compito di adottare ogni provvedimento utile o necessario alla tutela delle imprese e degli utenti[25],

---

[23] G. SANGIORGIO, *op. ult. cit.*, 2.

[24] Al riguardo v. TAR Lazio, sez. I, 4 giugno 1986, n. 676, in *Trib. amm. reg.*, 1986, I, 2023.

[25] V. anche Corte dei conti, sez. contr. enti, 9 febbraio 1998, n. 3/Rel., in *Riv. corte conti*, 1998, fasc. 1, 36, secondo cui «L'applicazione dei principi generali posti dalla l. n. 689 del 1981 in materia di sanzioni amministrative ha comportato per l'Isvap situazioni di obiettive difficoltà: ciò postula l'esigenza di una apposita riforma normativa che preveda l'esercizio concreto della potestà sanzionatoria non disgiunto da valutazioni discrezionali in ordine al livello di responsabilità dei trasgressori, al pregiudizio arrecato alla funzione di vigilanza, all'interesse degli assicurati ecc.»; TAR Lazio, sez. III, 16 ottobre 1996, n. 1899: «Appartiene alla giurisdizione del giudice ordinario, in quanto ipotizza la lesione di un diritto soggettivo, la controversia relativa all'impugnazione di un provvedimento dell'Isvap che disciplina la distribuzione di prodotti assicurativi attraverso sportelli bancari, per asserita violazione della legge sull'albo degli agenti di assicurazione»; Cons. Stato, sez. VI, 21 ottobre 1996, n. 1367, in *Cons. Stato*, 1996, I, 1564: «Spetta all'Isvap la competenza alla contestazione degli addebiti e all'assegnazione di un termine alle imprese di assicurazione per regolarizzare la loro posizione in riferimento a riscontrate irregolarità di gestione e al ministro dell'industria la competenza al-

sia la competenza sugli albi degli agenti, mediatori e periti assicurativi [26].

In seguito il "*Codice delle assicurazioni private*" (d.lgs. n. 209/2005, Cod. Ass.), ha introdotto una disciplina organica della materia, abrogando tutte le norme precedenti.

Oggi l'art. 326 Cod. Ass. assegna all'Ivass il compito di procedere alla contestazione degli addebiti nei confronti delle imprese e degli intermediari responsabili della violazione. In caso di reclamo da parte di questi ultimi (i quali non intendano addivenire al pagamento in misura ridotta della sanzione), il compito di decidere in merito alla fondatezza degli addebiti contestati è assegnato al "*Collegio di Garanzia*" che opera presso l'Ivass (v. *infra*).

In precedenza il ruolo oggi ricoperto dal Collegio di Garanzia era svolto da una "Commissione consultiva" (istituita presso l'Isvap) che trasmetteva al Ministro per le Attività produttive la proposta motivata di determinazione della sanzione pecuniaria la quale era formalmente irrogata con decreto dirigenziale del Ministero delle Attività produttive, decreto comunicato alle parti dall'Isvap [27].

Con riguardo alle misure sanzionatorie, l'art. 308-bis Cod. Ass. (rubricato "*Inottemperanza alle richieste dell'Ivass o ritardo dell'esercizio delle funzioni di*

---

l'adozione del provvedimento conclusivo»; Cons. Stato, sez. VI, 9 novembre 1994, n. 1599, in *Cons. Stato*, 1994, I, 1617: «Rientra nella competenza dell'Isvap, e non del ministro dell'industria, muovere la contestazione degli addebiti ai sensi dell'art. 7 l. 12 agosto 1982 n. 576 alle imprese assicuratrici, ai fini della nomina di uno o più commissari per la gestione straordinaria dell'impresa, trattandosi di una fase dell'attività istruttoria che è di competenza dell'Isvap»; Cons. Stato, sez. III, 12 ottobre 1993, n. 65/92, in *Cons. Stato*, 1994, I, 1664: «In seguito alla depenalizzazione dei reati commessi dagli agenti di assicurazione nell'esercizio della loro attività, stabilita dalla l. 24 novembre 1981 n. 689, le sanzioni per le violazioni commesse dai detti agenti, nel passato punite con l'ammenda, vanno irrogate dall'istituto per la vigilanza sulle assicurazioni private, di cui all'art. 3 l. 12 agosto 1982 n. 576 (Isvap), e non dalla commissione per l'albo degli agenti di assicurazione di cui all'art. 13 l. 7 febbraio 1979 n. 48, che esercita attività di vigilanza sul corretto esercizio professionale degli iscritti all'albo».

[26] E proprio in attuazione di tale decreto l'Isvap adottava tre provvedimenti (Provvedimenti nn. 1608, 1609 e 1610/1999) riguardanti le modalità per l'iscrizione all'albo e per lo svolgimento della relativa prova di idoneità, rispettivamente, degli agenti, dei mediatori e dei periti assicurativi.

[27] A questo proposito erano già state evidenziate alcune particolarità: la distinzione fra funzioni istruttorie e funzioni decisorie avveniva mediante la creazione di un ulteriore soggetto (la Commissione consultiva), istituito presso l'Isvap, ma ai cui membri (con riguardo sia alla fase di nomina che a quella dell'effettivo funzionamento) non sembravano riconosciute piene garanzie di indipendenza e di autonomia; il ruolo di terzietà e indipendenza dell'organo chiamato a disporre la sanzione non appariva rafforzato, ma piuttosto "depotenziato" nella sequenza "Isvap – Commissione consultiva – Decreto Ministeriale". E il Codice delle Assicurazioni (art. 326, comma 4) assegnava ad un regolamento del Ministro delle Attività Produttive il compito di stabilire, oltre al regime di incompatibilità dei componenti, le norme procedurali da seguire ("nel rispetto dei principi del giusto procedimento") dinanzi alla Commissione consultiva.

*vigilanza*") dispone che chiunque non ottempera nei termini alle richieste dell'Ivass ovvero ritarda l'esercizio delle sue funzioni è punito, se persona fisica, con la sanzione amministrativa pecuniaria da euro cinquemila ad euro cinque milioni e, se persona giuridica, con la sanzione amministrativa pecuniaria da euro trentamila al 10 per cento del fatturato e con l'ulteriore precisazione che la sanzione può essere aumentata fino al doppio dell'ammontare del vantaggio ottenuto dall'autore della violazione qualora la violazione venga ad avere un valore superiore al massimo edittale della sanzione.

Il Codice delle Assicurazioni prevede diverse misure di sanzione pecuniaria: da euro trentamila al dieci per cento del fatturato per la violazione di molte disposizioni del Codice (art. 310 Cod. Ass.)[28]; nel caso di rifiuto ed elusione dell'obbligo a contrarre (art. 310-bis Cod. Ass.) la sanzione è da euro duemilacinquecento ad euro quindicimila (per inosservanza dell'art. 132, commi 1, 1-bis e 1-ter, Cod. Ass.), ma la sanzione cresce da uno a cinque milioni di euro qualora tale comportamento sia attuato con riferimento a determinate zone territoriali o a singole categorie di assicurati; da cinquemila a cinque milioni di euro oppure, se superiore, pari al cinque per cento del fatturato complessivo annuo risultante dall'ultimo bilancio (art. 324-bis per violazione delle disposizioni in materia di realizzazione e di distribuzione dei prodotti assicurativi commesse dalle imprese)[29]. E

---

[28] Per inosservanza: a) degli artt. 11, 12, 13, 15, 16, 18, 21, 22, 28, 29, 30, 30-bis, 30-ter, 30-quater, 30-quinquies, 30-sexies, 30-septies, 30-octies, 30-novies, 32, 33, 35-bis, 35-ter, 35-quater, 36-bis, 36-ter, 36-quater, 36-quinquies, 36-sexies, 36-septies, 36-octies, 36-novies, 36-decies, 36-undecies, 36-duodecies, 36-terdecies, 37-bis, 37-ter, 38, 41, 42, 42-bis, 43, 44-ter, 44-quater, 44-quinquies, 44-sexies, 44-septies, 44-octies, 44-novies, 44-decies, 47-quater, comma 1, 47-septies, 47-octies, 47-novies, 47-decies, 48, 48-bis, 49, 51-quater, 53, 55, 56, 57, 57-bis, 58,59-bis, 59-ter, 59-quater, 59-quinquies, 60-bis, 62, 63, 64, 65, 65-bis, 66-sexies.1, 66-septies, 67, 73, 75, comma 1, 76, comma 2, 77, commi 1, 3 e 4, 88, 89, 90, 92, 93, 94, 95, 96, 98, 99, 100, 101, 188, 189, comma 1, 190, commi 1, 1-bis, 1-ter e 5-bis, 190-bis, comma 1, 191, 196, comma 2, 197, 210, 210-ter, comma 8, 213, 214-bis, 215-bis, 216, commi 1 e 2, 216-ter, 216-sexies, 216-octies, 216-novies, 220-novies, comma 1, 348 e 349, comma 1, o delle relative norme di attuazione; b) degli artt. 10-quater, 132-ter, 133, o delle relative norme di attuazione; c) degli artt. 125, comma 5-bis, 127, comma 3, limitatamente all'obbligo di rilascio del certificato di assicurazione, 134 ad eccezione del comma 2, 146, 148, 149, 150, 152, comma 5, e 183, o delle relative norme di attuazione e delle disposizioni di cui all'art. 8 della legge 8 marzo 2017, n. 24. Anche in questo caso, se il vantaggio ottenuto dall'autore delle violazioni come conseguenza delle violazioni stesse è superiore al massimo edittale indicato nell'articolo, la sanzione pecuniaria può essere elevata fino al doppio dell'ammontare del vantaggio ottenuto.

[29] Le imprese di assicurazione o di riassicurazione che, nell'ambito delle attività di realizzazione e di distribuzione di prodotti assicurativi o di investimento assicurativi, violano gli artt. 10-quater, 30-decies, 107, comma 5, 109, comma 1-bis, e commi 4, ultimo periodo, nonché 4-ter e 6, 111, commi 1 e 2, 114-bis, 119, comma 2, ultimo periodo, 119-bis, 119-ter, 120, commi 2 e 3, 120-bis, commi 4 e 5, 120-quater, 120-quinquies, 121, 121-bis, 121-ter, 131, 170, 185, 185-bis, 185-ter, 186, 187, 187.1, 191 o le relative norme di attuazione; e l'art. 324-ter

l'art. 311-bis ("*Principio della rilevanza della violazione*") dispone che le predette sanzioni si applicano quando le infrazioni "rivestono carattere rilevante, secondo i criteri definiti dall'Ivass con regolamento tenendo conto dell'incidenza delle condotte sulla tutela degli assicurati e degli aventi diritto alle prestazioni assicurative, sulla complessiva organizzazione e sui profili di rischio aziendale nonché sull'esercizio delle funzioni di vigilanza".

Il Codice delle Assicurazioni (art. 311-ter) prevede la possibilità per l'Ivass, in alternativa all'applicazione delle predette sanzioni, di applicare nei confronti dell'impresa una sanzione consistente nell'ordine di eliminare le infrazioni, anche indicando le misure da adottare e il termine per l'adempimento. In questo caso sarà l'inosservanza dell'ordine, entro il termine stabilito, a portare l'Ivass ad applicare le previste sanzioni pecuniarie il cui importo potrà essere aumentato sino a un terzo rispetto a quello previsto per la violazione originaria, fermi restando i massimali stabiliti dal Codice medesimo.

Per la determinazione dell'ammontare delle sanzioni pecuniarie per le violazioni non riguardanti la distribuzione assicurativa (art. 311-quinquies Cod. Ass.) l'Ivass considera ogni circostanza rilevante ed in particolare: a) la gravità e la durata della violazione; b) il grado di responsabilità; c) la capacità finanziaria del responsabile della violazione; d) l'entità del vantaggio ottenuto o delle perdite evitate attraverso la violazione, nella misura in cui essa sia determinabile; e) i pregiudizi cagionati a terzi attraverso la violazione, nella misura in cui il loro ammontare sia determinabile; f) il livello di cooperazione del responsabile della violazione con l'Ivass; g) le precedenti violazioni in materia assicurativa commesse dal medesimo soggetto; h) le misure adottate successivamente alla violazione al fine di evitare in futuro il suo ripetersi; i) nell'ipotesi di accertamento unitario di una pluralità di violazioni della stessa indole, il numero e la tipologia delle infrazioni e l'importo della prestazione assicurativa liquidata.

Destinatari delle sanzioni pecuniarie possono essere sia gli esponenti aziendali (o il personale) sia l'impresa.

Con riguardo ai primi l'art. 311-sexies Cod. Ass. dispone che (fermo restando quanto previsto dal Codice delle Assicurazioni circa la responsabilità delle imprese nei confronti delle quali sono accertate le violazioni) è applicata una sanzione pecuniaria, salvo che il fatto costituisca reato, da cinquemila euro a cinque milioni di euro nei confronti dei soggetti che svolgono le funzioni di amministrazione, di direzione, di controllo, nonché dei dipendenti o di coloro che operano sulla base di rapporti che ne determinano l'inserimento nell'organizzazione dell'impresa anche in forma diversa dal rapporto di lavoro subordinato quando l'inosservanza è

---

*(Principio della rilevanza della violazione)* precisa che le sanzioni previste dagli articoli 324 e 324-bis si applicano quando le infrazioni rivestono carattere rilevante, secondo i criteri definiti dall'Ivass con regolamento tenendo conto dell'incidenza delle condotte sulla tutela degli assicurati e degli aventi diritto alle prestazioni assicurative e sull'esercizio delle funzioni di vigilanza.

conseguenza della violazione di doveri propri o dell'organo di appartenenza e ricorrano una o più delle seguenti condizioni:

a) la condotta ha inciso in modo rilevante sulla complessiva organizzazione o sui profili di rischio aziendali;
b) la condotta ha contribuito a determinare la mancata ottemperanza dell'impresa a provvedimenti specifici;
c) le violazioni riguardano obblighi imposti dal Codice delle Assicurazioni ovvero obblighi in materia di remunerazione e incentivazione, quando l'esponente o il personale è la parte interessata.

Con il provvedimento di applicazione della sanzione, l'Ivass può applicare anche la sanzione accessoria dell'interdizione dallo svolgimento di funzioni di amministrazione, direzione e controllo presso imprese di assicurazione e di riassicurazione, per un periodo non inferiore a sei mesi e non superiore a tre anni.

Con riguardo alla procedura di applicazione delle sanzioni amministrative alle imprese e agli esponenti aziendali o al personale, l'art. 311-septies Cod. Ass. dispone che l'Ivass, nel termine di centoventi giorni dall'accertamento dell'infrazione, ovvero nel termine di centottanta giorni per i soggetti residenti all'estero, provvede alla contestazione degli addebiti nei confronti dei responsabili della violazione.

Il destinatario, entro il termine di sessanta giorni dalla notifica della contestazione, può presentare all'Ivass deduzioni difensive e istanza di audizione (cui può partecipare anche con l'assistenza di un avvocato).

L'Ivass, tenuto conto degli elementi istruttori acquisiti, con provvedimento motivato applica le sanzioni o dispone l'archiviazione del procedimento. Il procedimento sanzionatorio è retto dai principi del contraddittorio, della conoscenza degli atti istruttori, della verbalizzazione nonché della distinzione tra funzioni istruttorie e funzioni decisorie[30].

---

[30] Con il Provvedimento n. 86 del 14 maggio 2019, l'Ivass ha dato seguito a quanto statuito dal Consiglio di Stato con la sentenza 28 marzo 2019, n. 2043 che aveva annullato, dichiarandolo illegittimo, l'art. 10 del Regolamento Ivass n. 1/2013 nella parte in cui non prevedeva l'instaurazione del contraddittorio dell'ente o dei soggetti interessati anche con l'organo che, ricevuta la proposta sanzionatoria dagli uffici competenti, era chiamato ad irrogare la sanzione (c.d. "contraddittorio rafforzato"). È così stato introdotto il contraddittorio rafforzato anche nel Regolamento n. 1/2013, con modalità identiche a quanto già previsto dal Regolamento n. 39/2018 che già lo prevedeva per le violazioni commesse dal 2018 (*id est*, dalla data di entrata in vigore delle modifiche apportate al Titolo XVIII del Codice delle assicurazioni ad opera del d.lgs. 21 maggio 2018, n. 68, recante l'attuazione della direttiva UE 2016/97, relativa alla distribuzione assicurativa). Si è così determinata un'estensione a tutte le fattispecie del c.d. "contraddittorio rafforzato", in base al quale, i destinatari delle contestazioni possono, nei confronti della proposta di sanzione, presentare ulteriori controdeduzioni scritte all'organo competente all'adozione della sanzione, a condizione che essi abbiano precedentemente svolto difese scritte e/o partecipato all'audizione. Il Provvedimento n. 86/2019 ha inoltre introdotto anche ulte-

Il Codice delle Assicurazioni sanziona anche il mancato rispetto dei doveri nei confronti dell'autorità di vigilanza.

E così l'art. 321 (Doveri degli organi di controllo) prevede che a coloro che compongono gli organi di controllo di un'impresa di assicurazione o di riassicurazione le quali omettono le comunicazioni previste dalla legge (art. 190, commi 1 e 3, Cod. Ass.) si applica la sanzione pecuniaria da euro cinquemila a cinque milioni di euro. Ed una medesima sanzione si applica ai membri dei corrispondenti organi delle società, ivi incluse le società di partecipazione assicurativa e di partecipazione finanziaria mista, che controllano un'impresa di assicurazione o di riassicurazione o che sono da queste controllate le quali omettono le predette comunicazioni. Qualora l'omissione di tali comunicazioni sia da imputare a revisori legali e a legali rappresentanti della società di revisione legale di un'impresa di assicurazione o di riassicurazione (o incaricate dalle società che controllano un'impresa di assicurazione o di riassicurazione o che sono da queste controllate), tale omissione è segnalata, ai fini dell'adozione dei provvedimenti di competenza, dall'Ivass alla Consob la quale informa la prima dei provvedimenti adottati (art. 322 Cod. Ass.).

Qualora la violazione delle disposizioni in materia di realizzazione e di distribuzione dei prodotti assicurativi [31] sia commessa da un intermediario (assicurativo

riori modifiche al Regolamento n. 39/2018 per estendere il contraddittorio rafforzato anche alle fattispecie che ne erano escluse. Sono state dunque ulteriormente ampliate le prerogative difensive dei destinatari delle contestazioni. Infatti è stato modificato l'art. 18, comma 5, del Regolamento n. 39/2018 nella parte in cui escludeva dal c.d. contraddittorio rafforzato le fattispecie di cui agli artt. 310-bis, comma 1 (rifiuto ed elusione dell'obbligo a contrarre – caso singolo), 310-ter (scatole nere e altri dispositivi elettronici) e 310-quater (obblighi di comunicazione alle banche dati) del CAP i cui importi sanzionatori non erano stati modificati dal d.lgs. n. 68/2018. Con il Provvedimento n. 86/2019 viene altresì previsto – sia nel Regolamento n. 1/2013 (art. 14, comma 2) che nel Regolamento n. 39/2018 (art. 30, comma 2) – che i provvedimenti sanzionatori e le relative sentenze rimangano pubblicati sul sito internet dell'Istituto per cinque anni. Al riguardo, relativamente alle violazioni in materia di antiriciclaggio di cui al d.lgs. n. 231/2007, come modificato dal d.lgs. n. 90/2017, è stato introdotto anche: nel Regolamento n. 1/2013, la pubblicazione per estratto nel Bollettino dell'avvio dell'azione giudiziaria per l'impugnazione dei provvedimenti sanzionatori nonché dell'esito della stessa (art. 14, comma 2); nel Regolamento n. 39/2018, la pubblicazione per estratto nel Bollettino dell'avvio dell'azione giudiziaria per l'impugnazione dei provvedimenti sanzionatori (art. 30, comma 2). Tali previsioni danno attuazione alla normativa antiriciclaggio (in particolare all'art. 66, comma 2) e sono indirizzate a conformare la pubblicità relativa all'attività sanzionatoria dell'Ivass ai principi di cui al Regolamento UE n. 679/2016 recante il regolamento generale sulla protezione dei dati (c.d. GDPR – *General Data Protection Regulation*), secondo cui i dati personali sono conservati in una forma che consenta l'identificazione degli interessati per un arco di tempo non superiore al conseguimento delle finalità per le quali sono trattati e sussiste il diritto alla cancellazione qualora i dati personali non siano più necessari rispetto alle finalità per le quali siano stati raccolti.

[31] Artt. 10-quater, 30-decies, 107, comma 5, 109, commi 2, ultimo periodo, 3, 4, 4-bis, 4-

o riassicurativo), le sanzioni previste (art. 324 Cod. Ass.) sono ("secondo i criteri di cui all'articolo 324-sexies"):

a) richiamo (consistente in una dichiarazione scritta di biasimo motivato ed è disposto per fatti di lieve manchevolezza);
b) censura (che è disposta per fatti di particolare gravità);
c) sanzione pecuniaria (per le società, da cinquemila a cinque milioni di euro oppure, se superiore, pari al cinque per cento del fatturato complessivo annuo risultante dall'ultimo bilancio; per le persone fisiche, da mille a settecentomila euro);
d) radiazione o, in caso di società di intermediazione, cancellazione (per fatti di eccezionale gravità) [32].

Anche con riguardo alle violazioni previste dagli artt. 324 e 324-bis Cod. Ass., l'Ivass, in relazione alla tipologia e modalità della violazione, in alternativa all'applicazione delle previste sanzioni amministrative, può applicare nei confronti dell'impresa o dell'intermediario una sanzione consistente nell'ordine di eliminare le infrazioni, anche indicando le misure da adottare e il termine per l'adempimento (art. 324-quater Cod. Ass.) e, in caso di inosservanza dell'ordine entro il termine stabilito, l'Ivass applicherà le sanzioni previste con un aumento dell'importo sino a un terzo rispetto a quello previsto per la violazione originaria [33].

L'art. 324-septies Cod. Ass. dispone che per l'inosservanza delle norme richiamate nell'art. 324-bis, ferma restando la responsabilità delle imprese, si applica, salvo che il fatto costituisca reato, la sanzione da euro mille a settecentomila nei confronti dei soggetti che svolgono le funzioni di amministrazione, di direzione, di controllo, nonché dei dipendenti o di coloro che operano sulla base di rapporti che ne determinano l'inserimento nell'organizzazione dell'impresa anche in

---

sexies, 4-septies e 6, 109-bis, 110, commi 2 e 3, 111, commi 4 e 5, 112, commi 2, 3 e 5, 113, comma 2, 117, 118, 119, comma 2, ultimo periodo, 119-bis, 119-ter, 120, 120-bis, commi 1, 2, 3 e 6, 120-ter, 120-quater, 120-quinquies, 121, 121-bis, 121-ter, 131, 170, 185, 185-bis, 185-ter, 187 e 191 Cod. Ass.

[32] La radiazione determina l'immediata risoluzione dei rapporti di intermediazione e, nel caso di esercizio dell'attività in forma societaria, comporta altresì la cancellazione della società nei casi di particolare gravità o di sistematica reiterazione dell'illecito.

[33] Anche nella determinazione del tipo e dell'ammontare delle sanzioni o della durata delle sanzioni accessorie previste per le violazioni in materia di distribuzione assicurativa, l'Ivass considera ogni circostanza rilevante e in particolare: a) la gravità e la durata della violazione; b) il grado di responsabilità; c) la capacità finanziaria del responsabile della violazione; d) l'entità del vantaggio ottenuto o delle perdite evitate attraverso la violazione; e) i pregiudizi cagionati a terzi; f) il livello di cooperazione del responsabile della violazione con l'Ivass; g) le precedenti violazioni in materia assicurativa commesse dal medesimo soggetto; h) le misure adottate successivamente alla violazione al fine di evitare in futuro il suo ripetersi; i) nell'ipotesi di accertamento unitario di una pluralità di violazioni della stessa indole, anche il numero e la tipologia delle infrazioni e l'importo della prestazione assicurativa eventualmente liquidata (art. 324-sexies Cod. Ass.).

forma diversa dal rapporto di lavoro subordinato, quando l'inosservanza è conseguenza della violazione di doveri propri o dell'organo di appartenenza e la condotta ha inciso in modo rilevante sul bene giuridico tutelato.

E con il provvedimento di applicazione della sanzione, l'Ivass può applicare anche la sanzione amministrativa accessoria dell'interdizione dallo svolgimento di funzioni di amministrazione, direzione e controllo presso imprese di assicurazione e di riassicurazione, per un periodo non inferiore a sei mesi e non superiore a tre anni.

Anche con riguardo a tale tipologia di infrazioni, la procedura di applicazione delle sanzioni nei confronti degli intermediari e degli esponenti aziendali o del personale della società di intermediazione assicurativa o riassicurativa (procedimento disciplinato dall'art. 324-octies Cod. Ass. che ribadisce la vigenza dei principi del contraddittorio, della conoscenza degli atti istruttori, della verbalizzazione nonché della distinzione tra funzioni istruttorie e funzioni decisorie) si apre con la contestazione, da parte dell'Ivass, nel termine di centoventi giorni dall'accertamento dell'infrazione, degli addebiti nei confronti dei soggetti iscritti nel registro degli intermediari, i collaboratori e gli altri soggetti ausiliari dell'intermediario di assicurazione o di riassicurazione, responsabili della violazione.

Compiuta la contestazione degli addebiti, l'Ivass trasmette gli atti al Collegio di garanzia.

I destinatari della contestazione possono presentare, nel termine di sessanta giorni dalla contestazione, deduzioni difensive e chiedere l'audizione dinanzi al Collegio di garanzia[34].

Il Collegio di garanzia esamina gli scritti difensivi e dispone l'audizione, alla quale le parti possono partecipare anche con l'assistenza di avvocati ed esperti di fiducia. Se non ritiene provata la violazione, il Collegio di garanzia può proporre l'archiviazione della contestazione o chiedere all'Ivass di disporre l'integrazione delle risultanze istruttorie. Se, invece, ritiene provata la violazione, trasmette la proposta motivata di determinazione della sanzione all'Ivass che decide la sanzione con provvedimento motivato[35].

---

[34] Il Collegio di garanzia è nominato dall'Ivass presso il quale tale Collegio è istituito. L'Ivass inoltre stabilisce le norme sulla procedura dinnanzi al Collegio nel rispetto dei principi del giusto procedimento e determina il regime delle incompatibilità ed il compenso dei componenti. Il Collegio di garanzia è composto da un magistrato con qualifica non inferiore a consigliere di Cassazione o equiparato, anche a riposo, con funzioni di presidente ovvero da un docente universitario di ruolo, e da due componenti esperti in materia assicurativa, di cui uno designato sentite le associazioni maggiormente rappresentative. Il mandato ha durata quadriennale ed è rinnovabile una sola volta. Il Collegio di garanzia può essere costituito in più sezioni, con corrispondente incremento del numero dei suoi componenti, qualora l'Ivass lo ritenga necessario per garantire condizioni di efficienza e tempestività nella definizione dei procedimenti sanzionatori.

[35] Le controversie relative ai ricorsi avverso i provvedimenti che applicano la sanzione sono devolute alla giurisdizione esclusiva del giudice amministrativo. I provvedimenti di applicazione delle sanzioni, le sentenze dei giudici amministrativi che decidono i ricorsi e i decreti che

Con riguardo ai periti assicurativi che, nell'esercizio della loro attività, violino norme del Codice delle Assicurazioni (o le relative norme di attuazione), sono previste (art. 329 Cod. Ass.) diverse sanzioni commisurate alla gravità dell'infrazione e tenuto conto dell'eventuale recidiva:

– il richiamo, consistente in una dichiarazione scritta di biasimo motivato e che è disposto per fatti di lieve manchevolezza;
– la censura, che è disposta per fatti di particolare gravità;
– la radiazione, che è disposta per fatti di eccezionale gravità e che determina l'immediata risoluzione dei rapporti di intermediazione e, nel caso di esercizio dell'attività in forma societaria, comporta anche la cancellazione della società nei casi di particolare gravità o di sistematica reiterazione dell'illecito.

Il procedimento di irrogazione di tali sanzioni disciplinari (art. 331 Cod. Ass.), si apre con la contestazione degli addebiti nei confronti dei periti di assicurazione, eventuali responsabili della violazione, da parte della Consap (Concessionaria Servizi Assicurativi Pubblici), nel termine di centoventi giorni dall'accertamento dell'infrazione.

I destinatari della contestazione possono presentare, nel termine di sessanta giorni, scritti difensivi avverso la contestazione degli addebiti e chiedere l'audizione dinanzi al Collegio di garanzia.

Il Collegio di garanzia, acquisite tutte le risultanze istruttorie, se non ritiene provata la violazione, propone l'archiviazione della contestazione o, se ritiene provata la violazione, trasmette la proposta motivata di determinazione della sanzione alla Consap la quale irroga la sanzione con provvedimento motivato[36].

---

decidono i ricorsi straordinari al Presidente della Repubblica sono pubblicati per estratto nel Bollettino e sul sito internet dell'Ivass. L'Ivass, tenuto conto della violazione e degli interessi coinvolti, può stabilire modalità ulteriori per dare pubblicità al provvedimento, ponendo le relative spese a carico dell'autore della violazione. L'Ivass può disporre la pubblicazione in forma anonima del provvedimento sanzionatorio quando quella ordinaria: a) abbia ad oggetto dati personali la cui pubblicazione appaia sproporzionata rispetto alla violazione sanzionata; b) possa comportare rischi per la stabilità dei mercati finanziari o pregiudicare lo svolgimento di una indagine penale in corso; c) possa causare un danno sproporzionato ai soggetti coinvolti. L'Ivass può escludere la pubblicazione del provvedimento sanzionatorio nel caso in cui le predette opzioni siano ritenute insufficienti ad assicurare: a) che la stabilità dei mercati finanziari non sia messa a rischio; b) la proporzionalità della pubblicazione delle decisioni rispetto all'irrogazione delle sanzioni previste (art. 325-ter Cod. Ass.). Inoltre l'Ivass comunica all'AEAP (Autorità Europea delle Assicurazioni e delle Pensioni aziendali e professionali) le sanzioni applicate per le violazioni alle disposizioni relative alle attività di realizzazione e di distribuzione di prodotti assicurativi, inclusi i prodotti di investimento assicurativi, ivi comprese le sanzioni pubblicate in forma anonima, o la cui pubblicazione sia stata rimandata o esclusa, e comunica anche le informazioni sulle impugnazioni dei provvedimenti e sull'esito delle stesse. L'Ivass trasmette all'AEAP con cadenza annuale informazioni aggregate relative a tutte le sanzioni amministrative e alle altre misure applicate (art. 325-quater Cod. Ass.).

[36] Le controversie relative ai ricorsi avverso i provvedimenti che applicano la sanzione sono

## 4. Il potere sanzionatorio della Consob

Con riguardo al potere sanzionatorio della Consob [37], va innanzitutto rilevato che l'organigramma della Consob prevede la ripartizione delle funzioni di vigilanza fra diverse "Divisioni" [38] mentre la competenza a formulare le proposte di sanzioni (o di archiviazione di procedimenti sanzionatori) è assegnata all'Ufficio "Sanzioni Amministrative" (quale "Ufficio non coordinato"). Le proposte (di sanzione o di archiviazione) formulate dall'Ufficio "Sanzioni Amministrative", a loro volta, derivano dall'attività di vigilanza svolta dalle unità organizzative competenti e sono adottate sulla base degli atti relativi alla fase istruttoria del procedimento sanzionatorio [39].

---

devolute alla giurisdizione esclusiva del giudice amministrativo. I provvedimenti che infliggono la sanzione disciplinare della radiazione, le sentenze dei giudici amministrativi che decidono i ricorsi e i decreti che decidono i ricorsi straordinari al Presidente della Repubblica sono pubblicati dalla Consap nel suo sito internet.

[37] In dottrina v. W. TROISE MANGONI, *Il potere sanzionatorio della Consob. Profili procedimentali e strumentalità rispetto alla funzione regolatoria*, Milano, 2012; E. BINDI-A. PISANESCHI, *Sanzioni Consob e Banca d'Italia. Procedimento e doppio binario al vaglio della Corte europea dei diritti dell'uomo*, Torino, 2018; M. SANINO, *La tutela giurisdizionale nei confronti degli atti delle autorità indipendenti*, Padova, 2019.

[38] La Divisione "Informazione Emittenti" vigila sulla correttezza e la trasparenza delle informazioni finanziarie fornite al pubblico da emittenti titoli di capitale diffusi o quotati nei mercati regolamentati nonché nelle operazioni di collocamento o quotazione di strumenti di equity e di corporate bond; vigila sul processo di quotazione di emittenti strumenti di capitale non quotati. La Divisione "Corporate Governance" vigila sul corretto governo delle imprese assicurando il rispetto delle norme che disciplinano le operazioni di offerta pubblica di acquisto e scambio, la trasparenza proprietaria, i diritti dei soci e le operazioni con parti correlate e verificando l'attività svolta dalle società di revisione e dagli organi preposti ai controlli societari. La Divisione "Mercati" vigila sula trasparenza, l'ordinato svolgimento delle negoziazioni e l'integrità dei mercati vigilando sui sistemi di mercato e sui soggetti che li gestiscono, sulla regolarità degli scambi, sulla trasparenza dell'informazione di mercato e sul rispetto della normativa in materia di abusi di mercato. La Divisione "Intermediari" vigila sull'attività dei soggetti abilitati; gestisce l'Albo delle Imprese di investimento; vigila sull'attività delle SGR e delle SICAV; vigila sull''operato dell'Organismo di vigilanza e tenuta dell'albo unico dei consulenti finanziari; verifica la trasparenza dell'informazione fornita al pubblico dai soggetti vigilati (banche, assicurazioni e intermediari non bancari) nella documentazione di offerta/quotazione di titoli non rappresentativi di capitale. La Divisione "Ispettorato" svolge accertamenti ispettivi nei confronti dei soggetti rispetto ai quali la legge attribuisce tale potere alla Consob. La Divisione "Tutela Del Consumatore" vigila sulle attività abusive a danno dei consumatori previste dalla normativa relativa agli intermediari ed agli emittenti.

[39] In materia di procedimento sanzionatorio della Consob A. TONETTI, *Il nuovo procedimento sanzionatorio della Consob*, in *Giorn. dir. amm.*, 2005; R. VILLATA-F. GOISIS, *Procedimenti per l'adozione di provvedimenti individuali*, in L. DE ANGELIS-N. RONDINONE (a cura di), *La tutela del risparmio nella riforma dell'ordinamento finanziario*, Torino, 2008; R. RORDOF, *Sanzioni amministrative e tutela dei diritti nei mercati finanziari*, in *Le società*, 2010; A.

L'art. 187-septies Tuf disciplina la procedura sanzionatoria da svolgersi dinanzi alla Consob disponendo che le relative sanzioni amministrative sono applicate dalla Consob con provvedimento motivato, previa contestazione degli addebiti agli interessati, da effettuarsi entro centottanta giorni dall'accertamento (o entro trecentosessanta giorni se l'interessato risiede o ha la sede all'estero).

I soggetti interessati possono, entro trenta giorni dalla contestazione, presentare deduzioni e chiedere un'audizione personale in sede di istruttoria, cui possono partecipare anche con l'assistenza di un avvocato.

L'art. 187-septies Tuf precisa che il procedimento sanzionatorio è retto dai principi del contraddittorio, della conoscenza degli atti istruttori, della verbalizzazione nonché della distinzione tra funzioni istruttorie e funzioni decisorie. È specificato inoltre che avverso il provvedimento sanzionatorio è ammesso ricorso (entro trenta giorni dalla comunicazione del provvedimento impugnato, o sessanta giorni se il ricorrente risiede all'estero) alla Corte d'Appello nella cui circoscrizione ha sede legale o residenza l'opponente (qualora tali criteri non risultino applicabili è competente la Corte d'Appello di Roma). L'opposizione non sospende l'esecuzione del provvedimento, ma la Corte d'Appello, se ricorrono gravi motivi, può disporne la sospensione

Il vigente "*Regolamento generale sui procedimenti sanzionatori della Consob*" (adottato – ai sensi dell'art. 24 della legge n. 262/2005, e successive modificazioni – dalla Consob con delibera n. 18750 del 19 dicembre 2013 e successivamente modificato con delibere n. 18774 del 29 gennaio 2014, n. 19158 del 29 maggio 2015 e n. 19521 del 24 febbraio 2016)[40] disciplina il procedimento sanzionatorio dinanzi alla Consob "in applicazione dei principi della piena conoscenza degli atti istruttori, del contraddittorio, della verbalizzazione nonché della distinzione tra funzioni istruttorie e funzioni decisorie rispetto all'irrogazione della sanzione" (art. 1 Reg.)[41].

---

MARCOVECCHIO, *Il procedimento sanzionatorio della Consob*, in M. ALLENA-S. CIMINI (a cura di), *Il potere sanzionatorio delle Autorità indipendenti*, in *Il diritto dell'economia*, 3/2013; B. RAGANELLI, *Sanzioni Consob e tutela del contraddittorio procedimentale*, in *Giorn. dir. amm.*, 2015.

[40] La delibera n. 18750 del 19 dicembre 2013 ha abrogato il "Regolamento concernente la determinazione dei termini di conclusione e delle unità organizzative responsabili dei procedimenti sanzionatori della Consob", adottato dalla Consob con delibera n. 12697 del 2 agosto 2000 e successive modificazioni; ha abrogato gli artt. 1, 2 e 3 della delibera n. 15086 del 21 giugno 2005, recante "Disposizioni organizzative e procedurali relative all'applicazione di sanzioni amministrative e istituzione dell'Ufficio Sanzioni Amministrative" e ha modificato l'art. 4, comma 1, della medesima delibera n. 15086 del 21 giugno 2005). Il regolamento è stato poi modificato dalla delibera n. 18774 del 29 gennaio 2014; dalla delibera n. 19016 del 3 settembre 2014; dalla delibera n. 19158 del 29 maggio 2015; dalla delibera n. 19521 del 24 febbraio 2016).

[41] Al riguardo va ricordato che la delibera Consob sui procedimenti sanzionatori n. 18750/2013 (che ha sostituito la precedente delibera del 2005) è stata adottata anche sulla spinta della giuri-

Tale Regolamento individua nell'Ufficio "Sanzioni Amministrative" l'unità organizzativa responsabile del procedimento sanzionatorio ed il responsabile di tale Ufficio viene ad essere responsabile del procedimento sanzionatorio (con la possibilità di assegnare la responsabilità di singoli procedimenti ad altro dipendente della stessa unità organizzativa). Sul responsabile del procedimento sanzionatorio ricade l'onere di assicurare il legittimo, adeguato, completo e tempestivo svolgimento dell'istruttoria, garantendo l'effettività del diritto di difesa dei destinatari della lettera di contestazione degli addebiti e del contraddittorio.

Con riguardo al procedimento sanzionatorio, il Regolamento (art. 4) dispone che l'avvio dello stesso è disposto a mezzo lettera di contestazione degli addebiti (che deve essere sottoscritta congiuntamente dal responsabile della Divisione competente e dal Direttore Generale o, su delega di quest'ultimo, dal Vice Direttore Generale). La contestazione degli addebiti è effettuata entro il termine di centottanta giorni dall'accertamento compiuto sulla base degli elementi acquisiti e dei fatti emersi a seguito dell'attività di vigilanza svolta dalla Consob. Il procedimento sanzionatorio deve concludersi non oltre i duecento giorni decorrenti dal trentesimo giorno successivo alla data di notifica contestazione degli addebiti.

La lettera di contestazione degli addebiti deve contenere:

a) il riferimento all'attività di vigilanza, alle eventuali verifiche ispettive o alla documentazione comunque acquisita dalla quale sia emersa la violazione;

b) la descrizione della violazione;

c) l'indicazione delle disposizioni violate e delle relative norme sanzionatorie;

d) l'indicazione dell'unità organizzativa responsabile del procedimento;

e) l'indicazione dell'unità organizzativa presso la quale può essere presa visione ed estratta copia dei documenti istruttori e le modalità di presentazione della relativa istanza;

f) l'indicazione della facoltà per i soggetti destinatari delle contestazioni di presentare eventuali deduzioni e documenti, nonché di chiedere l'audizione personale nel termine di trenta giorni;

g) l'indicazione della facoltà per i destinatari della lettera di contestazione degli addebiti che abbiano presentato le deduzioni scritte o abbiano partecipato all'audizione, di presentare proprie deduzioni finali scritte alla Commissione nei trenta giorni successivi alla data di ricezione della relazione finale dell'Ufficio Sanzioni Amministrative [42].

Il Regolamento ribadisce il diritto di difesa, nella fase istruttoria, dei destinata-

---

sprudenza della Corte Edu sulla necessaria distinzione fra attività istruttoria ed attività giudicante e sulla "afflittività" delle sanzioni pecuniarie (v. sentenza della Corte Europea dei diritti dell'Uomo del 4 marzo 2014 – ric. 18640/10 sul principio del *ne bis in idem*).

[42] Nell'ipotesi in cui sussistano i presupposti indicati dall'art. 194-quinquies Tuf, la lettera di contestazione degli addebiti contiene anche l'indicazione del termine e delle modalità con le quali l'interessato potrà effettuare il pagamento in misura ridotta.

ri della contestazione degli addebiti, diritto di difesa che può concretizzarsi nella presentazione (entro il termine previsto) di deduzioni scritte e documenti, nell'accesso agli atti nonché nella richiesta di audizione personale in merito agli addebiti contestati. Il Regolamento sottolinea che, ferma restando la garanzia del diritto di difesa, l'attività difensiva nell'ambito del procedimento sanzionatorio si svolge nel rispetto del principio della leale collaborazione delle parti con la Consob (pertanto la produzione di documentazione inutilmente sovrabbondante, disordinata, inconferente o ingiustificatamente dilazionata, può costituire elemento di valutazione negativo del grado di cooperazione degli interessati con la Consob).

L'attività istruttoria è rimessa all'Ufficio Sanzioni Amministrative che, ricevute le deduzioni e i documenti (o scaduto il termine per la presentazione degli stessi), procede all'esame degli atti del procedimento sanzionatorio. In tale fase l'Ufficio Sanzioni Amministrative può chiedere alla Divisione che ha formulato le contestazioni, nonché ad ogni altra unità organizzativa il cui supporto sia ritenuto utile, una relazione tecnica sulle difese svolte dai destinatari della lettera di contestazione degli addebiti e su ogni altro aspetto meritevole di approfondimento.

A conclusione della fase istruttoria, l'Ufficio Sanzioni Amministrative predispone una relazione finale nella quale formula proposte motivate in merito alla sussistenza della violazione contestata e alla specifica determinazione del tipo e dell'entità della sanzione ovvero in merito all'archiviazione, e la trasmette alla Commissione. L'Ufficio Sanzioni Amministrative può anche formulare proposta motivata in merito all'applicazione dell'ordine di eliminare le infrazioni contestate, in luogo della sanzione pecuniaria.

La relazione finale predisposta dall'Ufficio Sanzioni Amministrative è trasmessa ai destinatari della contestazione degli addebiti, che abbiano presentato deduzioni scritte o abbiano partecipato all'audizione. Entro trenta giorni alla data di ricezione di tale relazione i destinatari della contestazione degli addebiti possono presentare alla Commissione (cioè alla Consob) proprie controdeduzioni scritte in replica alle considerazioni dell'Ufficio Sanzioni Amministrative.

La fase decisoria è assegnata alla Consob che chiude il procedimento sanzionatorio con l'adozione del provvedimento sanzionatorio o di un atto di archiviazione o di una proposta di applicazione di misura sanzionatoria di competenza di altra Amministrazione o Autorità.

Il provvedimento sanzionatorio (dopo essere stato notificato agli interessati) è pubblicato per estratto nel Bollettino della Consob[43].

---

[43] L'estratto contiene almeno: a) le fonti normative poste alla base del procedimento sanzionatorio; b) i fatti contestati e la disposizione violata; c) la sintetica indicazione degli atti del procedimento; d) la decisione della Consob con la menzione del soggetto sanzionato, l'indicazione della violazione accertata, del tipo e dell'entità della sanzione applicata nonché dei criteri posti alla base della determinazione della sanzione. A margine del provvedimento pubblicato sono annotate le informazioni riguardanti l'avvenuta presentazione di ricorso giurisdizionale da parte del soggetto interessato, l'indicazione degli estremi dei provvedimenti, anche

Nell'analisi del sistema sanzionatorio vigente nel mercato finanziario, va ricordato che la disciplina dell'intermediazione finanziaria risente fortemente della matrice eurounitaria sicché la disciplina statale viene a far parte di un sistema normativo armonizzato ed in cui anche l'apparato sanzionatorio è fissato da normative europee dettate per la disciplina dei mercati finanziari. Nell'ordinamento italiano è possibile riscontrare la frequente previsione di sanzioni sia di natura amministrativa che di natura penale quale conseguenza della violazione di norme che disciplinano i mercati finanziari. E questa duplicazione della forma di responsabilità è stata censurata dalla Corte Edu, la quale, a partire dal caso "*Grande Stevens e a. c. Italia*", con sentenza del 4 marzo 2014, ha ritenuto che l'istaurazione di un procedimento sanzionatorio dinanzi la Consob per l'illecito di cui all'art. 187-ter Tuf, mentre è pendente per l'identico fatto un procedimento penale per il reato di cui all'art. 184 Tuf, integri gli estremi di una violazione dell'art. 4 prot. 7 della CEDU (divieto di *ne bis in idem*). Tale sentenza ha di fatto investito l'intero sistema sanzionatorio degli abusi di mercato in ragione della ritenuta natura sostanzialmente penale delle sanzioni irrogate dalla Consob [44].

Il quadro si è ulteriormente complicato con la sentenza della Corte di giustizia UE (Grande Sezione), del 2 febbraio 2021, causa C-481/19, che ha riconosciuto l'esistenza, nell'ambito dei procedimenti innanzi alla Consob per gli illeciti amministrativi di abuso di mercato, di un diritto al silenzio delle persone fisiche, diritto tutelato dagli artt. 47, comma 2, e 48 della Carta dei Diritti Fondamentali dell'Unione Europea.

A questo proposito va ricordato che la pronuncia della Corte di giustizia era stata sollecitata da un rinvio pregiudiziale della Corte costituzionale a sua volta adita dalla Cassazione che (ordinanza n. 3831/2018) aveva sollevato questione di

---

cautelari, adottati dall'autorità adita. La Consob può disporre nel provvedimento sanzionatorio modalità ulteriori di pubblicazione, ponendo le relative spese a carico del soggetto interessato. Inoltre la Consob può disporre la pubblicazione del provvedimento in forma anonima, il differimento della stessa, ovvero l'esclusione della pubblicazione.

[44] In dottrina v. E. BINDI-A. PISANESCHI, *Sanzioni Consob e Banca d'Italia. Procedimenti e doppio binario al vaglio della Corte europea dei diritti dell'uomo*, Torino, 2018; V. TIRIO, *Le garanzie nei procedimenti sanzionatori della Consob dopo la sentenza Grande Stevens e le successive modifiche regolamentari*, in *Banca, borsa, tit. cred.*, 2, 2018, 554 ss.; B. BARMANN, *Dopo il caso Grande Stevens: la via italiana al giusto procedimento*, in *Giorn. dir. amm.*, 3, 2017, 315; C. DEODATO, *Sanzioni formalmente amministrative e sostanzialmente penali: i problemi procedurali connessi all'applicazione delle sanzioni Consob in materia di market abuse (e alcune soluzioni)*, in *www.federalismi.it*, 2019; E. BINDI, *Il Consiglio di Stato e i regolamenti sanzionatori della Consob: il primo caso di applicazione della sentenza della Corte EDU nel caso Grande Stevens c. Italia*, in *Giustamm.it*, 11, 2014; A. GENOVESE, *Il controllo del Giudice sulla regolazione finanziaria*, in *Banca, borsa, tit. cred.*, n. 1/2017; P. MONTALENTI, *Abusi di mercato e procedimento Consob: il caso Grande Stevens e la sentenza CEDU*, in *Giur. comm.*, 3/2015; M. GARGANTINI, *Public enforcement of market abuse bans. The EctHR Grande Stevens Decision*, in *Journal of Financial Regulation*, vol. I, 2015.

costituzionalità (per violazione degli artt. 24, 111 e 117 Cost., nonché in relazione agli artt. 11 e 117 Cost., con riferimento all'art. 47 della Carta di Nizza) dell'art. 187-quinquiesdecies Tuf (nel testo introdotto dall'art. 9, comma 2, lett. b, della legge n. 62/2005) nella parte in cui sanziona la condotta consistente nel non ottemperare tempestivamente alle richieste della Consob o nel ritardare l'esercizio delle sue funzioni anche nei confronti di colui al quale la Consob, nell'esercizio delle sue funzioni di vigilanza, contesti un abuso di informazioni privilegiate.

La Cassazione era chiamata a pronunciarsi in merito ad una sanzione pecuniaria di importo ragguardevole adottata – per l'illecito di abuso di informazioni privilegiate – dalla Consob nei confronti di una persona fisica colpevole di non avere risposto alle domande della Consob su operazioni finanziarie sospette da essa compiute (ai sensi dell'art. 187-quinquiesdecies Tuf). L'interessato aveva impugnato la sanzione, sostenendo di aver esercitato il diritto costituzionale di non rispondere a domande da cui sarebbe potuta emergere la propria responsabilità (*nemo tenetur edere contra se*, discendente dagli artt. 24 Cost. e 6 CEDU).

La Corte costituzionale, a sua volta, con l'ordinanza n. 117/2019 ha rimesso alla Corte di Giustizia le seguenti questioni pregiudiziali: «Se l'art. 14, paragrafo 3, della Direttiva 2003/6/CE ..., e l'art. 30, paragrafo 1, lettera b), del regolamento (UE) n. 596/2014: – debbano essere interpretati nel senso che consentono agli Stati membri di non sanzionare chi si rifiuti di rispondere a domande dell'autorità competente dalle quali possa emergere la propria responsabilità per un illecito punito con sanzioni amministrative di natura 'punitiva'; – in caso di risposta negativa a tale prima questione, siano compatibili con gli articoli 47 e 48 della Carta dei diritti fondamentali dell'Unione europea, anche alla luce della giurisprudenza della Corte europea dei diritti dell'uomo in materia di art. 6 CEDU e delle tradizioni costituzionali comuni agli Stati membri, nella misura in cui impongono di sanzionare anche chi si rifiuti di rispondere a domande dell'autorità competente dalle quali possa emergere la propria responsabilità per un illecito punito con sanzioni amministrative di natura 'punitiva'».

Nella parte motiva dell'ordinanza n. 117/2019 la Corte costituzionale ha evidenziato come «il "diritto al silenzio" dell'imputato – pur non godendo di espresso riconoscimento costituzionale – costituisca un "corollario essenziale dell'inviolabilità del diritto di difesa", riconosciuto dall'art. 24 Cost.» e che tale diritto «garantisce all'imputato la possibilità di rifiutare di sottoporsi all'esame testimoniale e, più in generale, di avvalersi della facoltà di non rispondere alle domande del giudice o dell'autorità competente per le indagini».

La Corte costituzionale ha rilevato anche di non essere mai stata, in precedenza, «chiamata a valutare se e in che misura tale diritto – appartenente al novero dei diritti inalienabili della persona umana ..., che caratterizzano l'identità costituzionale italiana – sia applicabile anche nell'ambito di procedimenti amministrativi funzionali all'irrogazione di sanzioni di natura "punitiva" secondo i criteri *Engel*. Tuttavia, in molteplici occasioni essa ha ritenuto che singole garanzie riconosciute nella materia penale dalla CEDU e dalla stessa Costituzione italiana si estendano anche a tale tipologia di sanzioni. Ciò è avvenuto, in particolare, in relazione alle garanzie del divieto di retroattività delle modifiche sanzionatorie *in peius* ..., della sufficiente precisione del precetto sanzionato ..., nonché della retroattività delle modifiche sanzionatorie *in mitius*». E la Corte aggiunge di avere già più volte affermato che le sanzioni amministrative previste nell'ordinamento italiano in materia di abuso di informazioni privilegiate costituiscono, in ragione della loro particolare afflittività, «misure di natura "punitiva" ... come – peraltro – ritenuto dalla stessa Corte di giustizia UE». Al tempo stesso la Corte costituzionale rileva che la norma censurata (art. 187-quinquiesdecies Tuf) è stata introdotta nell'ordinamento italiano «in esecuzione di uno specifico obbligo posto dalla direttiva 2003/6/CE» e «tale disposizione costituisce, oggi, la puntuale attuazione di un'analoga disposizione del regolamento (UE) n. 596/2014, che ha abrogato la direttiva medesima».

In particolare, la Corte costituzionale sottolinea che l'art. 14, paragrafo 3, della direttiva 2003/6/CE prevedeva che "gli Stati membri fissano le sanzioni da applicare per l'omessa collaborazione alle indagini", mentre "l'art. 30, paragrafo 1, lettera b), del regolamento (UE) n. 596/2014 stabilisce analogamente che, fatti salvi le sanzioni penali e i poteri di controllo delle autorità competenti ..., gli Stati membri provvedono affinché le autorità competenti abbiano il potere di adottare le sanzioni amministrative e altre misure amministrative adeguate per l'omessa collaborazione o il mancato seguito dato nell'ambito di un'indagine, un'ispezione o una richiesta". La Corte rileva dunque che "una eventuale dichiarazione di illegittimità costituzionale in parte qua" dell'art. 187-quinquiesdecies del Tuf "rischierebbe di porsi in contrasto con il diritto dell'Unione, e in particolare con l'obbligo che discende oggi dall'art. 30, paragrafo 1, lettera b), del regolamento (UE) n. 596/2014, obbligo di cui il menzionato art. 187-quinquesdecies costituisce attuazione. Peraltro, tale obbligo – così come quello che discendeva in passato dall'art. 14, paragrafo 3, della direttiva 2003/6/CE – potrebbe risultare di dubbia compatibilità con gli artt. 47 e 48 CDFUE, i quali pure sembrano riconoscere un diritto fondamentale dell'individuo a non contribuire alla propria incolpazione e a non essere costretto a rendere dichiarazioni di natura confessoria, nei medesimi limiti desumibili dall'art. 6 CEDU e dall'art. 24 della Costituzione italiana".

La Corte di Giustizia ha riconosciuto l'esistenza di un diritto al silenzio (tutelato dagli artt. 47, comma 2, e 48 della Carta dei Diritti Fondamentali dell'Unione Europea), nell'ambito dei procedimenti pendenti a carico di persone fisiche innanzi alla Consob per illeciti amministrativi di abuso di mercato. In merito al contenuto della Direttiva 2003/6/CE e del Regolamento (UE) n. 596/2014 in tema di abusi di mercato, i giudici di Lussemburgo hanno rilevato che tali atti normativi permettono agli Stati membri di rispettare il diritto al silenzio nell'ambito di un'indagine suscettibile di portare all'accertamento della responsabilità della persona per un illecito passibile di sanzioni amministrative aventi carattere penale ovvero della sua responsabilità penale. A questo proposito la Corte di Giustizia ritiene necessaria un'interpretazione delle relative disposizioni (art. 14, paragrafo

3, della Direttiva 2003/6/CE e art. 30, paragrafo 1, lett. b), del Regolamento UE n. 596/2014, in tema di abusi di mercato) alla luce degli artt. 47 e 48 della Carta dei diritti fondamentali, e cioè nel senso che tali disposizioni consentono agli Stati membri di non sanzionare una persona fisica, la quale, nell'ambito di un'indagine svolta nei suoi confronti dall'autorità competente, si rifiuti di fornire a tale autorità risposte che possano far emergere la sua responsabilità per un illecito passibile di sanzioni amministrative aventi carattere penale oppure la sua responsabilità penale.

A fondamento della propria decisione la Corte di Giustizia pone il diritto (come tutelato anche dalla giurisprudenza della Corte EDU) ad un equo processo: il diritto al silenzio, che è da porre al centro della nozione di "*equo processo*", osta a che una persona fisica "*imputata*" venga sanzionata per il suo rifiuto di fornire all'autorità competente, ai sensi della Direttiva 2003/6/CE o del Regolamento n. 596/2014, risposte che potrebbero far emergere la sua responsabilità per un illecito passibile di sanzioni amministrative a carattere penale oppure la sua responsabilità penale.

La Direttiva 2003/6/UE ed il Regolamento n. 596/2014 si prestano dunque ad un'interpretazione conforme agli artt. 47 e 48 della Carta di Nizza, nel senso che essi non impongono che una persona fisica venga sanzionata per il suo rifiuto di fornire all'autorità competente risposte da cui potrebbe emergere la sua responsabilità per un illecito passibile di sanzioni amministrative aventi carattere penale oppure la sua responsabilità penale. Ed il fatto che in tali testi normativi sia assente un'esplicita esclusione di una sanzione per un tale rifiuto non pregiudica la validità dei medesimi, mentre ricade sugli Stati membri garantire che una persona fisica non possa essere sanzionata per il suo rifiuto di fornire risposte siffatte all'autorità competente.

Indi la Corte costituzionale, con la sentenza n. 84/2021, ha dichiarato l'incostituzionalità dell'art. 187-quinquiesdecies Tuf, nel testo originariamente introdotto dall'art. 9, comma 2, lett. b), della legge n. 62/2005, "nella parte in cui si applica anche alla persona fisica che si sia rifiutata di fornire alla Consob risposte che possano far emergere la sua responsabilità per un illecito passibile di sanzioni amministrative di carattere punitivo, ovvero per un reato"; e in via consequenziale (ai sensi dell'art. 27 della legge n. 87/1953) la Corte ha dichiarato l'incostituzionalità anche: a) dell'art. 187-quinquiesdecies Tuf nel testo modificato dall'art. 24, comma 1, lett. c), del d.l. n. 179/2012, convertito, con modificazioni, nella legge n. 221/2012, "nella parte in cui si applica anche alla persona fisica che si sia rifiutata di fornire alla Banca d'Italia o alla Consob risposte che possano far emergere la sua responsabilità per un illecito passibile di sanzioni amministrative di carattere punitivo, ovvero per un reato"; b) dell'art. 187-quinquiesdecies Tuf, nel testo modificato dall'art. 5, comma 3, del d.lgs. n. 129/2017, "nella parte in cui si applica anche alla persona fisica che si sia rifiutata di fornire alla Banca d'Italia o alla Consob risposte che possano far emergere la sua responsabilità per un illecito passibile di sanzioni amministrative di carattere punitivo, ovvero per un reato".

Ma, al di là di tali recenti vicende, va ribadito che anche per le sanzioni di natura amministrativa va rispettato il principio di legalità, con riguardo sia alla identificazione della fattispecie che al procedimento di accertamento e di irrogazione. Con riguardo alla sanzione amministrativa, la stessa può essere di diversa natura: quella più comune è la sanzione pecuniaria, ma sono previste anche la decadenza (art. 196, comma 1, lett. c, Tuf), la sospensione (art. 196, comma 1, lett. d, Tuf), l'incapacità di assumere incarichi di amministrazione, designer e controllo (art. 187-quater Tuf), la confisca (art. 187-sexies Tuf).

Specifica attenzione deve essere rivolta anche nella individuazione dei soggetti sanzionabili con riferimento alla identificazione del soggetto effettivamente responsabile ma anche con riguardo al profilo della proporzionalità della sanzione. L'identificazione del responsabile può essere legata alla carica ricoperta nella struttura societaria (ed in questo caso assume rilevanza qualificante anche l'esercizio di fatto di funzioni tipiche dell'organizzazione dell'ente).

Il procedimento relativo all'accertamento ed all'irrogazione della sanzione – come visto – è ispirato a principi garantistici. La Consob, a partire dalla delibera n. 18750/2013, ha provveduto ad apportare modifiche alla disciplina del procedimento sanzionatorio, modifiche indirizzate ad una maggiore tutela dei soggetti coinvolti. E così, rispetto alla normativa previgente, è stata ridotta (da 360 a 180 giorni) la durata massima del procedimento sanzionatorio, e sono state ampliate le garanzie del contraddittorio in ragione della previsione di più occasioni di conoscenza dei documenti e degli atti dell'ufficio, con possibilità di controdeduzione anche con audizione personale.

Ma soprattutto l'attuale regolamento mira ad assicurare la separazione tra momento accertativo, fase istruttoria e decisione sanzionatoria. In dottrina non sono mancate voci di critica circa l'effettiva realizzazione di tale "separazione", in quanto realizzata sempre all'interno del medesimo ente. Al tempo stesso va rilevato che il vigente regolamento è stato costruito nell'intento di rispettare i principi posti dall'art. 187-septies Tuf: contraddittorio, conoscenza degli atti istruttori, verbalizzazione, distinzione tra funzioni istruttorie e funzioni decisorie.

Infine si pone il tema della giurisdizione competente a giudicare sui provvedimenti sanzionatori dalla Consob.

L'art. 187-septies, comma 4, Tuf già prevedeva che l'opposizione si proponesse, nei sessanta giorni dalla comunicazione, alla Corte di appello, nella cui circoscrizione è la sede legale e la residenza dell'opponente.

In occasione del riordino del processo amministrativo, era stato previsto che il ricorso si proponesse al TAR Lazio cui era stata attribuita competenza piena (art. 133, comma 1, lett. c; art. 134, comma 1, lett. c, d.lgs. n. 104/2010), ma la Corte costituzionale (sentenza n. 162/2012) ha dichiarato l'incostituzionalità della norma, per eccesso di delega *ex* art. 76 Cost., affermando il ripristino delle disposizioni preesistenti.

Indi la Corte EDU, nella citata sentenza del 2014, ha affermato che il procedimento sanzionatorio svolgentesi dinanzi alla Consob secondo la normativa del

2005 non garantiva adeguatamente il contraddittorio e, pur considerando legittime le sanzioni amministrative irrogate (e confermando la decisione conforme della Corte di Appello di Torino), ha dichiarato non conforme alla Convenzione Edu quella tipologia di procedimento né le modalità processuali innanzi alla Corte di Appello e pertanto ha escluso la possibilità, ammessa dal giudice nazionale, che potesse essere irrogata, oltre la sanzione amministrativa, anche la sanzione penale per il medesimo fatto (ritenendo che la "afflittività" della sanzione amministrativa – nel caso di specie una sanzione di cinque milioni di euro – non distingue quest'ultima dalla sanzione penale).

L'art. 152, comma 2, Tuf prevede che la Consob, se ha "fondato sospetto" di gravi irregolarità nell'adempimento dei doveri di vigilanza del collegio sindacale, del consiglio di sorveglianza o del comitato per il controllo sulla gestione, può denunziare i fatti al tribunale ai sensi dell'articolo 2409 del codice civile". Questa disposizione prevede dunque una legittimazione attiva direttamente in capo alla Consob ogniqualvolta la medesima sospetti gravi irregolarità nell'adempimento dei doveri dei sindaci, del consiglio di sorveglianza o del comitato per il controllo sulla gestione.

Questo potere della Consob è stato esaminato dalla dottrina che ne ha messo in luce anche i rischi e le contraddizioni. E così ci si è interrogati sulla bontà dell'assegnazione di poteri di intervento diretto – o comunque di attivazione – nelle mani della Consob, quando vengano coinvolte società emittenti strumenti quotati nei mercati regolamentati. Inoltre è stato evidenziato il rischio di un controllo giudiziale su iniziative economiche private, iniziative che si fondano sulla insindacabilità delle scelte gestionali. A questo proposito è stato evidenziato che la giurisprudenza da tempo ha ritenuto applicabile l'art. 2409 cod. civ. solo in caso di sussistenza della potenziale dannosità delle denunciate irregolarità e pertanto anche con riferimento all'art. 152 Tuf si è affermato che quest'ultimo non possa ritenersi autosufficiente.

Inoltre è stato segnalato che l'art. 187-octies Tuf, dopo aver assegnato alla Consob la qualifica di "autorità nazionale competente" (ai sensi dell'art. 22 del Regolamento UE n. 596/2014) relativamente agli abusi di mercato, dispone che nell'esercizio di tale ruolo la Consob può nei confronti di chiunque: a) richiedere notizie, dati o documenti sotto qualsiasi forma stabilendo il termine per la relativa comunicazione; b) richiedere le registrazioni esistenti relative a conversazioni telefoniche, a comunicazioni elettroniche e allo scambio di dati, stabilendo il termine per la relativa trasmissione; c) procedere ad audizione personale; c-bis) in relazione a strumenti derivati su merci, richiedere dati sulle operazioni e accedere direttamente ai sistemi dei partecipanti al mercato; d) procedere al sequestro dei beni che possono formare oggetto di confisca; e) procedere ad ispezioni e a perquisizioni. La Consob può altresì avvalersi della collaborazione delle pubbliche amministrazioni o accedere direttamente, mediante apposita connessione telematica, ai dati contenuti negli elenchi previsti dalla normativa, nonché richiedere la comunicazione di dati personali anche in deroga ai divieti di cui all'art. 25, comma 1, del d.lgs. 30 giugno 2003, n. 196.

Al tempo stesso l'art. 4, comma 10, Tuf dispone che "Tutte le notizie, le informazioni ed i dati in possesso della Consob in ragione della sua attività di vigilanza, sono coperti dal segreto d'ufficio anche nei confronti delle pubbliche amministrazioni, ad eccezione del Ministro dell'Economia e delle Finanze", eccezion fatta per i casi previsti dalla legge per le indagini relative a violazioni sanzionate penalmente (nel qual caso la Consob non ha limiti nel trasmettere alla magistratura inquirente la relativa documentazione). Pertanto la Consob non sempre si trova nella condizione di poter trasmettere al Pubblico Ministero in sede civile (e dunque nell'ambito di un procedimento attivato ai sensi dell'art. 2409 c.c.), le notizie, le informazioni ed i dati che ha ottenuto durante lo svolgimento della propria specifica attività di vigilanza, essendo le stesse coperte dal segreto d'ufficio.

In merito al potere sanzionatorio, la Consob e la Banca d'Italia si scambiano le informazioni necessarie per lo svolgimento della rispettiva attività di vigilanza sugli intermediari mobiliari[45].

La disciplina dell'intermediazione finanziaria ha registrato (a partire dall'ultimo decennio del secolo scorso) una progressiva erosione dell'ambito sanzionatorio penale a favore di quello amministrativo. Sono oggi sanzionati amministrativamente, con sanzioni pecuniarie, l'abuso di denominazione (art. 188 Tuf), l'omessa comunicazione di partecipazioni (art. 189, comma 1, Tuf) e di violazione del conseguente od autonomo divieto di esercizio del diritto di voto (art. 189, comma 2, Tuf), una serie di violazioni che riguardano amministratori, direttori, dipendenti e altri soggetti e che vengono individuate dall'art. 190 Tuf. Sono inoltre sanzionati amministrativamente gli illeciti inerenti alla sollecitazione all'investimento e le offerte pubbliche di acquisto e di scambio (artt. 191 e 192 Tuf), le violazioni ai

---

[45] La Consob collabora con le altre amministrazioni pubbliche italiane mediante lo scambio di informazioni, nei limiti consentiti dal segreto d'ufficio. Segnala all'Autorità giudiziaria i fatti accertati nello svolgimento della propria attività, quando essi possono assumere rilevanza penale, e collabora fornendo ogni altra informazione richiesta. Per garantire il regolare funzionamento dei mercati, la Consob può scambiare informazioni anche con la Borsa Italiana S.p.A., la Monte Titoli S.p.A. e la Cassa di Compensazione e Garanzia. La Consob è membro della IOSCO (*International Organization of Securities Commissions*) di cui fanno parte le Autorità di controllo dei mercati mobiliari di circa 90 Paesi. La IOSCO coopera con il Comitato di Basilea per la regolamentazione bancaria e coordina gli sforzi per assicurare lo svolgimento di un'adeguata azione di vigilanza, in un contesto di sempre maggiore internazionalizzazione dei mercati mobiliari. La Consob partecipa inoltre ai lavori che si tengono presso le organizzazioni internazionali che svolgono la loro attività in materia di servizi finanziari, quali l'OCSE, la WTO e il FESCO (organismo creato dalle autorità di vigilanza dello Spazio Economico Europeo per l'elaborazione di norme comuni in materia di sorveglianza dei mercati finanziari). La collaborazione a livello internazionale si svolge sia a livello comunitario, sia attraverso la partecipazione alla IOSCO e la stipula di accordi bilaterali con altre Autorità di controllo. La Consob partecipa attivamente ai lavori che si svolgono in seno all'Unione Europea per la elaborazione del diritto comunitario relativo al mercato mobiliare. La direttiva sui servizi d'investimento estende la cooperazione anche alle altre Autorità di vigilanza del settore finanziario (bancarie e assicurative).

doveri di informazione societaria a carico degli emittenti quotati (art. 193 Tuf) e quelle in materia di disciplina sulle deleghe di voto (art. 194 Tuf)[46].

In passato la Consob proponeva al Ministro del Tesoro l'adozione di provvedimenti sanzionatori nei confronti degli esponenti aziendali degli intermediari (Sim, imprese di investimento, banche, società di gestione del risparmio e Sicav), nonché a carico degli esponenti aziendali di società ritenuti autori di violazione degli obblighi di informativa del mercato su fatti societari rilevanti e delle norme in materia di offerta al pubblico di strumenti finanziari[47]. In merito a tale potere

---

[46] E, come visto in precedenza, nel Titolo Secondo della Quinta Parte del Tuf (dedicata appunto alle sanzioni amministrative, artt. 187-quindecies e ss.) sono ricomprese ipotesi sanzionatorie particolari quali i provvedimenti di sospensione del promotore finanziario dall'esercizio dell'attività (art. 55 Tuf) e di cancellazione delle società di revisione dall'albo speciale (art. 163 Tuf). L'art. 55 Tuf prevede che la Consob possa disporre, in caso di necessità ed urgenza, la sospensione del promotore finanziario per un periodo massimo di sessanta giorni, qualora sussistano elementi che facciano presumere l'esistenza di gravi violazioni di legge ovvero di disposizioni generali o particolari impartite dalla Consob. Si tratta di un potere di natura cautelare che trova i propri presupposti in fatti aventi rilevanza disciplinare e che si risolve nell'applicazione di una misura a carattere interdittivo. Il relativo procedimento di irrogazione, caratterizzato dalla massima urgenza, si presenta come procedimento autoritativo senza che sia prevista la partecipazione dell'interessato. Il comma 2 dell'art. 55 Tuf prevede un'altra ipotesi di sospensione cautelare, consistente nella sospensione della iscrizione all'albo come conseguenza della sottoposizione del promotore ad una misura cautelare personale o della imputazione per un reato avente rilevanza nel settore finanziario. L'art. 163 Tuf disciplina anch'esso un provvedimento di cancellazione dall'albo avente natura di sanzione amministrativa di tipo interdittivo, e che trova applicazione a seguito di un procedimento amministrativo attivabile su iniziativa della Consob e della Banca d'Italia secondo le rispettive competenze. L'Autorità procede alla contestazione degli addebiti e dopo si apre la fase volta a consentire all'interessato di difendersi, secondo il modello tipico del procedimento disciplinare. Esaurita la fase della contestazione degli addebiti e della valutazione delle controdeduzioni, la Consob (o la Banca d'Italia) formula la relativa proposta al Ministro del tesoro che è l'organo competente ad irrogare la sanzione con decreto motivato.

[47] Nel Tuf si vedano, oltre alle disposizioni contenute nella Parte V dello stesso (artt. 166 ss. ed in particolare quelle di cui al Titolo II della parte medesima rubricato "Sanzioni amministrative", artt. 188 e segg.), gli artt. 7, comma 3 (potere di sospensione dell'emissione o del rimborso di quote o azioni di Oicr), 8, comma 1 (Vigilanza informativa), 19 e 20 (in materia di autorizzazione allo svolgimento di servizi di investimento), 31, commi 6 e 7 (relativo ai promotori finanziari), 42 (relativo all'offerta di quote di fondi comuni di investimento armonizzati e non armonizzati), 51 (provvedimenti ingiuntivi nei confronti di intermediari nazionali ed extracomunitari), 56 (sulla disciplina delle situazioni di crisi), 73 e segg. (vigilanza sulle società di gestione e tutela del mercato in caso di crisi di tali società), 82 e 83 (vigilanza sulla gestione accentrata di strumenti finanziari e crisi delle relative società), 95, comma 2 (norme di correttezza nella collocazione di prodotti finanziari), 97, comma 4 (sui poteri della Consob di acquisire elementi conoscitivi in relazione agli obblighi informativi degli emittenti), 99 (poteri interdettivi della Consob), 102 (obblighi degli offerenti e poteri interdettivi), 113 (relativo al prospetto di quotazione), 114 (sulle comunicazioni al pubblico), 120 (Obblighi di comunicazione delle partecipazioni rilevanti), 144 (Svolgimento della sollecitazione e della raccolta), 149

sanzionatorio interdittivo della Consob può ricordarsi la pronuncia del Consiglio di Stato con cui si è ritenuto che «l'elenco di gravi violazioni che possono comportare la radiazione dall'albo dei promotori finanziari non ha carattere tassativo»[48]. Così l'elevata discrezionalità nel disporre la radiazione dei promotori finanziari di cui la Consob si era dotata attraverso l'art. 98, comma 1, del regolamento inerente gli intermediari (delibera n. 11523 del 1° luglio 1998) è stato ritenuto non illegittimo dal Consiglio di Stato[49].

---

comma 3 (sui doveri del collegio sindacale), 152, comma 2 (sul dovere di denunzia all'autorità giudiziaria), 162 (Vigilanza sulle società di revisione) e 163 (Provvedimenti della Consob quando accerta gravi irregolarità nello svolgimento di attività di revisione).

[48] Cons. Stato, sez. IV, 31 ottobre 1997, n. 1554, in *Gazz. giur.*, 1998, fasc. 2, 59.

[49] Vedi anche Trib. Napoli, 25 novembre 1998, in *Giur. comm.*, 1999, II, 315, con nota di Minervini; Cons. Stato, sez. VI, 14 luglio 1999, n. 964, in *Foro amm.*, 1999, 491 (e in *Cons. Stato*, 1999, I, 1185); Cons. Stato, sez. IV, 14 ottobre 1998, n. 1389, in *Cons. Stato*, 1998, I, 1629, di conferma della validità dell'art. 98, comma 2, lett. b), del regolamento inerente gli intermediari, che dispone la radiazione del promotore di servizi finanziari che svolga attività di sollecitazione del pubblico risparmio per conto di un soggetto non autorizzato ai sensi della legge 2 gennaio 1991, n. 1; Cass., sentenza 3 marzo 2001, n. 3132 sull'obbligo di vigilanza (responsabilità della Consob per omessa vigilanza), in *Foro it.*, 2001.

Capitolo Quarto

# Le Autorità di regolazione dei mercati finanziari dell'ordinamento europeo

SOMMARIO: 1. Introduzione. Il quadro generale della disciplina europea della vigilanza bancaria. – 2. Dal "*Rapporto de Larosière*" al Regolamento UE n. 1024/2013. – 3. L'intreccio dei rapporti fra ordinamento europeo e ordinamento statale: le peculiarità del potere normativo della BCE e dei procedimenti della vigilanza bancaria fra livello europeo e livello statale. – 4. Il ruolo della BCE nelle dinamiche dell'assetto istituzionale europeo – 5. Considerazioni conclusive.

## 1. Introduzione. Il quadro generale della disciplina europea della vigilanza bancaria

Nell'ordinamento europeo la disciplina della vigilanza bancaria (nonché quella più generale dei mercati finanziari) ha registrato, successivamente alla crisi finanziaria del 2007/2008, significative innovazioni.

Tali innovazioni, a loro volta, hanno profondamente inciso sull'assetto delle istituzioni chiamate a controllare i mercati finanziari ed anche sul ruolo della Banca Centrale Europea (BCE) e più in generale sulle dinamiche istituzionali dell'Unione Europea e sui rapporti fra ordinamento europeo ed ordinamenti nazionali [1].

---

[1] Si vedano le pronunce del Tribunale UE, sentenze T-733/16 *Banque Postale/BCE*, T-745/16 *BPCE/BCE*, T-751/16 *Confédération nationale du Crédit mutuel/BCE*, T-757/16 *Société générale/BCE*, T-758/16 *Crédit agricole/BCE* e T-768/16 *BNP Paribas/BCE*, in cui il Tribunale UE ha annullato le decisioni della BCE che aveva rifiutato a diversi istituti di credito francesi la possibilità di escludere dal calcolo del coefficiente di leva finanziaria alcune esposizioni connesse a libretti di risparmio francesi, ritenendo che la BCE fosse incorsa in "errori di diritto e in manifesti errori di valutazione". Possono ricordarsi anche le conclusioni dell'Avvocato generale del 27 giugno 2018, causa C-219/17, *Silvio Berlusconi, Finanziaria d'investimento Fininvest SpA (Fininvest) contro Banca d'Italia, Istituto per la Vigilanza Sulle Assicurazioni (IVASS), con l'intervento di: Ministero dell'Economia e delle Finanze, Banca Mediolanum SpA, Holding Italiana Quarta SpA, Fin. Prog. Italia di E. Doris & C. s.a.p.a., Sirefid SpA, Ennio Doris*, su domanda di pronuncia pregiudiziale proposta dal Consiglio di Stato e relativa alla vigilanza prudenziale sugli enti creditizi ed in particolare sul giudice competente ad esaminare un ricorso contro atti adottati da un'autorità nazionale nel quadro del Meccanismo di

La disciplina dei mercati finanziari, all'interno degli Stati membri dell'Unione Europea, è posta oggi, in gran parte, dalle normative europee e questo effetto è il risultato delle soluzioni escogitate per rispondere agli effetti della crisi finanziaria del 2007-2008. In conseguenza di tale crisi, come noto, alcune situazioni – di grave difficoltà – di non pochi intermediari finanziari hanno indotto ad un radicale ripensamento rispetto alle normative precedenti. Infatti, in tale occasione, alcuni Paesi, allo scopo di evitare la propagazione all'intero sistema della crisi di un singolo soggetto, hanno impegnato ingenti risorse pubbliche, allo scopo di evitare danni all'intero sistema finanziario e – conseguentemente – all'economia reale. Bisogna pertanto ricordare che le normative europee adottate a valle di tale esperienza sono state elaborate con il primo obiettivo di limitare al minimo l'intervento pubblico.

In secondo luogo, si è cercato di alzare il livello di attenzione allo scopo di evitare il prodursi di situazioni di crisi bancaria.

A questo proposito, l'esperienza di intermediari che operavano in più Paesi ha dimostrato la concreta necessità di un coordinamento degli interventi delle singole autorità nazionali e dunque di norme armonizzate e di strumenti appropriati.

In questa direzione hanno operato la direttiva sul risanamento e la risoluzione delle banche e delle imprese di investimento (*Bank Recovery and Resolution Directive*, BRRD) e quella relativa ai sistemi di garanzia dei depositi (*Deposit Guarantee Schemes Directive*, DGSD).

Tali direttive – che hanno definito un quadro armonizzato di regole per la ge-

---

vigilanza unico (e con particolare riguardo al problema del controllo giurisdizionale dei procedimenti amministrativi composti dell'Unione nel caso di acquisizione di una partecipazione qualificata in un ente creditizio). Ma v. anche Tribunale UE, 24 aprile 2018, sentenza nelle cause riunite da T-133 a T-136/16, *Caisses régionales de crédit agricole mutuel Alpes Provence, Nord Midi-Pyrénées, Charente-Maritime e Brie Picardie/Banca centrale europea*, in cui il Tribunale UE ha confermato la correttezza dell'operato della BCE che aveva escluso che la stessa persona possa ricoprire contemporaneamente l'incarico di presidente del consiglio di amministrazione e quello di «dirigente effettivo» negli enti creditizi sottoposti a vigilanza prudenziale. Vedi già il contenuto della pronuncia del Tribunale UE (IV Sez. ampl.), sent. 16 maggio 2017, causa T-122/15, *Landeskreditbank Baden-Württemberg – Förderbank/BCE*, in cui il Tribunale UE ha respinto il ricorso della Landeskreditbank Baden-Württemberg contro il suo assoggettamento alla vigilanza diretta della BCE (ed in cui il Tribunale UE afferma che la BCE ha correttamente qualificato tale banca pubblica tedesca come «soggetto significativo»), al riguardo v. V. LEMMA, *«Too big to escape»: un significativo chiarimento sull'ambito di applicazione del Single Supervisory Mechanism*, in *Riv. trim. dir. ec.*, 2017, n. 2, 75 ss., in cui, di fronte al "tentativo di fuga di una banca tedesca dal meccanismo di vigilanza unico", il Tribunale UE ha affermato "l'unitarietà delle politiche di vigilanza bancaria nell'Eurozona e la loro attuazione attraverso un meccanismo di supervisione caratterizzato dalla *superiorità* della Banca Centrale Europea" ed in cui le attività delle autorità nazionali sono definite forma di «attuazione decentrata di una competenza esclusiva della BCE»; A. PIERINI, *L'Unione bancaria al vaglio del Tribunale dell'Unione Europea: prime indicazioni sulla ripartizione della funzione di vigilanza prudenziale tra BCE ed Autorità nazionali*, in *DPCE on line*, 2017.

stione delle crisi bancarie[2] – hanno posto discipline che seguono gli *standard* internazionali definiti dal "Consiglio per la stabilità finanziaria" (*Financial Stability Board*, FSB).

Tali *standard* sono fondati sulla valenza strategica dei sistemi di risoluzione delle crisi quale strumento di tutela della stabilità finanziaria[3]. A questo fine le due principali linee di azione, rivolte soprattutto ai c.d. "intermediari sistemici" – cioè alle banche che, per dimensione o altri motivi, possono, in caso di crisi, produrre fenomeni di instabilità in tutto il mercato – sono rappresentate:

a) da un lato, dall'obbligo di emettere una quota minima di strumenti di finanziamento che, con la loro conversione in azioni o il loro azzeramento, possano assorbire l'urto della crisi (prima di – e a prescindere da – qualsiasi intervento con fondi pubblici); e,

b) dall'altro lato, dalla predisposizione di "piani di risanamento" (in quanto volti ad individuare le misure che l'intermediario può adottare per scongiurare una crisi) e "piani di risoluzione" (in quanto volti a definire le azioni che le autorità intendono intraprendere per fronte ad una crisi).

Come detto, le normative europee sono state ideate con l'esplicito obiettivo di limitare al minimo l'intervento pubblico. Ed infatti già la comunicazione della Commissione europea del 2013 in materia di aiuti di Stato aveva inasprito le regole per l'adozione di misure pubbliche in favore di banche e aveva introdotto il principio di condivisione degli oneri (*burden sharing*). In base a questo principio qualunque ricapitalizzazione da parte dello Stato non può avvenire prima dell'assorbimento delle perdite, oltre che attraverso il capitale sociale, anche da parte dei titolari di obbligazioni subordinate, mediante la loro conversione in azioni o il loro deprezzamento.

Con l'introduzione delle nuove norme europee è mutato anche l'assetto delle istituzioni deputate alla gestione delle crisi bancarie.

È stato costituito il *Meccanismo di risoluzione unico* (*Single Resolution Mechanism*, SRM), responsabile della gestione accentrata delle crisi bancarie nell'area dell'euro, quale complemento del *Meccanismo di vigilanza unico* (*Single Supervisory Mechanism*, SSM). Al Meccanismo di risoluzione unico si accompagna la costituzione del *Fondo di risoluzione unico* (*Single Resolution Fund*, SRF), avente il compito di finanziare l'applicazione delle misure di risoluzione. Al fine di garantire l'adozione di decisioni tempestive ed efficaci in un quadro che tenga

---

[2] Rispettivamente, Direttive UE/2014/59 e UE/2014/49. La prima è stata recepita in Italia con il d.lgs. n. 180/2015 e il d.lgs. n. 181/2015, la seconda con il d.lgs. n. 30/2016; entrambe hanno comportato modifiche al Tub e al Tuf. Le norme primarie sono state completate da norme attuative (*Regulatory Technical Standards e Implementing Technical Standards*) emanate dalla Commissione europea su proposta dell'Autorità bancaria europea (*European Banking Authority*, EBA).

[3] FSB, *Key Attributes of Effective Resolution Regimes for Financial Institutions*, ottobre 2011.

conto degli interessi di tutti i Paesi, la normativa europea prevede una partecipazione diversificata delle autorità nazionali di risoluzione (*National Resolution Authority*, NRA) alle riunioni del *Comitato di risoluzione unico* (*Single Resolution Board*, SRB), in base alle materie su cui questo è chiamato a decidere [4].

La BRRD attribuisce alle autorità di vigilanza e di risoluzione – in funzione delle rispettive competenze – poteri e strumenti per intervenire in modo tempestivo per evitare le crisi ma anche per elaborare azioni di pianificazione e di gestione delle stesse.

Il sistema è costruito in base all'obiettivo di gestire in modo coordinato eventuali dissesti, con la finalità, oltre che di contenere i costi per le casse pubbliche, di minimizzare le ripercussioni negative sulla stabilità del sistema finanziario (evitando forme di contagio), di preservare la continuità di funzioni essenziali (ad esempio, i servizi di pagamento) e di tutelare i depositanti e gli investitori secondo i principi dettati dalle direttive medesime con riguardo ai meccanismi di indennizzo.

Il ricorso a fondi pubblici, oltre ad essere limitato a circostanze straordinarie, viene ad essere subordinato al c.d. *bail-in*, cioè alla partecipazione alle perdite da parte degli azionisti e dei creditori non garantiti. Questo obiettivo è raggiunto mediante la riduzione – ad opera delle autorità di risoluzione – del valore delle azioni e di alcuni crediti o la loro conversione in azioni al fine di assorbire le perdite e ricapitalizzare la banca in misura idonea a ripristinare un'adeguata dotazione patrimoniale [5].

---

[4] Il Comitato si riunisce in sessioni plenarie (alle quali partecipa, oltre al Presidente e ai quattro membri permanenti, anche un rappresentante per ogni Autorità nazionale di risoluzione, NRA) ed esecutive (Presidente e quattro membri permanenti). La partecipazione alle sessioni esecutive può essere estesa a una o più NRA in ragione della materia oggetto di decisione. Nel caso in cui il Comitato debba deliberare sulla risoluzione di una banca in crisi, è prevista la partecipazione di tutte le NRA solo se risulti necessario un significativo sostegno da parte del Fondo di risoluzione (importi superiori a 5 miliardi di euro).

[5] Allo scopo di assicurare che, in caso di risoluzione, una banca disponga di risorse in grado di assorbire le perdite e di ricostituire il capitale, il nuovo quadro normativo europeo prevede un requisito minimo di fondi propri e altre passività soggette a *bail-in* (*minimum requirement for own funds and eligible liabilities*, MREL). Il *bail-in* si applica seguendo una gerarchia di azioni secondo cui chi investe in strumenti finanziari più rischiosi è chiamato a sostenere prima degli altri le eventuali perdite o la conversione in azioni. I depositi dei clienti al dettaglio sono sempre esclusi dal *bail-in* e protetti da un sistema di assicurazione. Le banche sono tenute ad aderire a sistemi di garanzia, istituiti secondo norme europee uniformi che, in caso di crisi dell'intermediario, garantiscono il rimborso dei depositi detenuti dai clienti fino a un determinato ammontare (attualmente pari a euro 100.000), mediante appositi fondi costituiti con i contributi versati dalle banche. La direttiva sui sistemi di garanzia dei depositi punta ad armonizzare i livelli di tutela offerti dai fondi nazionali di garanzia e le loro modalità di intervento e a eliminare possibili disparità competitive all'interno del mercato unico. La direttiva prevede che: a) gli intermediari versino anticipatamente i propri contributi in modo che i sistemi di garanzia raggiungano, entro la metà del 2024, una dotazione di risorse pari allo 0,8 per cento dei deposi-

Rispetto al quadro normativo preesistente nel nostro Paese[6], la disciplina europea ha arricchito lo strumentario a disposizione delle autorità di regolazione, ma, al tempo stesso, va rilevato che la limitazione di utilizzo di risorse pubbliche ha compresso la flessibilità degli interventi[7].

Inoltre, gli orientamenti interpretativi della Commissione europea in materia di aiuti di Stato[8], congiuntamente al nuovo quadro giuridico europeo in materia di

---

ti protetti; b) i fondi possano ricorrere a contribuzioni straordinarie e a fonti di finanziamento alternative; c) la garanzia sia attivata nei casi di liquidazione degli intermediari, rimborsando i depositanti per importi fino a euro 100.000, entro sette giorni lavorativi dalla data di efficacia del provvedimento che ha disposto la liquidazione coatta dell'intermediario in crisi; d) gli Stati membri, a determinate condizioni, possano consentire ai sistemi di garanzia dei depositanti di utilizzare le loro risorse per dare corso a misure alternative rispetto al rimborso dei depositanti nel contesto delle procedure di insolvenza nazionale. Se previsto dalla legislazione nazionale di recepimento, al ricorrere delle condizioni indicate nella direttiva i sistemi di garanzia possono porre in essere anche misure per prevenire il dissesto degli enti creditizi.

[6] Prima dell'entrata in vigore della BRRD, la gestione delle crisi prevedeva due procedure: l'amministrazione straordinaria, finalizzata alla rimozione delle irregolarità e delle problematiche aziendali dell'intermediario; la liquidazione coatta amministrativa, per realizzare l'uscita dal mercato dell'intermediario in presenza di crisi irreversibili. Nell'amministrazione straordinaria gli organi straordinari subentravano agli esponenti aziendali rimossi dalle cariche nella gestione della banca, consentendo il regolare proseguimento dell'operatività. Tale procedura poteva chiudersi, entro il termine del periodo stabilito, alternativamente con la restituzione agli organi dell'amministrazione ordinaria, con l'acquisizione da parte di altri intermediari o con la messa in liquidazione della banca. Nella liquidazione coatta amministrativa la banca veniva sottoposta ad una procedura concorsuale nella quale gli organi liquidatori, sotto la supervisione della Banca d'Italia, procedevano a liquidare gli attivi dell'intermediario per soddisfare i creditori dell'istituto. Nell'ambito della gestione delle crisi si innestava l'azione dei sistemi di garanzia dei depositanti (SGD), disciplinati dal Tub. Gli SGD erano chiamati a effettuare interventi obbligatori e facoltativi. In caso di liquidazione coatta amministrativa, gli interventi obbligatori consistevano nel rimborso diretto, nei limiti di importo previsti, delle tipologie di depositi stabiliti dalla legge; in alternativa gli SGD potevano finanziare le operazioni di cessione dell'azienda bancaria dell'intermediario in liquidazione coatta, qualora meno oneroso rispetto al rimborso dei depositi. Erano inoltre previsti altri interventi facoltativi svincolati dalla formale apertura della liquidazione coatta amministrativa, attivabili nel caso in cui la banca fosse stata sottoposta ad amministrazione straordinaria e sussistessero prospettive di risanamento. Anche in quest'ultimo caso l'intervento era erogabile solo qualora costituisse un onere minore rispetto a un potenziale intervento in caso di liquidazione.

[7] Al di fuori della risoluzione, il supporto pubblico – quale la ricapitalizzazione precauzionale – è ammesso per rimediare a una grave perturbazione dell'economia di uno Stato membro e preservare la stabilità finanziaria. L'intervento è previsto in caso di esigenze di copertura di una deficienza patrimoniale emersa in occasione di un esercizio di stress test ed è sottoposto a una serie di condizioni, tra cui la solvibilità della banca, il carattere cautelativo e temporaneo dell'intervento stesso e la sua approvazione in base alle regole sugli aiuti di Stato.

[8] La posizione della Commissione (secondo cui gli interventi dei sistemi di garanzia dei depositi alternativi al rimborso dei depositanti – sebbene finanziati dagli intermediari ed espressamente consentiti dalla DGSD – sarebbero assimilabili agli aiuti di Stato e pertanto non com-

risoluzione, hanno determinato un significativo ridimensionamento del ruolo dei sistemi di garanzia dei depositanti nella gestione delle crisi bancarie, con l'effetto di una forte restrizione di possibilità di utilizzo di forme alternative di intervento [9].

Nel 2019 sono entrati in vigore alcune modifiche alla BRRD e la direttiva sull'accesso all'attività degli enti creditizi e sulla vigilanza prudenziale sugli enti creditizi e sulle imprese di investimento (*Capital Requirements Directive*, CRD4), nonché il regolamento sui requisiti prudenziali per gli enti creditizi e le imprese di investimento (*Capital Requirements Regulation*, CRR) e quello sul Meccanismo di risoluzione unico (*Single Resolution Mechanism Regulation*, SRMR) [10].

---

patibili con il quadro europeo di gestione delle crisi bancarie) ha impedito l'effettuazione di interventi preventivi dei sistemi di garanzia e reso più difficile l'adozione di misure alternative al rimborso dei depositanti, imponendo forme di soluzione delle crisi, più costose per i creditori delle banche e per il sistema bancario nel suo complesso. La qualificazione pubblica degli interventi alternativi è stata oggetto di un contenzioso europeo (avviato dall'Italiana nel 2016 e pendente davanti alla Corte di Giustizia), avente ad oggetto una decisione della Commissione del 23 dicembre 2015 in relazione all'intervento del Fondo interbancario di tutela dei depositanti (FITD) a favore della Cassa di Risparmio della Provincia di Teramo spa (Tercas), sottoposta ad amministrazione straordinaria all'epoca dell'intervento. Nel marzo 2019 il Tribunale dell'UE ha annullato la decisione della Commissione e ha ritenuto che l'intervento del Fondo a favore di Tercas non costituisce aiuto di Stato, in quanto non sarebbero ravvisabili né l'impiego di risorse pubbliche, né una decisione imputabile allo Stato (la Commissione europea il 29 maggio 2019 ha presentato appello contro tale sentenza).

[9] La BRRD ha introdotto inoltre un criterio di privilegio per i depositanti (*depositor preference*), in base al quale i crediti dei depositanti e dei sistemi di garanzia dei depositi che a questi si surrogano in caso di rimborso vengono soddisfatti prima rispetto a quelli degli altri creditori ordinari. Tale principio modifica la convenienza dei sistemi di garanzia dei depositanti a intervenire con misure alternative al rimborso dei depositi. Il nuovo quadro riduce il costo del rimborso diretto e rende più difficoltoso il rispetto del principio del minor onere, in base al quale il costo degli interventi alternativi deve essere inferiore a quello derivante dal rimborso diretto dei depositanti.

[10] La Commissione avrebbe dovuto presentare, entro il 1° giugno 2018, una proposta di revisione più estesa della BRRD; il 30 aprile 2019 la Commissione ha pubblicato un rapporto nel quale annunciava di ritenere prematuro l'avvio di un'iniziativa legislativa di revisione delle regole europee in materia di gestione delle crisi, vista la limitata applicazione delle stesse (Commissione europea, *Relazione della Commissione al Parlamento europeo e al Consiglio sull'applicazione e sulla revisione della direttiva 2014/59/UE (direttiva sul risanamento e la risoluzione delle banche) e del regolamento (UE) n. 806/2014 (regolamento sul meccanismo di risoluzione unico), COM(2019) 213 final, 2019*). Nel rapporto la Commissione segnala l'esigenza di avviare un dibattito con le altre istituzioni europee e i vari soggetti interessati, in particolare sulle tematiche relative alla ricapitalizzazione precauzionale, alla previsione di misure di intervento precoce (*early intervention*), all'istituzione di un *backstop* del Fondo di risoluzione unico, all'adozione di misure a sostegno della liquidità in caso di risoluzione, all'armonizzazione delle procedure di liquidazione e la funzionamento dell'SRB. La revisione della BRRD ha riguardato principalmente la disciplina del requisito MREL, integrata con l'introduzione di un ulteriore requisito analogo a quello previsto per le banche a rilevanza sistemica globale negli *standard* emanati dall'FSB: al riguardo v. FSB, *Principles on loss-absorbing and recapitalisation capacity of G-SIBs in resolution. Total loss absorbing capacity (TLAC) principles and term sheet*, 2015.

Dal 2015 la Banca d'Italia riveste [11], nell'ambito del Meccanismo unico di risoluzione, il ruolo di autorità nazionale di risoluzione (NRA). Il Comitato di risoluzione unico (SRB) definisce i piani di risoluzione delle crisi delle banche significative o con operatività in più Paesi dell'area dell'euro e delle principali società di intermediazione mobiliare (SIM) e, qualora la crisi sia irreversibile, valuta l'applicazione delle misure di risoluzione (sottoponendole alle valutazioni della Commissione europea e, in alcuni casi, del Consiglio europeo). Le singole NRA, oltre a contribuire alle decisioni dell'SRB, seguono l'attuazione a livello nazionale delle concrete misure di risoluzione per le banche di competenza e sono responsabili della gestione delle crisi delle banche meno significative e degli intermediari non bancari soggetti alla vigilanza.

In qualità di autorità nazionale di risoluzione, la Banca d'Italia, in autonomia o in collaborazione con l'SRB, programma le modalità di gestione delle crisi, attraverso la predisposizione di piani di risoluzione che individuano le funzioni critiche della banca nonché la strategia e gli strumenti di risoluzione da applicare in caso di crisi.

Il quadro normativo delineato dalla BRRD prevede, oltre a una procedura armonizzata a livello europeo (la risoluzione), la possibilità di gestire una crisi ricorrendo a una procedura di insolvenza nazionale (in Italia, la liquidazione coatta amministrativa).

La risoluzione può essere attuata attraverso diversi strumenti, anche in combinazione fra loro [12].

Se non sussiste un interesse pubblico, la Banca d'Italia propone al MEF la liquidazione coatta amministrativa, che comporta l'uscita dell'intermediario dal mercato con il trasferimento di attività e passività a un acquirente idoneo a proseguirne la gestione [13] (oppure, se la cessione non è possibile, attraverso la liquida-

---

[11] La Banca d'Italia è stata designata autorità nazionale di risoluzione con il d.lgs. n. 72/2015 e con la legge n. 114/2015 (legge di delegazione europea 2014). A questo fine, all'interno della Banca d'Italia, è stata costituita l'Unità di risoluzione e gestione delle crisi, che opera alle dipendenze del Direttorio e che agisce in condizioni di indipendenza e assicura i necessari collegamenti informativi con la funzione di vigilanza. È stato istituito anche un Comitato consultivo per la risoluzione e gestione delle crisi (con funzioni consultive e di supporto al Direttorio), composto dall'Avvocato generale (Presidente), dal Capo del Dipartimento Vigilanza bancaria e finanziaria e dal Capo dell'Unità di risoluzione e gestione delle crisi.

[12] In Italia la nuova procedura di risoluzione ha avuto applicazione nel 2015 in relazione a quattro banche che versavano in uno stato di dissesto: Banca delle Marche spa, Cassa di Risparmio di Ferrara spa, Cassa di Risparmio della Provincia di Chieti spa e Banca Popolare dell'Etruria e del Lazio società cooperativa. Il programma di risoluzione delle banche ha previsto: la cessione delle aziende bancarie a quattro enti-ponte di nuova costituzione (*bridge banks*) in vista della loro successiva collocazione sul mercato; la cessione dei crediti in sofferenza dagli enti-ponte a una neocostituita società veicolo per la gestione delle attività (REV Gestione Crediti spa); l'intervento del Fondo nazionale di risoluzione (FNR) per il finanziamento delle misure di risoluzione.

[13] Nel 2017 il MEF, su proposta della Banca d'Italia, ha disposto la liquidazione coatta ammi-

zione dell'attivo e il pagamento dei creditori, nei limiti in cui la realizzazione dell'attivo lo consenta).

Il *Fondo di risoluzione unico* (*Single Resolution Fund*, SRF) è alimentato con contributi annuali delle banche e delle SIM dell'area dell'euro sottoposte all'SRM; se necessario, possono essere richiesti versamenti addizionali. La sua dotazione può essere incrementata con finanziamenti e con i ricavi derivanti dall'investimento delle proprie risorse [14].

Nel 2015 la Banca d'Italia – in attuazione delle norme di recepimento della BRRD – ha costituito il *Fondo nazionale di risoluzione* (FNR), finalizzato appunto alla messa a disposizione dei mezzi finanziari necessari a conseguire gli obiettivi delle procedure di risoluzione. Il Fondo nazionale di risoluzione è alimentato dai contributi versati dagli intermediari italiani ed il relativo patrimonio è distinto da quello della Banca d'Italia (e da ogni altro patrimonio dalla stessa gestito).

La Banca d'Italia vigila sui sistemi di garanzia dei depositanti, controllando i sistemi di garanzia nazionali (Fondo interbancario di tutela dei depositi e Fondo di garanzia dei depositanti del credito cooperativo) [15], tenendo conto delle linee guida emanate dall'EBA e nel rispetto degli atti delegati adottati dalla Commissione europea. La Banca d'Italia può anche emanare disposizioni che specificano le modalità di attuazione della normativa relativa ai sistemi di garanzia dei depositi.

La stabilità del sistema finanziario si fonda sulla fiducia di tutti gli operatori che vi partecipano: risparmiatori, investitori, banche, altri intermediari, gestori delle infrastrutture di mercato.

La stabilità finanziaria va tutelata sia a livello microeconomico che a livello macroeconomico.

---

nistrativa per Veneto Banca spa e Banca Popolare di Vicenza spa: per entrambe la BCE aveva accertato lo stato di "dissesto o rischio di dissesto" e l'SRB aveva deciso che non ricorresse, ai sensi della normativa europea, interesse pubblico ad avviare una procedura di risoluzione.

[14] Nel caso in cui i contributi dovuti non siano immediatamente accessibili o non siano sufficienti, l'SRB può contrarre prestiti o altre forme di finanziamento presso terzi; ove le risorse siano ancora insufficienti, può ricorrere a finanziamenti pubblici. Gli Stati membri partecipanti all'Unione bancaria hanno approvato nel dicembre 2015 un accordo in forza del quale ciascun Paese può fornire all'SRB una linea di credito per sostenere il proprio comparto nazionale nell'SRF, con l'obiettivo di assicurare la pronta disponibilità delle risorse necessarie. Le linee di credito nazionali vengono utilizzate una volta esaurite le altre fonti di finanziamento disponibili e gli Stati avranno il diritto di rivalersi sul settore bancario nazionale per l'importo dei contributi anticipati.

[15] La Banca d'Italia convalida i sistemi di garanzia approvandone gli statuti e i modelli interni di determinazione dei contributi dovuti dalle banche aderenti; verifica la scelta compiuta dai sistemi di tutela dei depositi in sede statutaria circa la possibilità che i contributi possano assumere anche la forma di impegni di pagamento e si assicura che questi ultimi siano conformi agli orientamenti emanati in materia. I sistemi hanno l'obbligo di effettuare periodiche prove di resistenza della propria capacità di intervento.

La *vigilanza microprudenziale* mira ad assicurare che i singoli intermediari vengano gestiti in modo sano e prudente.

La *vigilanza macroprudenziale* considera il sistema finanziario nel suo insieme, partendo dalla constatazione che le reti di interconnessioni tra gli intermediari e le loro controparti crea rischi aggiuntivi rispetto a quelli assunti dai singoli partecipanti. Fra questi rischi – che, in quanto rischi sistemici, possono interagire tra loro, aggravando l'impatto complessivo sul sistema finanziario e riguardo ai quali la prudenza del singolo intermediario non può mai essere sufficiente ad evitarli – i principali sono quelli:

– di contagio: che deriva dai legami fra operatori e mercati per cui il fallimento di un operatore può ripercuotersi sui suoi creditori, determinando fallimenti a catena;

– di concentrazione: che si realizza quando un sistema è eccessivamente esposto nei confronti di un comparto di attività (ad esempio del mercato immobiliare, o di determinati segmenti di rischio, quali le fluttuazioni del tasso di cambio);

– di prociclicità: che si determina quando un eccesso di fiducia può alimentare "bolle speculative" ed in cui lo "scoppio della bolla" può avere conseguenze gravissime su tutto il sistema finanziario.

Nell'Unione Europea, per assicurare una sorveglianza coerente e adeguata dei mercati finanziari (in particolare dopo l'esperienza della crisi del 2007-2008) è stato costituito il *Sistema europeo di vigilanza finanziaria* (SEVIF, in inglese *European System of Financial Supervision*, ESFSF).

Il SEVIF comprende un pilastro microprudenziale, composto dalle autorità di vigilanza settoriali nazionali ed europee [16], ed uno macroprudenziale.

Il pilastro macroprudenziale è costituito dal *Comitato europeo per il rischio sistemico* (*European Systemic Risk Board*, ESRB), che ha il compito di identificare, monitorare e valutare i rischi per il sistema finanziario europeo ed eventualmente di emanare segnalazioni e raccomandazioni agli Stati membri e alle autorità di vigilanza nazionali.

I poteri di vigilanza macroprudenziale sono attribuiti innanzitutto, sia pure in un quadro di coordinamento europeo, alle autorità nazionali. A ciascun Paese è stato quindi prescritto di istituire un'autorità per il coordinamento delle politiche macroprudenziali a livello nazionale [17]. Successivamente la normativa europea, nell'in-

---

[16] Si tratta dell'Autorità bancaria europea (*European Banking Authority*, EBA), dell'Autorità europea degli strumenti finanziari e dei mercati (*European Securities and Markets Authority*, ESMA) e dell'Autorità europea delle assicurazioni e delle pensioni aziendali e professionali (*European Insurance and Occupational Pensions Authority*, EIOPA).

[17] Raccomandazione ESRB/2011/3. Tale autorità non è stata ancora costituita in Italia. Il d.lgs. previsto dalla legge n. 170/2016, che delegava il Governo a costituire un Comitato italiano per le politiche macroprudenziali, composto da Banca d'Italia, Commissione nazionale per le società e la borsa (Consob), Istituto per la vigilanza sulle assicurazioni (Ivass) e Commissio-

trodurre per la prima volta strumenti macroprudenziali armonizzati per il settore bancario, ha imposto agli Stati membri di individuare le autorità nazionali designate ad applicarli [18]: nel nostro Paese l'autorità designata è la Banca d'Italia [19].

Con la costituzione del *Meccanismo di vigilanza unico* (*Single Supervisory Mechanism*, SSM) sono stati attribuiti poteri macroprudenziali anche alla Banca centrale europea (BCE), che può adottare misure armonizzate più restrittive rispetto a quelle nazionali al fine di contrastare l'eventuale inefficacia di queste ultime e le possibili ripercussioni negative sulla stabilità di altri sistemi dell'area dell'euro.

Per conseguire l'obiettivo finale della stabilità del sistema finanziario, la Banca d'Italia individua e persegue obiettivi intermedi di politica macroprudenziale, valutandone periodicamente l'adeguatezza rispetto all'evoluzione del sistema finanziario e all'insorgere di nuove fonti di rischio sistemico [20].

Gli obiettivi intermedi, in linea con quelli raccomandati a livello europeo, sono:

– evitare o attenuare un'espansione eccessiva del credito e della leva finanziaria degli intermediari, delle famiglie e delle imprese [21];
– ridurre forti disallineamenti delle scadenze degli intermediari e carenze di liquidità del mercato [22];
– limitare la concentrazione delle esposizioni del sistema verso specifici comparti o segmenti di rischio;
– contenere il rischio di azzardo morale da parte di istituzioni a rilevanza sistemica dovuto all'esistenza di incentivi distorti, quale l'implicita garanzia che la

---

ne di vigilanza sui fondi pensione (Covip), nonché, come osservatori, Ministero dell'Economia e delle finanze e Autorità garante della concorrenza e del mercato (AGCM), non è stato attuato entro i termini previsti (settembre 2017).

[18] Direttiva UE/2013/36 sull'accesso all'attività degli enti creditizi e sulla vigilanza prudenziale sugli enti creditizi e sulle imprese di investimento (*Capital Requirements Directive*, CRD4); Regolamento UE/2013/575 sui requisiti prudenziali per gli enti creditizi e le imprese di investimento (*Capital Requirements Regulation*, CRR).

[19] D.lgs. n. 385/1993, art. 53-ter.

[20] Raccomandazione ESRB/2013/1 sugli obiettivi intermedi e gli strumenti di politica macroprudenziale.

[21] Ciò in considerazione del fatto che le politiche creditizie degli intermediari, in particolare delle banche, possono essere procicliche e amplificare l'impatto di shock finanziari negativi e che elevati livelli di indebitamento di famiglie e imprese possono tradursi in difficoltà da parte di questi operatori a ripagare i debiti, con ripercussioni negative sulla qualità degli attivi bancari e sulla stabilità del sistema finanziario.

[22] Le banche, approvvigionandosi attraverso la raccolta di depositi a breve termine e finanziando progetti a più lunga scadenza, sono esposte al rischio di rifinanziamento, che tende ad aumentare con il prevalere di situazioni di eccessivo disallineamento delle scadenze e può costringere gli intermediari a vendere attività in condizioni di scarsa liquidità, innescando meccanismi di panico e di contagio finanziario.

banca verrebbe salvata con un intervento pubblico in quanto "troppo grande per fallire" (*too big to fail*);

– rafforzare la tenuta delle infrastrutture finanziarie.

La Banca d'Italia ha sviluppato indicatori e modelli analitici per individuare le minacce alla stabilità del sistema finanziario e valutare l'attivazione di strumenti macroprudenziali [23]. Nello svolgimento dell'analisi delle condizioni finanziarie dell'Italia, la Banca d'Italia si avvale anche di altri indicatori (ad es., il tasso di disoccupazione, il tasso di inflazione, le caratteristiche e la sostenibilità del debito pubblico e dei conti con l'estero) legati all'andamento del ciclo economico.

Annualmente la Banca d'Italia – utilizzando una metodologia coerente con quanto stabilito a livello internazionale dal *Comitato di Basilea per la vigilanza bancaria* e dal *Consiglio per la stabilità finanziaria* (*Financial Stability Board*, FSB) [24] – identifica, sulla base della normativa europea [25], le banche autorizzate in Italia aventi rilevanza sistemica nazionale (*Other Systemically Important Institutions*, O-SII), nonché quelle a rilevanza sistemica globale (*Global Systemically Important Institutions*, G-SII).

La Banca d'Italia può attivare strumenti di vigilanza macroprudenziale per prevenire o mitigare i rischi sistemici, come individuati dalla normativa europea [26]. La Banca d'Italia ha anche la facoltà di introdurre strumenti macropruden-

---

[23] I risultati di queste analisi sono illustrati nel "*Rapporto sulla stabilità finanziaria*" pubblicato semestralmente. I Rapporti sono basati su un sistema di indicatori quantitativi (*risk dashboard*) per la sorveglianza sui rischi per la stabilità finanziaria, che prende spunto dagli schemi di rilevazione utilizzati dall'Eurosistema e dall'ESRB. Gli indicatori sono organizzati in tabelle in modo da evidenziare i diversi livelli di rischio. L'insieme degli indicatori ha lo scopo di segnalare in anticipo l'insorgere di rischi legati a una crescita eccessiva del credito, spesso all'origine di bolle immobiliari o finanziarie. L'indicatore principale per l'analisi del ciclo finanziario – definito dal Comitato di Basilea, recepito nella normativa europea e calcolato periodicamente – misura lo scostamento dalla tendenza di lungo periodo del rapporto tra credito e prodotto interno lordo.

[24] Regolamento delegato UE/2014/1222 della Commissione europea che precisa la metodologia per l'individuazione degli enti a rilevanza sistemica a livello globale e per la definizione delle sottocategorie di enti a rilevanza sistemica a livello globale.

[25] CRD4 e Orientamenti dell'Autorità bancaria europea sui criteri per determinare le condizioni di applicazione dell'art. 131, paragrafo 3, della Direttiva UE/2013/36 per quanto riguarda la valutazione di altri enti a rilevanza sistemica (O-SII) (ABE/GL/2014/10).

[26] Il principale strumento macroprudenziale armonizzato consiste nella possibilità di imporre alle banche di mantenere una riserva di capitale anticiclica (*countercyclical capital buffer*). La misura può essere introdotta o inasprita nelle fasi espansive del ciclo finanziario per attenuare i rischi di crescita eccessiva del credito. Nelle fasi di contrazione viene consentito alle banche di attingere a questo cuscinetto di capitale aggiuntivo, in modo da alleviare la riduzione dell'offerta di finanziamenti che tipicamente si registra nelle fasi meno favorevoli del ciclo. Altri strumenti armonizzati a livello europeo rendono possibile imporre ponderazioni del rischio più elevate per contrastare l'accumularsi di concentrazioni del credito verso il comparto

ziali ulteriori rispetto a quelli previsti dalle norme europee. Tra questi rientrano l'imposizione di limiti al rapporto tra valore del prestito e del bene dato in garanzia (*loan-to-value*) o al rapporto tra valore del prestito e reddito del debitore (*loan-to-income*).

Sino alla crisi finanziaria del 2007-2008, le politiche dell'UE in materia di vigilanza del sistema bancario erano state ispirate ad una progressiva – ancorché minima né particolarmente accelerata – armonizzazione delle legislazioni nazionali. Tale armonizzazione, unitamente al principio del mutuo riconoscimento, aveva ridotto solo parzialmente le distanze tra le singole discipline statali. E, nonostante l'introduzione di meccanismi di cooperazione e di coordinamento sovranazionali, il legislatore europeo non aveva mai messo in discussione la conduzione nazionale delle politiche di vigilanza e di supervisione nei confronti delle imprese bancarie, politiche rimaste prerogativa dei singoli Stati membri.

In tale prima fase il modello di vigilanza "armonizzata" aveva favorito nell'eurozona l'avvio del processo di integrazione finanziaria. Si era così registrata, all'interno del mercato bancario-finanziario europeo (mercato a sua volta in *progress*), una significativa apertura e conseguenzialmente una crescita della circolazione degli istituti bancari. Ed infatti numerose banche di vari Paesi UE, anche a seguito dell'adozione della moneta unica, avevano ampliato la rispettiva quota di mercato transfrontaliero all'interno dell'eurozona, venendo così ad assumere le caratteristiche di operatori bancario-finanziari sovranazionali.

Questa peculiarità (la transnazionalità) di tali operatori finanziari ha determinato la possibilità per gli stessi di aumentare la propria capacità di sottrarsi ai poteri di controllo delle nazionali autorità di vigilanza, ma anche degli organismi europei di coordinamento, anch'essi rivelatisi di fatto inadeguati rispetto all'esigenza di concreta vigilanza del sistema bancario-finanziario europeo. Ed ovviamente tale situazione faceva crescere il rischio che la crisi di una singola impresa bancaria, in quanto sovranazionale e transfrontaliera, potesse causare una destabilizzazione finanziaria con riguardo a più Stati se non addirittura sistemica per tutta l'Unione Europea.

Il Trattato di Maastricht affidava la politica monetaria alla BCE, mentre lasciava la vigilanza prudenziale in capo alle singole autorità nazionali. Questa scelta determinava rilevanti criticità derivanti proprio dall'assetto frammentato della *supervision* bancaria la quale, a fronte di un mercato bancario-finanziario europeo (o sempre più "europeo"), era invece svolta all'interno dei perimetri nazionali.

La constatazione di tale inadeguatezza, discendente dalla frammentazione del sistema di vigilanza armonizzata, spinge le istituzioni europee, agli inizi del nuovo secolo, ad avviare un percorso di riforme, in cui il primo passo fu rappresentato dalla nomina di un Comitato di tecnici, presieduto da Alexander Lamfalussy.

immobiliare e stabilire riserve aggiuntive di capitale per le istituzioni creditizie di rilevanza sistemica a livello globale o nazionale.

Tale Comitato era chiamato a valutare l'esigenza di riforma del meccanismo di armonizzazione alla luce dell'intervenuta crescita del mercato europeo dei valori mobiliari.

Il "*Rapporto Lamfalussy*" mirava a rafforzare il quadro europeo di vigilanza (regolazione e controllo) del settore bancario-finanziario, ma continuando ad assegnare ai singoli Paesi UE la vigilanza sul settore bancario-finanziario, secondo il principio dell'*home country control*, con conseguente (e perdurante) marginalizzazione del ruolo degli organismi europei cui continuavano ad essere assegnati compiti di cooperazione e/o di coordinamento fra i singoli Stati membri.

La crisi finanziaria del 2007/2008 ha drammaticamente messo in luce la fragilità di un meccanismo frammentato di vigilanza "armonizzata" con la conseguenza di rischi di tenuta della stabilità finanziaria dell'intera eurozona in ragione del rischio di insolvenza dei debiti sovrani di alcuni Stati membri. La crisi ha definitivamente confermato la necessità di accompagnare l'integrazione del mercato bancario e finanziario europeo con la definizione di regole comuni volte ad assicurare un'adeguata vigilanza ed un'efficace supervisione.

Proprio allo scopo di superare le carenze della vigilanza armonizzata, carenze confermate dalla crisi finanziaria, la Commissione europea affidava ad un nuovo Comitato tecnico (c.d. "*Comitato de Larosière*", dal nome del presidente dello stesso Jacques de Larosière) il compito di formulare proposte in merito al riassetto della regolazione europea del settore bancario e finanziario.

Il "*Rapporto de Larosière*", pur ritenuto da alcuni troppo "timido" in ragione della mancata prospettazione di un'unica autorità sovranazionale di *supervision* sul sistema bancario europeo, riconosceva che l'opzione politico-istituzionale scelta in precedenza – in cui la normativa europea lasciava ampi spazi di manovra alla discrezionalità dei legislatori nazionali – dava vita ad un sistema europeo di vigilanza debole in ragione dell'assenza di un'adeguata supervisione macro-prudenziale, con conseguente mancanza – o inefficacia – di meccanismi di allarme precoce, nonché difficoltà – se non impossibilità – di decisioni comuni nei Comitati ed organismi europei di cooperazione.

Il "*Rapporto de Larosière*" delinea quella distinzione – tra vigilanza di tipo macro-prudenziale e vigilanza di tipo micro-prudenziale – che troverà attuazione nei provvedimenti normativi successivi, ma soprattutto va ascritto a merito del "*Rapporto de Larosière*" l'inserimento del controllo di tipo macro-prudenziale non solo nei confronti del settore bancario ma di tutti i settori della finanza e tenendo conto al contempo dell'intero contesto macroeconomico.

Proprio recependo l'impianto del "*Rapporto de Larosière*", la Commissione europea decideva di istituire, nel 2010, il Sistema Europeo di Vigilanza Finanziaria (SEVIF), articolato su un organismo con funzioni di vigilanza macro-prudenziale e con il compito di individuare in via preventiva il rischio sistemico (*European Systemic Risk Board*, ESRB) e su tre Autorità indipendenti (l'*European Banking Authority*, EBA; la *European Securities and Markets Authority*, ESMA; e la *European Insurance and Occupational Authority*, EIOA), incaricate del coordinamento della vigilanza micro-prudenziale rispettivamente nel settore bancario, in quello finanziario ed in quello assicurativo.

La creazione del SEVIF consentiva, grazie al rafforzamento della cooperazione fra Stati membri e fra Stati membri e UE, il superamento del precedente sistema frammentato di vigilanza. Ma l'istituzione del SEVIF, anche in ragione dell'aggravarsi della crisi economico-finanziaria che, a sua volta, aveva determinato una crisi dei debiti sovrani di alcuni Stati membri (con conseguente rischio di stabilità finanziaria dell'intera UE), non aveva consentito il superamento delle criticità del preesistente assetto di vigilanza. Matura così, all'interno delle istituzioni dell'Unione Europea, la decisione di agire nella direzione della realizzazione di un sistema di vigilanza europea capace di prevenire, fronteggiare e risolvere i rischi del sistema bancario europeo con regole unitarie e con strumenti uniformi (la c.d. *Banking Union*).

E così nel luglio 2012, nel c.d. "*Rapporto Van Rompuy*", al fine di superare la segmentazione del sistema bancario europeo, era delineata la creazione di un'Unione bancaria basata su regole comuni (soprattutto con riguardo alla risoluzione delle crisi bancarie con la previsione dell'istituzione di uno schema comune di garanzia dei depositi) e su un meccanismo centralizzato di vigilanza del sistema bancario. La Commissione europea, nel settembre 2012, proponeva dunque l'adozione di atti normativi europei che miravano ad introdurre, in materia, un *corpus iuris* comune destinato a disciplinare sia la risoluzione delle crisi bancarie che la garanzia dei depositi ed a dare nuovo assetto alla vigilanza prudenziale assegnando alla BCE le relative funzioni.

Si giunge così all'adozione degli atti normativi europei del 2013 e del 2014 che hanno introdotto:

– regole uniformi sui requisiti prudenziali delle banche e delle imprese di investimento (Regolamento UE n. 575/2013);
– un'elevata armonizzazione delle norme sull'accesso all'attività bancaria e sulla vigilanza prudenziale sulle banche ed imprese di investimento (Direttiva 2013/36/UE);
– l'istituzione di un Meccanismo di vigilanza unico (SSM. *Single Supervisory Mechanism*, Regolamento UE n. 1024/2013);
– regole comuni per la risoluzione delle crisi bancarie (Direttiva 2014/59/UE, nota come BRRD, *Bank Recovery and Resolution Directive*);
– l'istituzione del Comitato di risoluzione unico (Regolamento UE n. 806/2014);
– e, infine, un quadro di regole comuni sui sistemi di garanzia dei depositi (DGS *Deposite Guarantee Scheme*, Direttiva 2014/49/UE).

Si registra così, da un lato, la creazione di nuovi soggetti e, dall'altro lato, l'introduzione di nuove regole ricomprese all'interno di un unico sistema di norme prudenziali armonizzate (il c.d. *single rulebook*), regole che in gran parte hanno effetto diretto all'interno degli Stati membri dell'Unione Europea.

Il Sistema europeo di vigilanza finanziaria (SEVIF), come detto, è stato istituito nel 2010 fra tutti gli Stati aderenti all'Unione Europea e dall'Unione bancaria creata tra gli Stati membri dell'eurozona (ma ricordiamo che all'Unione bancaria possono partecipare volontariamente anche altri Stati dell'Unione Europea che non abbiano adottato l'euro quale valuta nazionale).

La struttura del SEVIF è articolata, perché comprende:

a) l'*European Systemic Risk Board* (ESRB) cha ha competenze in materia di vigilanza macroprudenziale;

b) da tre ulteriori autorità incaricate del coordinamento della vigilanza prudenziale nei tre diversi settori interessati (bancario, assicurativo e finanziario):

1) l'Autorità bancaria europea (ABE; *European Banking Authority*, EBA);

2) l'Autorità europea delle assicurazioni e delle pensioni aziendali e professionali (AEAP; *European Insurance and Occupational Pensions Authority*, EIOPA);

3) l'Autorità europea degli strumenti finanziari e dei mercati (AESFEM; *European Securities and Markets Authority*, ESMA);

c) il Comitato congiunto delle tre autorità di settore;

d) le autorità nazionali dei singoli Stati membri.

L'Unione bancaria dell'Unione Europea, istituita tra gli Stati membri dell'eurozona (ma, come detto, all'Unione bancaria possono partecipare volontariamente anche altri Stati membri dell'Unione Europea la cui valuta nazionale non sia l'euro), è fondata su un "Meccanismo di vigilanza unico" e un "Meccanismo di risoluzione unico".

Il "*Meccanismo di vigilanza unico*" (MVU o *Single Supervisory Mechanism*, SSM) prevede l'esercizio congiunto di poteri di vigilanza sulle banche da parte della BCE (mediante il Consiglio di sorveglianza) e da parte delle autorità di vigilanza nazionali degli Stati membri dell'UE che abbiano adottato l'euro (nonché degli Stati membri esterni all'area euro che decidano comunque di aderirvi).

La BCE vigila direttamente sulle banche c.d. "significative" mentre le restanti banche sono soggette alla vigilanza delle autorità nazionali, le quali operano in base agli indirizzi formulati dalla BCE che svolge comunque un'azione di supervisione sulla base delle informazioni trasmesse dalle autorità di vigilanza nazionali; alla BCE è comunque rimesso il potere di assumere la vigilanza diretta anche sulle banche c.d. "meno significative" laddove lo ritenga necessario.

Il *Meccanismo di vigilanza unico* (MVU)[27] costituisce dunque il sistema europeo di vigilanza bancaria e ricomprende sia la BCE che le autorità di vigilanza nazionali degli Stati membri dell'UE che abbiano adottato l'euro nonché degli altri Stati membri che intendano parteciparvi.

---

[27] Tutti i Paesi dell'area dell'euro aderiscono automaticamente all'MVU. Gli altri Stati membri dell'UE che non utilizzano l'euro come valuta nazionale possono decidere di prendervi parte. A tal fine, le rispettive autorità di vigilanza nazionali instaurano una "cooperazione stretta" con la BCE. La BCE e le autorità di vigilanza nazionali degli Stati membri dell'UE che non partecipano all'MVU possono fissare in un memorandum d'intesa le modalità di cooperazione in materia di vigilanza.

Il Meccanismo di vigilanza unico ha come principale obiettivo la salvaguardia della sicurezza e della solidità del sistema bancario europeo e questo fine è perseguito accrescendo l'integrazione e la stabilità finanziarie ed assicurando una vigilanza adeguata e coerente.

Infatti anche la vigilanza bancaria europea mira a rafforzare la capacità di tenuta delle banche al fine di mantenere alta la fiducia nel settore bancario europeo. E alla BCE spetta sovrintendere alla vigilanza bancaria europea attraverso l'applicazione della regolamentazione vigente in materia e delle politiche di vigilanza, nonché mediante l'adozione di specifiche azioni di vigilanza e di misure correttive armonizzate. La BCE, in collaborazione con le autorità di vigilanza nazionali, viene così ad essere responsabile del funzionamento e dell'efficacia della vigilanza bancaria europea.

La vigilanza ordinaria sulle banche c.d. "significative" è affidata a "*Gruppi di vigilanza congiunti*" (GVC, cui partecipano esperti sia della BCE che delle autorità di vigilanza nazionali), mentre le banche c.d. "meno significative" continuano ad essere sottoposte alla vigilanza delle rispettive autorità nazionali, le quali comunque agiscono in stretta collaborazione con la BCE (la quale, allo scopo di assicurare elevati *standard* di vigilanza, può sempre decidere di assumere la vigilanza diretta di un qualsiasi istituto bancario).

Il "*Meccanismo di risoluzione unico*" (MRU o *Single Resolution Mechanism*, SRM) persegue innanzitutto l'obiettivo di un'efficiente risoluzione delle crisi che coinvolgono le banche in dissesto al fine di contenere i costi per i contribuenti e per l'intero sistema economico.

In base al "Meccanismo di risoluzione unico", la risoluzione delle crisi delle banche degli Stati aderenti al "Meccanismo di vigilanza unico" è gestita – secondo regole armonizzate – da un'autorità di risoluzione unica (il "*Comitato di risoluzione unico*"; *Single Resolution Board*, SRB) o dalle autorità di risoluzione nazionali, nell'ambito di istruzioni e orientamenti comuni stabiliti dal Comitato, e può essere finanziata da un fondo unico che è alimentato dai contributi versati dalle banche stesse.

Il "Meccanismo di risoluzione unico" è dunque un insieme di regole volte ad assicurare la regolamentazione, la vigilanza ed il governo del settore finanziario di tutti gli Stati membri dell'UE. Esso comprende le disposizioni concernenti i requisiti patrimoniali, i processi relativi al risanamento e alla risoluzione e l'insieme armonizzato dei sistemi nazionali di garanzia dei depositi.

Il "Comitato di risoluzione unico" assicura procedure decisionali rapide.

Spetta alla BCE, quale autorità di vigilanza, decidere se una banca sia in dissesto o a rischio di dissesto.

Le norme europee in materia di risanamento e risoluzione delle banche (direttive sul risanamento e la risoluzione delle banche: Direttiva 2014/59/EU del 15 maggio 2014, c.d. BRRD I, e Direttiva 2019/879/UE del 20 maggio 2019, c.d. BRRD II) mirano innanzitutto a prevenire le crisi bancarie e, in secondo luogo, ad assicurare una risoluzione ordinata delle banche in dissesto, allo scopo di ridurne l'impatto sulle finanze pubbliche (istituendo norme di *bail-in*) e sull'economia reale (istituendo fondi di risoluzione, finanziati dal settore bancario, per fornire sostegno alle banche in dissesto, quando necessario). Tali norme assegnano dunque alle autorità nazionali poteri funzionali ad elaborare risposte efficaci nei confronti di banche in dissesto o a rischio di dissesto.

Il vigente quadro normativo prevede tre distinti livelli in cui le autorità nazionali sono chiamate ad affrontare le crisi bancarie:

1) prevenzione;
2) intervento precoce;
3) risoluzione.

Con riguardo alla fase di prevenzione, la normativa assegna a tutte le banche presenti nell'Unione il compito di elaborare piani di risanamento che devono essere aggiornati ogni anno. Le autorità nazionali devono approntare, per ciascuna banca, "piani di risoluzione". Ciascuno Stato membro deve istituire un "fondo di risoluzione", finanziato dal settore bancario, da utilizzare in caso di dissesto. I contributi annuali delle banche si basano sulle passività e sui rischi assunti dalle stesse. Il fondo di risoluzione è destinato a fornire sostegno temporaneo (sotto forma di prestiti, garanzie, acquisto di attività o capitale per enti-ponte) alle banche di cui si renda necessaria la risoluzione. Il fondo di risoluzione può essere utilizzato per indennizzare azionisti o creditori solo se le perdite di questi ultimi nel contesto della procedura di *bail-in* abbiano superato le perdite che avrebbero subito nel contesto delle procedure di insolvenza. Solo in casi eccezionali (e definiti dalla direttiva) il fondo di risoluzione può essere utilizzato per assorbire le perdite o ricapitalizzare una banca.

Con riguardo al c.d. "intervento precoce", da realizzare quando la banca è in dissesto o viola i requisiti patrimoniali, la normativa europea assegna alle autorità nazionali il compito di intervenire prima che la situazione di una banca si deteriori irreparabilmente. A questo fine l'autorità nazionale deve porre in essere azioni finalizzate ad assicurare la continuità dei servizi essenziali della banca ed il risanamento della stessa. A questo scopo l'autorità nazionale può richiedere alla banca l'attuazione di riforme urgenti oppure di elaborare un piano per la ristrutturazione del debito. L'autorità nazionale può anche modificare la gestione della banca, nominando amministratori straordinari o temporanei.

Con riguardo alla c.d. "risoluzione", da attuare quando la banca non è più economicamente sostenibile, la normativa europea assegna crescenti poteri all'autorità nazionale, nel caso in cui la situazione della banca sia così critica da far ritenere irrealistico il risanamento della stessa entro un adeguato periodo di tempo: da quello di vendere una parte dell'attività oppure di istituire un ente-ponte per proseguire le funzioni più importanti (anche trasferendo temporaneamente le attività sane della banca ad un ente gestito da enti pubblici) a quello di separare le attività sane da quelle deteriorate (trasferendo le attività compromesse a specifici organismi di gestione) fino a quello di attuare misure di *bail-in* (convertendo il debito in azioni o svalutandolo e scaricando le perdite secondo un ordine stabilito, agli azionisti e ai creditori della banca).

Quando una banca è oggetto di risoluzione, i costi sono sostenuti in primo luogo dagli azionisti e dai creditori della banca medesima (c.d. "*bail-in*") e quindi coperti da un fondo di risoluzione. I depositi di persone fisiche o di piccole e medie imprese (che occupano l'ultimo posto nella procedura di *bail-in*) fino a centomila euro sono esenti da qualsiasi perdita e protetti dal sistema di garanzia dei depositi. Gli altri tipi di passività esclusi in via permanente dal *bail-in* sono i depositi protetti e le obbligazioni garantite. Il fondo di risoluzione può essere usato solo quando siano state imputate agli azionisti e ai creditori di una banca perdite per almeno l'otto per cento delle passività totali della banca stessa. Il contributo del fondo è limitato al 5 per cento delle passività totali della banca. Solo in casi di eccezionale gravità, decretati dalla Commissione europea, è possibile far ricorso al sostegno pubblico sotto forma di strumenti pubblici di stabilizzazione dopo avere effettuato il *bail-in* dell'otto per cento.

All'Autorità bancaria europea (ABE) è assegnato il compito di elaborare norme tecniche vincolanti, orientamenti e relazioni relativi ai principali settori del risanamento e della risoluzione.

L'Autorità bancaria europea (ABE) è un'autorità indipendente dell'Unione Europea, avente lo scopo di assicurare nel settore bancario europeo un livello efficace ed uniforme di regolamentazione e di vigilanza prudenziale.

Se alle autorità di vigilanza nazionali (e alla BCE per i Paesi partecipanti al Meccanismo di vigilanza unico) spetta la responsabilità della vigilanza dei singoli istituti finanziari, il ruolo dell'ABE consiste nel migliorare il funzionamento del mercato interno assicurando una vigilanza e una regolamentazione appropriate, efficienti e armonizzate in Europa.

L'ABE infatti contribuisce, attraverso l'adozione di norme tecniche vincolanti e orientamenti, alla creazione del "*corpus* unico" di norme del settore bancario finalizzato a porre norme prudenziali armonizzate valide per gli istituti finanziari di tutta l'Unione Europea, allo scopo di assicurare condizioni di parità ed una tutela elevata dei depositanti, degli investitori e dei consumatori.

Per garantire un'applicazione armonizzata delle norme prudenziali, l'ABE promuove la convergenza delle pratiche di vigilanza.

L'ABE elabora relazioni periodiche di valutazione dei rischi e prove di stress su scala europea al fine di valutare il rischio e le vulnerabilità presenti nel settore bancario dell'Unione Europea.

L'ABE tratta anche i casi di applicazione insufficiente del diritto dell'UE da parte delle autorità nazionali, adotta le decisioni in situazioni d'emergenza e svolge il ruolo di mediazione nelle controversie fra autorità competenti in situazioni transfrontaliere.

Il Regolamento UE n. 1093/2010, ha istituito l'ABE (Autorità bancaria europea, in inglese *European Banking Authority*, EBA) quale "Autorità europea di vigilanza", assegnandole l'obiettivo di contribuire "alla stabilità e all'efficacia a breve, medio e lungo termine del sistema finanziario, a beneficio dell'economia dell'Unione, dei suoi cittadini e delle sue imprese".

Il Regolamento n. 1093/2010 specifica che l'ABE contribuisce a:

a) migliorare il funzionamento del mercato interno, con particolare riguardo a un livello di regolamentazione e di vigilanza valido, efficace e uniforme;

b) garantire l'integrità, la trasparenza, l'efficienza e il regolare funzionamento dei mercati finanziari;

c) rafforzare il coordinamento internazionale in materia di vigilanza;

d) impedire l'arbitraggio regolamentare e promuovere pari condizioni di concorrenza;

e) assicurare che l'assunzione del rischio di credito e di altri rischi siano adeguatamente regolamentati e oggetto di opportuna vigilanza;

f) aumentare la protezione dei clienti e dei consumatori;

g) rafforzare la convergenza in materia di vigilanza nel mercato interno;

h) prevenire l'uso del sistema finanziario a fini di riciclaggio e di finanziamento del terrorismo.

Una speciale attenzione deve essere posta dall'ABE a qualsiasi rischio sistemico posto dagli istituti finanziari il cui fallimento sia suscettibile di pregiudicare il funzionamento del sistema finanziario o dell'economia reale. Proprio per evitare il prodursi di tale rischio sistemico, l'ABE contribuisce ad assicurare l'applicazione uniforme, efficiente ed efficace delle norme europee in materia di vigilanza bancaria e favorisce la convergenza in materia di vigilanza.

Come già visto l'ABE fa parte del Sistema europeo di vigilanza finanziaria (SEVIF), il cui scopo principale è quello di garantire che le norme applicabili al settore finanziario siano attuate in modo adeguato al fine di preservare la stabilità finanziaria, creare fiducia nell'intero sistema finanziario e assicurare un'efficace e sufficiente protezione dei clienti e dei consumatori di servizi finanziari.

Il SEVIF comprende le tre autorità di vigilanza (cioè oltre all'Autorità bancaria europea ABE; l'Autorità europea degli strumenti finanziari e dei mercati, ESMA; l'Autorità europea delle assicurazioni e delle pensioni aziendali e professionali, EAPA), il Comitato europeo per il rischio sistemico (CERS), il Comitato congiunto delle autorità europee di vigilanza (c.d. «Comitato congiunto», chiamato a svolgere i compiti specifici assegnatigli dallo stesso Regolamento n. 1093/2010 – articoli da 54 a 57 – e dai Regolamenti UE n. 1094/2010 e n. 1095/2010), la BCE (relativamente ai compiti ad essa attribuiti dai Regolamenti UE n. 1024/2013, n. 1094/2010 e n. 1095/2010) e le Autorità di vigilanza nazionali.

L'ABE è composta dal "Consiglio delle autorità di vigilanza" (che è il principale organo decisionale), dal "Consiglio di amministrazione", dal Presidente e dal Direttore esecutivo.

Il "*Consiglio delle autorità di vigilanza*" è composto dal Presidente e dal capo dell'autorità pubblica nazionale competente per la vigilanza degli enti creditizi in ogni Stato membro. Partecipano (ma senza diritto di voto) ai lavori del "Consiglio delle autorità di vigilanza": un rappresentante della Commissione; un rappresentante dal consiglio di vigilanza della BCE; un rappresentante del CERS; ed un rappresentante per ognuna delle altre due autorità europee di vigilanza[28]. Il "Consiglio delle autorità di vigilanza" fornisce orientamenti al lavoro dell'Autorità ed adotta i pareri, le raccomandazioni, gli orientamenti e le decisioni dell'Autorità. Il "Consiglio delle autorità di vigilanza" adotta: il programma di lavoro pluriennale dell'Autorità; il programma di lavoro dell'Autorità per l'anno successivo; la relazione annuale sulle attività svolte dall'Autorità, compresa l'esecuzione dei compiti del presidente; il bilancio; ed esercita l'autorità disciplinare sul Presidente e sul Direttore esecutivo.

Il "Consiglio di amministrazione" comprende il Presidente e sei membri del "Consiglio delle autorità di vigilanza" eletti da tutti i membri di quest'ultimo aventi diritto di voto. Tranne il Presidente, ogni membro del consiglio di amministrazione ha un supplente che può sostituirlo in caso di impedimento. Il mandato dei membri eletti dal Consiglio delle autorità di vigilanza è di due anni e mezzo. Tale mandato può essere rinnovato una volta. Il direttore esecutivo e un rappresentante della Commissione partecipano alle riunioni del Consiglio di amministrazione senza diritto di voto. Il Consiglio di amministrazione può costituire, di propria iniziativa o su richiesta di un'autorità competente, "gruppi di coordinamento" chiamati ad occuparsi di determinati temi per i quali particolari sviluppi di mercato possono rendere necessario un coordinamento.

Il Presidente rappresenta l'Autorità, è incaricato di preparare e presiedere i lavori del consiglio delle autorità di vigilanza e le riunioni del consiglio di amministrazione. Il presidente è scelto in base alle competenze in materia di mercati finanziari e all'esperienza in materia di vigilanza e regolamentazione finanziaria, in esito a una procedura di selezione aperta. Il consiglio delle autorità di vigilanza stila, con l'ausilio della Commissione, un elenco ristretto di candidati qualificati da selezionare per la posizione di presidente. In base a tale "elenco ristretto", il Consiglio delle autorità di vigilanza adotta la decisione di nomina del presidente, previa conferma del Parlamento europeo. Il mandato del presidente è di cinque anni ed è rinnovabile una volta. Il presidente può essere rimosso dal suo incarico soltanto per motivi gravi e solo dal Parlamento europeo a seguito di una decisione del Consiglio adottata previa consultazione del consiglio delle autorità di vigilanza.

Il Direttore esecutivo dell'ABE gestisce l'Autorità, è nominato, tramite una procedura di selezione aperta, dal Consiglio delle autorità di vigilanza, previa conferma del Parlamento europeo, in base alle competenze in materia di mercati

---

[28] Ai fini dell'applicazione della Direttiva 2014/59/UE, il presidente del Comitato di risoluzione unico ha lo status di osservatore nel consiglio delle autorità di vigilanza. Il consiglio delle autorità di vigilanza può decidere di ammettere osservatori. Il direttore esecutivo può partecipare alle riunioni del consiglio delle autorità di vigilanza, senza diritto di voto.

finanziari, nonché all'esperienza in materia di vigilanza e regolamentazione finanziaria e all'esperienza manageriale. Il mandato del Direttore esecutivo è di cinque anni ed è rinnovabile una volta. Il Direttore esecutivo può essere rimosso dal suo incarico solo con una decisione del Consiglio delle autorità di vigilanza. Il Direttore esecutivo si occupa della gestione dell'ABE e prepara i lavori del Consiglio di amministrazione; è responsabile dell'esecuzione del programma di lavoro annuale dell'Autorità, sotto la guida del Comitato delle autorità di vigilanza e sotto il controllo del Consiglio di amministrazione; prende le misure necessarie per assicurare il funzionamento dell'Autorità.

Il "Comitato congiunto delle autorità europee di vigilanza" funge da *forum* in cui le tre autorità europee di vigilanza (Autorità bancaria europea, Autorità europea delle assicurazioni e delle pensioni aziendali e professionali ed Autorità europea degli strumenti finanziari e dei mercati) cooperano regolarmente e strettamente per assicurare l'uniformità intersettoriale tenendo conto delle specificità settoriali, in particolare per quanto concerne:

- i conglomerati finanziari e il consolidamento prudenziale;
- la contabilità e la revisione dei conti;
- le analisi microprudenziali degli sviluppi intersettoriali, dei rischi e delle vulnerabilità in termini di stabilità finanziaria;
- i prodotti di investimento al dettaglio;
- la cybersicurezza;
- lo scambio di informazioni e di migliori prassi con il CERS e le altre autorità europee di vigilanza (AEV);
- i servizi finanziari al dettaglio e le tematiche inerenti alla protezione dei depositanti, dei consumatori e degli investitori.

Il Comitato congiunto è composto dai presidenti delle AEV e, se del caso, dal presidente di uno dei sottocomitati. Il Direttore esecutivo, un rappresentante della Commissione e il CERS sono invitati alle riunioni del Comitato congiunto, nonché di ogni sottocomitato, in qualità di osservatori. Il presidente del comitato congiunto è nominato in base a un sistema di rotazione annuale fra i presidenti delle AEV.

Con riguardo al bilancio dell'ABE (che deve essere in pareggio), va rilevato che le entrate dell'Autorità sono costituite da una combinazione di:

a) contributi obbligatori delle autorità pubbliche nazionali competenti per la vigilanza degli istituti finanziari;

b) una sovvenzione iscritta nel bilancio generale dell'Unione Europea;

c) le eventuali commissioni pagate all'ABE nei casi previsti dalla normativa europea;

d) i contributi volontari degli Stati membri o degli osservatori;

e) gli oneri concordati per le pubblicazioni, la formazione e gli altri servizi forniti dall'Autorità laddove specificamente richiesti.

Le spese dell'ABE comprendono le spese di personale, retributive, amministrative, di infrastruttura, di formazione professionale e operative.

Il bilancio dell'ABE è adottato dal Consiglio delle autorità di vigilanza e diventa definitivo dopo l'adozione definitiva del bilancio generale dell'Unione Europea.

L'obiettivo primario dell'ABE è di assicurare la sicurezza e la solidità degli istituti finanziari.

Nel perseguimento di tale obiettivo l'Autorità svolge i seguenti compiti:

a) contribuisce all'elaborazione di norme e prassi comuni di regolamentazione e vigilanza di elevata qualità, in particolare elaborando progetti di norme tecniche di regolamentazione e di attuazione, orientamenti, raccomandazioni e altre misure, tra cui pareri;

b) elabora e mantiene aggiornato un manuale di vigilanza dell'Unione, concernente la vigilanza degli istituti finanziari nell'Unione, che definisca le migliori prassi in materia di vigilanza e metodologie e processi di elevata qualità e tenga conto anche dell'evoluzione delle prassi e dei modelli di business e delle dimensioni degli istituti finanziari e dei mercati;

c) elabora e mantiene aggiornato un manuale di risoluzione dell'Unione, concernente la risoluzione degli istituti finanziari nell'Unione che definisca le migliori prassi e metodologie e processi di elevata qualità in materia di risoluzione, tenendo conto dei lavori del Comitato di risoluzione unico e dell'evoluzione delle prassi e dei modelli di business e delle dimensioni degli istituti finanziari e dei mercati;

d) contribuisce all'applicazione uniforme degli atti giuridicamente vincolanti dell'Unione, in particolare contribuendo a una cultura comune della vigilanza, assicurando l'applicazione uniforme, efficiente ed efficace degli atti normativi, promuovendo e monitorando l'indipendenza della vigilanza, mediando e risolvendo controversie tra autorità competenti, assicurando una vigilanza efficace e coerente sugli istituti finanziari, garantendo il funzionamento uniforme dei collegi delle autorità di vigilanza e prendendo provvedimenti, anche in situazioni di emergenza;

e) facilita la delega di compiti e responsabilità tra autorità competenti;

f) coopera strettamente con il CERS, assicurando un seguito adeguato alle segnalazioni e raccomandazioni dello stesso;

g) organizza ed effettua verifiche *inter pares* delle autorità competenti e formula orientamenti e raccomandazioni e individua le migliori prassi;

h) sorveglia e valuta gli sviluppi di mercato nel settore di competenza;

i) svolge analisi dei mercati a supporto dell'espletamento dei compiti dell'Autorità;

l) promuove la protezione dei depositanti, dei consumatori e degli investitori;

m) promuove il funzionamento uniforme e coerente dei collegi delle autorità di vigilanza; la sorveglianza, la valutazione e la misurazione del rischio sistemico; lo sviluppo e il coordinamento dei piani di risanamento e di risoluzione delle crisi, fornendo un livello elevato di protezione ai depositanti e agli investitori in tutta l'Unione e sviluppando metodi per la risoluzione delle crisi degli istituti finanziari in fallimento nonché la valutazione dell'esigenza di idonei strumenti finanziari, al fine di promuovere la cooperazione fra le autorità competenti per la gestione delle crisi degli istituti transfrontalieri che pongono potenziali rischi sistemici;

n) contribuisce alla definizione di una strategia comune dell'Unione in materia di dati finanziari;

o) contribuisce alla prevenzione dell'uso del sistema finanziario a fini di riciclaggio e di finanziamento del terrorismo.

Per l'esecuzione dei sopra elencati compiti, l'ABE dispone dei seguenti poteri:

a) elabora progetti di norme tecniche di regolamentazione e di norme tecniche di attuazione;

b) emana orientamenti, formula raccomandazioni ed emette segnalazioni;

c) assume decisioni individuali nei confronti delle autorità competenti o nei confronti di istituti finanziari;

d) emana pareri al Parlamento europeo, al Consiglio o alla Commissione;

e) raccoglie le informazioni necessarie relative agli istituti finanziari e sviluppa metodologie comuni per valutare l'effetto delle caratteristiche del prodotto e dei relativi processi di distribuzione sulla situazione finanziaria di un istituto e sulla protezione dei consumatori;

f) fornisce una banca dati, accessibile a livello centrale, degli istituti finanziari registrati nella sua area di competenza.

L'ABE svolge anche compiti relativi alla protezione dei consumatori e alle attività finanziarie.

In particolare, l'ABE assume un ruolo guida nella promozione della trasparenza, della semplicità e dell'equità nel mercato per i prodotti o servizi finanziari destinati ai consumatori anche tramite:

a) la raccolta, l'analisi e l'informativa sulle tendenze dei consumatori, quali l'andamento dei costi e delle tariffe dei servizi e dei prodotti finanziari al dettaglio negli Stati membri;

b) la realizzazione di analisi sulle condotte di mercato e l'elaborazione di una visione comune delle pratiche del mercato per individuare problemi potenziali e ad analizzarne l'impatto;

c) lo sviluppo di indicatori di rischio legati all'operatività al dettaglio per la tempestiva individuazione di potenziali cause di pregiudizio dei consumatori;

d) il riesame e il coordinamento dell'alfabetizzazione finanziaria e delle iniziative formative da parte delle autorità competenti;

e) l'elaborazione di *standard* formativi;

f) la promozione di ulteriori sviluppi in termini di regolamentazione e vigilanza che potrebbero facilitare una più profonda armonizzazione e integrazione a livello di Unione.

L'ABE esegue il monitoraggio delle attività finanziarie nuove ed esistenti e può adottare orientamenti e raccomandazioni volti a promuovere la sicurezza e la solidità dei mercati e la convergenza e l'efficacia delle prassi di regolamentazione e di vigilanza.

L'ABE può proibire o limitare temporaneamente la commercializzazione, la distribuzione o la vendita di taluni prodotti, strumenti o attività finanziari qualora in grado di provocare significativi danni finanziari ai clienti o ai consumatori, o che mettono a repentaglio il regolare funzionamento e l'integrità dei mercati finanziari o la stabilità generale o parziale del sistema finanziario dell'Unione Europea.

L'ABE può altresì valutare la necessità di proibire o limitare determinati tipi di attività o prassi finanziarie e, qualora si presenti tale necessità, informarne la Commissione e le autorità competenti per facilitare l'adozione di tale eventuale divieto o limitazione.

L'ABE (che svolge anche compiti specifici di prevenzione e di contrasto del riciclaggio e del finanziamento del terrorismo) elabora i progetti di norme tecniche di regolamentazione delegati alla Commissione a norma dell'art. 290 Tfue, nonché i progetti di norme tecniche di attuazione delegati alla Commissione a norma dell'art. 291 Tfue.

Le norme tecniche di regolamentazione e le norme tecniche di attuazione sono norme di carattere tecnico che non implicano decisioni strategiche o scelte politiche e il loro contenuto è limitato dagli atti legislativi su cui si basano (mentre le norme tecniche di attuazione determinano le condizioni di applicazione di tali atti). Prima di presentare i progetti di norme tecniche di attuazione alla Commissione, l'Autorità effettua consultazioni pubbliche e analizza i relativi costi e benefici potenziali

Al fine di istituire prassi di vigilanza uniformi, efficienti ed efficaci nell'ambito del SEVIF, e per assicurare l'applicazione comune, uniforme e coerente del diritto dell'Unione Europea, l'ABE emana orientamenti rivolti a tutte le autorità competenti o a tutti gli istituti finanziari e formula raccomandazioni indirizzate a una o più autorità competenti o a uno o più istituti finanziari.

L'ABE contribuisce a creare una cultura comune a livello di Unione Europea e prassi uniformi in materia di vigilanza, nonché ad assicurare l'uniformità delle procedure e la coerenza degli approcci in tutta l'Unione.

A questo fine l'ABE:

a) fornisce pareri alle autorità competenti;

b) stabilisce priorità strategiche di vigilanza dell'UE;

c) istituisce gruppi di coordinamento per promuovere la convergenza della vigilanza e individuare le migliori prassi;

d) promuove lo scambio di informazioni tra le autorità competenti;

e) contribuisce a sviluppare *standard* di vigilanza uniformi e di elevata qualità;

f) esamina l'applicazione delle norme tecniche di regolamentazione e di attuazione pertinenti adottate dalla Commissione, e degli orientamenti e delle raccomandazioni formulati dall'Autorità e propone modifiche, se necessario;

g) stabilisce programmi di formazione settoriale e intersettoriale;

h) predispone un sistema di monitoraggio per valutare i rischi ambientali, sociali e di *governance* rilevanti.

Allo scopo di istituire una cultura comune della vigilanza, l'ABE elabora e mantiene aggiornato un manuale di vigilanza dell'UE, concernente la vigilanza degli istituti finanziari nell'Unione.

L'Autorità elabora e mantiene aggiornato anche un manuale di risoluzione dell'UE, concernente la risoluzione degli istituti finanziari nell'Unione.

Sia il manuale di vigilanza dell'Unione che il manuale di risoluzione dell'Unione definiscono le migliori prassi in materia di vigilanza e stabiliscono metodologie e processi di elevata qualità.

L'ABE è chiamata anche ad individuare le priorità strategiche di vigilanza dell'Unione Europea.

Inoltre l'Autorità svolge una funzione di coordinamento generale tra le autorità competenti, in particolare nei casi in cui gli sviluppi negativi potrebbero compromettere il regolare funzionamento e l'integrità dei mercati finanziari o la stabilità del sistema finanziario nell'UE.

Anche a questo fine l'ABE promuove la risposta coordinata dell'UE, tra l'altro:

a) facilitando lo scambio di informazioni tra le autorità competenti;

b) determinando la portata e verificando, ove appropriato, l'affidabilità delle informazioni che dovrebbero essere messe a disposizione di tutte le autorità competenti interessate;

c) svolgendo una mediazione su richiesta delle autorità competenti o di propria iniziativa;

d) informando senza indugio il CERS, il Consiglio e la Commissione di ogni potenziale situazione di emergenza;

e) adottando le misure opportune in caso di sviluppi che possano compromettere il funzionamento dei mercati finanziari, al fine di coordinare le misure adottate dalle pertinenti autorità competenti;

f) adottando le decisioni opportune per coordinare le misure adottate dalle pertinenti autorità competenti al fine di favorire l'ingresso nel mercato di operatori o prodotti basati sull'innovazione tecnologica;

g) centralizzando le informazioni ricevute dalle autorità competenti e condividendole con le altre autorità competenti interessate.

L'ABE sorveglia e valuta gli sviluppi di mercato nella sua area di competenza e, se necessario, informa le altre due autorità di vigilanza (l'Autorità europea delle assicurazioni e delle pensioni aziendali e professionali e l'Autorità europea degli strumenti finanziari e dei mercati), il CERS, il Parlamento europeo, il Consiglio e la Commissione sulle pertinenti tendenze microprudenziali, sui rischi potenziali e sulle vulnerabilità.

L'ABE avvia e coordina le valutazioni a livello dell'UE sulla resilienza degli istituti finanziari agli sviluppi negativi dei mercati. A tale scopo elabora:

a) metodologie comuni per valutare l'effetto di scenari economici sulla situazione finanziaria di un istituto finanziario, anche in considerazione dei rischi derivanti da un'evoluzione ambientale sfavorevole;
b) metodologie comuni per individuare gli istituti finanziari da ricomprendere nelle valutazioni a livello dell'Unione;
c) strategie comuni di comunicazione dei risultati di tali valutazioni sulla resilienza degli istituti finanziari;
d) metodologie comuni per valutare gli effetti di particolari prodotti o processi di distribuzione su un istituto finanziario;
e) metodologie comuni di valutazione degli attivi ai fini delle prove di stress;
f) metodologie comuni per valutare l'effetto dei rischi ambientali sulla stabilità finanziaria degli istituti finanziari.

Oltre al SEVIF va ricordato il ruolo del SEBC (Sistema europeo delle banche centrali).

Il Tfue (artt. 127 s. e artt. 282 s.) assegna al SEBC (che, ai sensi dell'art. 129, par. 1, Tfue, "è retto dagli organi decisionali della Banca centrale europea") competenze sulla politica monetaria e, con riguardo all'obiettivo della stabilità dei prezzi, l'art. 127, par. 5, dispone che "il SEBC contribuisce ad una buona conduzione delle politiche perseguite dalle competenti autorità per quanto riguarda la vigilanza prudenziale degli enti creditizi e la stabilità del sistema finanziario"; il successivo par. 6 prevede la possibilità (per il Consiglio, "deliberando all'unanimità mediante regolamenti secondo una procedura legislativa speciale, previa consultazione del Parlamento europeo e della Banca centrale europea") di affidamento alla BCE di "compiti specifici in merito alle politiche che riguardano la vigilanza prudenziale degli enti creditizi". I Trattati e lo Statuto della BCE (artt. 127.5 Tfue e 25.1 Statuto) infatti riconoscono a quest'ultima, nell'attuazione della disciplina dell'UE, una competenza di tipo "consultiva" e di "coordinamento" delle politiche nazionali di vigilanza bancaria, ma da tempo era segnalata l'esigenza di uno spostamento a livello europeo anche della funzione di vigilanza bancaria[29].

[29] Sul punto la letteratura è sterminata; si vedano in particolare R. IBRIDO, *L'Unione bancaria europea. Profili costituzionali*, Torino, 2017; C. BUZZACCHI (a cura di), *La Banca centrale europea. Il custode della Costituzione economica*, Milano, 2017; F. MOROSINI, *Banche centrali e questione democratica. Il caso della Banca centrale europea (BCE)*, Pisa, 2014; G. NAPOLITANO (a cura di), *Uscire dalla crisi. Politiche pubbliche e trasformazioni istituzionali*, Bologna, 2012, 383 ss.; A. MORRONE (a cura di), *La costituzione finanziaria. La decisione di bilancio dello Stato costituzionale europeo*, Torino, 2015; O. CHESSA, *La Costituzione della mone-*

La dialettica – o, se si preferisce, la tensione – fra dimensione nazionale e dimensione europea con riguardo al conferimento del potere di vigilanza nel settore bancario (e, più in generale, in quello finanziario), si pone fin dalla progettazione della moneta unica.

Già nel 2001 (la circolazione dell'euro inizia nel 2002) nel *Rapporto del Comitato dei saggi sulla regolamentazione dei mercati finanziari europei* (c.d. *Rapporto Lamfalussy*, approvato dal Consiglio europeo di Stoccolma del marzo 2001), si delinea un "metodo" di produzione normativa strutturata su più livelli in cui la regolamentazione del settore bancario costituisce il risultato della interazione degli stessi[30], ma continuava a permanere in capo alle autorità nazionali il

---

*ta. Concorrenza indipendenza della banca centrale pareggio di bilancio*, Napoli, 2016; S. MANGIAMELI, *Sorveglianza macroeconomica e crisi dell'integrazione politica*, in *Cultura giuridica e diritto vivente*, 2015, 33 ss.; ID., *Il sistema europeo*, in *Dir. e soc.*, 2016, 11 ss.; A. VON BOGDANDY-M. IOANNIDIS, *Il deficit sistemico nell'Unione europea*, in *Riv. trim. dir. pubbl.*, 2014, 593 ss.; M. LUCIANI, *Integrazione europea, sovranità statale e sovranità popolare*, in *XXI secolo. Norme e idee*, Roma, 2009, 339 ss.; A. MANZELLA-C. PINELLI-L. GIANNITI, *Politica monetaria e politica economica nell'Unione europea*, in *Astrid rassegna*, 2015 su *www.astrid-online.it*); A. PISANESCHI, *Banca centrale europea, vigilanza bancaria e sovranità degli Stati*, in *federalismi.it*, 2014; ID., *La regolazione comunitaria del credito tra Europea Banking Authority (EBA) e Banca Centrale Europea*, in *Studi in onore di Giuseppe de Vergottini*, Padova, 2015, vol. III, 2283 ss.; G. NAPOLITANO-M. PERASSI, *La Banca centrale europea e gli interventi per la stabilizzazione finanziaria*, in *Prove di Europa unita*, a cura di G. AMATO-R. GUALTIERI, Firenze, 2013, 41 ss.; F. POLITI, *Diritto costituzionale dell'Unione Europea*, Torino, 2021.

[30] Il *Rapporto Lamfalussy* prevede diversi livelli: quello (livello 1) della normativa primaria (c.d. legislazione quadro), rappresentato dalle direttive e dai regolamenti (adottati secondo i criteri previsti dal Trattati, la cui iniziativa è rimessa alla Commissione europea che si avvale di gruppi di esperti nazionali); quello (livello 2) della normativa secondaria (misure di esecuzione dettagliate), adottata (in conformità e in attuazione di quanto disposto dalla normativa primaria) dalla Commissione europea con il supporto di comitati composti da rappresentanti degli organismi nazionali di vigilanza (dei settori delle banche, delle assicurazioni, delle pensioni professionali e dei mercati di valori immobiliari) e dei ministeri economici e fiscali; quello (livello 3) svolto dai comitati tecnici (composti da rappresentanti delle autorità di vigilanza) chiamati a svolgere un ruolo di coordinamento tra le autorità di vigilanza al fine di assicurare il recepimento uniforme delle norme europee (e dunque contribuire all'attuazione coerente delle direttive negli Stati membri), ed una convergenza (oltre che delle norme anche) delle prassi di vigilanza svolte dalle autorità nazionali (ed a garantire anche una cooperazione efficace tra le stesse); quello (livello 4) svolto dalla Commissione europea, chiamata a controllare l'adeguato e tempestivo recepimento, da parte di ogni Stato membro nel proprio ordinamento, della legislazione europea. La "procedura Lamfalussy" (che assegna agli organismi dell'UE l'applicazione della legislazione quadro, attribuendo alla Commissione l'elaborazione delle disposizioni di attuazione tecniche e di dettaglio) struttura un meccanismo macchinoso, avente lo scopo di coniugare la contemporanea presenza (nel relativo processo decisionale) sia degli organi dotati di rappresentatività democratica (Parlamento europeo e Consiglio europeo) con la funzione propria della Commissione affiancata dall'ausilio tecnico delle autorità di vigilanza nazionali. Per P. ROSSI, *Spunti critici sulla nuova supervisione accentrata delle banche dell'eurozona*, in

compito della vigilanza (con una ripartizione, per le banche *cross-border*, fra le autorità del Paese d'origine e quelle del Paese ospitante)[31].

Le conseguenze negative della crisi economico-finanziaria del 2008-2009 hanno spinto i governi degli Stati membri dell'UE all'adozione di misure urgenti finalizzate, da un lato, a fornire assistenza agli Stati membri in difficoltà, ma anche, dall'altro lato, a delineare un nuovo quadro normativo capace, al tempo stesso, sia di affrontare adeguatamente le sfide poste dalla crisi, sia di evitare il ripetersi di situazioni simili. L'adozione delle varie misure normative è avvenuta con l'intervento anche della BCE (oltre che di ulteriori istituzioni europee) e si è registrata più di una obiezione o di una perplessità circa la "concentrazione" in un'unica istituzione europea della funzione monetaria e di compiti di vigilanza bancaria (in precedenza assegnata alle banche centrali o a distinte autorità di vigilanza nazionali).

La complessa disciplina prevista dai regolamenti del 2010 sul *Sistema europeo di vigilanza finanziaria* costituisce una risposta alle criticità emerse in precedenza ed attribuite alla insufficienza – o inefficienza – del controllo svolto a livello nazionale. Può dunque affermarsi che fra le conseguenze della crisi va annoverata anche la produzione di normative che hanno di fatto rappresentato un ulteriore trasferimento di sovranità dagli ordinamenti nazionali a quello europeo in particolare con riguardo ai settori bancario e finanziario, e questa conseguenza può dirsi accentuata dal successivo Regolamento UE n. 1024/2013 che assegna alla BCE specifici compiti in materia di vigilanza prudenziale.

## 2. Dal "*Rapporto de Larosière*" al Regolamento UE n. 1024/2013

L'architettura europea della vigilanza bancaria e, più in generale, della vigilanza finanziaria, ha ricevuto nell'ultimo decennio, in ragione della crisi economico-finanziaria, importanti modifiche giacché, successivamente all'istituzione dell'*Autorità Bancaria Europea* (ABE, avvenuta con il Regolamento UE, 24 novembre 2010, n. 1093) e del Sistema europeo di vigilanza finanziaria (SEVIF)[32], è

---

*Diritto Pubblico Europeo Rassegna online*, febbraio 2018, 2 ss., il *Rapporto Lamfalussy* era basato sull'idea che la vigilanza sul settore bancario-finanziario costituisce prerogativa dei singoli Paesi UE, secondo il principio dell'*home country control*, con perdurante marginalizzazione del ruolo degli organismi europei di mera cooperazione e/o di coordinamento fra i singoli Stati membri.

[31] La Direttiva 2001/24/CE del 4 aprile 2001, afferma la competenza delle autorità dello Stato membro dove l'intermediario abbia la sua sede principale ad aprire le procedure di risanamento o di liquidazione (con efficacia in tutti gli altri Stati membri). Successivamente le Direttive 2006/48 e 2006/49 (c.d. "Basilea 2") hanno assegnato alle autorità nazionali specifici poteri nell'azione di vigilanza sui gruppi transfrontalieri.

[32] I Regolamenti del Parlamento europeo e del Consiglio del 24 novembre 2010, nn. 1093,

stato istituito il Meccanismo unico di vigilanza (MUV, Regolamento UE, 15 ottobre 2013, n. 1024), quale "primo pilastro dell'Unione bancaria" [33], con l'assegnazione dei poteri di vigilanza in capo alla Banca centrale europea (BCE) [34].

Questi atti normativi trovano la propria origine nel c.d. "*Rapporto de Larosière*".

Nell'ottobre 2008, a seguito dell'avvento della crisi economico-finanziaria, il presidente della Commissione europea conferisce ad un gruppo di personalità (presieduto da *Jacques de Larosière*) il compito di formulare "un parere sul futuro della regolamentazione e della vigilanza europee in materia finanziaria".

Il c.d. "*Rapporto de Larosière*" (presentato nel febbraio 2009) è un documento ampio e complesso che esplicitamente dichiara di voler individuare un "sistema europeo di vigilanza" basato su "gli insegnamenti della crisi" (e cioè su "cosa non ha funzionato"):

– l'assenza di una adeguata vigilanza macroprudenziale;
– l'assenza di efficaci meccanismi di allarme preventivo;

---

1094 e 1095 hanno istituito rispettivamente l'Autorità bancaria europea, l'Autorità europea delle assicurazioni e delle pensioni aziendali e professionali, e l'Autorità europea degli strumenti finanziari e dei mercati. Il Regolamento UE del 24 novembre 2010, n. 1092 ha introdotto importanti disposizioni circa la vigilanza macroprudenziale del sistema finanziario nell'Unione Europea e ha istituito il Comitato europeo per il rischio sistemico (CERS).

[33] Sull'Unione bancaria, v. F. CAPRIGLIONE, *L'Unione bancaria europea*, Torino, 2014; S. CASSESE, *La nuova architettura finanziaria europea*, in *Banca d'Italia. Quaderni di ricerca giuridica*, 2014; M.P. CHITI-V. SANTORO (a cura di), *L'Unione bancaria europea*, Pisa, 2016; R. IBRIDO, *L'Unione bancaria europea. Profili costituzionali*, Torino, 2017; C. BRESCIA MORRA, *La nuova architettura della vigilanza bancaria in Europa*, in *Banca Impresa Società*, 2015, 1, 73 ss.; F. CIRAOLO, *Il Regolamento UE n. 1024/2013 sul meccanismo unico di vigilanza e l'Unione bancaria europea*, in *Amministrazione in cammino*, 2014; S. ANTONIAZZI, *L'Unione bancaria europea: i nuovi compiti della BCE di vigilanza prudenziale degli enti creditizi e il meccanismo unico di risoluzione delle crisi bancarie*, in *Rivista italiana di diritto pubblico comunitario*, 2014, 3-4, 717 ss.; ID., *La Banca Centrale Europea tra politica monetaria e vigilanza bancaria*, Torino, 2013; S. DEL GATTO, *Il problema dei rapporti tra la Banca centrale europea e l'Autorità bancaria europea*, in *Riv. trim. dir. pubbl.*, 2015, 1221 ss.; M. MANCINI, *Dalla vigilanza nazionale armonizzata alla Banking Union*, in *Banca d'Italia. Quaderni di ricerca giuridica*, Roma, 2013; G.L. TOSATO, *The Legal Basis of the Banking Union*, in *Towards the Banking Union*, a cura di E. BARUCCI-M. MESSORI, Firenze, 2014, 43 ss.

[34] Ampia è la riflessione dottrinale in merito, v. F. CAPRIGLIONE, *La nuova gestione delle crisi bancarie tra complessità normativa e logiche di mercato*, in *Riv. trim. dir. ec.*, 2017, n. 2, 217 ss.; G. BOCCUZZI, *L'Unione Bancaria europea. Nuove istituzioni e regole di vigilanza e di gestione delle crisi bancarie*, Roma, 2017; AA.VV., *L'Unione bancaria europea*, Pisa, 2016; A. MAGLIARI, *I procedimenti amministrativi di vigilanza bancaria nel quadro del Single Supervisory Mechanism. Il caso dell'applicazione dei diritti nazionali da parte della BCE*, in *Riv. dir. banc.*, 2015, n. 1, 1 ss.; A. PISANESCHI, *Banca centrale europea, vigilanza bancaria e sovranità degli Stati*, in *Federalismi.it*, 2014; L. DONATO-R. GRASSO, *Gli strumenti della nuova vigilanza bancaria europea. Oltre il Testo Unico bancario, verso il Single Supervisory Mechanism*, in *Banca, Impresa e Società*, 2014, n. 1, 3 ss.

– i problemi di individuazione delle competenze;
– deficit di cooperazione tra autorità nazionali di vigilanza ed assenza per queste ultime di strumenti che consentano l'adozione di decisioni comuni.

Il *Rapporto de Larosière* evidenzia la necessità della creazione di un sistema europeo di vigilanza e di gestione delle crisi e, a questo fine, dopo aver tracciato la distinzione tra vigilanza di tipo macro-prudenziale e vigilanza micro-prudenziale (ricomprendendo nella prima, oltre alle banche, tutti i settori della finanza e collocandola all'interno del globale contesto macroeconomico) [35] pone al centro del sistema la BCE [36].

Già prima della crisi erano state riscontrate, da un lato, l'inevitabile incidenza "transfrontaliera" (cioè con effetti anche su altri Paesi) di molte decisioni nazionali e, dall'altro lato, la limitatezza delle risposte nazionali di fronte ad operatori *cross-border*.

L'espansione, nel mercato finanziario infracomunitario, della operatività delle banche *cross-border* aveva dimostrato la capacità di queste ultime non solo di scavalcare – e così di mettere in crisi – i sistemi nazionali di *supervision* prudenziale, ma anche la fragilità dei meccanismi di coordinamento della vigilanza armonizzata. Dalla constatazione di questi fenomeni emergeva chiara la necessità di regole comuni quale – forse unico possibile – strumento capace di garantire un efficace controllo, a livello dell'Unione Europea, del sistema bancario-finanziario [37].

Si giunge così all'istituzione, nel 2010, del *Sistema Europeo di Vigilanza Finanziaria* (SEVIF) [38], strutturato in un organismo di vigilanza macro-prudenziale

---

[35] M. ONADO, *La supervisione finanziaria europea dopo il Rapporto de Larosiere: siamo sulla strada giusta?*, in *Bancaria*, 2009, 16 ss. Anche il *Rapporto de Larosière* non era stato esente da critiche, in quanto ritenuto troppo *timido*, reo di non essersi spinto sino a prospettare la necessità di un'unica Autorità sovranazionale di *supervision* sul sistema bancario europeo.

[36] S. CASSESE, *La nuova architettura finanziaria europea*, in *Giorn. dir. amm.*, 2014, 79, ha definito "pietra miliare nella costruzione europea, non meno importante della moneta unica e del vincolo del pareggio di bilancio" il modello europeo di vigilanza bancaria.

[37] Anche la crisi dei debiti sovrani di alcuni Paesi dell'Eurozona (conseguenziale alla crisi finanziaria del 2007-2008) ha evidenziato la debolezza dei meccanismi di vigilanza armonizzata: sulla genesi della crisi finanziaria G. DI GASPARE, *Teoria e critica della globalizzazione finanziaria. Dinamiche del potere finanziario e crisi sistemiche*, Padova, 2011; G. COLOMBINI-M. PASSALACQUA (a cura di), *Mercato e banche nella crisi: regole di concorrenza e aiuti di stato*, Napoli, 2012.

[38] L'assetto del SEVIF è stato definito con i Regolamenti del 24 novembre 2010, n. 1092/2010 (concernente la vigilanza macro-prudenziale del sistema finanziario e l'istituzione del Comitato europeo per il rischio sistemico, ESRB), n. 1093/2010 (istituzione dell'Autorità bancaria europea EBA), n. 1094/2010 (istituzione dell'Autorità europea delle assicurazioni e delle pensioni aziendali e professionali, EIOPA), n. 1095/2010 (istituzione dell'Autorità europea degli strumenti finanziari e dei mercati, ESMA). In dottrina, G. NAPOLITANO, *Il meccanismo europeo di stabilità e le nuove frontiere costituzionali dell'Unione*, in *Giorn. dir. amm.*, 2012, 461 ss.; E. WYMEERSCH-K. HOPT-G. FERRARINI (a cura di), *Rethinking Financial Regulation and*

(*European Systemic Risk Board*, ESRB), e a cui è affidato lo specifico compito di individuare (e prevenire) il rischio sistemico, e di tre Agenzie europee indipendenti: l'*European Banking Authority* (EBA, in italiano ABE), la *European Securities and Markets Authority* (ESMA) e la *European Insurance and Occupational Authority* (EIOA), ciascuna incaricata, nel relativo settore (bancario, finanziario e assicurativo), del coordinamento della vigilanza micro-prudenziale.

Ma anche la creazione del SEVIF (nonostante l'indubbio progresso in termini di crescita della cooperazione a livello UE) non ha consentito di ritenere superate le criticità emerse negli anni precedenti. Ed infatti la crisi dei debiti sovrani di alcuni Paesi UE (con gli inevitabili riflessi sulla stabilità finanziaria dell'intera Unione Europea) ha spinto le istituzioni europee all'adozione di nuovi strumenti capaci di assicurare, a livello europeo, da un lato, la prevenzione di rischi sistemici dell'assetto bancario e, dall'altro lato, la capacità di fronteggiare specifici eventi mediante l'utilizzo di regole unitarie.

Si apre così la strada che conduce alla realizzazione di una "unione bancaria" [39].

Il c.d. *Rapporto Van Rompuy* [40] delinea la creazione di un'unione bancaria con

---

*Supervision in Times of Crisis*, Oxford University Press, 2012, 232 ss.; R. MAYNTZ (a cura di), *Crisis and Control. Institutional Change in Financial Market Regulation*, Frankfurt-New York, 2012; B. DE WITTE, *The European Treaty Amendment for the Creation of a Financial Stability Mechanism*, 2011, RCAS Working Papers; E. FERRAN, *Understanding the New Institutional Architecture of EU Financial Market Supervision*, in *Rethinking Financial Regulation and Supervision in Times of Crisis*, cit., 111-158; M.P. CHITI-G. VESPERINI (a cura di), *The Administrative Architecture of Financial Integration. Institutional Design, Legal issues, Perspectives*, Bologna, 2015.

[39] M. CLARICH, *La vigilanza prudenziale della BCE*, Intervento al Convegno "*L'unione bancaria. Competenze, procedure, tutele*", Roma, 26 novembre 2014, Università di "Roma Tre"; M. LAMANDINI, *Il diritto bancario dell'Unione*, in *Scritti sull'Unione bancaria, Quaderni di ricerca giuridica Banca Italia*, n. 81, 2016, 11 ss.; G. FORESTIERI, *L'unione bancaria europea e l'impatto sulle banche*, in *Banca impresa società*, 2014, n. 3, 496 ss.; M. MANCINI, *Dalla vigilanza armonizzata alla Banking Union*, in *Quaderni di ricerca giuridica Banca Italia*, n. 73, 2013; S. MICOSSI, *Banking union in the making*, in *Law and Economics Yearly Review*, 2013, n. 2, part 1, 80 ss.; N. MOLONEY, *European banking union: Assessing its risks and resilience*, in *Common Market Law Review*, 2014, n. 51, 1609 ss.; P.G. TEIXEIRA, *The Single Supervisory Mechanism: Legal and institutional foundations*, in *Dal Testo unico bancario all'Unione bancaria: tecniche normative e allocazione di poteri.* Atti del convegno tenutosi a Roma il 16 settembre 2013, in *Quaderni di Ricerca Giuridica della Banca d'Italia*, Roma, 2014, n. 75.

[40] "*Verso un'autentica Unione economica e monetaria*", Relazione del Presidente del Consiglio europeo H. Van Rompuy, Bruxelles, 26 giugno 2012. Il rapporto venne redatto in stretta collaborazione fra il Presidente del Consiglio europeo ed i Presidenti della Commissione, della BCE e dell'Eurogruppo. Il Rapporto indica, quale strada per il consolidamento dell'unione economica e monetaria, "quattro elementi costitutivi essenziali": 1) un "quadro finanziario integrato" (volto a garantire la stabilità finanziaria e a ridurre al minimo per i cittadini europei i costi dei fallimenti delle banche; 2) un "quadro di bilancio integrato" (politica di bilancio "sana" a livello nazionale

il definitivo superamento della segmentazione del sistema bancario europeo.

L'Unione bancaria è caratterizzata – oltre che dall'adozione di regole comuni per la risoluzione delle crisi bancarie e di uno schema comune di garanzia dei depositi – dalla operatività di un "meccanismo centralizzato" di supervisione del sistema bancario.

Nel "*Rapporto Van Rompuy*" l'Unione bancaria viene ad essere delineata all'interno della più ampia visione di realizzazione della Unione economica e monetaria ("effettiva, vera, autentica") ed in attuazione di tale impianto si giunge all'adozione degli atti normativi (costituenti la "struttura portante" dell'Unione bancaria) che riscrivono la disciplina della vigilanza prudenziale (assegnando un ruolo centrale alla BCE) e che introducono norme comuni per la risoluzione delle crisi bancarie e per la garanzia dei depositi [41]:

– il Regolamento UE n. 575/2013, che introduce nuove regole uniformi sui requisiti prudenziali delle banche e delle imprese di investimento;

– la Direttiva UE 2013/36, concernente l'armonizzazione delle norme sull'accesso all'attività bancaria e sulla vigilanza prudenziale sulle banche ed imprese di investimento;

– il Regolamento UE n. 1024/2013 (SSM *Single Supervisory Mechanism*, che istituisce il Meccanismo di vigilanza unico);

– la Direttiva UE n. 2014/59 (BRRD, *Bank Recovery and Resolution Directive*, concernente regole comuni per la risoluzione delle crisi bancarie) [42];

– il Regolamento UE n. 806/2014 (che istituisce il Comitato di risoluzione unico);

– la Direttiva UE 2014/49 (concernente regole comuni sui sistemi di garanzia dei depositi; DGS *Deposite Guarantee Scheme*).

Con riguardo specifico alla vigilanza bancaria, il Regolamento UE n. 1024/2013,

---

ed europeo e "che includa processo decisionale comune"); 3) un "quadro integrato di politica economica" (che assicuri il "corretto funzionamento dell'UEM); 4) "assicurare la necessaria legittimità e responsabilità democratica del processo decisionale nel quadro dell'UEM". In dottrina v. G. NAPOLETANO, *La risposta europea alla crisi del debito sovrano: il rafforzamento dell'Unione economica e monetaria. Verso l'Unione bancaria*, in *Banca e borsa*, 2012, 747 ss.

[41] Commissione europea, *Relazione alla proposta di regolamento del Parlamento europeo e del Consiglio, recante modifica del regolamento UE n. 1093/2010 che istituisce l'Autorità europea di vigilanza*, COM(2012) 512, Bruxelles 12 settembre 2012.

[42] M.P. CHITI, *The new banking union, the passage from banking supervision to banking resolution*, in *Riv. it. dir. pubbl. comp.*, 2014, 608 ss.; L. STANGHELLINI, La *disciplina delle crisi bancarie: la prospettiva europea. Dal Testo unico bancario all'Unione bancaria: tecniche normative e allocazione di poteri*, *Quaderni di Ricerca Giuridica della Banca d'Italia*, Roma, n. 75, 2014, 169 ss.; G.L. GRECO, *La tutela del risparmiatore dopo la direttiva BRRD*, relazione al Convegno ADDE *Quali regole per quali mercati? Una riflessione sui nuovi modelli regolatori e sui mercati in transizione*, Milano 11-12 dicembre 2015, in *Diritto banca e mercato finanziario*, 2016.

istitutivo del Meccanismo di vigilanza unico (MVU o *Single Supervisory Mechanism*, SSM), è l'atto normativo che disciplina l'ambito della vigilanza bancaria superando l'assetto del preesistente impianto (basato sul livello nazionale e ritenuto non idoneo – o non più idoneo – ad assicurare l'efficienza delle banche dell'eurozona) ed assegnando ad un'unica Autorità europea (la BCE, caratterizzata, oltre che da un elevato *expertise* nel settore finanziario, da peculiari doti di autonomia e di indipendenza dal potere politico) la funzione di vigilanza prudenziale, accentrando in capo a quest'ultima le competenze ed i relativi poteri [43].

Nel nuovo assetto regolativo la funzione di vigilanza è assegnata ad una rete di soggetti (il *Meccanismo Unico di Vigilanza*, MVU) che costituiscono appunto il "sistema europeo di vigilanza bancaria" e che comprende la BCE e le autorità di vigilanza nazionali degli Stati partecipanti. In questo sistema alla BCE, oltre alla responsabilità del funzionamento del "sistema", è attribuito un insieme di competenze (*in primis*, la competenza esclusiva ad esercitare la vigilanza prudenziale diretta sugli enti creditizi c.d. "significativi", ma anche la competenza esclusiva al rilascio – o alla revoca – dell'autorizzazione agli enti creditizi, nonché la valutazione delle domande di acquisto o di cessione di partecipazioni qualificate in enti creditizi nei confronti di tutte le banche dei Paesi partecipanti) che pongono la BCE in una posizione (non di mero *primus inter pares*, bensì) di primazia [44], residuando alle autorità nazionali un ruolo subalterno (di "assistenza") alla BCE. Infatti incombe sulle autorità nazionali il dovere di seguire le istruzioni impartite dalla BCE nella preparazione ed attuazione degli atti inerenti le competenze esclusive della stessa, nonché nella vigilanza sugli enti creditizi "meno significativi" su quali comunque la BCE può estendere il proprio intervento qualora ritenuto necessario per assicurare l'applicazione coerente di elevati *standard* di vigilanza.

Il Regolamento UE n. 1024/2013 costruisce dunque un meccanismo di *supervision* che vede al vertice la BCE (cui è affidata la "responsabilità ultima per tutte

---

[43] Un sistema unico di supervisione rende effettivo il mercato finanziario unico giacché "*la presenza di un interlocutore unico a fronte dei soggetti abilitati (che operano nel sistema finanziario europeo) individua l'indispensabile premessa di una parità di posizioni; questa, a sua volta, è presupposto di convergenze che dovrebbero promuovere innovativi schemi di condivisione, e più in generale la realizzazione di condizioni cui dovrebbero far seguito stabilità e progresso*" (cit.).

[44] P. ROSSI, *op. ult. cit.*, 3, parla di "*ratio* accentratrice" della nuova normativa europea, la quale "consente una *reductio ad unum* in capo alla BCE del ruolo sia di Autorità competente, sia di Autorità designata degli Stati partecipanti al SSM, con l'attribuzione dei relativi poteri derivanti e dalla legislazione europea e da quella domestica di recepimento, consentendo alla BCE stessa, ove necessario all'assolvimento dei propri compiti, di sollecitare le Autorità di vigilanza nazionali, mediante istruzioni, all'esercizio degli ulteriori poteri previsti dalle singole normative nazionali che, ancorché non di attuazione del diritto dell'Unione, siano funzionali ai compiti di *supervision* della BCE medesima".

le banche dell'area euro"[45] in ragione dell'affidamento alla medesima della "competenza esclusiva nello svolgimento dei compiti di vigilanza prudenziale"[46]) ed in cui alle autorità nazionali di vigilanza è assegnato un ruolo (rispetto a quello della BCE) istruttorio o comunque "ausiliare" (o al massimo "di proposta"), permanendo sulle stesse limitati compiti di vigilanza diretta. Va inoltre aggiunto che anche in relazione ai compiti di vigilanza assegnati alle autorità nazionali, è conferito alla BCE il potere di impartire istruzioni alle autorità nazionali, le quali si vedono così ulteriormente ridotte le proprie – residue – prerogative autonome, "sacrificate sull'altare dell'unitarietà e coerenza dell'azione di vigilanza"[47].

## 3. L'intreccio dei rapporti fra ordinamento europeo e ordinamento statale: le peculiarità del potere normativo della BCE e dei procedimenti della vigilanza bancaria fra livello europeo e livello statale

Se il Regolamento n. 1024/2103 sottopone alla vigilanza della BCE gli enti creditizi "di importanza significativa" (da individuarsi secondo parametri stabiliti dal regolamento medesimo), nei confronti dei quali la BCE è chiamata ad esercitare (oltre alle – per così dire – "tradizionali" funzioni di vigilanza già svolte dalle autorità nazionali competenti, anche) ulteriori ("nuovi") poteri prescrittivi e ordinatori, bisogna parimenti aggiungere, con riguardo al rapporto fra ordinamento europeo e ordinamenti nazionali, che l'esame dell'intera normativa dimostra l'esistenza, nell'ambito della vigilanza bancaria, di una non semplice trama di atti provenienti sia dalle istituzioni europee (fra cui non solo la BCE) sia dalle autorità di vigilanza nazionali[48].

---

[45] V. VISCO, *Intervento all'88° Giornata mondiale del risparmio*, Roma 31 ottobre 2012.

[46] F. CAPRIGLIONE, *L'applicazione del Meccanismo unico di supervisione bancaria: una vigilia ingiustificata di timori*, in *Apertacontrada*, cit., 4.

[47] P. ROSSI, *op. ult. cit.*, 11, che evidenzia che, anche in relazione ai compiti di vigilanza macroprudenziale (destinati a prevenire e fronteggiare i rischi della stabilità complessiva del sistema, e riguardo alla quale non opera la distinzione tra enti creditizi "significativi" e "meno significativi"), pur attribuendo il Regolamento UE n. 1024/2013 alle autorità nazionali di vigilanza il potere di ricorrere agli strumenti macro-prudenziali previsti dal diritto europeo, nondimeno "è ancora la BCE ad esercitare la sua primazia, avendo la facoltà sia di intervenire, ove lo reputi necessario, con l'applicazione di buffer più elevati di quelli imposti dall'Autorità nazionale, sia di applicare direttamente le misure macro-prudenziali, sostituendosi *ex lege* all'Autorità nazionale ove questa sia inerte"; v. anche G. SABATINI, Audizione ABI 2012, secondo cui "*il Regolamento intende perseguire l'obiettivo di rendere la vigilanza prudenziale di esclusivo dominio della BCE*"; F. GUARRACINO, *Dal meccanismo di vigilanza unico (SSM) ai sistemi centralizzati di risoluzione della crisi e di garanzia dei depositi: la progressiva europeizzazione del settore bancario*, in *Riv. trim. dir. ec.*, 2012, n. 3.

[48] A. ANTONIAZZI, *La Banca centrale europea fra politica monetaria e vigilanza bancaria*, cit., 271 s.

Infatti, lo studio delle norme relative all'organizzazione, ai procedimenti e agli atti della BCE, rivela un quadro di competenze e poteri assai complesso (rafforzato dal Regolamento UE n. 1024/2013).

Con riguardo alle peculiarità dei procedimenti delineati dal Regolamento UE n. 1024/2013, va evidenziato che le autorità nazionali di vigilanza svolgono, a volte, attività di mera consultazione o comunicazione e, altre volte, una funzione di "cogestione" di alcuni procedimenti, essendo chiamate sia a collaborare con la BCE nello svolgimento delle attività di vigilanza a quest'ultima attribuita, sia a svolgere (ma in conformità ai parametri fissati a livello europeo dall'ABE) il compito – ad esse affidato – di supervisione delle banche "meno significative".

Ma anche il potere normativo riconosciuto alla BCE (con l'intrecciarsi di tale potere normativo con il livello normativo statale e con i procedimenti ed i provvedimenti amministrativi statali) dischiude più di un orizzonte problematico.

L'art. 4, comma 3 del Regolamento se assegna alla BCE un potere normativo "circoscritto" (giacché, secondo tale disposizione, la BCE "*può adottare regolamenti solo nella misura in cui ciò sia necessario per organizzare o precisare le modalità di assolvimento dei compiti attribuiti*") di natura essenzialmente organizzativa[49], rimette la formulazione delle regole prudenziali (volte a disciplinare l'esercizio della funzione di vigilanza) all'ABE essendo la BCE "*soggetta alle norme tecniche di regolamentazione e di attuazione vincolanti dell'ABE*"[50]. La prassi di questi anni dimostra però che la BCE esercita ampiamente i propri poteri (normativo, di controllo e sanzionatorio), quale (forse inevitabile) conseguenza dell'esercizio della vigilanza bancaria (sempre a sua volta strutturata in vigilanza normativa, ispettiva e sanzionatoria).

La potestà normativa della BCE viene a caratterizzarsi per un'ampiezza tale che ha condotto più di un osservatore a definire quest'ultima "legislatore primario" nel settore di propria competenza[51].

---

[49] A. PISANESCHI, *Banca centrale europea, vigilanza bancaria e sovranità degli Stati*, in *Federalismi.it*, 6.

[50] Per A. PISANESCHI, *op. ult. cit.*, 6 "In definitiva, quindi, è l'EBA che emana la normativa di regolazione, alla quale è sottoposta la BCE, che è dunque priva del potere normativo alla cui stregua esercitare la vigilanza". Anche S. ANTONIAZZI, *La Banca Centrale Europea fra politica monetaria e vigilanza bancaria*, cit., 299 ss., ricorda che la BCE è soggetta all'art. 16 del Regolamento n. 1093/2010 concernente gli orientamenti e le raccomandazioni dell'EBA "e può adottare regolamenti solo nella misura in cui ciò sia necessario per organizzare o precisare le modalità di assolvimento di tali compiti".

[51] S. ANTONIAZZI, *La Banca centrale europea fra politica monetaria e vigilanza bancaria*, cit., 296 ss.: "nell'ambito dell'ordinamento europeo *coesistono due sistemi normativi* di cui il primo riferito alle competenze dell'Unione Europea, che sono ovviamente più vaste e generali, e l'altro sistema attiene ai compiti della BCE per la politica monetaria e a breve, ma con più vincoli, per la vigilanza prudenziale" e alla legislazione "complementare" (*ex* artt. 129.4 Tfue e 41 Statuto) spetta il compito di intervenire in ambiti limitati con la funzione di specificazione dei poteri assegnati alla BCE proprio dal Tfue. L'Autrice dubita che gli atti adottati dalla BCE

Ed è stata già evidenziata [52] la rilevanza che hanno assunto le discipline adottate dalla BCE con riguardo all'incidenza che le stesse sono capaci di esprimere nei confronti sia delle normative nazionali (e, a questo proposito, si pone il problema del rapporto fra BCE e ordinamenti statali) sia delle normative europee di carattere generale (anche rispetto alle quali la potestà normativa della BCE tende a sovrapporsi) [53].

A questo proposito, si deve prendere atto che la funzione di vigilanza bancaria richiede il ricorso a strumenti propri del settore oggetto di controllo e, a questo riguardo, si pone innanzitutto il problema del rispetto del *principio di legalità* o, se si preferisce, della "dimensione" che si intende riconoscere a tale principio con riguardo alla specifica funzione della vigilanza bancaria.

---

siano atti dell'Unione in senso proprio (giacché "alla luce delle norme sulla produzione normativa di cui agli artt. 132 Tfue e 34 Statuto, gli atti considerati sembrano non essere fonte di diritto dell'Unione in senso stretto per le evidenti divergenze dagli schemi giuridici tradizionali, anche se ad essi si applicano gli artt. 296 ss. Tfue e sono sottoposti al comune regime di impugnazione con ricorso alla Corte di giustizia (art. 263 Tfue); quantomeno è ormai consolidata l'interpretazione che conferma la specialità per la particolare fonte di produzione e per la politica monetaria che è competenza esclusiva"), ma si deve aggiungere che la BCE è un'istituzione europea (e non pare condivisibile dedurre quanto sopra dalla constatazione che alla stessa sia conferita una personalità giuridica distinta (artt. 282.3 Tfue e 9.1 Statuto) da quella dell'Unione (art. 47 TUE), giacché proprio all'Unione Europea devono ritenersi imputabili, per regola generale, tutti gli atti giuridici delle istituzioni e ciò è in linea con l'art. 340 Tfue (anche se il comma 2 prevede una deroga significativa in materia di risarcimento del danno per responsabilità extracontrattuale giacché in caso di danni cagionati dalla BCE o dai suoi agenti nell'esercizio delle loro funzioni, la BCE è *direttamente* responsabile).

[52] F. POLITI, *Le funzioni di vigilanza bancaria della BCE nelle dinamiche fra istituzioni europee e nei rapporti fra Unione Europea e Stati membri*, in *DPCE*, 2018, n. 4, 1035 ss.

[53] S. ANTONIAZZI, *La Banca centrale europea fra politica monetaria e vigilanza bancaria*, cit., 305 ss., ricorda che, poiché l'armonizzazione delle norme giuridiche spetta all'Unione, "potrebbero emergere interferenze" fra potestà normativa della BCE e "diritto dell'Unione". Con riguardo ai "compiti specifici di vigilanza prudenziale" della BCE (che gode di competenza esclusiva), l'Autrice evidenzia che "la funzione amministrativa coinvolge altre istituzioni europee e nazionali, con le quali la BCE dovrà cooperare strettamente (artt. 3, 5)" e tale "necessaria cooperazione" coinvolge anche le autorità nazionali competenti degli Stati membri partecipanti al meccanismo di vigilanza unico ma la cui moneta non è l'euro (art. 6) e degli Stati membri non partecipanti (art. 3.4-*bis*). Si evidenzia inoltre che «i compiti devono essere esercitati mediante l'applicazione di numerose disposizioni di diversa fonte, condizione decisamente accentuata per la vigilanza prudenziale, dato che, secondo l'art. 4.3 del Regolamento, "la BCE *applica* tutta la normativa pertinente dell'Unione e, se tale normativa dell'Unione è composta di direttive, la legislazione nazionale di recepimento di tale direttive", contesto normativo non ravvisabile per la politica monetaria la cui disciplina spetta esclusivamente alla BCE; quindi l'attenzione per l'*armonizzazione* tra le discipline dell'Unione e degli Stati membri e gli atti giuridici della BCE sembra essere più evidente nella proposta di regolamento, dato che sono coinvolte più disposizioni di fonte diversa. Gli atti giuridici qualificabili come normativi o amministrativi, hanno *efficacia diretta* negli ordinamenti nazionali e nei confronti dei destinatari e possono comportare esigenze di tutela giurisdizionale».

Infatti, proprio con riguardo ai compiti di vigilanza bancaria (oltre a quanto disposto dall'art. 127, par. 6, Tfue e dall'art. 25 Statuto), deve ricordarsi che l'art. 4, par. 3 del Regolamento UE n. 1024/2013 dispone che "*Ai fini dell'assolvimento dei compiti ad essa attribuiti dal presente regolamento e allo scopo di assicurare standard elevati di vigilanza, la BCE applica tutta la normativa pertinente dell'Unione e, se tale normativa dell'Unione è composta da direttive, la legislazione nazionale di recepimento di tali direttive*"; inoltre la BCE adotta *orientamenti, raccomandazioni* e *decisioni*, "fatti salvi la pertinente normativa dell'Unione e in particolare qualsiasi atto legislativo e non legislativo, compresi quelli di cui agli artt. 290 e 291 del Tfue, e conformemente agli stessi".

Sempre in merito alla potestà normativa della BCE, deve ricordarsi che, anche precedentemente all'affermazione della crisi economico-finanziaria, i rapporti tra BCE (da un lato) e banche centrali nazionali (chiamate ad adeguarsi agli atti della BCE in materia di vigilanza prudenziale nonché agli atti di regolazione dell'EBA) o Parlamenti nazionali (dall'altro) avevano fatto registrare momenti di criticità in ragione della inevitabile incidenza degli atti normativi della BCE su discipline legislative statali (o, laddove previsti, su atti normativi delle medesime banche centrali) e con il porsi di questioni di non agevole soluzione[54].

## 4. Il ruolo della BCE nelle dinamiche dell'assetto istituzionale europeo

Il "percorso tortuoso"[55] che ha portato alla vigente normativa in materia di vigilanza bancaria ha condotto ad un esito finale che vede non solo un ampliamento dei poteri della BCE giacché incide sul ruolo stesso della BCE nell'assetto istituzionale europeo e che, soprattutto, ma non solo, con riguardo al potere normativo della BCE, pone il problema della "responsabilità democratica" (o della *accountability*) della BCE nell'esercizio della funzione di vigilanza.

La riflessione sulla potestà normativa si pone in stretta correlazione, innanzitutto, con la più ampia questione relativa alla cessione di sovranità all'Unione Europea da parte degli Stati membri e, con riguardo specifico alla BCE, particolarmente significativi si rivelano (sempre con riguardo alla funzione di vigilanza

---

[54] S. ANTONIAZZI, *op. ult. cit.*, 306: "La realizzazione dell'unione bancaria dovrebbe consentire il superamento di queste difficoltà, dato che l'obiettivo è proprio l'*uniformità* della disciplina; inoltre l'ulteriore trasferimento di sovranità e di competenze delle banche centrali e delle Autorità di vigilanza nazionali alla BCE comporterà la necessità di rivedere i criteri di interpretazione degli atti giuridici, del ruolo delle istituzioni e degli organi dell'Unione e dei rapporti tra questi enti, considerate alcune contraddizioni nel sistema (ad es., la frammentazione delle competenze, la pluralità di atti giuridici non facilmente riconducibili ad atti normativi o a quelli amministrativi oppure ad atti di *soft law*), la necessaria compatibilità con il principio di legalità e le esigenze di certezza giuridica".

[55] A. PISANESCHI, *op. ult. cit.*, 5.

bancaria) gli artt. 20 e 21 del Regolamento dedicati alla c.d. "responsabilità democratica". A questo proposito deve innanzitutto ricordarsi che, nel procedimento di approvazione del Regolamento n. 102/2013 fu proprio il Parlamento europeo a richiedere che nell'articolato dello stesso venissero individuate specifiche garanzie a tutela dei meccanismi della c.d. "responsabilità democratica". In questa direzione operano appunto le predette disposizioni del Regolamento (artt. 20 e 21) volte a disciplinare la responsabilità della BCE davanti al Parlamento europeo e davanti ai Parlamenti nazionali.

L'art. 20 ("*Responsabilità e relazioni*") del Regolamento afferma che la BCE "risponde al Parlamento europeo e al Consiglio" dell'attuazione del regolamento medesimo e. a questo fine la BCE "trasmette annualmente al Parlamento europeo, al Consiglio, alla Commissione e all'Eurogruppo una relazione sull'esecuzione dei compiti attribuitile" ("incluse informazioni sullo sviluppo previsto della struttura e l'importo del contributo per le attività di vigilanza"). Tale relazione è presentata ("pubblicamente") dal presidente del consiglio di vigilanza della BCE al Parlamento europeo, e all'Eurogruppo ("in presenza di rappresentanti degli Stati membri partecipanti la cui moneta non è l'euro"). È inoltre prevista la possibilità per l'Eurogruppo o per il Parlamento europeo (in questo caso dinanzi alle commissioni competenti del Parlamento europeo) di richiedere lo svolgimento di audizioni del presidente del consiglio di vigilanza della BCE riguardo all'esecuzione dei compiti di vigilanza ("sempre alla presenza anche di rappresentanti degli Stati membri partecipanti la cui moneta non è l'euro").

La BCE risponde inoltre – oralmente o per iscritto – alle interrogazioni o ai quesiti ad essa rivolti dal Parlamento europeo, o dall'Eurogruppo. È inoltre prevista la possibilità ("su richiesta") di una peculiare modalità di confronto (mediante "discussioni orali riservate a porte chiuse", con ulteriore obblighi di riservatezza "conformemente agli obblighi di riservatezza imposti alla BCE in qualità di autorità competente ai sensi del pertinente diritto dell'Unione"), con riguardo ai compiti di vigilanza della BCE, fra il presidente del consiglio di vigilanza della BCE ed il presidente ed i vicepresidenti delle competenti commissioni del Parlamento europeo "qualora tali discussioni siano richieste per l'esercizio dei poteri del Parlamento europeo".

Dopo avere affermato il principio per cui la BCE "coopera lealmente alle indagini svolte dal Parlamento europeo", il Regolamento prevede la conclusione, fra BCE e Parlamento europeo, di "opportuni accordi" (riguardanti, tra l'altro, l'accesso alle informazioni, la cooperazione alle indagini e le informazioni sulla procedura di selezione del presidente del consiglio di vigilanza) concernenti le "modalità pratiche dell'esercizio della responsabilità democratica e della supervisione sull'esecuzione dei compiti attribuiti alla BCE".

Questa formulazione così complessa ("esercizio della responsabilità democratica e della supervisione sull'esecuzione dei compiti attribuiti alla BCE") si presta a molteplici considerazioni, ma innanzitutto va segnalato che il Regolamento non limita il rapporto della BCE con il solo Parlamento europeo, giacché disciplina espressamente anche il rapporto con i parlamenti nazionali (secondo una linea di tendenza – da guardare con favore – affermatasi, sia pure timidamente, nelle ultime revisioni dei Trattati e in alcuni atti legislativi europei e che mira a potenziare il rapporto delle istituzioni europee con i parlamenti nazionali e dunque la partecipazione – sotto forme molteplici – di questi ultimi all'esercizio da parte di istituzioni europee delle rispettive competenze).

Ed infatti l'art. 21 del Regolamento prescrive che la relazione annuale della BCE sia trasmessa ("simultaneamente") anche ai parlamenti nazionali degli Stati membri partecipanti, i quali possono inviare alla BCE le loro osservazioni "motivate" (chiedendo alla BCE una risposta per iscritto ad eventuali osservazioni o quesiti) oppure invitare il presidente (o un membro del consiglio di vigilanza) a partecipare ("insieme con un rappresentante dell'autorità nazionale competente") ad uno scambio di opinioni in relazione alla vigilanza degli enti creditizi in quello specifico Stato membro.

Con riguardo ai rapporti fra BCE e Parlamento europeo va ricordato l'Accordo interistituzionale (approvato con decisione del Parlamento europeo del 9 ottobre 2013) intercorso fra tali istituzioni e relativo alle "modalità pratiche dell'esercizio della responsabilità democratica"[56] mentre, con riguardo al rapporto fra BCE e Consiglio, va ricordato il Memorandum intercorso con il Consiglio dell'UE[57]. Pertanto, ai sensi del Regolamento n. 1024/2013 (e di quanto previsto dall'Accordo interistituzionale e dal Memorandum), la BCE deve trasmettere rapporti trimestrali sull'attuazione operativa di tale regolamento (concernenti, tra l'altro: la preparazione interna, le attività organizzative e di pianificazione; le disposizioni concrete adottate per separare la politica monetaria e le funzioni di vigilanza; la cooperazione con altre autorità competenti nazionali o dell'UE; gli eventuali ostacoli incontrati dalla BCE nella preparazione dei propri compiti di vigilanza; eventuali questioni di rilievo o modifiche concernenti il codice di condotta) al Parlamento europeo, al Consiglio dell'UE e alla Commissione europea.

Questi meccanismi "di esercizio della responsabilità democratica" trovano quale denominatore comune (o – se si preferisce – come idea di fondo) la necessità della instaurazione di un rapporto tra BCE e Parlamento Europeo (da un lato) e tra BCE e i Parlamenti nazionali (dall'altro lato).

La presentazione al Parlamento europeo, da parte del Presidente del Consiglio di vigilanza della BCE, di una relazione annuale comporta il conseguenziale esame (da parte del Parlamento europeo) dei contenuti di tale relazione, contenuti

---

[56] "*Accordo interistituzionale tra il Parlamento europeo e la Banca centrale europea sulle modalità pratiche dell'esercizio della responsabilità democratica e della supervisione sull'esecuzione dei compiti attribuiti alla Banca centrale europea nel quadro del meccanismo di vigilanza unico*".

[57] "*Memorandum of Understanding between the Council of the European Union and the European Central Bank on the cooperation on procedures related to the Single Supervisory Mechanism*", in vigore dal 12 dicembre 2013.

che evidentemente non potranno non essere messi in correlazione con quanto concretamente avvenuto nell'anno precedente e con gli eventuali dibattiti politici già sorti in proposito. Pertanto si determina per questa strada l'instaurazione di un momento di controllo e di valutazione da parte del Parlamento europeo dell'operato della BCE, nonché occasione di indicazione di indirizzi per il futuro e di riflessione più ampia sul ruolo della BCE.

In tale direzione opera anche la possibilità concessa al Parlamento europeo di porre alla BCE interrogazioni e quesiti o di chiedere al Presidente del Consiglio di vigilanza di partecipare ad audizioni davanti alle commissioni competenti del Parlamento europeo anche se questi ultimi strumenti sembrano operare più nella direzione di controllo nei confronti di episodi specifici, mentre l'esame della relazione annuale ha la capacità di proiettarsi sull'intero operato della BCE e dunque sulla generale funzione di vigilanza e sul ruolo della stessa nell'ordinamento europeo.

L'accordo interistituzionale del 9 ottobre 2013 ha aggiunto, alle norme del regolamento, due momenti di ulteriore interrelazione tra Parlamento e BCE, in relazione al procedimento di nomina del Presidente del Consiglio di vigilanza e al procedimento di adozione degli atti della BCE che sono sottoposti a consultazione pubblica (regolamenti, decisioni, indirizzi e raccomandazioni)[58].

La procedura di nomina del Presidente del Consiglio di vigilanza prevede non solo vari momenti di collegamento tra BCE e Parlamento Europeo, ma anche una significativa partecipazione di quest'ultimo il cui intervento culmina con una "approvazione" del nominativo proposto.

Infatti, devono essere comunicati ad una commissione del Parlamento (prima della pubblicazione dell'avviso di selezione) innanzitutto i criteri di selezione e alla medesima commissione deve essere comunicato anche l'elenco dei candidati. Parimenti la BCE deve comunicare al Parlamento le proprie proposte di nomina e la commissione competente procede ad un'audizione pubblica dei candidati e successivamente spetta al Parlamento europeo approvare (o meno) la nomina proposta dalla BCE ed in caso di votazione negativa (cioè di mancata approvazione del nominativo proposto) la BCE può attingere alla preesistente lista dei candidati oppure ripetere la procedura di selezione.

Gli esaminati meccanismi di raccordo tra BCE e Parlamento europeo e tra BCE e Parlamenti nazionali (insieme alla ripartizione dei poteri normativi tra ABE e BCE) segnano l'approdo di un percorso segnato (come detto) dalle modalità di evoluzione della crisi economico-finanziaria e dalla conseguenziale necessità, per le istituzioni rappresentative dell'Unione Europea, di attuare un recupero del potere decisionale venuto meno in conseguenza del trasferimento della vigi-

---

[58] Anche per l'adozione degli atti della BCE sottoposti a consultazione l'accordo interistituzionale prevede che prima dell'avvio della procedura di consultazione i progetti vengano trasmessi al Parlamento europeo, che può presentare osservazioni (che possono essere oggetto "di uno scambio di opinioni" di natura informale).

lanza bancaria dal livello nazionale a quello europeo. Il modello che si è affermato è stato definito "spurio" [59] ma anche "accentrato" (a vantaggio della BCE rispetto alle autorità nazionali) [60].

Si conferma così la tendenza dell'ordinamento europeo all'affidamento del processo di unificazione economica, monetaria, bancaria e finanziaria ad organismi "tecnici", ma anche (più in generale) la tendenza (riscontrabile sia a livello europeo che degli ordinamenti nazionali) ad una allocazione dei poteri normativi e decisori ad autorità prive di diretta legittimazione democratica e caratterizzate invece da elevata *expertise* (con il rischio, secondo alcuni, di una "deriva tecnocratica") [61].

Proprio nei confronti di questi fenomeni si afferma la necessità, nell'azione di siffatti organismi, di un significativo sistema di trasparenza (nella elaborazione ed assunzione delle decisioni), di garanzie del controllo giudiziario delle decisioni assunte, e (più in generale) di *accountability*.

Tramite tali istituti si riesce infatti a dare una risposta sufficiente al problema dell'applicazione di adeguati controlli democratici [62] e, per questa via appare pos-

---

[59] S. ANTONIAZZI, *La Banca centrale europea fra politica monetaria e vigilanza bancaria*, cit., 294 ss.

[60] P. ROSSI, *op. ult. cit.*, 7 ss., che individua l'esistenza di una torsione "accentratrice" (a vantaggio della BCE) della funzione di *supervision* nel Meccanismo Unico di Vigilanza, con conseguente centralità della BCE e marginalizzazione delle autorità nazionali di vigilanza. La ripartizione dei compiti di vigilanza tra queste ultime e la BCE (caratterizzato da uno sforzo volto a conciliare da un lato l'unitarietà del sistema e, dall'altro, la pluralità delle autorità nazionali coinvolte) non riesce però ad eliminare quella "torsione accentratrice" del sistema di vigilanza a favore del livello europeo. E l'Autore ricorda come nella stessa relazione di accompagnamento della proposta di Regolamento, per qualificare la posizione della BCE nell'ambito del SSM, sia stata utilizzata l'espressione "univocità di comando".

[61] Ampia è la riflessione dottrinale sul "*governo dei tecnici*"; molto critico verso l'ipotesi tecnocratica è, come noto, R.A. DAHL, *La democrazia e i suoi critici*, Roma, 1997, 77 ss., ma v. anche N. BOBBIO, *Il futuro della democrazia*, Torino, 1984, ed. 1995, 22-23, secondo cui "Tecnocrazia e democrazia sono antitetiche: se il protagonista della società industriale è l'esperto non può essere il cittadino qualunque. La democrazia si regge sulla ipotesi che tutti possono decidere di tutto. La tecnocrazia, al contrario, pretende che chiamati a decidere siano i pochi che se ne intendono".

[62] F. TIZZANO, *Qualche considerazione sull'Unione economica e monetaria*, in *Dir. un. eur.*, 1997, 457, sottolinea come la gestione dell'Unione Economica e Monetaria sia affidata quasi esclusivamente ad *organi tecnici* (BCE, SEBC, banche centrali nazionali inserite nel SEBC), non soggetti all'influenza dei Governi nazionali né alle istituzioni politiche dell'Unione Europea che hanno un ruolo assai circoscritto; U. LEANZA, *Gli aspetti istituzionali dell'Unione economica e monetaria*, in AA.VV., *Scritti in onore di G.F. Mancini*, II, cit., 577-578, ritiene i rilevanti poteri e l'indipendenza della BCE e del SEBC adeguati ma solo *in via transitoria* per il fine "di orientare in *modo tecnico* i primi passi della terza fase dell'UEM (...). In ogni caso superato questo periodo di transizione, sarà opportuno rivedere le competenze e i poteri di questi organi per un loro ridimensionamento. A quel punto sarà necessario trasferire le competenze, soprattut-

sibile dare una risposta al problema del *deficit* democratico [63] giacché fra gli effetti della crisi vanno annoverati anche, da una parte, una rapida riorganizzazione del governo dell'economia (avvenuta mediante l'assegnazione – o l'autoassegnazione – di ampia discrezionalità ad organismi tecnici nell'individuazione delle priorità) e, dall'altra parte, una maggiore rivendicazione da parte di ampi settori dell'opinione pubblica di un incremento del tasso di trasparenza nell'assunzione di decisioni – anche tecniche – aventi una profonda influenza nell'economia (e dunque nella vita di tutti i cittadini).

---

to normative ad un'autorità superiore di carattere 'politico'". Già W. UNGERER, *Institutional Consequences of Broadening and Deepening the Community: the Consequences for the Decision Making Process*, in *Common Market Law Review*, 1993, n. 30, 75-76, afferma, riguardo al *deficit* di democrazia, che la legittimazione del diritto comunitario è basata sulla legittimità delle decisioni degli Stati membri ed i membri dei governi nazionali, che fanno parte del Consiglio, sono soggetti al controllo del loro Parlamento nazionale. Il *deficit* democratico consiste soprattutto nell'*incapacità dei Parlamenti nazionali* di controllare l'azione dei propri Governi nelle materie di rilevanza europea. Il *deficit* democratico, secondo l'Autore, è riscontrabile non solamente nei confronti del Parlamento europeo, ma anche nei confronti dei Parlamenti nazionali che hanno perso come competenze che non sono state attribuite al Parlamento europeo. S. BREDT, *Prospects and Limits of Democratic Governance in the EU*, in *European Law Journal*, 2011, n. 17, 35 ss., secondo cui i principi democratici non sono il presupposto della sfida centrale del sistema di governo dell'Unione Europea secondo l'interpretazione tradizionale della legittimazione democratica. Si è, invece, affermata la distinzione tra politica ed economia in conseguenza del fatto che lo *status* delle istituzioni indipendenti di regolazione in un sistema di governo democratico non è stato chiarito né nell'Unione Europea né negli Stati membri; tuttavia queste Autorità esistono in diversi Stati e potrebbero essere interpretate come espressione di *governance* democratica comune, ma ancora non vi è stata un'evoluzione. Il problema centrale è che le teorie sulla regolazione spiegano la legittimazione delle Autorità indipendenti come un'alternativa alla tradizionale rappresentazione degli interessi in sede politica e tale considerazione è esterna al metodo della teoria democratica tradizionale; mentre la teoria economica, che si basa sul contratto sociale, offre un approccio per considerare queste istituzioni come una parte della *governance* democratica rappresentativa.

[63] Sul ruolo svolto dalla BCE nell'elaborazione di misure volte a fronteggiare gli effetti della crisi economico-finanziaria (e sulla necessità di interventi degli esecutivi nazionali) illuminanti le parole di M. DRAGHI, *The Policy and the Role of the European Central Bank During the Crisis in the Euro Area*, München, Katholische Akademie in Bayern, 27 February 2013; ID., *The Role of Monetary Policy in Addressing the Crisis in the Euro Area*, Study Association SEFA, Faculty of Economics and Business, Amsterdam, 15 aprile 2013; ID., *The Euro, Monetary Policy and Reforms*, Speech on receving an honorary degree in political science, Roma, LUISS "Guido Carli" University, 6 maggio 2013; P. PRAET (Membro del Comitato esecutivo della BCE), *The Crisis Response in the Euro Area*, relazione per *Colloquia Series* "*Redrawing the Map: New Risk, New Reward*", Beijing, 17 aprile 2013.

## 5. Considerazioni conclusive

Se la crisi del 2007-2008 ha evidenziato l'inadeguatezza della previgente disciplina di vigilanza bancaria, le normative successivamente introdotte confermano l'evoluzione del ruolo della BCE (e non solo con riguardo all'attuazione degli specifici compiti di vigilanza bancaria) con un evidente rafforzamento della stessa in termini sia di potere decisionale che di ampliamento delle competenze.

L'ampliamento dei compiti di vigilanza bancaria comporta l'adozione – da parte della BCE – di numerosi atti giuridici anche atipici e conseguentemente negli ultimi anni si registra anche un aumento della presenza della BCE nel contenzioso dinanzi alla Corte di giustizia (in particolare, ma non solo, con riguardo alla irrogazione di sanzioni pecuniarie da parte della BCE).

L'esercizio a livello nazionale (tramite le rispettive banche centrali e/o le singole autorità nazionali) della vigilanza bancaria, scelta confermata nel 2010 con l'istituzione delle Autorità di regolazione europee (EBA, ESMA, EIOPA), si è rivelato alla prova concreta un modello inadeguato soprattutto in una situazione di crisi sistemica. Va però rilevato che, anche dopo l'approvazione della normativa più recente, resta vigente la separazione tra la funzione di vigilanza prudenziale (spettante alla BCE e in parte alle banche centrali nazionali o alle diverse autorità nazionali competenti) e la funzione di regolazione (c.d. *single rulebook*, con determinazione di *standard* tecnici comuni vincolanti) assegnata all'EBA.

La BCE svolge compiti macroprudenziali mentre il SEBC, al cui centro è la BCE, ha i poteri – sia microprudenziali che macroprudenziali – necessari alla supervisione delle istituzioni creditizie[64]. Va dunque rilevata l'esistenza di un'impostazione di tipo tendenzialmente federale che sembra ravvisabile nei rapporti tra istituzioni europee ed autorità nazionali nei settori dei mercati monetari e finan-

---

[64] Per una sintesi degli aspetti macroprudenziali del sistema unico di vigilanza e dei compiti microprudenziali della BCE, alla luce della proposta di regolamento sulla vigilanza bancaria, si rinvia alla relazione di Y. MERSCH (membro del Comitato esecutivo della BCE), *Financial Stability Policies in Central Banks*, per il seminario *Financial Stability Policies in a Post-Crisis World*, Czech National Bank, 4 March 2013, 2-3, in *www.ecb.eu*. In particolare, i compiti microprudenziali della BCE hanno una dimensione sistemica e, infatti, questa istituzione può adottare decisioni riguardo a tutti i gruppi bancari più rilevanti, con la conseguenza che le misure applicate potranno avere ripercussioni anche sulla stabilità del sistema finanziario nel suo complesso; per i compiti macroprudenziali della BCE, il potere di avviare e realizzare le relative misure resterà primariamente attribuito alle Autorità nazionali a cui spetta, comunque, il dovere di notifica del meccanismo alla BCE, che può opporsi a questi provvedimenti. Qualsiasi Autorità nazionale competente può proporre alla BCE di agire al fine di affrontare la situazione specifica del sistema finanziario e dell'economia dello Stato membro di appartenenza; un'importante caratteristica del regolamento sul SSM è che la BCE può applicare misure macroprudenziali che consistono in più elevati requisiti di *buffer* di capitale e misure più stringenti per affrontare i rischi sistemici e macroprudenziali a livello di istituti di credito.

ziari. L'assegnazione alla BCE di compiti di vigilanza bancaria – da alcuni criticata in quanto porrebbe a disposizione della medesima una eccessiva concentrazione di poteri – determina il superamento della questione della distinzione tra l'esercizio della funzione monetaria e la funzione di vigilanza sul sistema bancario.

La concentrazione dei compiti in un'unica istituzione, ammissibile a condizione che sia adottato il criterio di separazione della vigilanza prudenziale dalla funzione di politica monetaria, consente l'acquisizione di un numero elevato di informazioni e la considerazione unitaria delle reciproche influenze (dato importante soprattutto in situazioni di crisi sistemica).

Si è registrato così a livello europeo un accentramento di funzioni nella regolazione bancaria e finanziaria nonostante la creazione di una rete di autorità di vigilanza e di regolazione (europee e nazionali). Il Meccanismo di vigilanza unico sugli enti creditizi degli Stati membri dell'eurozona comporta infatti una centralizzazione di funzioni per la vigilanza prudenziale.

Si deve dunque prendere atto che a livello europeo si riscontra la realizzazione di un progetto di centralizzazione, realizzato facendo leva su quanto consentito dall'art. 127, par. 6, Tfue[65], ed in cui la vigilanza prudenziale e la regolazione vengono ad appartenere a due livelli distinti benché complementari, in ragione del contemporaneo svolgimento di compiti di vigilanza macroprudenziale e microprudenziale, di controllo del rischio sistemico ed il perseguimento di obiettivi di politica monetaria. Funzionale a tale disegno di "centralizzazione" della vigilanza bancaria è anche la scelta di creare un *corpus* unico di norme tecniche elaborate dall'EBA, mentre la vigilanza vera e propria è assegnata alla BCE, che assicura l'esercizio separato dalle funzioni di vigilanza da quelle di politica monetaria[66].

---

[65] Secondo cui "Il Consiglio, deliberando all'unanimità mediante regolamenti secondo una procedura legislativa speciale, previa consultazione del Parlamento europeo e della Banca centrale europea, può affidare alla Banca centrale europea compiti specifici in merito alle politiche che riguardano la vigilanza prudenziale degli enti creditizi e delle altre istituzioni finanziarie, escluse le imprese di assicurazione".

[66] Alla BCE è assegnata la possibilità di adottare regolamenti come potestà *residuale*: "solo nella misura in cui ciò sia necessario per organizzare o precisare le modalità di assolvimento" e se non vi sia una disciplina dell'Unione Europea o di altre autorità europee oppure se vi sia una disciplina incompleta, con profili critici per il coordinamento con i poteri dell'EBA e della Commissione europea (artt. 290 e 291 Tfue). Per la vigilanza prudenziale, l'esercizio del potere normativo è decisamente *più circoscritto* rispetto a quello esercitato dalla BCE nella politica monetaria. L'esercizio di funzioni amministrative è ampio, se si considera che alla BCE spettano, ad es., il rilascio e la revoca dell'autorizzazione bancaria, i provvedimenti sanzionatori, la valutazione delle domande di acquisizione e cessione di partecipazioni qualificate in enti creditizi, l'accertamento dell'osservanza dei requisiti prudenziali da parte degli istituti creditizi, le valutazioni prudenziali (prove di *stress*) e l'accertamento della gestione solida e della copertura dei rischi, mediante i dispositivi, le strategie, i processi ed i meccanismi adottati dagli enti cre-

Deve però rilevarsi che alla funzione di garanzia della stabilità dei prezzi si sono così venuti ad aggiungere i compiti di vigilanza prudenziale con un'inevitabile evoluzione del ruolo della BCE – da alcuni ritenuta oramai istituzione decisamente federale o quantomeno semi-federale [67] – in settori strategici dell'economia [68].

Si registra così un'evoluzione anche della responsabilità della BCE [69].

A questo fine, peculiare significato viene ad assumere il tema della trasparenza nell'elaborazione e nell'adozione delle decisioni da parte della BCE, anche mediante un maggiore ricorso agli strumenti della consultazione pubblica [70], espres-

---

ditizi (art. 13 Regolamento). Al riguardo v. D. SICLARI, *Crisi dei mercati finanziari, vigilanza, regolamentazione*, in *Riv. trim. dir. pubbl.*, 2009, 45 ss.

[67] F. MERUSI, *La crisi e il diritto amministrativo*, cit., 492.

[68] L'art. 340, comma 3, Tfue stabilisce la *diretta responsabilità* della BCE per i "danni cagionati da essa stessa o dai suoi agenti nell'esercizio delle loro funzioni" e la disposizione coinvolge inevitabilmente tutti i compiti della BCE.

[69] Così la *Risoluzione del Parlamento europeo* del 13 settembre 2012, *Verso un'unione bancaria* (2012/2729(RSP)), in *www.europarl.eu*, in cui si precisa "l'importanza cruciale di adoperarsi con ogni mezzo per stabilizzare il mercato finanziario europeo e *rompere il legame* fra banche e Stati sovrani, al fine di iniziare il cammino verso un'autentica Unione Economica e Monetaria" e "il *pieno coinvolgimento parlamentare* è essenziale per la legittimità democratica del processo di creazione dell'unione bancaria", come indicato nella relazione di H. Van Rompuy che ha individuato, quale elemento fondamentale dell'integrazione, il rafforzamento della legittimità e della responsabilità democratica. Peraltro, in contrasto con questi principi ed il diritto di iniziativa della Commissione europea, il Consiglio europeo ha chiesto alla Commissione di presentare una proposta per un sistema unico di vigilanza sulla sola base giuridica dell'art. 127.6 Tfue, privando in tal modo il Parlamento dei poteri legislativi che gli spettano per le questioni relative al mercato unico con la procedura di codecisione. Per questi motivi nella risoluzione si sottolinea che "ogni importante novità, compreso il trasferimento di competenze ad altre istituzioni, deve essere accompagnato da un aumento della *trasparenza* e della *responsabilità* di tali istituzioni dinanzi al Parlamento, che dovrà godere di pieni diritti di interrogazione e di pieni poteri in relazione alle procedure di nomina e di bilancio". L'opportunità dell'adozione di più elevanti *standard* di *democratic accountability* a livello europeo e nazionale è affermata anche da M. Draghi (*Rationale and principles for Financial Union*, cit., 4).

[70] L'istituto della *consultazione pubblica* è stato utilizzato nei rapporti tra BCE e EBA, ESMA e gli esiti sono approvati dal Consiglio direttivo della BCE, che può decidere anche l'avvio; il 4 febbraio 2013 il Consiglio direttivo ha approvato le risposte dell'Eurosistema alla consultazione pubblica dell'EBA e dell'ESMA, sui principi per la fissazione dei parametri di riferimento nell'Unione Europea, e al documento di consultazione dell'organizzazione internazionale delle Commissioni per i valori mobiliari (*International Organization of Securities Commissions*) sui parametri finanziari. Il 25 gennaio 2013, il Consiglio direttivo ha approvato il documento *Recommendations for the security of internet payments,* esito della relativa consultazione pubblica per il 2012 ed ha avviato la consultazione sulle raccomandazioni per i servizi di accesso ai conti di pagamento; le risposte e la documentazione sono reperibili in *www.ecb.eu.*

sione di democrazia procedimentale[71] e della frequente tendenza ad introdurre istituti di accesso agli atti[72].

La crisi economico-finanziaria ha indotto l'ordinamento europeo e gli ordinamenti nazionali a modificare gli assetti preesistenti indirizzandosi verso un modello di supervisione bancaria caratterizzato da un sistema "ibrido in cui le competenze sono in parte accentrate, in parte divise e in parte condivise"[73].

In dottrina (ma anche a livello politico) si sono registrate voci di critica nei confronti della scelta compiuta di accentramento a livello europeo (in particolare nelle mani della BCE) della supervisione bancaria, con critiche anche nei confronti della complessità del sistema instaurato e per il rischio di sovrapposizioni di competenze tra ABE e BCE.

La separazione, all'interno della vigilanza bancaria, delle funzioni di regolazione, da un lato, e di quelle di vigilanza microprudenziale dall'altro, apre la strada al rischio di sovrapposizione delle competenze, nonostante l'esistenza di norme di chiusura volte ad attribuire all'ABE poteri di intervento e poteri sostitutivi, al fine di assicurare l'unitarietà del quadro normativo.

Secondo questa impostazione, anche la scelta di attribuzione all'ABE di una "posizione di supremazia funzionale" (o comunque di *leading authority*) rispetto alla BCE, rischia di non trovare concreta realizzazione sia per l'incertezza circa l'applicabilità di tali poteri dell'ABE anche nei confronti della BCE, sia per il maggior peso istituzionale di quest'ultima[74].

---

[71] S. CASSESE, *Negoziazione e trasparenza nei procedimenti davanti alle Autorità amministrative indipendenti*, in AA.VV., *Il procedimento davanti alle Autorità indipendenti, Quaderni del Consiglio di Stato*, Torino, 1999, 42: "Le Autorità indipendenti, che non sono politicamente *accountable*, sono in altro modo *accountable* e che questo diverso modo sta nella visibilità delle loro decisioni, nella completezza delle loro informazioni, nella loro capacità di udire gli interessati. La loro legittimazione non discende dalla democrazia politica, ma dalla *democrazia procedimentale*". Vedi M. DE BELLIS, *op. cit.*, 428 ss. e in particolare 430, sull'espansione dei meccanismi di *accountability* come strumento di legittimazione dei regolatori.

[72] Al riguardo v. F. POLITI, *Principio di trasparenza*, in S. MANGIAMELI (a cura di), *L'ordinamento europeo*, vol. II, *L'esercizio delle competenze*, Milano, 2005; F. POLITI, *Temi di diritto dell'Unione Europea*, Torino, 2021; ID., *Diritto costituzionale dell'Unione Europea*, Torino, 2021.

[73] S. DEL GATTO, *op. ult. cit.*, 115.

[74] L'obbligo ad una stretta cooperazione con l'ABE è sancito nell'art. 3, interamente riformulato rispetto alla versione iniziale. La stessa norma, al par. 3, stabilisce che la BCE assolve i suoi compiti «facendo salvi le competenze e i compiti dell'Autorità bancaria europea». Si aggiunga poi, la previsione che l'ABE mantiene i propri compiti, e quella per cui le funzioni affidate alla BCE non devono intaccare quelle già previste in particolare per l'ABE. Secondo S. DEL GATTO, *op. ult. cit.*, 117, "Ciò potrebbe portare a relegare l'Autorità al ruolo di *'overarching umbrella which had no teeth'*, schiacciata da un lato, dalla Banca centrale ... e dall'altro, dai supervisori nazionali più influenti". Per l'autrice vi è un "rischio di cattura dell'Autorità da parte della BCE. L'ABE, infatti, si troverà a dover perseguire la convergenza regolatoria non

Secondo la visione delineata nel "*Rapporto Van Rompuy*", il *Single rule book* avrebbe dovuto trovare nell'unicità del sistema di vigilanza nella zona euro "la più forte garanzia di applicazione uniforme delle regole" [75].

Ma il quadro normativo vigente non sembra garantire un peso effettivo dell'ABE nella vigilanza bancaria europea.

L'attuale sistema di vigilanza bancaria a livello europeo appare piuttosto come un «ordine giuridico a cascata» [76], articolato su più piani.

Il Sistema di vigilanza finanziaria facente capo all'ABE, la cui normativa si applica in tutta l'Unione, costituisce il primo gradino, mentre, al secondo livello, è posta la BCE responsabile del Meccanismo unico che opera, però, solo nei confronti dei Paesi rientranti nell'eurozona.

Le due autorità operano su piani distinti, ma non separati e le relazioni che tra esse intercorrono non sono gerarchiche ma neanche di equiordinazione.

Di questo sistema, così articolato e complesso, sono stati evidenziati i profili che fanno sorgere dubbi circa la realizzazione di un sempre efficace esercizio della supervisione, con conseguenti rischi di inefficienze e di conflitti di attribuzione [77].

---

più solo di fronte a (e contrastando le) logiche individuali di singole autorità di vigilanza appartenenti a Stati membri particolarmente influenti, ma anche a dover tener conto (eventualmente contrastandolo) del fronte comune rappresentato dai Paesi partecipanti all'eurozona e inseriti nel Meccanismo unico di vigilanza. Con riguardo a questi ultimi, è concreto il rischio che i loro interessi possano avere un maggior peso nelle decisioni adottate dall'ABE, a scapito delle posizioni individuali degli stati non aderenti al Meccanismo unico di vigilanza. Tale pericolo è, del resto, acuito dalla previsione, alla quale si è già accennato, di un ruolo partecipativo in capo alla BCE nei procedimenti regolatori dell'ABE. Dall'altro, il perseguimento dell'obiettivo della convergenza delle regolazioni e delle prassi in materia di vigilanza è reso più arduo (seppur, allo stesso tempo, ancor più necessario), in presenza di uno spazio di vigilanza in cui solo alcuni enti creditizi sono sottoposti alla supervisione di un organo sovranazionale, mentre altri restano sottoposti a quella delle singole autorità nazionali di vigilanza".

[75] Comunicazione della Commissione, *Una tabella di marcia verso l'Unione bancaria*, COM (2012) 510, *final*, 4. In dottrina E. FERRAN e V.S.G. BABIS, *The European Single Supervisory Mechanism*, cit., 278, evidenziano che «*rather than being a crucial single market cohesion mechanism, the EBA could itself become marginalized. Unlike the UK, the EBA does not have the ballast of its own economic might and a long track record of engagement with financial market issues to call upon as a defense against being condemned to irrelevance*». Cfr. le dichiarazioni del Presidente dell'ABE Andrea Enria (A. ENRIA, *Developing a Single Rulebook in banking*, 27 aprile 2012), secondo cui la vigilanza unitaria era considerata nel «*Rapporto Van Rompuy*» il mezzo principale per assicurare un'efficace applicazione delle regole del *Single rulebook*, un *corpus* unico di norme in massima parte direttamente applicabili al mercato finanziario europeo. Per la dottrina italiana G. NAPOLETANO, *op. cit.*, 754.

[76] S. CASSESE, *La nuova architettura finanziaria europea*, in *Giorn. dir. amm.*, 2014, 79 ss.

[77] F. POLITI, *Le funzioni di vigilanza bancaria della BCE nelle dinamiche fra istituzioni europee e nei rapporti fra Unione Europea e Stati membri*, in *DPCE*, 2018, n. 4, 1035 ss.

## Capitolo Quinto

# Le Autorità di regolazione dei mercati finanziari quali autorità indipendenti



## 1. Le Autorità di regolazione dei mercati finanziari quali autorità amministrative indipendenti

Lo studio delle autorità di regolazione dei mercati finanziari si intreccia inevitabilmente con la riflessione concernente la figura delle autorità amministrative indipendenti, figura che è stata in dottrina oggetto di molteplici ricostruzioni e di valutazioni differenti [1].

---

[1] La riflessione scientifica sulle autorità amministrative indipendenti è oramai sterminata. In generale, v., da ultimo, N. LONGOBARDI, *Il declino italiano. Le ragioni istituzionali*, Firenze, 2021; ID., *Autorità amministrative indipendenti e sistema giuridico-istituzionale*, Torino, 2009; ID. (a cura di), *Diritto amministrativo in trasformazione*; Torino, 2016; M. CLARICH, *Autorità indipendenti. Bilancio e prospettive di un modello*, Bologna, 2005; AIPDA, *Annuario 2002*, Milano, 2002; in precedenza v. N. MARZONA, *L'amministrazione pubblica del mercato mobiliare*, Padova, 1988; G. VESPERINI, *La Consob e l'informazione del mercato mobiliare*, Padova, 1993; AA.VV., *Mercati e amministrazioni indipendenti*, a cura di F. BASSI-F. MERUSI, Milano, 1993; M. MANETTI, *Poteri neutrali e Costituzione*, Milano, 1994; ID., *Autorità indipendenti (dir. cost.)*, in *Enc. giur. Treccani*, IV, Roma, 1997; M. D'ALBERTI, *Autorità indipendenti (dir. amm.)*, in *Enc. giur. Treccani*; IV, Roma, 1995; S. CASSESE-C. FRANCHINI, *I garanti delle regole*, Bologna, 1996; M. PASSARO, *Le amministrazioni indipendenti*, Torino, 1996; A. PREDIERI, *L'erompere delle autorità amministrative indipendenti*, Firenze, 1997; ID., *Le autorità indipendenti nei sistemi istituzionali ed economici*, I, Firenze, 1997; G. AMATO, *Autorità semi-indipendenti ed autorità di garanzia*, in *Riv. trim. dir. pubbl.*, 1997, 645 ss.; V. CAIANIELLO, *Le autorità indipendenti tra potere politico e società civile*, in *Foro amm.*, 1997, 341 ss.; AA.VV., *Il procedimento davanti alle Autorità indipendenti*, Torino, 1999; G. MAJONE-A. LA SPINA, *Lo*

In via estremamente sommaria può affermarsi che alla tesi che ha ravvisato in tali autorità l'adempimento di principi costituzionali (quali l'art. 97 Cost. o l'art. 3, comma 2, Cost.) o la tutela di valori costituzionalmente protetti (ad esempio l'art. 41 Cost. o anche l'art. 21 Cost.), si sono contrapposte ricostruzioni molto critiche, sostenitrici anche della incostituzionalità di siffatte autorità in quanto meccanismo di dislocazione di potere decisionale al di fuori del circuito democratico. E, ancora, se alcuni hanno affermato la natura costituzionale delle stesse, altri ne hanno sottolineato la natura amministrativa ed altri ancora hanno sostenuto una natura "quasi-giurisdizionale".

Ma, proprio in ragione delle differenti – ed a volte contrastanti – ricostruzioni, appare consigliabile prendere le mosse dall'analisi degli obiettivi che si intendono raggiungere mediante l'istituzione di "autorità amministrative indipendenti" (o, per utilizzare termini mutuati da ordinamenti stranieri, *authorities* o *indipendent commissions* o *indipendent agencies* o *autorités administratives independantes*)[2]. A questo proposito, la dottrina riconosce che mediante siffatte autorità si intende dar vita ad organismi preposti a particolari settori (c.d. *sensibles*) – economici, finanziari o relativi a servizi pubblici (trasporti, *mass-media*, ecc.) – con lo scopo di impedire che possano venire a determinarsi, nei rispettivi ambiti, situazioni di

---

*Stato regolatore*, Bologna, 2000; F. MERUSI, *Democrazia e autorità indipendenti*, Bologna, 2000; CONSEIL D'ÉTAT, *Raport public 2001. Les autorités administratives indépendantes*, *La documentation française*, Paris, 2001, 253 ss.; A.I.C., *Autorità indipendenti e principi costituzionali. Atti del Convegno di Sorrento del 30 maggio 1997*, Padova, 1999; R. TITOMANLIO, *Autonomia e indipendenza delle Authorities: profili organizzativi*, Milano, 2000; ID., *Funzione di regolazione e potestà sanzionatoria*, Milano, 2007; ID., *Potestà normativa e funzione di regolazione. La potestà regolamentare delle autorità amministrative indipendenti*, Torino, 2012; L. GIANI, *Attività amministrativa e regolazione di sistema*, Torino, 2002; F. MERUSI-M. PASSARO, *Le autorità indipendenti*, Bologna, 2003; P. ROSSI, *Le autorità di regolazione dei servizi di interesse economico generale*, Torino, 2004; G. GRASSO, *Le autorità amministrative indipendenti della Repubblica. Tra legittimità costituzionale e legittimazione democratica*, Milano, 2006; M. CUNIBERTI, *Autorità indipendenti e libertà costituzionali*, Milano, 2007; AA.VV., *Le autorità amministrative indipendenti*, a cura di G.P. CIRILLO-R. CHIEPPA, Padova, 2010; S. LUCATTINI, *Modelli di giustizia per i mercati*, Torino, 2013; M.E. BUCALO, *Autorità indipendenti e soft law. Forme, contenuti, limiti e tutele*, Torino, 2018; AA.VV., *Le autorità amministrative indipendenti fra garanzia e regolazione*, a cura di A. CONTIERI-M. IMMORDINO-F. ZAMMARTINO, Napoli, 2020; F. ZAMMARTINO, *Il modello molteplice. La potestà normativa delle autorità amministrative indipendenti*, Torino, 2020; C. ACOCELLA (a cura di), *Autorità indipendenti. Funzioni e rapporti*, Napoli, 2022.

[2] Secondo N. LONGOBARDI, *Le "Amministrazioni indipendenti": profili introduttivi*, in *Scritti per M. Nigro*, vol. II, *Problemi attuali di diritto amministrativo*, Milano, 1991, 173 ss., già nella relazione della c.d. Commissione Piga (*Relazione sulla riforma dell'amministrazione centrale presentata il 18 giugno 1985 dalla Commissione per la modernizzazione delle istituzioni*, in *Riv. trim. sc. amm.*, 1985) si ravvisava la presenza nell'ordinamento italiano di un "modello" di "amministrazioni indipendenti" ad "alto tasso di imparzialità", che si caratterizzerebbero "per il fatto di perseguire non tanto interessi pubblici di natura amministrativa, quanto per il fatto di tutelare imparzialmente gli interessi dei cittadini".

monopolio o di oligopolio o fenomeni speculativi o comunque di non regolare svolgimento del "libero gioco economico". E dunque alle autorità di regolazione è assegnato il compito sia di intervenire per impedire il verificarsi di siffatti fenomeni o di adottare provvedimenti per eliminarli qualora una di tali situazioni si sia comunque venuta a creare.

Per poter svolgere le rispettive funzioni alle autorità di regolazione è assegnato il potere di fissare regole e *standards* di comportamento, allo scopo appunto – oltre che di assicurare il regolare svolgimento della competizione economica – di erigere una barriera tra politica e/o *lobbies* private, limitando così l'invadenza delle prime sulla seconda (ma anche delle seconde sulla prima!).

Fin dalla prima apparizione delle autorità indipendenti nel panorama istituzionale italiano, diversi quesiti si sono posti all'attenzione della dottrina, quesiti legati, da un lato, all'esatta delimitazione delle funzioni, dei poteri e, più in generale, delle caratteristiche di tali autorità e, dall'altro lato, all'individuazione della compatibilità di tale nuova figura con l'impianto dettato dalla Costituzione e, in particolare, con i principi costituzionali in materia di pubblica amministrazione.

In questa analisi, appare utile prendere le mosse da quanto affermato da M.S. Giannini, secondo il quale proprio la Costituzione ha introdotto ("per la prima volta in modo consapevole, nella nostra storia giuridica") "il problema della separazione dell'amministrazione dal governo, e della tutela di essa contro l'azione del governo, quale organo politico" [3].

I costituenti, nella redazione degli articoli relativi alla pubblica amministrazione, avevano in mente le strutture dello Stato liberale e in tale forma di Stato i principi su cui si fonda la posizione istituzionale dell'amministrazione sono quelli della subordinazione e della separazione dell'amministrazione dalle istanze politiche. La dialettica determinata dalla contemporanea vigenza – nella Costituzione italiana – di tali due principi (subordinazione e separazione dell'amministrazione dal potere politico) conferisce al sistema amministrativo del nostro ordinamento un alto grado di elasticità che consente l'esistenza di strutture pubbliche in posizione di relativa indipendenza dall'autorità politica e, in particolare, sottratte alla diretta dipendenza dall'esecutivo.

E, sempre a questo proposito, deve ricordarsi anche quanto affermato da Mario

---

[3] M.S. GIANNINI, *Parlamento e Amministrazione*, in *Amm. civ.*, 1961, 145 ss. (ora in ID., *Scritti vari di diritto pubblico e privato*, Milano, 1969, 1 ss.); v. anche ID., *Diritto amministrativo*, I, Milano, 1970, 63 ss.; ID., *Il pubblico potere. Stati e amministrazioni pubbliche*, Bologna, 1986; ID., *L'amministrazione pubblica nello Stato contemporaneo*, in *Trattato di diritto amministrativo*, diretto da G. Santaniello, I, Padova, 1988, 123, definisce le amministrazioni indipendenti «organi che sotto l'aspetto organizzativo fanno capo a sé stessi, cioè sono fuori di sistemi di sopra-sotto-ordinazione, quindi non aventi né gerarchia né direzione rispetto ad altri organi. Nati nell'esperienza inglese e americana, come organi da tener fuori da indirizzi politici e direttive politiche (*board*), si sono poi diffusi anche altrove»; più avanti aggiungeva: «È una figura in espansione, di depoliticizzazione, di decentramento decisionale e di decentramento normativo».

Nigro secondo il quale la nostra Costituzione, riguardo alla pubblica amministrazione, non ha previsto un singolo, specifico "modello", bensì "tre o, se si preferisce, ... uno che consta di tre parti disomogenee":

1) il modello di amministrazione come "apparato servente" del governo *ex* art. 95 Cost.;

2) il modello di amministrazione come apparato a sé, regolato direttamente dalla legge e a questa soltanto subordinato *ex* artt. 97 e 98 Cost.;

3) il modello di amministrazione autonomistica e comunitaria quale emerge dall'art. 5 Cost. e dall'intero titolo V della parte seconda della Costituzione [4].

Le autorità di regolazione vengono dunque a costituire un'importante manifestazione del principio di separazione tra politica ed amministrazione.

Al tempo stesso va rilevato che l'istituzione delle autorità di regolazione risponde anche a questioni peculiari che si presentano in uno specifico momento storico, di fronte alle quali le tradizionali formule organizzative appaiono inadeguate – o comunque insufficienti – ad assicurare effettività al principio di separazione-distinzione tra politica ed amministrazione [5].

La dottrina italiana, nell'analisi del fenomeno delle autorità indipendenti, ha spesso rivolto la propria attenzione verso modelli organizzativi già operanti in altri ordinamenti.

E così si è fatto ampio riferimento all'esperienza statunitense [6] dove l'affermazione delle *indipendent regulatory commissions* (o *indipendent regulatory agencies*) è dipeso anche dalla rivalità – tipica della forma di governo presidenziale statunitense – tra legislativo ed esecutivo. Questa continua tensione tra l'esecutivo (impersonato dal Presidente della Repubblica) e il potere legislativo (*id est*, il Parlamento), che cerca di ridurre le sfere di ingerenza del Presidente, ha determinato

---

[4] M. NIGRO, *Amministrazione pubblica*, in *Enc. giur. Treccani*, Roma, 1988; ID., *La pubblica amministrazione fra costituzione formale e costituzione materiale*, in *Riv. trim. dir. proc. civ.*, 1985, 162 ss.

[5] N. LONGOBARDI, *Il sistema politico-amministrativo e la riforma mancata. Temi, sintesi, approfondimenti, considerazioni*, Torino, 1999, 108; ID., *Autorità amministrative indipendenti e sistema giuridico-istituzionale*, Torino, 2009, 27 ss.

[6] L'ordinamento statunitense è caratterizzato dalla presenza di numerose autorità amministrative indipendenti operanti in quasi tutti i campi dell'attività amministrativa ed aventi il compito di regolazione di numerosi settori di notevole importanza: dal controllo sulle installazioni nucleari alla vigilanza sulle operazioni finanziarie e di borsa, dalla produzione di energia al controllo antitrust, dai trasporti ferroviari e stradali alle telecomunicazioni, ecc.; su tale esperienza v. L. BARRA CARACCIOLO, *Funzione amministrativa e amministrazione neutrale nell'ordinamento U.S.A. Profili comparativi con l'esperienza italiana*, Torino, 1997; G.P. MILLER, *Indipendent Agencies*, in *The Supreme Court Review*, 1986, 1 ss.; G. GIRAUDI-M.S. RIGHETTINI, *Le autorità amministrative indipendenti. Dalla democrazia della rappresentanza alla democrazia dell'efficienza*, Roma-Bari, 2001, L. GIANI, *Attività amministrativa e regolazione di sistema*, cit., 42 ss.

la progressiva affermazione di discipline legislative che hanno dato vita ad autorità indipendenti conferendo loro significativi poteri [7]. L'espansione della struttura amministrativa dello stato federale statunitense, unitamente al crescente coinvolgimento dei pubblici poteri nella gestione delle questioni economiche, ha inoltre influito nel senso della creazione di una pluralità di *agencies* fra loro notevolmente diversificate [8]. Nell'esperienza statunitense infatti – e questo fenomeno si è registrato anche nel nostro ordinamento – l'istituzione delle varie *indipendent agencies* non è avvenuta in seguito ad un preordinato disegno istituzionale, ma secondo una linea pragmatica: ogni *agency*, nel momento della rispettiva istituzione, era intesa quale risposta ad una specifica esigenza emersa in quel determinato momento della vita politica, economica e sociale del Paese [9].

Tratti diversi caratterizzano la corrispondente fenomenologia istituzionale presente nel Regno Unito, ove le *regulatory agencies* svolgono funzioni di regolazione soprattutto nei settori c.d. *sensibles* [10].

Nell'ordinamento francese il fenomeno delle autorità indipendenti appare a partire dall'inizio degli anni ottanta del secolo scorso proprio attraverso l'invenzione della formula linguistica "*Autorités administratives indépendantes*" o "*Autorités indépendantes*" (formula poi importata anche in Italia), mediante la quale si è inteso – e si intende ancor oggi – indicare l'istituzione di organismi chiamati a "regolare" (di qui anche il sostantivo francese "*regulation*") settori "delicati" ("*sensibles*") [11].

---

[7] G. AMATO, *Antitrust and the Bounds of Power*, Oxford, 1997; ID., *Il gusto della libertà. L'Italia e l'antitrust*, Roma-Bari, 1998; L. BARRA CARACCIOLO, *Funzione amministrativa neutrale nell'ordinamento U.S.A. Profili comparativi con l'esperienza italiana*, Torino, 1997.

[8] L. GIANI, *Attività amministrativa e regolazione di sistema*, cit., 42 ss.; P. TESAURO, *Le Independent Regulatory Commissions*, Napoli, 1966; M. PATRONO, *Sistema dei Regulatory Powers e Corte Suprema Federale*, Milano, 1974; G. FREDDI, *Le Agenzie negli Usa: realtà e miti di un modello organizzativo*, in *Studi parlam. e di pol. cost.*, 1975, 87 ss.; M. D'ALBERTI, *Diritto amministrativo comparato*, Bologna, 1992; G. BOGNETTI, *Lo spirito del costituzionalismo americano, I, La Costituzione liberale*, Torino, 1998; ID., *Lo spirito del costituzionalismo americano, II, La Costituzione democratica*, Torino, 2000.

[9] L'ampiezza di tali poteri ha condotto alcuni Autori a sostenere che tali organismi siano titolari di funzioni "quasi legislative" e "quasi giurisdizionali" o addirittura di un "quarto potere"; v. G. GIRAUDI-M.S. RIGHETTINI, *Le autorità amministrative indipendenti. Dalla democrazia della rappresentanza alla democrazia dell'efficienza*, cit., 36 ss.

[10] L. GIANI, *Attività amministrativa e regolazione di sistema*, cit., 57 ss.

[11] J.L. AUTIN, *Les autorités administratives indépendentes et la Constitution*, in *La Revue Administrative*, 1988, n. 244; ID., *Le contrôle des autorités administratives indépendentes par le Conseil d'Etat est-il pertinent?*, in *Revue de droit publique*, 1991, n. 6, 1533 ss.; C. COLLIARD-E. TIMSIT, *Les autorités administratives indépendentes*, Paris, 1989; L. COHEN-TANUGI, *La métamorphose de la démocratie*, Paris, 1989; N. LONGOBARDI, *Il Conseil d'État e le autorità amministrative indipendenti*, in ID., *Autorità amministrative indipendenti e sistema giuridico-istituzionale*, cit., 287 ss.; v già ID., *Les «autorités administratives indépendantes»: une*

L'esame del diritto comparato dimostra che tramite l'istituzione di autorità di regolazione si tende a dare risposta a questioni e problemi che sorgono quando il potere pubblico preferisce svolgere un ruolo di regolazione e di controllo dell'attività di imprese e privati. Questa peculiare funzione fa sì che le autorità indipendenti vengano a caratterizzarsi per un alto grado di "elasticità" (sia del modello che delle modalità di azione delle stesse), "elasticità" richiesta proprio dalle esigenze cui le stesse intendono dare una risposta.

Ulteriore profilo che caratterizza il modello delle autorità indipendenti è rappresentato dalla netta separazione fra i compiti di indirizzo politico (assegnati alle autorità di governo) e quelli di regolazione e vigilanza (assegnati appunto alle autorità preposte ai rispettivi settori), netta separazione a sua volta conseguenza della scelta di un modello di Stato (lo "Stato-regolatore") che richiede l'affidamento dell'attività di regolazione ad istituzioni indipendenti ed aventi una specifica connotazione tecnica[12].

Il ricorso a tale tipo di organi (denominati da parte della dottrina "neutrali")[13] trova giustificazione proprio nella finalità di sottrarre all'ingerenza del governo l'attuazione della disciplina legislativa nei rispettivi settori, affidandola invece a soggetti caratterizzati da imparzialità rispetto ai diversi interessi in gioco. E proprio per poter svolgere efficacemente tale ruolo *super partes*, le autorità di regola-

---

*première approche (suite et fin)*, in *Petites Affiches*, 13 octobre 1995, 17 ss.; ID., *Les autorités administratives indépendantes, laboratoires d'un nouveau droit administratif*, in *Petites Affiches*, 30 e 31 août 1999, 4 ss.

[12] L. GIANI, *Attività amministrativa e regolazione di sistema*, cit., 135 ss.; per N. LONGOBARDI, *Il sistema politico-amministrativo e la riforma mancata*, cit., 105: "Le autorità amministrative indipendenti compiono scelte valutative di (rilevante) carattere politico"; G. AMATO, *Il potere e l'antitrust. Il dilemma della democrazia liberale nella storia del mercato*, Bologna, 1998, 116, sottolinea "la differenza che passa fra i parametri di esercizio della discrezionalità politico-amministrativa di un organismo strutturalmente politico ... e quelli del giudizio di un'autorità indipendente. Non vederla o ritenerla comunque irrilevante è come usare l'ascia in sala chirurgica".

[13] A.M. SANDULLI, *Funzioni pubbliche neutrali e giurisdizione*, in *Studi in onore di A. Segni*, Milano, 1967, 241 ss.; secondo N. LONGOBARDI, *Il sistema politico-amministrativo e la riforma mancata*, cit., 105, "L'equazione neutralità = apoliticità è puramente falsa"; ID., *Autorità amministrative indipendenti e sistema giuridico-istituzionale*, cit., 23 ss.; ID., *Il diritto amministrativo in trasformazione*, in *Diritto amministrativo in trasformazione*, a cura di N. LONGOBARDI, Torino, 2016, 7 ss.; vedi anche G. SILVESTRI, *Poteri attivi e poteri moderatori: attualità della distinzione*, in *L'equilibrio tra i poteri nei moderni ordinamenti costituzionali*, a cura di L. LUATTI, Torino, 1994, 29; v. già G. GUARINO, *Lo scioglimento delle assemblee parlamentari* (1948), Napoli, 1990, 152 ss.; M. MANETTI, *Costituzione e poteri neutrali*, cit., 1 ss., ricorda la conferenza tenuta da Carl Schmitt alla *Industrie- und Handelskammer* di Berlino nel 1930, relativa al tema della neutralizzazione dello Stato in rapporto all'economia (C. SCHMITT, *Das Problem der innerpolitischen Neutralität des Staates*, in *Verfassungsrechtliche Aufsätze*, Berlin, 1958, 41 ss.), in cui l'autore tedesco sostiene che in realtà i c.d. "poteri neutrali" sono titolari di decisioni politiche.

zione vengono ad essere sottratte ad una dipendenza di tipo gerarchico dall'esecutivo. E, non a caso, la stessa espressione "*autorità di regolazione*" (o "amministrazione indipendente" o "Garante", ecc.), che ha avuto successo trovando rapida diffusione (sia in dottrina che nel linguaggio comune), indica in particolare la "non dipendenza da direttive politiche" e dunque l'alto tasso di imparzialità che caratterizza tali organi e, conseguenzialmente, la "neutralizzazione" delle relative decisioni e dunque la "neutralità" (politica) della funzione da esse svolta [14].

Al tempo stesso va rilevato che il fenomeno delle autorità di regolazione trova la propria ragion d'essere in molteplici istanze: dall'esigenza "tecnica" all'affermazione del principio liberale di separazione tra politica e amministrazione; dalla consapevolezza delle difficoltà connesse al governo delle società complesse al riconoscimento di un "mutamento di paradigma" del ruolo dello Stato nell'economia (in ragione del passaggio da un modello di "economia diretta" – nel quale lo Stato rivestiva il ruolo di "guida dell'economia" – ad un modello di "mercato regolato", in cui lo Stato svolge le funzioni di "regolatore del mercato"). Ed è agevole rilevare che tali "spiegazioni" del fenomeno delle autorità indipendenti "sono in realtà fra loro legate" in quanto espressione "di un mutamento della concezione stessa delle funzioni amministrative e dei modi del loro esercizio" [15].

Riemerge così anche la centralità della dottrina sandulliana dei c.d. "poteri neutrali" [16].

Come noto, per Sandulli, il carattere della neutralità presuppone due fondamentali requisiti:

1) la posizione di indipendenza dell'organo, e cioè che lo stesso non sia sottoposto, né condizionato – né giuridicamente, né altrimenti – da altri soggetti in grado di influenzarne l'operato;

2) l'assoluta estraneità ed indifferenza dell'attività dell'organo agli interessi alla cui regolazione la sua attività è diretta.

---

[14] N. LONGOBARDI, *Il sistema politico-amministrativo e la riforma mancata*, cit., 97 ss.

[15] N. LONGOBARDI, *Il sistema politico-amministrativo e la riforma mancata*, cit., 58.

[16] A.M. SANDULLI, *Funzioni pubbliche neutrali e giurisdizione*, in *Riv. dir. proc.*, 1964, 200 ss.; v. peraltro M.S. GIANNINI, *Il potere discrezionale della pubblica amministrazione: concetto e problemi*, Milano, 1939; F. BENVENUTI, *Funzione amministrativa, procedimento, processo*, in *Riv. trim. dir. pubbl.*, 1952, 118 ss., ora anche in *Scritti giuridici*, vol. II, 1117 ss.; nel senso della neutralità quale estraneità e indifferenza rispetto agli interessi in gioco v. G. VESPERINI, *La Consob e l'informazione del mercato mobiliare*, Padova, 1993, 267; per la neutralità quale indifferenza rispetto allo scopo della propria azione, L. TORCHIA, *Il controllo pubblico della finanza privata*, Padova, 1992, 501 ss.; sulla differenza fra potere neutrale e potere discrezionale v. L. CARLASSARE, *Amministrazione e potere politico*, Padova, 1974; per le più recenti riflessioni su potere neutrale e amministrazione, v. M. MANETTI, *Poteri neutrali e Costituzione*, Milano, 1994; G. DE MINICO, *Regole. Comando e consenso*, Torino, 2005; M.T.P. CAPUTI JAMBRENGHI, *La funzione amministrativa neutrale*, Bari, 2017.

E secondo alcuni il fenomeno dei poteri neutrali "ricorre specialmente nei momenti di crisi della politica, quando la razionalità dell'azione dei pubblici poteri si offusca e la legge stenta a realizzare sintesi durevoli e soddisfacenti dell'interesse generale" [17].

## 2. L'affermazione delle Autorità di regolazione nell'ordinamento italiano

Nell'ordinamento italiano il fenomeno delle "amministrazioni indipendenti" ha ormai raggiunto una dimensione consistente.

Elevato è infatti il numero di "organismi", introdotti da diverse leggi, caratterizzati da un alto tasso di imparzialità: alle già esistenti Consob, Isvap, Banca d'Italia, si sono via via aggiunte l'Autorità garante della concorrenza e del mercato, l'Autorità per le garanzie nelle comunicazioni, il Garante per la privacy, l'Autorità per l'energia elettrica ed il gas, la Commissione di garanzia per l'attuazione della legge sullo sciopero, l'Autorità di vigilanza sui lavori pubblici e altre ancora (Covip, Autorità di vigilanza sulle Onlus, Ivass, ecc.) che a volte hanno preso il posto delle precedenti.

L'espansione del fenomeno delle autorità amministrative indipendenti è avvenuta secondo due differenti linee di sviluppo: da un lato vi è stato un ampliamento del numero dei settori – tutti di grande rilievo – sottoposti al controllo di autorità

---

[17] M. MANETTI, *Poteri neutrali e Costituzione*, Milano, 1994, 9; in precedenza (p. 1 ss.) l'Autrice ricorda il pensiero di C. SCHMITT, *Das Problem der innerischen Neutralität des Staates* (1930), in *Verfassungsrechtliche Aufsätze*, Berlin, 1958, 41 ss. (e in ID., *Il Custode della Costituzione* (1931), Milano, 1981, 149 ss.), secondo cui "i poteri neutrali sono ... in realtà titolari di decisioni politiche, e partecipano a pieno titolo all'esercizio della sovranità, anche se non sono previsti dalla Costituzione" (M. MANETTI, *op. ult. cit.*, 3). Anche A. PREDIERI, *L'erompere delle autorità amministrative indipendenti*, cit., 40, ritiene che "Le autorità amministrative indipendenti sono l'effetto di una crisi della rappresentanza, acuito dalla crisi del sistema dei partiti italiano, che porta alla richiesta di risposta tecnica e indipendente, non politica, alle domande della società", ma per questo Autore tale fenomeno ha a monte (p. 7) "il consolidarsi ... dei caratteri dello stato osmotico", intendendosi per tale lo Stato che "gestisce, cerca di gestire, la ricerca del continuo equilibrio fra organizzazioni politiche, sociali, economiche, fra stato e mercato, fra pubblico e privato, fra associazioni, partiti, mercati, imprese, tutte organizzazioni della *politeia*, dello spazio pubblico, che sta fra stato apparato e società". Per altri la considerazione della «neutralità» delle autorità amministrative indipendenti conduce ad assimilare tali soggetti agli organi giurisdizionali; così M. CLARICH, *Autorità indipendenti. Bilancio e prospettive di un modello*, cit., 85; S. CASSESE, *Le autorità indipendenti: origini storiche e problemi odierni*, in *I garanti delle regole*, a cura di S. CASSESE-C. FRANCHINI, cit., 221 ss., fonda sul ruolo paragiurisdizionale delle autorità indipendenti la tesi della non sindacabilità giurisdizionale degli atti delle stesse. Sulle autorità indipendenti quali "arbitro" del "giuoco" v. L. TORCHIA, *Gli interessi affidati alla cura delle autorità indipendenti*, in *I garanti delle regole*, cit., 55 ss.; ID., *Il controllo pubblico della finanza privata*, Padova, 1992.

di regolazione (dalla borsa alle assicurazioni, dall'esercizio del diritto di sciopero alla concorrenza, dal trattamento dei dati personali alle comunicazioni, dai servizi di pubblica utilità agli appalti pubblici, ecc.), dall'altro le diverse autorità indipendenti hanno progressivamente esteso la propria sfera d'azione attraverso un utilizzo "ampio" dei rispettivi poteri ed un'affermazione costante della loro "autonomia".

Un rapido esame del diritto positivo consente di poter rilevare l'impossibilità di individuazione di un "modello" di autorità indipendente [18], riscontrandosi dietro siffatta espressione numerose figure tra loro eterogenee [19]. Ed anche l'esperienza di altri ordinamenti conferma questo dato: il minimo comune denominatore del fenomeno delle autorità di regolazione è da ravvisare nella "indipendenza" loro garantita in ragione della "funzione" ("di regolazione", appunto) che le stesse sono chiamate a svolgere in settori economicamente e socialmente rilevanti.

E nell'adempimento di tale funzione di regolazione è necessario che l'autorità agisca in maniera "indipendente" e cioè senza alcun condizionamento ad opera né del potere politico, né di gruppi privati [20].

La dottrina, rilevata la fluidità – e non solo sotto il profilo del diritto positivo – del fenomeno del modello delle *Authorities* [21], ha proposto differenti tipologie classificatorie (autorità di garanzia e autorità di controllo; autorità indipendenti e autorità semi-indipendenti, autorità di origine comunitaria e autorità nazionali, ecc.) che non sono però riuscite a giungere a conclusioni ampiamente condivise. L'unico punto da tutti condiviso è quello relativo al riconoscimento a tali autorità

---

[18] C. FRANCHINI, *Le autorità amministrative indipendenti*, in *Riv. trim. dir. pubbl.*, 1988, 549 ss.; M. PASSARO, *Le amministrazioni indipendenti*, Torino, 1996; G. AMATO, *Autorità semi-indipendenti ed autorità di garanzia*, in *Riv. trim. dir. pubbl.*, 1997, 662 ss.; M. D'ALBERTI, *Autorità indipendenti (dir. amm.)*, in *Enc. giur. Treccani*, IV, Roma, 1995; M. MANETTI, *Autorità indipendenti (dir. cost.)*, in *Enc. giur. Treccani*, IV, Roma, 1997; N. LONGOBARDI, *Il sistema politico-amministrativo e la riforma mancata*, cit., 84 ss.; A. PREDIERI, *L'erompere delle autorità amministrative indipendenti*, cit., 40 ss.; F. MERUSI, *Democrazia e autorità indipendenti*, cit., 37 ss.; M. CLARICH, *Autorità indipendenti. Bilancio e prospettive di un modello*, cit., 19, evidenzia che "i confini della categoria delle autorità indipendenti si sono fatti più incerti" giacché (p. 20) ogni autorità «ha una storia particolare e ogni legge istitutiva ne ha dettato l'organizzazione e definito i poteri in modo anche assai differenziato».

[19] F. MERUSI, *Le leggi del mercato. Innovazione comunitaria e autarchia nazionale*, Bologna, 2002, 104, propone quale criterio di identificazione delle amministrazioni indipendenti, l'origine comunitaria dell'autorità. Secondo tale Autore «le autorità indipendenti hanno un fine che si esaurisce in sé stesso ed è pertanto indifferente all'indirizzo politico: definire il contenuto di un diritto fondamentale o permetterne l'esercizio».

[20] R. TITOMANLIO, *Autonomia e indipendenza delle authorities: profili organizzativi*, Milano, 2000; ID., *Funzione di regolazione e potestà sanzionatoria*, Milano, 2007; ID., *Potestà normativa e funzione di regolazione. La potestà regolamentare delle autorità amministrative indipendenti*, Torino, 2012.

[21] M. CLARICH, *Autorità indipendenti. Bilancio e prospettive di un modello*, cit., 15 ss.

di una indipendenza nei confronti del potere politico, indipendenza garantita al fine di poter svolgere una funzione di regolazione del settore cui ciascuna è preposta ed a tutela di interessi pubblici, collettivi e dei singoli.

Nella dottrina italiana, l'utilizzo dell'espressione "*autorità amministrativa indipendente*" risale agli anni ottanta del secolo scorso, quando tale formula inizia ad essere mutuata dall'equivalente formula francese (*autorités administratives indépendentes*). In quegli anni, la c.d. Commissione Piga (nella *Relazione sulla riforma dell'amministrazione centrale presentata il 18 giugno 1985 dalla Commissione per la modernizzazione delle istituzioni*)[22] aveva già rilevato la presenza – e la possibilità di ulteriore utilizzo – nell'ordinamento italiano di un modello di amministrazione indipendente caratterizzata da un alto tasso di imparzialità.

Bisogna parimenti rilevare che le *authorities* italiane, rispetto all'esperienza di altri Paesi, presentano elementi propri che le caratterizzano specificamente da un punto di vista sia strutturale che funzionale[23]. Ma le vicende relative all'introduzione e allo sviluppo, nel nostro Paese, delle diverse autorità indipendenti e allo sviluppo delle stesse non possono non essere collegate anche alle problematiche emerse negli ultimi decenni all'interno del nostro sistema politico ed istituzionale[24].

Le autorità di regolazione infatti, se rappresentano una nuova tipologia di articolazione del potere pubblico[25], costituiscono anche un fenomeno di "ritrazione" della politica da determinati ambiti materiali. Con l'istituzione di un'autorità indipendente, cui viene affidata la regolazione di un determinato settore, e cioè il potere di porre la disciplina del settore e di adottare provvedimenti concreti (autorizzatori, sanzionatori, ecc.) nei confronti dei soggetti operanti in quel settore medesimo, il legislatore "abdica" dal proprio ruolo[26] e – per le ragioni sopra esposte – conferisce il proprio potere ad un'amministrazione indipendente.

Numerose sono state (e sono ancora) le critiche rivolte al modello delle autorità amministrative indipendenti, ritenute fenomeno di dislocazione di poteri deci-

---

[22] In *Riv. trim. sc. amm.*, 1985.

[23] A. PREDIERI, *L'erompere delle autorità amministrative indipendenti*, Firenze, 1997.

[24] M. CLARICH, *Autorità indipendenti. Bilancio e e prospettive di un modello*, cit., 15 ss.; N. LONGOBARDI, *Il sistema politico amministrativo e la riforma mancata*, cit., 92 ss.; ID., *Auorità amministrative indipendenti e sistema giuridico istituzionale*, cit., 12 ss.; G. GHIDINI, *Ripensare il sistema a partire dalla "indipendenza"*, in AA.VV., *L'indipendenza delle Autorità*, a cura di F.A. GRASSINI, Bologna, 2001, 105 ss.

[25] V. CERULLI IRELLI, *Aspetti costituzionali e giuridici delle Autorità*, in AA.VV., *L'indipendenza delle Autorità*, cit., 49 ss. Affermano la contrarietà a Costituzione del modello delle autorità indipendenti: M. MANETTI, *Poteri neutrali e Costituzione*, cit., 156; R. NIRO, *Profili costituzionali dell'Antitrust*, Padova, 1994; S. NICCOLAI, *I poteri garanti della Costituzione e le Autorità indipendenti*, Pisa, 1996; F. BILANCIA, *La crisi dell'ordinamento giuridico dello Stato rappresentativo*, cit., 87 ss.

[26] In tale senso, esplicitamente, M. MANETTI, *Poteri neutrali e Costituzione*, cit., 23.

sionali su soggetti privi di rappresentanza politica e comunque "irresponsabili" o, ancora, fenomeno di espressione della crisi del principio della divisione dei poteri o negazione del principio della superiorità della legge[27].

E così è stato affermato che l'alto grado di autonomia assegnato alle autorità di regolazione – a sua volta conseguenza della sottrazione delle stesse al controllo politico-amministrativo del Governo – rappresenterebbe un'eccezione al modello amministrativo previsto dalla Costituzione in ragione della sottrazione delle autorità indipendenti al sistema della responsabilità politica. Secondo questa ricostruzione, il regime di indipendenza riconosciuto e garantito a tali autorità – regime ritenuto indispensabile per contrastare l'azione di operatori, sia economici che politici, dotati di forti poteri di influenza – finirebbe per assegnare alle stesse una eccessivamente ampia discrezionalità amministrativa.

Va però aggiunto che quest'ordine di critiche appare negli ultimi anni recessivo per una pluralità di ragioni. Infatti depongono in senso contrario l'evoluzione storico-normativa del sistema amministrativo italiano (caratterizzato dal progressivo riconoscimento della separazione fra politica e amministrazione e di una sfera di autonomia della pubblica amministrazione), gli effetti del processo di integrazione europea (giacché spesso sono state le normative europee a chiedere l'instaurazione di autorità indipendenti), gli effetti del fenomeno della c.d. "globalizzazione" (che ha imposto l'elaborazione di risposte nuove a determinati fenomeni che superano la dimensione statale), fino all'affermazione di un diverso ruolo dello Stato nell'economia[28]. Ed a questo proposito va ricordato che il fenomeno delle privatizzazioni ha imposto al potere pubblico di cambiare il proprio ruolo rispetto ad un'epoca in cui era lo stesso Stato – se non "solo" lo Stato – ad essere protagonista nell'agone economico[29].

Le amministrazioni indipendenti vengono dunque a presentarsi quale manife-

---

[27] In tal senso F. BILANCIA, *La crisi dell'ordinamento giuridico dello Stato rappresentativo*, cit., 87 ss.; v. già M. MANETTI, *Poteri neutrali e Costituzione*, cit., 156; R. NIRO, *Profili costituzionali dell'Antitrust*, Padova, 1994; S. NICCOLAI, *I poteri garanti della Costituzione e le Autorità indipendenti*, Pisa, 1996; F. POLITI, *Regolamenti delle autorità amministrative indipendenti*, in *Enc. giur. Treccani*, vol. XXVI, 1995.

[28] Al riguardo v. S. CASSESE, *Il sistema amministrativo italiano*, Bologna, 1983, 28 ss.; ID., *Aspetti della storia delle istituzioni*, in *Lo sviluppo economico in Italia*, a cura di G. FUÀ, Milano, 1969, 177; ID., *Amministrazione statale (organizzazione dell')*, in *Enc. giur. Treccani*, Roma, 1988; ID., *La nuova costituzione economica*, Roma-Bari, 2001, 7 ss.; A. TARADEL, *Sviluppo storico dell'amministrazione italiana dal 1853 al 1972*, in G. FREDDI (a cura di), *Scienza dell'amministrazione e politiche pubbliche*, Rimini, 1991; G. MELIS, *Storia dell'amministrazione italiana*, Bologna, 1996. L'istituzione di enti ed imprese pubbliche dà infatti vita al c.d. "sistema delle amministrazioni parallele", al riguardo v. A. MASSERA, *La crisi del sistema ministeriale e lo sviluppo degli enti pubblici e delle autorità amministrative indipendenti*, cit., 23 ss.; A. CAGLI, *Il quadro normativo delle amministrazioni indipendenti*, in *Foro amm.*, 1991, 1627.

[29] A. MASSERA, *op. ult. cit.*, 38 s.; S. CASSESE, *Il sistema amministrativo italiano*, cit., 28 ss.

stazione di una nuova fase del processo storico-normativo dell'amministrazione, fase che pone specifiche esigenze di tutela con riguardo ad interessi di particolare complessità ed importanza. Emerge così un aspetto peculiare connesso all'affermazione del modello delle autorità di regolazione e rappresentato dal fatto che tale modello è indice del verificarsi di mutamenti complessi.

A questo proposito va rilevato che gli ambiti di operatività delle autorità indipendenti è costituito dai c.d. "settori sensibili", espressione coniata dalla dottrina straniera per indicare quegli ambiti relativi alla tutela dei consumatori, al governo della moneta, alla borsa (ma anche alla tutela del pluralismo radiotelevisivo, della privacy, ecc.), la disciplina dei quali si presenta particolarmente complessa in ragione degli interessi coinvolti. Questa constatazione assegna alle autorità di regolazione un'ulteriore valenza giacché la funzione da queste svolta (la funzione di regolazione) viene ad assumere il proprio significato con riferimento alla rilevanza costituzionale degli interessi tutelati che dunque finiscono per costituire la *ratio* di giustificazione dell'indipendenza delle stesse.

L'indipendenza delle *autorities* si rinviene inoltre nelle modalità di nomina dei titolari degli organi, nella previsione che gli stessi debbano possedere determinati requisiti (comprovata esperienza, indiscussa moralità e indipendenza) e nella previsione esplicita di un'adeguata durata della carica (connessa alla non rinnovabilità della stessa) nonché di un rigido sistema di incompatibilità.

## 3. Alcune peculiarità delle Autorità di regolazione dell'ordinamento italiano

L'origine delle autorità di regolazione dei mercati finanziari presenti nell'ordinamento giuridico italiano (Banca d'Italia, Consob, Ivass allora denominata Isvap) risale a decenni in cui nessuno assegnava loro la denominazione di "autorità indipendenti"[30]. Infatti è a partire dagli anni novanta del secolo scorso che si

---

[30] Sulla crescita del fenomeno delle autorità indipendenti in Italia, cfr., oltre agli autori già citati, E. CARDI, *La Consob come istituzione. Note sulla soggettività giuridica della Commissione Nazionale per le Società e la Borsa*, in *Studi per Giannini*, III, 265 ss.; G. VESPERINI, *Le funzioni delle autorità amministrative indipendenti*, in *Dir. della banca e del merc. finan.*, 1991, I, 415 ss.; S. CASSESE-C. FRANCHINI (a cura di), *I garanti delle regole*, Bologna, 1996; R. PEREZ, *Autorità indipendenti e tutela dei diritti*, in *Riv. trim. dir. pubbl.*, 1996, 1 ss.; V. CAIANIELLO, *Le autorità indipendenti tra potere politico e società civile*, in *Foro amm.*, 1997, 341; G. GUARINO, *Il futuro delle autorità indipendenti in Italia*, in *Riv. trim. dir. pubbl.*, 1997; G. AMATO, *Autorità semi-indipendenti ed autorità di garanzia*, in *Riv. trim. dir. pubbl.*, 1997, 645; ID., *Le autorità indipendenti nella Costituzione economica*, in *Riv. trim. dir. e proc. civ.*, 1997; R. GAROFOLI, *Procedimento, accesso e autorità indipendenti*, in *Foro amm.*, 1998, 3335; S.A. FREGO LUPPI, *L'amministrazione regolatrice*, Torino, 1999; S. LABRIOLA (a cura di), *Le Autorità indipendenti*, Milano, 1999; G. GIRAUDI-M.S. RIGHETTINI, *Le autorità amministrative indipendenti*, Roma, 2001; sull'evoluzione dell'intero fenomeno delle autorità indi-

assiste all'erompere (secondo l'espressione usata da Predieri) del modello delle autorità indipendenti, "erompere" che investe diversi settori (e non solo quelli della finanza e della borsa)[31].

Le autorità indipendenti vengono così ad essere espressione di un nuovo modello di Stato (lo "Stato regolatore")[32] il cui avvento comporta la necessità di abbandonare il tradizionale modello di intervento pubblico (fondato sui poteri di indirizzo e di controllo dell'economia da parte dello Stato)[33] e che viene invece ad essere sostituito da un nuovo modello di regolazione dei fenomeni economici[34].

---

pendenti v. da ultimo, N. LONGOBARDI, *Il declino italiano. Le ragioni istituzionali*, Firenze, 2021.

[31] Nei primi anni novanta del secolo scorso sono state istituite la Commissione di garanzia dell'attuazione della legge n. 146/1990 sullo sciopero dei servizi pubblici essenziali, il Garante per l'editoria e la radiodiffusione (poi sostituito dall'Autorità per le garanzie nelle comunicazioni), l'Autorità garante per la concorrenza e il mercato, la Commissione di vigilanza per i fondi pensione, l'Autorità di vigilanza sui lavori pubblici, l'Autorità per l'energia elettrica e per il gas, il Garante per la protezione dei dati personali. Su tale fenomeno ha esercitato una notevole influenza la normativa comunitaria. Per F. MERUSI, *Le leggi del mercato*, cit., 104, è proprio la matrice comunitaria a distinguere le autorità indipendenti "vere" da quelle "false".

[32] A. LA SPINA-G. MAJONE, *Lo Stato regolatore*, cit., 15 ss.; A. LA SPINA-S. CAVATORTO, *Le Autorità indipendenti*, Bologna, 2008; V. ROPPO, *Privatizzazioni e ruolo del "pubblico": lo Stato regolatore*, in *Pol. dir.*, 1997, 627. Il diritto comunitario ha introdotto il principio che il mercato non debba essere diretto ma soltanto "regolato" mediante "l'estraneazione del potere politico dalla gestione dei diversi settori economici" (G. AMATO, *Il mercato nella Costituzione*, in *Quad. cost.*, 1992, 12). In relazione ai rapporti tra diritto comunitario e diritto interno riguardo ai rapporti economici v. G. AMORELLI, *Amministrazioni con funzioni regolatorie: le autorità di disciplina della concorrenza sul piano interno e comunitario*, in *Riv. it. dir. pubbl. com.*, 1991, 947; AA.VV., *La nuova Costituzione economica*, Milano, 1995; S. CASSESE, *La Costituzione europea*, in *Quad. cost.*, 1991, 487; T. PADOA SCHIOPPA, *Governo dell'economia e contesto europeo*, Bologna, 1994, 319.

[33] G. PERICU, *Brevi riflessioni sul ruolo istituzionale delle autorità amministrative indipendenti*, in *Dir. amm.*, 1996, 21; C. FRANCHINI, *Le autorità indipendenti come figura organizzativa nuova*, in *I garanti delle regole*, cit., 72; F. MERLONI, *Amministrazione "neutrale" e amministrazione imparziale, (a proposito dei rapporti tra politica e amministrazione)*, in *Dir. pubbl.*, 1997, 319; F. LONGO, *Ragioni e modalità dell'istituzione delle autorità indipendenti*, in *I garanti delle regole*, cit., 14. Per A. PREDIERI, *L'erompere delle autorità amministrative indipendenti*, cit., 54-55, la diffusione del modello delle autorità indipendenti ha indotto a ritenere mutata "se non la forma di governo la forma *del* governo come organo collegiale posto al vertice dell'amministrazione dipendente gerarchicamente da un ministro responsabile. Non più dipendente l'una, non più responsabile l'altro, il governo non è più lo stesso".

[34] In tale quadro vanno ricompresi anche i processi di privatizzazione: S. CASSESE, *Le privatizzazioni: arretramento o riorganizzazione dello Stato?*, in *Riv. it. dir. pubbl. comun.*, 1996; G. VESPERINI, *Le privatizzazioni nel settore industriale pubblico*, in S. CASSESE-C. FRANCHINI (a cura di), *L'amministrazione pubblica italiana. Un profilo*, Bologna, 1994; M. CLARICH, *Privatizzazioni*, in *Dig. disc. pubbl.*, XI, Torino, 1995, 519; G. AMORELLI, *Le privatizzazioni nella prospettiva del trattato istitutivo della Cee*, Padova, 1992.

Emerge così la riflessione di fondo relativa al ruolo dello Stato nell'economia[35], e, a questo proposito, bisogna interrogarsi sulla portata dei principi costituzionali in materia ed in particolare sul contenuto degli artt. 41 ss. Cost.[36].

Gli articoli da 41 a 47 Cost. – che pongono le norme relative alla «*Costituzione economica*»[37] e che vanno letti insieme all'intera Costituzione – sono il risultato di

---

[35] Sui rapporti tra Stato ed economia v. M.S. GIANNINI, *Diritto pubblico dell'economia*, Bologna, 1977 (III ediz. 1995); E. PICOZZA, *Il diritto pubblico dell'economia nell'integrazione europea*, Roma, 1996; G. DI GASPARE, *Diritto dell'economia e dinamiche istituzionali*, Padova, 2002; e, da ultimo, S. CASSESE (a cura di), *La nuova costituzione economica*, VI ediz., Roma-Bari, 2021.

[36] M. MANETTI, *Autorità indipendenti: tre significati per una costituzionalizzazione*, in *Pol. dir.*, 1997, 657; S. NICCOLAI, *Le autorità indipendenti nel progetto di revisione costituzionale*, in S. LABRIOLA (a cura di), *Le autorità indipendenti*, cit., 215. Secondo M. MANETTI, *Poteri neutrali e costituzione*, cit., 11: "I poteri neutrali pongono, in virtù della loro peculiare struttura, una serie di problemi costituzionali di grande momento, che non si limitano, come sembra ritenere gran parte della dottrina, ad una revisione dei rapporti tra governo e pubblica amministrazione. ... Non si tratta in realtà di aggiornare l'assetto tradizionale dei poteri pubblici, bensì di prendere atto che la stessa forma di Stato viene decisamente modificata". A. MASSERA, *Autonomia e indipendenza nell'amministrazione dello Stato*, cit., 483, ritiene che la neutralità di questi organismi porti con sé la cancellazione del normale ordine delle funzioni (creazione, applicazione del diritto); fortemente critico F. LEDDA, *Dal principio di imparzialità al principio di infallibilità dell'amministrazione*, in *Foro amm.*, 1997, 3314, secondo cui "qualunque concentrazione di poteri, in qualsiasi parte del mondo praticata, ci appare adesso assolutamente inaccettabile". In merito ai problemi di costituzionalità delle autorità indipendenti, G. GIRAUDI-M.S. RIGHETTINI, *Le autorità amministrative indipendenti*, cit., 201, utilizzano la metafora dell'ornitorinco: «Gli "ornitorinchi" hanno messo a dura prova la coerenza interna degli ordinamenti giuridici, ma hanno innegabilmente risolto alcuni cruciali problemi di funzionalità dei governi democratici. L'emergere di queste nuove istituzioni amministrative, polimorfe e poliedriche, è uno degli indicatori rilevanti della modificazione dei confini tra partiti e Stato nelle democrazie. avanzate».

[37] S. CASSESE, *La nuova costituzione economica*, V ediz., Roma-Bari, 2012, individua tre diverse accezioni di "Costituzione economica": in un primo senso come formula riassuntiva delle norme della Carta repubblicana sui rapporti economici ma anche di norme che, pur essendo contenute in leggi ordinarie, hanno, tuttavia una rilevanza costituzionale (ad esempio, la legge n. 287/1990); in una seconda accezione come indicante l'insieme di istituti che, pur facendo parte del diritto, non appartengono necessariamente alla Costituzione scritta; la terza accezione volta a ricomprendere, oltre alle norme costituzionali ed alle leggi, anche il diritto vivente; N. IRTI, *L'ordine giuridico del mercato*, V ediz., Roma-Bari, 2004, 14 ss., afferma che la formula "Costituzione economica" può essere utilizzata o come sintesi descrittiva "*delle forze e poteri e soggetti*" operanti nell'economia di uno Stato in un dato periodo di tempo (ed in questo primo significato la formula risponderebbe ad una funzione storico-politica) o come "sintesi normativa di principi e regole, dettati da una costituzione o da leggi costituzionali" (ed in questo secondo significato, la formula viene ad avere un contenuto normativo in grado di vincolare il legislatore ordinario e di proporsi *"come categoria ermeneutica e strumento di auto-integrazione delle lacune"*). In dottrina v. R. MICCÙ, *Lo stato regolatore e la nuova costituzione economica: paradigmi di fine secolo a confronto*, in *Il modello europeo di regolazione.*

un incontro fra gli indirizzi ideologici (pensiero cattolico, marxismo e pensiero liberale) presenti in Assemblea costituente ed in cui la «dottrina sociale» cattolica rappresentò spesso il punto di incontro fra le opposte soluzioni liberista e marxista.

L'art. 41 Cost. (come risultante dopo le modifiche introdotte con la legge cost. n. 1/2022) sancisce che l'iniziativa economica privata è libera e dispone che la stessa *non può svolgersi «in contrasto con l'utilità sociale o in modo da recare danno alla salute, all'ambiente, alla sicurezza, alla libertà, alla dignità umana»* (comma 2) ed aggiunge che «*La legge determina i programmi ed i controlli opportuni perché l'attività economica pubblica e privata, possa essere indirizzata e coordinata a fini sociali e ambientali*» (comma 3).

La lettura dell'art. 41 Cost. dimostra che il costituente ha inteso instaurare un sistema economico misto nel quale, oltre ad essere assicurata la libertà dell'iniziativa economica privata, è prevista la coesistenza, a fianco dell'attività economica privata, anche di quella pubblica ed entrambe trovano limite nella necessità del rispetto sia della dignità umana che dell'utilità sociale [38].

Se l'art. 41 Cost. si limita a prevedere l'attività economica pubblica, l'art. 43 Cost. assegna alla legge («*a fini di utilità generale*») la possibilità di riservare originariamente o di trasferire, mediante espropriazione e salvo indennizzo, allo Stato, ad enti pubblici o a comunità di lavoratori o di utenti determinate imprese o categorie di imprese, che si riferiscano a servizi pubblici essenziali o a fonti di energia o a situazioni di monopolio che abbiano carattere di preminente interesse generale. Questa disposizione costituzionale consente l'instaurazione di un monopolio legale pubblico, e dunque l'esclusione dell'iniziativa economica privata in determinati settori (servizi pubblici essenziali o fonti di energia) o che già si trovino in condizioni di mercato di monopolio, settori che però devono avere «pre-

---

*Atti della giornata di studio in memoria di Salvatore Cattaneo*, a cura di P. CHIRULLI-R. MICCÙ, Napoli, 2011, 252 ss.; R. MICCÙ, *Le trasformazioni della costituzione economica europea: verso un nuovo paradigma?*, in *Federalismi.it*, 2019.

[38] R. NANIA, *Libertà economiche e libertà d'impresa*, in *I diritti costituzionali*, a cura di R. NANIA-P. RIDOLA, vol. I, Torino, 2001, 69 ss.; la dottrina sull'art. 41 Cost. è sterminata, ma si vedano (senza pretesa di esaustività): C. ESPOSITO, *I tre commi dell'art. 41 della Costituzione*, in *Giur. cost.*, 1962, 37 ss.; A. BALDASSARRE, *Iniziativa economica privata*, in *Enc. dir.*, vol. XXI, Milano, 1971, 582 ss.; M. LUCIANI, *L'iniziativa economica privata nella giurisprudenza costituzionale*, Roma, 1981; F. GALGANO, *Art. 41*, in *Comm. cost.*, a cura di G. Branca, Bologna, 1982; G. MORBIDELLI, *Iniziativa economica privata*, in *Enc. giur.*, vol. XVII, Roma, 1989; M. LUCIANI, *Economia nel diritto costituzionale*, in *Dig. disc. pubbl.*, vol. V, Torino, 1990, 374 ss.; AA.VV., *La Costituzione economica*, Atti del Convegno dell'Associazione dei costituzionalisti (Ferrara, 11-12 ottobre 1991), Padova, 1997; L. GIANNITI, *Note sul dibattito alla Costituente sulla "costituzione economica"*, in *Dir. pubbl.*, 2000, 3, 919 ss.; R. NIRO, *Art. 41*, in *Comm. cost.*, a cura di R. Bifulco, A. Celotto, M. Olivetti, Torino, 2006; M. RAMAJOLI, *La regolazione amministrativa dell'economia e la pianificazione economica nell'interpretazione dell'art. 41 della Costituzione*, in *Dir. amm.*, 1, 2008, 121 ss.; L. DELLI PRISCOLI, *Mercato e diritti fondamentali*, Torino, 2011; M. AINIS-G. PITRUZZELLA (a cura di), *I fondamenti costituzionali della concorrenza*, Roma-Bari, 2019.

minente interesse generale» (ed è questa condizione a giustificare la sottrazione degli stessi all'iniziativa economica privata).

Come noto, con riguardo all'instaurazione di monopoli pubblici, l'art. 43 Cost. è stato applicato due volte (con l'Eni, titolare in via esclusiva dell'attività di ricerca e coltivazione degli idrocarburi in determinate aree, legge n. 6/1957; e con l'Enel, titolare in via esclusiva della produzione e del commercio dell'energia elettrica con espropriazione delle imprese preesistenti, legge n. 1643/1962), ma con il progressivo instaurarsi del mercato unico europeo si è affermata la tendenza alla «privatizzazione» in conseguenza dell'affermazione della prevalenza del principio di libera concorrenza.

Ed infatti l'interpretazione di tutti gli articoli costituzionali relativi alla c.d. "Costituzione economica" ha registrato un deciso orientamento nel senso della prevalenza del principio della libera concorrenza proprio in conseguenza dell'integrazione europea e dell'obiettivo della realizzazione del mercato unico europeo, nel quale la libera circolazione delle merci, delle persone, dei servizi e dei capitali non può avvenire che tramite il libero ed eguale dispiegarsi delle iniziative economiche. Per l'ordinamento europeo gli interventi pubblici nell'economia (sia degli Stati membri che della stessa Unione Europea) sono ammissibili sempre all'interno di un quadro volto ad assicurare l'effettività del principio di libera concorrenza.

E, sempre con riguardo all'attività economica, la Costituzione detta specifiche norme con riguardo all'agricoltura (art. 44 Cost.) e al governo del credito e della moneta (art. 47 Cost.).

E proprio con riguardo al *governo del credito*, l'art. 47 Cost. dispone che *la Repubblica «incoraggia e tutela il risparmio in tutte le sue forme; disciplina, coordina e controlla l'esercizio del credito»*. Ma, sempre con riguardo al fondamento costituzionale delle autorità di regolazione, vanno ricordate anche le disposizioni costituzionali relative alla pubblica amministrazione e, a questo proposito, si è già ricordato l'autorevole insegnamento di Nigro, secondo cui dal disegno costituzionale sarebbero in realtà desumibili tre modelli di amministrazione[39]:

– un primo fondato sull'art. 95 Cost., in base al quale l'amministrazione si presenta come apparato subordinato al Governo chiamato a rispondere dell'operato della prima[40];

– un secondo, basato (*ex* art. 97 Cost.) sul principio di separazione tra politica e amministrazione, secondo cui l'amministrazione è un apparato a sé stante, con funzioni di neutralizzazione e di efficienza[41];

---

[39] M. NIGRO, *La pubblica amministrazione tra costituzione formale e costituzione materiale*, in *Studi in memoria di V. Bachelet*, II, 1987, 380 ss.; ID., *Amministrazione pubblica*, cit., 1 ss.

[40] A. PREDIERI, *L'erompere delle autorità amministrative indipendenti*, cit., 51.

[41] Su tale tema, più in generale, v. M. NIGRO, *Studi sulla funzione organizzatrice della pub-*

– un terzo, fondato sui principi di autonomia e di decentramento (ai sensi degli artt. 5, 114 ss. Cost.), che pone accanto allo Stato e da esso distinti, una pluralità di enti rappresentativi degli interessi di determinate comunità e dotati di un proprio indirizzo politico [42].

E nell'art. 5 Cost. Predieri ha rinvenuto il fondamento costituzionale delle autorità indipendenti, ritenute espressione di un decentramento funzionale e di "uno spostamento di competenze non dal centro dell'apparato alla periferia delle amministrazioni verso unità locali con una nuova distribuzione in luoghi diversi, ma un trasferimento ad un ente che è periferico rispetto al Governo inteso come centro dell'apparato amministrativo" [43].

L'assegnazione all'art. 5 Cost. della qualità di fonte di legittimazione costituzionale del modello delle autorità indipendenti determina in queste ultime la capacità di sottrarsi all'indirizzo di governo, in ragione appunto di una legittimazione "che proviene direttamente dal basso", fondata su un "rapporto osmotico" con gli interessi della comunità, e che trova razionalizzazione grazie al procedimento amministrativo [44].

Altri, facendo leva sull'art. 97 Cost., quale fondamento costituzionale del principio di separazione tra politica e amministrazione, definiscono le autorità amministrative indipendenti organismi fondati "teleologicamente" sul valore costituzionale dell'imparzialità dell'amministrazione pubblica (e dunque quali amministrazioni ad alto tasso d'imparzialità subordinate solo alla legge) [45].

In merito alla natura delle autorità di regolazione (e più in generale di tutte le autorità indipendenti), la dottrina è oggi unanime nel riconoscere la natura amministrativa delle stesse [46]. Agli inizi degli anni novanta non sono mancate tesi che

---

*blica amministrazione*, Milano, 1966; G. BERTI, *La pubblica amministrazione come organizzazione*, Padova, 1968; A. CERRI, *Imparzialità e indirizzo politico nella pubblica amministrazione*, Padova, 1973; L. CARLASSARE, *Amministrazione e potere politico*, Padova, 1974.

[42] Al riguardo v. G. BERTI, *La responsabilità pubblica (Costituzione e amministrazione)*, Padova, 1994; ID., *Amministrazione e Costituzione*, in AA.VV., *La pubblica amministrazione nella Costituzione. Riflessioni e indicazioni di riforma*, Milano, 1995, 15 ss.

[43] A. PREDIERI, *L'erompere delle autorità amministrative indipendenti*, cit., 50.

[44] A. PREDIERI, *L'erompere ...*, cit., 55 ss.

[45] A. MASSERA, *Autonomia e indipendenza nell'amministrazione dello Stato*, cit., 453; M. CLARICH, *Per uno studio sui poteri dell'autorità garante della concorrenza e del mercato*, in *Mercati e amministrazioni indipendenti*, cit., 115.

[46] M. D'ALBERTI, *Autorità indipendenti, (dir. amm.)*, cit., 1 ss.; G. MORBIDELLI, *Sul regime amministrativo delle autorità indipendenti*, in *Le autorità indipendenti nei sistemi istituzionali ed economici*, a cura di A. PREDIERI, cit., 145 ss.; C. MALINCONICO, *Le funzioni amministrative delle Autorità indipendenti*, in *I garanti delle regole*, cit., 39 ss.; F. MERLONI, *Fortuna e limiti delle cosiddette autorità amministrative indipendenti*, in *Pol. dir.*, 1997, 639; M. PASSARO, *Autorità o amministrazioni indipendenti? L'ambito semantico e l'identità concettuale*, in *Autorità indipendenti e principi costituzionali*, Padova, 1999, 187; ID., *Le amministrazioni indipendenti*,

hanno proposto di allocare le autorità indipendenti fra le autorità giurisdizionali definendole appunto "quasi-giurisdizionali".

La natura amministrativa delle autorità indipendenti è confermata dalla tipologia di funzioni loro attribuite. Tali funzioni infatti, nonostante la loro caratterizzazione nel senso di un elevato tecnicismo e di una spiccata – e garantita – indipendenza di giudizio, possono essere agevolmente ricomprese all'interno della tradizionale attività della pubblica amministrazione, attività fondata su una ponderazione discrezionale degli interessi coinvolti e svolta per l'adozione di un provvedimento avente come scopo l'interesse pubblico. E la giurisprudenza – sia ordinaria che amministrativa – è unanime nel dichiarare la natura amministrativa delle autorità indipendenti [47].

Le opinioni di tenore avverso, e che fanno leva sulle specifiche competenze assegnate alle autorità di regolazione e all'ampia indipendenza loro riconosciuta, ritengono di ravvisare una grande "difficoltà" nell'assimilare le autorità indipendenti alle autorità amministrative (anche a quelle dotate di autonomia).

Secondo tale impostazione, la peculiare indipendenza delle autorità di regolazione renderebbe impossibile una collocazione delle stesse all'interno del tradizionale apparato amministrativo [48]. Secondo questo approccio dottrinale, l'indipendenza delle autorità nei confronti del Governo (e la conseguente posizione di neutralità delle medesime) assegnerebbe alle stesse un ruolo sostanzialmente giurisdizionale o "paragiurisdizionale" o "quasi-giurisdizionale" [49]. E a questo proposito, citando il ruolo svolto dalle *authorities* di altri Paesi, viene messo l'accento

---

Torino, 1996; R. LASCHENA, *Introduzione al tema*, in AA.VV., *Il procedimento davanti alle Autorità amministrative indipendenti*, Torino, 1999, 2, afferma che "la natura amministrativa può essere affermata, pur riconoscendo la peculiare posizione delle Autorità indipendenti". N. LONGOBARDI, *Le Autorità amministrative indipendenti laboratori di un nuovo diritto amministrativo*, in *Jus*, 1998, 101, afferma che le ricostruzioni dottrinali che negano il carattere "amministrativo" delle autorità indipendenti muovano «da una asserita contraddizione tra indipendenza ed esercizio di funzioni amministrative».

[47] V., *ex plurimis*, Corte cost., 24 febbraio 1995, n. 57, in *Giur. cost.*, 1995, 481; Cons. Stato, sez. VI, 25 novembre, 1994, n. 1716, in *Giust. civ.*, 1995, I, 619. Proprio il Consiglio di Stato, nell'ambito della Commissione speciale del 29 maggio 1998, n. 988/97, in *Riv. Cons. Stato*, 1998, 1483, ha ribadito la natura amministrativa di tali organismi. Cfr. anche Cass., sent. n. 7341/2002, che ha escluso che le autorità amministrative indipendenti possano costituire un *tertium genus* tra amministrazione e giurisdizione.

[48] S. CASSESE, *Le autorità indipendenti: origini storiche e problemi odierni*, in *I garanti delle regole*, a cura di S. CASSESE-C. FRANCHINI, cit., 22; C. FRANCHINI, *Le autorità indipendenti come figure organizzative nuove*, *ibidem*, 69; R. PEREZ, *Autorità indipendenti e tutela dei diritti*, in *Riv. trim. dir. pubbl.*, 1996, 125-126; L. TORCHIA, *Il controllo pubblico della finanza privata*, cit., 403; G. VESPERINI, *Le funzioni delle autorità amministrative indipendenti*, in *Dir. banca e merc. fin.*, 1991, I, 415 ss.

[49] S. CASSESE, *Poteri indipendenti, Stati, relazioni ultrastatali*, in *Foro it.*, 1996, V, 7; R. PEREZ, *Autorità indipendenti e tutela dei diritti*, cit., 115.

sulla funzione "arbitrale" (di *adjudication*) svolta dalle autorità indipendenti nell'attività di risoluzione dei conflitti, funzione che giustificherebbe l'assimilazione del ruolo delle stesse "a quello di un giudice e l'attività svolta qualificata come attività contenziosa in senso stretto" [50].

Ma è agevole evidenziare come il riconoscimento alle autorità indipendenti di una natura giurisdizionale (o "quasi-giurisdizionale") si ponga in contrasto sia con l'art. 102 Cost. (con il divieto di istituzione di giudici speciali), sia con l'art. 113 Cost., giacché l'esito delle opinioni dottrinali che assegnano natura giurisdizionale alle autorità indipendenti si concretizza infine nella sottrazione delle decisioni di queste ultime all'impugnazione dinanzi ad una autorità giurisdizionale [51].

All'interno delle ricostruzioni dottrinali che assegnano alle autorità indipendenti una funzione "para-giurisdizionale", alcuni hanno ritenuto di individuare nelle autorità indipendenti una sorta di "quarta funzione" da aggiungersi alle tre "classiche" funzioni dello Stato (legislativa, amministrativa e giurisdizionale), "quarta funzione" strutturalmente distinta rispetto alle tre classiche [52]. Questa ricostruzione dottrinale, a sua volta, è rimasta indefinita e soprattutto non capace di dimostrare come questo "quarto potere" dello Stato possa essere una "quarta funzione", scissa e contrapposta rispetto alla funzione amministrativa [53].

Di fronte all'eterogeneità delle figure di autorità indipendenti presenti nel nostro ordinamento, alcune opinioni dottrinali hanno proposto l'introduzione di una comune disciplina legislativa allo scopo appunto di uniformare – per tutte le autorità indipendenti presenti nel nostro ordinamento – le normative relative alle modalità di nomina e all'assetto organizzativo e alle forme di attività delle stesse. E in tale direzione si è mossa anche parte del potere politico proponendo un disegno di legge avente tale finalità. Al tempo stesso, altri autori hanno affermato la non

---

[50] M. CLARICH, *L'attività delle autorità indipendenti in forma semi-contenziosa*, in *I garanti delle regole*, cit., 149, 153, 159; ID., *Garanzia del contraddittorio nel procedimento*, Intervento al Convegno "Le autorità amministrative indipendenti", in memoria di Vincenzo Caianiello, Roma 9 maggio 2003, in *Dir. amm.*, 2004, 59 ss. (ora anche in ID., *Autorità indipendenti. Bilancio e prospettive di un modello*, cit., 149 ss.).

[51] R. CARANTA, *Il giudice delle decisioni delle autorità indipendenti*, in *I garanti delle regole*, cit., 181, ritiene che il sindacato del giudice amministrativo debba limitarsi alla verifica dei vizi di legittimità, senza poter scendere anche nel merito dell'atto.

[52] S. CASSESE, *Le autorità indipendenti: origine storiche e problemi odierni*, in *I garanti delle regole*, cit., 217 ss.; secondo F. MERUSI, *I rapporti tra governo e amministrazione*, in *L'amministrazione pubblica in Italia*, a cura di S. CASSESE-C. FRANCHINI, Bologna, 1994, ci sono settori "che non sopportano l'indirizzo politico, ma richiedono di essere "amministrati", che non ci siano cioè degli organi amministrativi che garantiscono il rispetto delle regole proprie del mercato e l'intangibilità di determinati valori costituzionali".

[53] S. LABRIOLA, *Le Autorità Indipendenti*, cit., 37; G.P. FALCON, *Il "primo", il "secondo" ed il "terzo" garante nei settori dell'editoria e della radiodiffusione*, in *Mercati e amministrazioni indipendenti*, a cura di F. BASSI-F. MERUSI, cit., 96. V. anche A. CAGLI, *Il quadro normativo delle amministrazioni pubbliche*, in *Foro amm.*, 1991, 1627.

necessarietà (o addirittura la "dannosità") di una legge destinata ad "uniformare" le discipline normative delle diverse autorità indipendenti, in ragione sia delle peculiarità di ciascuna autorità (e che ne giustifica la differenziazione rispetto a tutte le altre), sia dal fatto che è nella "indipendenza" assegnata a ciascuna autorità che va individuata la caratteristica che tutte le accomuna e che si sostanzia – come detto – nella "separazione" delle stesse dall'esecutivo e soprattutto dal fatto che il potere di nomina non deve essere assegnato al governo [54].

Riguardo all'indipendenza delle autorità, Giuliano Amato ha affermato che tale carattere "a volte c'è, a volte non c'è, a volte c'è ma è solo parziale". L'indipendenza viene dunque ad essere un concetto relazionale, che per le autorità amministrative indipendenti si configura soprattutto quale indipendenza dal Governo, in quanto organo di determinazione di un definito indirizzo politico [55].

Per Carlo Lavagna l'indipendenza si concretizza nella "autonormazione", cioè nella capacità di un'autoregolazione di attività e di comportamenti, mentre il concetto di "autonomia" esprime una "situazione di indipendenza relativa" in cui tale "indipendenza relativa" si risolve in un rapporto con altre prescrizioni poste da soggetti diversi sicché l'autonomia opera come strumento che impedisce la totale subordinazione dell'autorità in esame [56].

L'indipendenza viene dunque ad essere una "assenza di subordinazione" delle autorità di regolazione, nei confronti dei poteri di qualunque altro soggetto. L'indipendenza si concretizza dunque in una condizione di libertà e di sottrazione ai

---

[54] In diverse legislature sono stati proposti disegni di legge volti a "uniformare" le autorità indipendenti esistenti nel nostro ordinamento, e più di un autore ha intravisto in tali disegni di legge il tentativo della politica di "riappropriarsi" di spazi decisionali concessi negli anni precedenti alle amministrazioni indipendenti. E così è stato evidenziato (G. GIRAUDI-M.S. RIGHETTINI, *Le autorità amministrative indipendenti*, cit., 213) che «Benché ormai sia diffusa in molti paesi una vera e propria *retorica dell'agenzismo*, ovvero un'apologia delle autorità indipendenti come panacea di tutti i mali possibili, la diffidenza del ceto politico verso questo tipo di istituzioni non è mai venuta meno. Essa rievoca, per molti aspetti, la diffidenza che accompagnò in Europa, nei secoli scorsi, la nascita di un potere giudiziario indipendente dal potere politico» (corsivo nell'originale). CONSEIL D'ÉTAT, *Rapport public 2001*, cit., 257 ss., proprio in merito alla eterogeneità delle numerose amministrazioni indipendenti esistenti nell'ordinamento francese, ha affermato che «cercando di ricondurre le autorità amministrative ad una forma unica, le si priverebbe della loro stessa ragion d'essere: apportare una risposta adeguata ed un problema specifico» e pertanto «la composizione, le attribuzioni, il grado di indipendenza e il perimetro di azione di ciascuna autorità devono poter evolvere in funzione dei cambiamenti che riguardano il suo ambiente ... Come non esiste un modello comune a tutti i settori di attività, così non esiste soluzione fuori del tempo. L'evoluzione delle autorità amministrative indipendenti non può essere costretta a priori»; il *Conseil d'Etat* parla dunque di «irrealismo di un modello giuridico uniforme». Sul *Rapport public 2001* v. le riflessioni di N. LONGOBARDI, *Il Conseil d'État e le autorità amministrative indipendenti*, in *Cons. Stato*, 2002, 469 ss. (e in ID., *Autorità amministrative indipendenti e sistema giuridico-istituzionale*, cit., 187 ss.).

[55] G. AMATO, *Autorità semi-indipendenti ed autorità di garanzia*, cit., 659.

[56] C. LAVAGNA, *Istituzioni di diritto pubblico*, V ediz., Torino, 1984, 859.

vincoli ed alle interferenze da parte di organi sovraordinati. Le autorità indipendenti vengono così a beneficiare di una condizione che le sottrae alla possibilità che le proprie decisioni siano condizionate da altri soggetti (mediante i relativi poteri di indirizzo e di controllo). Le autorità di regolazione, proprio perché sottratte ad ogni ingerenza esterna, godono di una particolare qualità soggettiva, qualità di "natura relazionale" (proprio perché riferita al rapporto con altri soggetti) e che, nel caso specifico, sono i rappresentanti del potere politico, del potere economico e del potere burocratico [57].

Le autorità di regolazione si pongono quali soggetti dotati di una propria organizzazione e della capacità di determinare autonomamente la propria azione, esercitando i poteri loro conferiti dalla legge senza alcun controllo o indirizzo esterno. Il modello delle autorità indipendenti viene così a collocarsi all'interno del quadro dei pubblici poteri secondo una modalità di relazione che non è più quella tradizionale del rapporto gerarchico.

Ed è stato rilevato che «ci sono due modi di intendere l'indipendenza: uno strutturale ed uno funzionale. Indipendente è una struttura organizzativa dotata di un proprio patrimonio, di un proprio personale, di una propria gestione, di una propria personalità che rompe qualsiasi relazione gerarchica con l'alto. Indipendente è una struttura che esercita in modo pieno ed autoreferenziale una propria funzione». In ambedue i casi l'indipendenza si traduce in una rottura del canone gerarchico [58]. Così l'indipendenza strutturale viene ad essere «la risultante delle posizioni di autonomia accordate all'amministrazione in materia di reperimento delle risorse finanziarie, di organizzazione interna, di reclutamento del personale, nonché delle disposizioni dettate per la scelta dell'apparato di vertice dell'amministrazione medesima» [59].

---

[57] V. CERULLI IRELLI, *Premesse problematiche allo studio delle amministrazioni indipendenti*, in *Mercati e amministrazioni indipendenti*, a cura di F. BASSI-F. MERUSI, cit., 3, mette in evidenza la natura relazionale dei concetti di "autonomia" e di "indipendenza", anche se non ritiene meritevole di approfondimento una distinzione netta fra i due concetti: «mentre indipendenza appare propria di organizzazione statali dotate di particolari caratteristiche relazionali con l'autorità di governo, tali da sottrarle da (ogni) "ingerenza" di quest'ultima, pur essendo esponenziali non di un ambito di interessi proprio (non autonome perciò), ma adibite alla cura di interessi fatti propri dallo stato. Comunque, sia autonomo che indipendente, ed altri similari termini qualificativi e segnatamente "indipendente", sul quale occorre soffermarsi, hanno un valore eminentemente relazionale, predicano cioè una qualità di un soggetto (di una organizzazione) rispetto ad altro soggetto, ad altra organizzazione: indipendente *da*, autonomo *da*, e così via» (corsivi nell'originale). S. NICCOLAI, *I poteri garanti della Costituzione e le autorità indipendenti*, cit., 108, configura l'indipendenza come una «relazione qualificata tra il garante e il bene e il valore che esso tutela o esprime, ottenuta separando il garante da tutto ciò che non sia quell'interesse o quel valore»; indipendenza che si traduce poi in soggezione che assolve alla funzione di sostenere l'autorità del garante, nel quale traspare il valore a cui esso è collegato.

[58] M. PASSARO, *Le Amministrazioni indipendenti*, cit., 36.

[59] G. VESPERINI, *La Consob e l'informazione del mercato mobiliare*, Padova, 1993, 268. E

L'indipendenza viene dunque a tradursi in un concetto di separazione, esprimendo appunto la "rottura del canone gerarchico" e l'indipendenza viene a sostanziarsi in un concetto puramente relazionale. E grazie all'indipendenza funzionale le autorità amministrative indipendenti vengono poste in grado di svolgere i propri compiti senza essere sottoposte a poteri di controllo o di direzione di organi politici[60].

La condizione di indipendenza delle *authorities* si estrinseca nella estraneità delle stesse a qualunque vincolo gerarchico sia nel proprio assetto organizzativo che nello svolgimento dei propri compiti, che esse svolgono dunque autonomamente. Pertanto le autorità di regolazione, quali organizzazioni staccate dall'apparato statale e non inserite in un'organizzazione più ampia, imputano direttamente a sé stesse i propri atti, nonché gli effetti ed i risultati della loro azione. E proprio perché enti differenziati dall'amministrazione statale e deputati al perseguimento di propri fini, le autorità non sono soggette ai poteri di indirizzo e controllo statali. Manca infatti nell'organizzazione di tali autorità ogni vincolo di subordinazione nei confronti di un organo superiore[61].

Le autorità indipendenti vengono così ad essere organizzazioni indipendenti in quanto separate strutturalmente e funzionalmente dall'organizzazione amministrativa posta alle dirette dipendenze del governo.

Ed al fine di assicurare tale indipendenza, le diverse discipline legislative prevedono una serie di requisiti che i titolari delle autorità devono possedere in quanto misure atte a sottrarre questi organi da influenze esterne. Operano in questa direzione le norme che pongono specifici requisiti soggettivi per poter ricoprire la carica di membri delle autorità, ma anche le norme che disciplinano le modalità di nomina, la durata della carica e quelle che pongono il regime di incompatibilità.

E così sono state evidenziate le «virtù» che il soggetto cui si intenda assicurare indipendenza deve avere: «nella sfera più propriamente intellettuale, è indipendenza di giudizio, dunque assennatezza, non acquiescente a valutazioni altrui, isolate o dominanti che siano; nella sfera morale, indipendenza è rispondere solo alla propria retta coscienza; in quella delle relazioni sociali è condotta non determinata da pregiudizi, culture esclusive, interessi particolari; nella vita politica è estraneità a militanze e sudditanze rette da discipline di partito e fini di fazione»[62].

L'indipendenza delle amministrazioni indipendenti si concretizza dunque in:

---

le attribuzioni – gestionali, organizzatorie, finanziarie e contabili – di cui sono dotate le autorità amministrative indipendenti si rivelano strumentali all'effettivo riconoscimento del carattere dell'indipendenza «in quanto concorrono a creare la struttura giuridica idonea al miglior esercizio della funzione» (C. FRANCHINI, *Le autorità amministrative indipendenti*, cit., 574).

[60] M. PASSARO, *op. ult. cit.*, 36-37.

[61] N. LONGOBARDI, *Le amministrazioni indipendenti: profili introduttivi*, cit., 202.

[62] F. CASAVOLA, *Quale «statuto» per le Autorità indipendenti?*, in *Regolazione e garanzia del pluralismo*, Milano, 1997, 22.

a) assenza nelle mani dell'esecutivo di poteri di direzione nei confronti delle autorità di regolazione;

b) assenza di controlli sugli atti delle autorità indipendenti da parte del governo;

c) estraneità delle autorità amministrative indipendenti dall'apparato burocratico-amministrativo comunque subordinato al Governo [63].

Emerge così il connotato specifico dell'indipendenza che risiede nella peculiarità "relazionale" delle autorità indipendenti. E l'indipendenza, se intesa come momento relazionale (e dunque come un concetto puramente negativo), "si codifica più in una rottura con l'altrui autorità che in una affermazione della propria, più in un affrancamento da influenze esterne che in una realizzazione della propria signoria, della propria soggettività". Pertanto sarebbe preferibile ricorrere ad una nozione diversa (avente un "risvolto positivo") cioè al concetto di autonomia, "che consente agli organismi che di essa siano provvisti di farsi portatori i interessi di base, diffusi a livello comunitari" [64].

Ma l'indipendenza delle autorità di regolazione va garantita non solo nei confronti del governo (e dunque della maggioranza politica contingente), bensì più in generale, da un lato, nei confronti dell'intero potere politico e, dall'altro lato, nei confronti dei soggetti economici sottoposti al potere di controllo delle autorità di regolazione (al fine di evitare quella "cattura del regolatore" da parte dei soggetti regolati, fenomeno tanto studiato dalla dottrina statunitense). Questa constatazione evidenzia le difficoltà di distinzione fra il concetto di indipendenza e quello di autonomia, e riconduce la riflessione al profilo relativo alla "neutralità-terzietà" delle amministrazioni indipendenti [65].

---

[63] M. DE BENEDETTO, *Intorno alla pretesa terzietà delle autorità amministrative indipendenti*, in *Giorn. dir. amm.*, 2002, 1183.

[64] M. PASSARO, *Le amministrazioni indipendenti*, cit., 35.

[65] Sul concetto di autonomia v. G. ZANOBINI, *Caratteri particolari dell'autonomia*, in *Studi Ranelletti*, II, Padova, 1951, 391 ss.; S. ROMANO, *Autonomia*, in *Frammenti di un dizionario giuridico*, Milano, 1957, 15; M.S. GIANNINI, *Autonomia*, in *Riv. trim. dir. pubbl.*, 1951, 878. C. LAVAGNA, *Istituzioni di diritto pubblico*, Torino, 1984, 859; F.S. SEVERI, *Amministrazioni indipendenti, agenzie autorità: nuove (o vecchie) formule organizzative per la pubblica amministrazione*, in AA.VV., *Le autorità amministrative indipendenti. Spunti problematici*, cit., 107-109. V. CERULLI IRELLI, *Premesse problematiche allo studio delle "amministrazioni indipendenti"*, in *Mercati e amministrazioni indipendenti*, cit., 3. Secondo M. PASSARO, *Le amministrazioni indipendenti*, cit., 39, l'autonomia, pur avendo come l'indipendenza un valore negativo (l'esclusione dell'ingerenza di un potere superiore, e dunque la non dipendenza da direttive politiche) ha in sé anche un *quid pluris* di segno positivo, sì da consentire "agli organismi che di essa siano provvisti di farsi portatori di interessi di base, diffusi a livello comunitario". E (p. 40): "l'autonomia sottende un'operazione di ingegneria istituzionale in favore di nuovi centri di potere, tale per cui questi non possono essere concettualizzati in termini di indipendenza dal centro statale, senza smentire la struttura tipica di ogni ordinamento istituzionalizzato, che è per definizione governato dalla categoria della interdipendenza, del coordinamento e condizio-

Autonomia e indipendenza si collegano strettamente alla *mission* affidata alle autorità di regolazione cui è funzionale la posizione di "neutralità-terzietà" assegnata alle stesse [66].

In merito al concetto di neutralità, si è già evidenziato che neutralità non significa assenza di un riflesso politico delle decisioni che si vanno ad assumere giacché "l'esercizio di qualsiasi funzione pubblica implica delle valutazioni necessariamente politiche" [67].

Secondo alcuni la neutralità dell'autorità rispetto agli interessi in gioco risponde ad esigenze di «neutralizzazione» del governo degli interessi, non solo in ragione del carattere tecnico della materia, ma piuttosto affinché le valutazioni, inevitabilmente (*lato sensu*) «politiche», sottese alle relative decisioni, siano affidate ad organismi dotati di autonomia e di imparzialità, in quanto portatori appunto di una posizione neutra, e la cui attività sia volta al perseguimento dell'interesse "obiettivo dell'ordinamento" [68].

Per altri il concetto di neutralità "esprime l'indifferenza dell'organo che agisce rispetto agli interessi in gioco" e si distingue dalla imparzialità in quanto quest'ultima fa riferimento "all'esigenza di comportarsi nei confronti di tutti i soggetti destinatari dell'azione amministrativa senza discriminazioni arbitrarie" [69].

Secondo altri ancora, le autorità indipendenti sono chiamate a svolgere una "regolazione condizionale", mediante un insieme di regole finalizzate non a un risultato o ad un obiettivo al quale l'attività privata deve conformarsi, bensì alla determinazione di criteri di comportamento e di condotta rivolte agli stessi privati, operando non sulla base di un apprezzamento discrezionale degli interessi in gio-

---

namento reciproco tra sub-istituzioni. Si può legittimamente ipotizzare una sorta di interdipendenza paritaria tra questi nuovi centri di potere, le autorità indipendenti, appunto, e lo Stato, interdipendenza proiettata sullo sfondo dei più generali meccanismi dello Stato-comunità, di cui queste nuove tipologie costituiscono la nuova espressione".

[66] A.M. SANDULLI, *Funzioni pubbliche neutrali e giurisdizione*, in *Riv. dir. proc.*, 1964, 200, per cui neutrale è "una attività che si svolge in posizione di estraneità ed indifferenza rispetto alla materia e agli interessi dei soggetti nei cui confronti opera". M. DE BENEDETTO, *Intorno alla pretesa terzietà delle autorità amministrative indipendenti*, in *Giorn. dir. amm.*, 2002, 1183, sottolinea che le autorità amministrative indipendenti «sono affidatarie di una *mission* definita dalle norme per la cura di un interesse pubblico individuato» e ricorda che i membri di autorità amministrative indipendenti a differenza dei membri degli organi giurisdizionali sono scelti in ragione di una loro particolare *expertise* sicché tali autorità posseggono una competenza assente nelle corti della ordinaria giurisdizione; a tali autorità vengono inoltre riconosciuti poteri «che comportano valutazioni discrezionali e appalesano la sussistenza dell'interesse pubblico quale criterio di ponderazione del loro operato».

[67] M. PASSARO, *op. ult. cit.*, 36.

[68] F. LONGO, *Ragioni e modalità dell'istituzione delle autorità indipendenti*, in *I garanti delle regole*, cit., 15.

[69] V. CAIANIELLO, *Le autorità indipendenti tra potere politico e società civile*, in *Foro amm.*, 1997, 353.

co, determinato dalla legge, ma al solo fine di garantire che vi siano le condizioni per lo svolgimento degli interessi stessi. Secondo questa impostazione, alle autorità amministrative indipendenti non viene affidato uno specifico interesse pubblico da perseguire in quanto esse assicurano la "garanzia di un diritto di libertà ... nei confronti di tutti i soggetti dell'ordinamento ... pubblici o privati". La funzione di regolazione assegnata alle autorità amministrative indipendenti è dunque volta ad assicurare contemporaneamente l'uguaglianza degli operatori, la libera scelta dei consumatori e l'efficienza del mercato [70].

A stretto rigore, neutralità ed imparzialità esprimono due distinti concetti: la neutralità "esprime l'indifferenza dell'organo che agisce rispetto agli interessi in gioco", mentre l'imparzialità "fa riferimento all'esigenza di comportarsi nei confronti di tutti i soggetti destinatari dell'azione amministrativa senza discriminazioni arbitrarie" [71].

Il dibattito dottrinale si è infine concentrato sull'esame del concetto di discrezionalità [72], giacché nella contrapposizione tra neutralità e politicità alcuni hanno ravvisato la tendenza di un mutamento della discrezionalità amministrativa in discrezionalità tecnica.

E "si tratta di una mutazione genetica che deriva, appunto, da un diverso modo di atteggiarsi degli interessi pubblici e privati, la cui composizione non è più rimessa puntualmente al provvedimento ma si risolve, generalmente, a monte nella posizione della regola". E "questa scissione tra il momento della fissazione delle

---

[70] L. TORCHIA, *Gli interessi affidati alla cura delle autorità indipendenti*, in *I garanti delle regole*, cit., 58.

[71] In merito al significato della funzione "neutrale", va ricordato l'insegnamento di Carl Schmitt secondo cui neutralità piuttosto che sinonimo di apoliticità è al contrario il massimo della politicità: "neutralità ... non è apoliticità, ma è massima sintesi politica", C. SCHMITT, *Il custode della Costituzione*, Milano, 1980; ID., *Le categorie del politico*, trad. it., Bologna, 1978; secondo C. FRANCHINI, *Le autorità indipendenti*, cit., "il principio di imparzialità ha un ambito di applicazione generale, quello di indipendenza ha carattere particolare" e "se non è detto che l'indipendenza assicuri l'imparzialità, non ci può essere imparzialità senza indipendenza". Secondo L. TORCHIA, *op. ult. cit.*, 64, il criterio di neutralità comporta "l'impossibilità di indirizzare il controllo ad un particolare obiettivo, ma, tramite l'osservanza di determinati comportamenti da parte di soggetti privati, la neutralità stessa ha come obiettivo quello di garantire l'assetto di interessi predeterminato dalla norma e definito come valore, piuttosto che come ordine di priorità". G. VESPERINI, *Le funzioni delle autorità amministrative indipendenti*, cit., 426, ritiene che l'imparzialità, in quanto regola di svolgimento del potere discrezionale che presuppone la titolarità e la cura di un interesse pubblico non viene in gioco con riguardo alle autorità indipendenti, giacché è il principio di neutralità a sostituire quello di imparzialità nell'esercizio della funzione di regolazione, dal momento che il soggetto regolatore non persegue interessi pubblici o, meglio, li persegue solo indirettamente, di riflesso, avendo come obiettivi immediati la definizione delle regole di condotta del settore e la vigilanza sul rispetto di tali regole.

[72] P. LAZZARA, *Autorità indipendenti e discrezionalità*, Padova, 2002.

regole dell'azione e la determinazione amministrativa comporta, ove e quando avviene, il venir meno stesso della discrezionalità amministrativa. Si estende invece una nuova forma di discrezionalità tecnica", in cui "da valutazioni di carattere politico-burocratico si passa a giudizi che sono il risultato provvisorio di confronti tra soluzioni tecnicamente plausibili e di possibile realizzazione" [73].

Secondo questa impostazione, il conferimento alle autorità indipendenti di un potere di regolazione tecnica preventiva assegna alle medesime un potere di discrezionalità (non amministrativa, bensì) tecnica [74] che, a conclusione di una metamorfosi da tempo prevista [75], diviene «potere giuridico». Secondo questa lettura, l'esercizio di tale potere, proprio in ragione della "tecnicizzazione", è «misurabile» e «verificabile» e pertanto rientra nella sfera (del potere amministrativo non insindacabile, bensì) dell'attività complessiva della pubblica amministrazione (intesa in senso lato) assoggettabile al sindacato giurisdizionale in quanto sottoposta al rispetto di norme tecniche [76].

Ed è all'interno di questo profilo di riflessione che si pone, quale ulteriore questione connessa all'operato delle autorità di regolazione, il tema relativo alla responsabilità delle medesime per omessa vigilanza.

A questo proposito, con riguardo alla responsabilità di Banca d'Italia e di Consob, la giurisprudenza civile ha affermato la sussistenza di una tale responsabilità e la giurisdizione del giudice ordinario (e non amministrativo) a pronunciarsi in merito. Infatti, anche di recente, la Cassazione ha ribadito che «sulle domande proposte dagli investitori ed azionisti nei confronti delle autorità di vigilanza (Banca d'Italia e Consob) per i danni conseguenti alla mancata, inadeguata o ritardata vigilanza nei confronti delle banche ed intermediari, sussiste la giurisdizione del giudice ordinario, non venendo in rilievo la contestazione di poteri amministrativi, ma di comportamenti "doverosi" a loro favore che non investono scelte ed atti autoritativi, essendo dette autorità tenute a rispondere delle conseguenze della violazione dei canoni comportamentali della diligenza, prudenza e perizia, nonché delle norme di legge e regolamentari relativi al corretto svolgimento dell'attività di vigilanza, quali espressione del principio generale del *neminem laedere*» [77].

Nel caso di specie, alcuni risparmiatori (che avevano investito in titoli di una banca poi dichiarata fallita e che dunque avevano perso le somme investite) hanno citato in giudizio Banca d'Italia e Consob contestando a queste ultime un'omessa vigilanza.

---

[73] G. DI GASPARE, *Il concetto di potere*, cit., 218.

[74] Cfr. *amplius* G. DI GASPARE, *op. cit.*, 204.

[75] Cfr. V. BACHELET, *L'attività tecnica della pubblica amministrazione*, cit., 266. Da ultimo P. ROSSI, *Le autorità di regolazione dei servizi di interesse economico generale*, cit., 225.

[76] G. DI GASPARE, *op. ult. cit.*, 422.

[77] Cass. sez. un., ordinanza, 5 marzo 2020, n. 6324.

Secondo i risparmiatori, la mancata vigilanza da parte delle predette autorità avrebbe consentito alla banca di apparire solida. In particolare le autorità non avrebbero rilevato la scorrettezza della metodologia utilizzata per determinare il prezzo dei titoli, né la falsificazione degli indici di stabilità rappresentati nei prospetti informativi, nonché dei dati rappresentati nei bilanci e comunicati agli investitori. Secondo questa prospettazione, l'omesso esercizio – da parte della Consob e della Banca d'Italia – dei poteri di vigilanza a tutela del mercato e degli investitori aveva indotto i consumatori a sottoscrivere contratti di investimento di titoli altamente rischiosi, in assoluta carenza e/o inadeguatezza dei presidi inderogabili di correttezza e buona fede. I risparmiatori contestavano alla Banca d'Italia di aver omesso di vigilare sul contenimento del rischio, sulla stabilità patrimoniale e sulla sana e prudente gestione della banca; alla Consob di aver omesso di vigilare sulla trasparenza e correttezza dei comportamenti della banca, ai fini della tutela anche degli investitori (mentre, nel caso di specie, nell'approvare il prospetto informativo dell'emittente, aveva ingenerato negli investitori un affidamento circa la veridicità delle informazioni in quel documento contenute). I risparmiatori contestavano dunque la responsabilità delle due autorità di regolazione per non avere posto in essere (o averlo fatto solo tardivamente e in modo inadeguato) quelle azioni previste dalla legge e corrispondenti alle loro rispettive attribuzioni di controllo degli operatori del mercato finanziario. Tali azioni avrebbero consentito di garantire la correttezza e trasparenza dei rapporti contrattuali intrattenuti dall'intermediario con gli investitori a tutela dei loro crediti.

Per la Cassazione, bisogna innanzitutto interrogarsi se le condotte omesse – ed imputate alla Banca d'Italia ed alla Consob – costituiscano oggetto di "poteri amministrativi" in senso proprio nei confronti degli investitori e azionisti. La differente risposta (positiva o negativa) a questo quesito comporta ovviamente una differente configurazione (di interesse legittimo o di diritto soggettivo) della posizione giuridica ritenuta lesa dall'azione (o omissione) dell'autorità.

A questo proposito va rilevato che già da alcuni decenni la giurisprudenza della Cassazione ha escluso che, sulle controversie in tema di risarcimento dei danni, gli atti omessi dalle autorità di regolazione possano ritenersi, nei confronti dei risparmiatori, oggetto di poteri amministrativi [78]. I risparmiatori infatti, rispetto all'esercizio dei poteri di vigilanza delle autorità (poteri che sono indirizzati verso gli operatori del settore), non versano in situazione di interesse legittimo; questo avviene invece con riguardo ai "soggetti abilitati", nei cui confronti le autorità esercitano una serie di "poteri" diretti ad assicurare che i loro comportamenti siano "trasparenti e corretti" e la loro gestione sia "sana e prudente".

Le autorità di regolazione (nel caso di specie Banca d'Italia e Consob) non esercitano i loro "poteri" sui risparmiatori, giacché questi sono soggetti tutelati dall'azione delle autorità medesime. E pertanto anche la posizione dei risparmia-

---

[78] V. già Cass., sez. un., 2 maggio 2003, n. 6719.

tori nei confronti delle autorità di vigilanza ha la consistenza del diritto soggettivo: «diritto che – proprio perché non collegato ad alcuna relazione di potere con la P.A. – deve essere tutelato, in caso di violazione, innanzi al giudice ordinario, e ciò tanto più quando (come nel caso di specie) l'azione proposta trovi il suo fondamento in un preteso "comportamento" illecito della P.A. e sia diretta a conseguire il risarcimento dei danni subiti» [79].

Secondo la Cassazione, i poteri assegnati – secondo le rispettive competenze – alla Banca d'Italia e alla Consob a garanzia della stabilità patrimoniale e della trasparenza e correttezza dei comportamenti degli intermediari sono "poteri-doveri" attribuiti a tutela del risparmio (art. 47 Cost.) e dunque a favore degli investitori. L'esercizio di tali poteri non investe scelte ed atti autoritativi, ma comportamenti "doverosi" che vengono dunque ad essere soggetti al rispetto del principio generale del *neminem laedere*, da adempiere mediante l'osservanza di regole tecniche, ovvero di comuni canoni di diligenza e prudenza, la cui violazione può essere denunciata davanti al giudice ordinario. Tali comportamenti – che si concretizzano in atti, provvedimenti, ecc. disciplinati dalla legge (nel caso il Tuf ed il Tub) – non assumono, nei confronti dei risparmiatori, la veste di "atti autoritativi" sindacabili esclusivamente in sede di giurisdizione amministrativa, giacché la responsabilità extracontrattuale per i danni cagionati a terzi dalla pubblica amministrazione si riferisce non solo alle situazioni in cui questa abbia agito senza rispettare i canoni della diligenza, prudenza e perizia, ma anche quando abbia violato norme di leggi o regolamenti relative all'organizzazione o allo svolgimento di un pubblico servizio.

La Cassazione sottolinea che, di fronte ad un'azione di responsabilità per omessa vigilanza, il giudice non è chiamato a sindacare la legittimità formale di atti amministrativi adottati o non adottati dall'autorità, ma a valutare se questa abbia agito male in relazione ai compiti affidatile «e, quindi, debordato dai limiti esterni della discrezionalità tecnica, nel qual caso ad essere violato è il principio del *neminem laedere* che non esprime una norma di azione amministrativa, ma un precetto generale ... applicabile a tutti i soggetti, privati e pubblici, per la cui violazione l'amministrazione è tenuta a rispondere dinanzi al giudice ordinario».

I comportamenti che si assumono male esercitati dalle autorità di vigilanza non sono "poteri amministrativi" (o, quanto meno, non sono in tale veste censurati) e, nella controversia, l'oggetto della domanda è la tutela di diritti soggettivi, coerentemente con la doglianza rivolta alle autorità di vigilanza di avere agito in modo inadeguato e scorretto, causando danni ingiusti, in violazione del *neminem laedere*.

---

[79] Cass., sez. un., 2 maggio 2003, n. 6719; v. già Cass., sez. un., 29 luglio 2005, n. 15916; Cass., sez. un., 11 luglio 2006, n. 15667.

## 4. Procedimento, contraddittorio e tutela del singolo dinanzi alle Autorità di regolazione

Con riguardo alle più specifiche questioni relative al procedimento seguito dalle diverse autorità di regolazione, la giurisprudenza amministrativa ha evidenziato la necessità di una partecipazione dialettica degli interessati al relativo procedimento quale garanzia del necessario contraddittorio, in particolare con riguardo al grado e alle modalità di coinvolgimento degli interessati nell'adozione dei rispettivi atti.

A questo proposito, le discipline legislative e regolamentari vigenti hanno instaurato un quadro eterogeneo. Infatti, mentre in alcune leggi istitutive delle singole autorità vi sono espliciti richiami alla legge n. 241/1990, in altri casi i procedimenti trovano precisa disciplina nella legge stessa (con particolare attenzione alle garanzie di partecipazione e contraddittorio) e in altri casi ancora sono i regolamenti delle singole autorità a disciplinare i relativi procedimenti. La trasparenza e la partecipazione al procedimento, unitamente al controllo giurisdizionale dei relativi atti, rivestono un ruolo determinante nel garantire l'*accountability* delle autorità indipendenti, le cui attività oggi si svolgono secondo fasi procedimentali rigorosamente scandite[80]. E tramite l'attenzione al procedimento e al controllo degli atti si riesce a garantire che le autorità vengano a rispondere del loro operato.

Come detto, le leggi istitutive delle singole autorità a volte richiamano espressamente il modello generale di partecipazione al procedimento amministrativo di cui alla legge n. 241/1990, altre volte delineano forme procedurali di maggiore tutela del principio del contraddittorio prevedendo esplicitamente l'audizione orale delle parti coinvolte nel procedimento o il dovere dell'autorità indipendente di richiedere ai soggetti interessati di formulare le rispettive osservazioni sugli schemi di atti normativi e generali in via di adozione.

La giurisprudenza ha affermato la doverosità[81] – all'interno del procedimento

---

[80] ASSONIME (a cura di), *Autorità indipendenti: le garanzie procedurali*, Roma, febbraio 2003, 3 ss., che ricorda i contenuti dell'Indagine conoscitiva svolta dalla I Commissione presso la Camera dei deputati sulle Autorità indipendenti nella XIII legislatura, nonché gli esiti della Commissione di studio istituita nella XIV Legislatura dal Ministero per la funzione pubblica; al riguardo v. AREL, *L'indipendenza delle Autorità*, a cura di F.A. GRASSINI, Bologna, 2001.

[81] Cons. Stato, sez. VI, 1° ottobre 2002, n. 5105, in *Cons. Stato*, 2002, I, 1435; Cons. Stato, sez. VI, 12 febbraio 2001, n. 652, in *Cons. Stato*, 2002, I, 258; Cons. Stato, sez. VI, 23 aprile 2002, n. 2199, in *Foro it.*, 2002, III, 482 ss., con nota di SCARSELLI, *Brevi note sui procedimenti amministrativi che si svolgono innanzi alle autorità garanti e sui loro controlli giurisdizionali*; TAR Lazio, sez. I, 10 aprile 2002, n. 3070, in *Riv. Tar*, 2002, I, 2148, dichiara che spetta al giudice amministrativo la funzione di garantire «che le autorità, nel dettare agli altri le regole del loro operare, rispettino a loro volta esse stesse le regole preordinate al retto e appropriato svolgimento della loro funzione».

di formazione dell'atto – della instaurazione di un contraddittorio con i soggetti interessati.

Si determina così un rafforzamento della legalità procedurale che viene a svolgere il ruolo di fondamento di giustificazione dell'operato delle autorità indipendenti. Proprio sulla base di tale principio il Consiglio di Stato dal 2002 ha affermato che una regolazione che si svolga senza l'instaurazione di un reale contraddittorio con i soggetti interessati "non può che dirsi viziata" [82]. E il rafforzamento delle garanzie procedurali, compreso il rispetto sostanziale dell'obbligo di motivazione dell'atto, assicura trasparenza dell'operato della singola autorità giacché consente un pieno controllo del relativo procedimento da parte dell'autorità giurisdizionale [83].

L'attività delle autorità di regolazione deve svolgersi secondo un contraddittorio "pieno e paritario" [84].

In merito al controllo giurisdizionale degli atti delle autorità indipendenti, dimostrata l'erroneità delle opinioni che inizialmente mettevano in discussione tale possibilità sul presupposto dell'incompatibilità del controllo giurisdizionale con la peculiare natura delle autorità di regolazione o con la tipologia delle funzioni (quasi-giurisdizionale) a queste attribuite [85], va ribadita l'inaccettabilità di tale tesi

---

[82] Cons. Stato, sez. VI, 1° ottobre 2002, n. 5105, cit., su cui v. F. POLITI, *La potestà normativa delle autorità amministrative indipendenti: nuovi profili di studio*, in N. LONGOBARDI, *Autorità amministrative indipendenti e sistema giuridico-istituzionale*, Torino, 2009, 295 ss.; vedi già ID., *La potestà normativa delle autorità amministrative indipendenti*, in N. LONGOBARDI (a cura di), *Autorità amministrative indipendenti e sistema giuridico-istituzionale*, Torino, 2004, 205 ss.

[83] M. CLARICH, *Autorità indipendenti. Bilancio e prospettive di un modello*, cit., 150, evidenzia come la giurisprudenza sia ordinaria che amministrativa abbia sottoposto «a verifica rigorosa, anche se non formalistica», l'applicazione nel procedimento che si svolge dinanzi alle autorità del principio della partecipazione dialettica degli interessati al procedimento; «in taluni casi – aggiunge l'autore – il giudice amministrativo ha spinto la propria funzione correttiva anche là dove principi di economia processuale avrebbero potuto portare a una definizione del giudizio con una pronuncia di puro rito».

[84] N. LONGOBARDI, *Autorità amministrative indipendenti e sistema giuridico-istituzionale*, cit., 333.

[85] S. CASSESE, *Le autorità indipendenti: origine storica e problemi odierni*, in S. CASSESE-C. FRANCHINI, *I garanti delle regole*, cit., 221, secondo cui sarebbe particolarmente "strano" un sistema nel quale i membri delle autorità indipendenti, dopo essere stati scelti in base a criteri particolarmente selettivi e sottoposti a rigide incompatibilità, dovrebbero vedere il rispettivo operato oggetto del sindacato dei giudici. Pertanto apparirebbe contraddittoria la scelta volta da un lato a sottrarre una materia all'apparato amministrativo per affidarla ad organismi altamente specializzati ed indipendenti, ma che contemporaneamente sottopone al controllo giurisdizionale l'operato delle medesime autorità. M. CLARICH, *Autorità indipendenti. Bilancio e prospettive di un modello*, cit., 151 s., riafferma la «natura paragiurisdizionale» delle autorità indipendenti, in ragione della neutralità del ruolo delle stesse, «i cui poteri non presuppongono una vera e propria ponderazione di interessi pubblici e privati e dunque sono privi del carattere della discrezionalità in senso proprio». Di fronte all'obiezione della giurisprudenza, sia ordina-

per contrasto con diversi articoli (*in primis* gli artt. 24 e 113) della Costituzione [86].

La prevalente dottrina e l'unanime giurisprudenza hanno definitivamente affermato che l'unica soluzione compatibile con il sistema costituzionale è quella volta a riconoscere il pieno controllo giurisdizionale degli atti delle autorità di regolazione, la cui legittimazione esce rafforzata dall'affermazione del controllo giurisdizionale sugli atti delle stesse.

Ed in tale direzione opera anche quanto affermato dalla Corte costituzionale nella sentenza n. 13/2019.

Con l'ordinanza del 3 maggio 2018, l'Autorità garante della concorrenza aveva sollevato questione di costituzionalità della norma relativa al potere di vigilanza disciplinare del consiglio notarile [87].

---

ria che amministrativa, secondo cui l'ordinamento «non conosce un *tertium genus* tra amministrazione e giurisdizione» né la figura della «paragiurisdizionalità a sé stante» (Cass., sez. I, 20 maggio 2002, n. 7341, in *Foro it.*, 2002, I, 86; Cons. Stato, sez. VI, 12 febbraio 2001, n. 652, in *Cons. Stato*, 2002, I, 258; Cons. Stato, sez. VI, 23 aprile 2002, n. 2199, in *Foro it.*, 2002, III, 482 ss.), Clarich replica affermando che «la natura paragiurisdizionale va riconosciuta, più che all'organo in quanto tale, ad alcune delle funzioni (non tutte) attribuite alle autorità indipendenti, funzioni che ben potrebbero essere esercitate ... da organi giurisdizionali in senso proprio». E più avanti (p. 153) aggiunge: «La neutralità, ovvero la natura paragiurisdizionale di talune funzioni assolve al compito più limitato di giustificare, per un verso, l'indipendenza delle autorità dal potere di indirizzo politico-amministrativo, per altro verso, la previsione di garanzie del contraddittorio rinforzate, sulla falsariga di quelle generalmente previste nei procedimenti propriamente giurisdizionali». L'autore ritiene comunque (p. 154) che la tesi della paragiurisdizionalità non può condurre ad escludere o limitare il sindacato giurisdizionale o a limitarlo ad un solo grado. Per N. LONGOBARDI, *op. ult. cit.*, 333-334: «Addirittura paradossali, se non mistificatorie devono essere considerate quelle posizioni dottrinali che professano la necessità di una attenuazione del sindacato giurisdizionale nei confronti degli atti delle autorità amministrative indipendenti allorché tali posizioni vengono sostenute all'interno di una concezione delle autorità amministrative indipendenti come autorità di "garanzia" e/o delle situazioni giuridiche soggettive coinvolte nella loro azione come diritti soggettivi. Il paradosso sta nell'effetto di sottrazione con riguardo alla fondamentale garanzia – costituzionalmente obbligata – offerta dal controllo giurisdizionale, effetto che risulterebbe prodotto dalla presenza di un'autorità che si pretende di "garanzia" e/o contestualmente alla promozione a diritti soggettivi ovvero a situazioni giurisdizionalmente massimamente tutelate, delle situazioni giuridiche soggettive coinvolte».

[86] Come riconosciuto dallo stesso S. CASSESE, *op. ult. cit.*, 225.

[87] Più precisamente, il Collegio dell'Autorità garante della concorrenza e del mercato (AGCM) ha sollevato, in riferimento agli artt. 3, 41 e 117, comma 1, Cost. – quest'ultimo in relazione all'art. 106, par. 2, del Trattato sul funzionamento dell'Unione europea (Tfue), come modificato dall'art. 2 del Trattato di Lisbona del 13 dicembre 2007, ratificato dalla legge 2 agosto 2008, n. 130 – questioni di legittimità costituzionale dell'art. 93-ter, comma 1-bis, della legge 16 febbraio 1913, n. 89 (Sull'ordinamento del notariato e degli archivi notarili) e dell'art. 8, comma 2, della legge 10 ottobre 1990, n. 287 (Norme per la tutela della concorrenza e del mercato). La prima delle due disposizioni censurate, introdotta dall'art. 1, comma 495, lett. c), della legge 27 dicembre 2017, n. 205 (Bilancio di previsione dello Stato per l'anno finanziario

Come noto, la questione di costituzionalità nel giudizio in via incidentale può essere sollevata da un "giudice" nell'ambito di un "giudizio" e da tempo dottrina e giurisprudenza sono concordi nell'escludere le autorità indipendenti dal novero della giurisdizione. Al tempo stesso va ricordato che la giurisprudenza costituzionale ha da sempre un orientamento volto ad ampliare la nozione di giudice *a quo*, non limitando tale ruolo ai soli titolari degli organi di giurisdizione (ordinaria e speciale) [88] e ricomprendendo anche quegli organi investiti di "funzioni giudicanti per l'obiettiva applicazione della legge" e "all'uopo posti in posizione super partes" [89], anche in ragione della "esigenza di ammettere al sindacato di costituzionalità leggi che altrimenti, per le strettoie del giudizio in via incidentale, difficilmente potrebbero giungere al giudizio della Corte.

Sotto il profilo soggettivo, l'Autorità – nel sollevare la questione di costituzionalità – ricorda la propria posizione di indipendenza e di neutralità (discendente dalla procedura di nomina dei membri, dalla durata del mandato, dalla inamovibilità e dal regime di incompatibilità) che consentirebbe una «assimilabilità» della stessa «ai soggetti che svolgono funzioni giurisdizionali», e tale "assimilabilità" è ritenuta sussistente anche dal punto di vista oggettivo giacché la stessa svolge "funzioni analoghe a quelle giurisdizionali", poiché «si limita, al pari di un giudice, ad applicare la legge al caso concreto». L'Autorità cita inoltre "l'ampio spazio" riconosciuto, nei procedimenti che si svolgono dinanzi alla medesima, ai principi del contraddittorio e della parità delle armi e ricorda anche i propri poteri inibitori e la separazione tra gli uffici che svolgono l'attività istruttoria e l'organo competente ad assumere le decisioni.

---

2018 e bilancio pluriennale per il triennio 2018-2020), prevede che «Agli atti funzionali al promovimento del procedimento disciplinare si applica l'articolo 8, comma 2, della legge 10 ottobre 1990, n. 287». A sua volta, l'art. 8, comma 2, della legge n. 287/1990 (d'ora in avanti anche: legge antitrust), in conformità all'art. 106, par. 2, Tfue, prevede che «Le disposizioni di cui ai precedenti articoli non si applicano alle imprese che, per disposizioni di legge, esercitano la gestione di servizi di interesse economico generale ovvero operano in regime di monopolio sul mercato, per tutto quanto strettamente connesso all'adempimento degli specifici compiti loro affidati». Secondo il rimettente, tali disposizioni, sottraendo all'applicazione della legge antitrust gli atti funzionali al promovimento del procedimento disciplinare posti in essere dai consigli notarili, violano, in primo luogo, gli artt. 3 e 41 Cost., perché la deroga al nucleo essenziale delle regole sulla concorrenza opera per un intero segmento di attività e senza che sia consentito «alcun bilanciamento tra princìpi e diritti fondamentali, secondo criteri di proporzionalità e ragionevolezza». Esse violerebbero, in secondo luogo, l'art. 117, comma 1, Cost., in relazione all'art. 106, par. 2, Tfue, perché il parametro interposto consentirebbe la deroga alle norme di tutela della concorrenza solo ove sia necessaria per garantire l'adempimento della specifica missione affidata alle imprese incaricate della gestione di un servizio economico d'interesse generale e sia rispettosa del principio di proporzionalità, secondo una valutazione da operarsi non in astratto ma in concreto e caso per caso.

[88] Corte cost., sentt. nn. 78/1961; 114/1970; 12/1971; 26/1990; 52, 244 e 345/1995; 26/1990; 51 e 376/2001.

[89] Corte cost., sentt. nn. 83/1966; 226/1976; 406/1989; 384/1991.

Già prima della decisione della Corte, la dottrina aveva rilevato che più di un dubbio fa sorgere la parte motiva dell'ordinanza in cui l'Autorità svolge considerazioni in cui tende a legittimare sé stessa come autorità giudiziaria. Colpisce infatti nell'ordinanza del 3 maggio 2018 la peculiare attenzione dell'Autorità ad illustrare (non tanto la "zona d'ombra" in cui cadrebbero alcune norme rispetto all'accesso al giudizio di costituzionalità, quanto) il possesso dei caratteri di organo che svolge funzioni giudiziarie in posizione di terzietà.

La Corte costituzionale, con la sentenza n. 13/2019 ha dichiarato inammissibile la questione di costituzionalità.

Nel caso di specie, l'Autorità garante della concorrenza e del mercato (AGCM) aveva avviato un procedimento istruttorio, nei confronti di un Consiglio notarile, volto ad accertare la sussistenza di un'intesa restrittiva della concorrenza, in violazione dell'art. 2 della legge n. 287/1990 (c.d. legge antitrust), realizzata attraverso: a) richieste a tutti i notai del distretto di dati «concorrenzialmente» sensibili, al fine di fare emergere le posizioni di preminenza economica; b) iniziative disciplinari nei confronti dei notai maggiormente produttivi ed economicamente performanti, accompagnate da un'attività segnaletica volta a dare risalto a tali iniziative. Tale Consiglio notarile aveva adottato (nel 2014 e nel 2016) un sistema di monitoraggio sull'attività dei singoli notai, volto ad acquisire informazioni sul loro comportamento economico (numero di atti stipulati, copia delle fatture, spese di gestione, fatturato complessivo, ecc.) al fine di «evitare sperequazioni» nella distribuzione del lavoro ed evidenziando le ripercussioni negative per la categoria derivanti dalla concorrenza tra colleghi.

Il Consiglio Notarile, dal canto suo, affermava l'incompetenza dell'Autorità a giudicare le condotte oggetto di istruttoria, avendo adottato i contestati provvedimenti all'interno dell'esercizio del potere-dovere di vigilanza quale funzione pubblicistica sottratta all'applicazione della normativa antitrust.

L'Autorità antitrust, nel sollevare la questione di costituzionalità, sottolineava come, sotto il profilo soggettivo, la composizione della stessa la collocherebbe in una posizione di indipendenza e neutralità, sottraendola a qualsiasi condizionamento esterno, operando in tale direzione anche la durata limitata del mandato (sette anni non rinnovabili), l'inamovibilità e il regime di incompatibilità. Inoltre l'AGCM sottolinea la propria natura di "autorità amministrativa indipendente rientrante nel *genus* delle autorità di garanzia, svolgenti funzioni analoghe a quelle giurisdizionali, perché consistenti nella riconduzione di atti e fatti all'ambito di fattispecie astratte previste dalla legge antitrust, con esclusione di qualsiasi apprezzamento che non sia di ordine giuridico". E l'Autorità sottolinea che, nell'esercizio della funzione di tutela della concorrenza, "non sceglie (pondera) tra una pluralità di interessi concorrenti (a differenza della pubblica amministrazione in senso classico, che, pur in modo imparziale, è tenuta a bilanciare contrapposti interessi pubblici e privati), ma si limita, al pari di un giudice, ad applicare la legge al caso concreto". Per l'Autorità, dunque, il proprio agire "non è caratterizzato da profili di vera e propria discrezionalità amministrativa, potendosi al più ravvisare una discrezionalità tecnica nell'applicazione di regole di natura economica". E tale funzione (di "sicura rilevanza costituzionale, posto che la libera concorrenza e il corretto funzionamento del mercato sono valori riconducibili all'art. 41 della Costituzione") è una "funzione di garanzia" che spiegherebbe il "ruolo di terzietà" dell'Autorità, "al pari del giudice".

È interessante ricordare che il Presidente del Consiglio (intervenuto nel giudizio di costituzionalità per mezzo dell'Avvocatura dello Stato) ha replicato che "Se è vero che l'indipendenza costituisce attributo necessario dei giudici, non è men vero che nelle organizzazioni statuali evolute tale condizione non inerisce esclusivamente alla giurisdizione, ma appartiene anche alle autorità amministrative indipendenti". Invece "Tratto essenziale della giurisdizione è ... l'imparzialità o terzietà, ossia la condizione di separatezza nei confronti delle parti del procedimento e di indifferenza rispetto agli interessi in gioco". E questo requisito, nel caso dell'Autorità, «è visibilmente da escludere». Infatti l'Autorità, nel caso di impugnativa dei propri atti, acquista la qualità di parte processuale, qualità "incompatibile con l'esercizio di funzioni giurisdizionali" e che invece "è propria degli organi amministrativi". Da aggiungere che anche la Corte di giustizia dell'UE ha negato all'autorità garante della concorrenza greca (sentenza 31 maggio 2015, in causa 53/03, *Synetairismos Farmakopoion Aitolias & Akarnanias, Syfait e altri*) la legittimazione a sollevare questione pregiudiziale ai sensi dell'art. 267 Tfue.

Anche il Consiglio Notarile interessato si costituiva nel giudizio di costituzionalità rilevando che l'Autorità garante ("in quanto autorità amministrativa indipendente") è un'amministrazione e "le sue caratteristiche d'indipendenza, comuni ad altre autorità, non sarebbero sufficienti a qualificarla come giudice speciale, in caso contrario dovendosi ravvisare la sua illegittimità costituzionale per violazione dell'art. 102 della Costituzione"[90]. E (oltre al fatto che "gli atti dell'AGCM sono impugnabili davanti al giudice amministrativo in sede di giurisdizione esclusiva") aggiungeva che: a) "le procedure di nomina dei componenti le autorità indipendenti sono profondamente diverse dai sistemi di reclutamento nei ruoli della magistratura, sia ordinaria che speciale"; b) la funzione esercitata dall'Autorità garante è "una funzione di vigilanza e sanzionatoria di carattere amministrativo"[91].

---

[90] Il Consiglio Notarile interessato aggiungeva che "La diversità tra Autorità garante della concorrenza e del mercato e giudici ordinari e speciali sarebbe dimostrata anche dal fatto che la prima, oltre alla funzione di accertamento degli illeciti concorrenziali, svolge anche altre funzioni, sicuramente estranee alla giurisdizione, quali quelle amministrative di regolazione (in tema di operazione di concentrazione ed accettazione di impegni), quelle amministrativo-consultive (di *advocacy*, previste dagli artt. 21, 21-bis e 22 della legge antitrust) ed altre sanzionatorie e pacificamente amministrative, come la repressione delle pratiche commerciali scorrette di cui agli artt. 19 e seguenti del decreto legislativo 6 settembre 2005, n. 206 (Codice del consumo, a norma dell'articolo 7 della legge 29 luglio 2003, n. 229)".

[91] A questo proposito, il Consiglio notarile rilevava che «La discrezionalità tecnica, ovvero

Interveniva nel giudizio di costituzionalità anche il Consiglio Nazionale del Notariato che rilevava che l'Autorità antitrust «non è affatto paragonabile al giudice, chiamato ad applicare in via generale la legge e non a tutelare uno specifico interesse pubblico (nella specie quello, sia pur rilevante, della concorrenza), e ciò sarebbe tanto più vero nel caso di valutazioni che non rispondono alle norme delle cosiddette "scienze dure", bensì a criteri elastici tipici delle valutazioni socio-economiche (come le nozioni di "mercato rilevante" o di "posizione dominante", di violazioni "hard core" o "leggere")». L'Autorità infatti "mantiene uno spazio insopprimibile di discrezionalità amministrativa" (dato "pacifico in giurisprudenza") e pertanto ("alla luce dei dati normativi e giurisprudenziali"), non vi è dubbio che l'Autorità antitrust "svolge le sue funzioni esercitando non solo discrezionalità tecnica ma anche amministrativa, assumendo decisioni tipiche di una pubblica amministrazione" (ed i relativi procedimenti vanno qualificati amministrativi).

Nella sentenza n. 13/2019, la Corte costituzionale ricorda che le due nozioni di "giudice *a quo*" e di "giudizio *a quo*" sono state intese, dalla giurisprudenza costituzionale «in modo elastico e avuto riguardo alle peculiari esigenze del caso concreto, tutte le volte che il rimettente si collocava istituzionalmente negli interstizi delle categorie dell'amministrazione e della giurisdizione, ossia in quella che si è andata delineando come una "zona grigia", alimentata dai concorrenti ed inversi fenomeni storici della "giurisdizionalizzazione" dell'amministrazione e della "amministrativizzazione" della giurisdizione; e ciò nel dichiarato obiettivo di consentire il più ampio accesso possibile alla giustizia costituzionale ed escludere l'esistenza di "zone franche" dal controllo di costituzionalità» [92]. Per la Corte

l'adozione di valutazioni complesse ed opinabili, si sostanzierebbe in una operazione definita dalla giurisprudenza amministrativa di "doppia contestualizzazione": dapprima, l'Autorità elabora un regola specifica discendente dal precetto, di contenuto generale, degli artt. 101 o 102 Tfue o degli artt. 2 o 3 della legge n. 287 del 1990, e solo dopo verifica se quella regola specifica, dedotta grazie a nozioni non giuridiche ma prevalentemente economiche, sia applicabile al caso concreto». E «Nemmeno sarebbe esatto negare che l'AGCM faccia ponderazione e bilanciamento di interessi pubblici e privati: la configurazione dell'illecito dipende anche dalla concorrente valutazione di situazioni come gli interessi dei consumatori, le conseguenze sul mercato, il rapporto tra decisione dell'Autorità e *consumer welfare*».

[92] E così (continua la Corte costituzionale) «Si è chiarito, in primo luogo, che «i termini "giudizio" e "causa" tanto nella legge cost. 9 febbraio 1948, n. 1, quanto nella legge 11 marzo 1953, n. 87 (art. 23) e nelle norme integrative per i giudizi davanti a questa Corte, vengono adoperati in maniera generica e con vario significato» e che, pur avendo il nostro ordinamento «condizionato la proponibilità della questione di legittimità costituzionale alla esistenza di un procedimento o di un giudizio, è vero altresì che il preminente interesse pubblico della certezza del diritto (che i dubbi di costituzionalità insidierebbero), insieme con l'altro dell'osservanza della Costituzione, vieta che dalla distinzione tra le varie categorie di giudizi e processi (categorie del resto dai confini sovente incerti e contestati), si traggano conseguenze così gravi» (sentenza n 129/1957), quale l'esclusione del controllo di costituzionalità (nello stesso senso, si vedano le successive sentenze n. 226/1976 e n. 121/1966). E «Questa tendenza, evidentemente volta all'affermazione piena del principio di costituzionalità, tocca il suo apice in quelle sen-

dunque «Dalla sia pure elastica giurisprudenza di questa Corte, emerge ... che sono stati considerati legittimati a sollevare questione di legittimità costituzionale anche organi non incardinati in un ordine giudiziario ma sempre in presenza dell'essenziale requisito della terzietà».

Ma "Nel caso dell'Autorità rimettente tale requisito manca". L'Autorità, infatti, è parte resistente del processo amministrativo avente ad oggetto l'impugnazione dei suoi provvedimenti, mentre gli organi giurisdizionali sono «estranei per definizione alla situazione sostanziale» (sentenza n. 243/1989), e la posizione del giudice esclude qualsiasi, anche indiretto, interesse alla causa da decidere (sentenza n. 18/1989); e ancora il giudice «non può essere considerato super partes quando appare portatore di uno degli interessi in conflitto dal momento che la censura investe proprio il provvedimento da lui emesso» (sentenza n. 128/1974), e «uno dei dati che danno carattere giurisdizionale ad un organo è l'estraneità dell'interesse in ordine al quale esso dà la sua pronunzia» (sentenza n. 110/1967). Ma soprattutto "I provvedimenti dell'Antitrust sono ... sottoposti al vaglio del giudice amministrativo, al pari di qualsiasi altro provvedimento" e pertanto "esiste una sede giurisdizionale agevolmente accessibile in cui può essere promossa la questione di legittimità costituzionale" [93]. E la Corte specifica che l'Autorità "al pari di tutte le amministrazioni, è portatrice di un interesse pubblico specifico, che è quello alla tutela della concorrenza e del mercato (artt. 1 e 10, legge n. 287/1990),

---

tenze che ravvisano i requisiti di accesso in presenza di mere "zone d'ombra", ossia di situazioni in cui l'allargamento dei concetti di giudice o giudizio appare necessaria non solo per attrarre al controllo di costituzionalità un'area che altrimenti ne resterebbe esclusa ma anche per ammettere "al sindacato della Corte costituzionale leggi che, come nella fattispecie in esame, più difficilmente verrebbero, per altra via, ad essa sottoposte" (sentenze n. 89 del 2017, n. 181 del 2015 e n. 226 del 1976). Essa, poi, si coglie in quel filone giurisprudenziale che, a partire dalla sentenza n. 12 del 1971 e sino ai giorni nostri (si vedano, da ultimo, le sentenze n. 262 e n. 213 del 2017), utilizza le categorie del giudice e del giudizio "ai limitati fini" o "ai soli fini" della legittimazione a sollevare questione di legittimità costituzionale, così implicitamente ammettendo che esse possano differire da quelle valide ad altri, anche più generali, fini. In tal modo è stato possibile consentire il giudizio incidentale di costituzionalità pur in presenza di aspetti di volta in volta soggettivamente o oggettivamente di difficile riconduzione a generali e predeterminati schemi concettuali. Si è così affermato che, «per aversi giudizio *a quo*, è sufficiente che sussista esercizio di "funzioni giudicanti per l'obiettiva applicazione della legge" da parte di soggetti, "pure estranei all'organizzazione della giurisdizione", "posti in posizione super partes" (sentenze n. 387 del 1996, n. 226 del 1976 e n. 83 del 1966)» (sentenza n. 376/2001).

[93] «Così, nel caso di specie, l'eventuale atto di archiviazione dell'Autorità garante, che dovesse ritenere preclusa la prosecuzione del procedimento sanzionatorio nei confronti del Consiglio notarile di Milano in forza dell'art. 93-ter, comma 1-bis, della legge 16 febbraio 1913, n. 89 (Sull'ordinamento del notariato e degli archivi notarili), potrebbe essere impugnato dal notaio segnalante e da quello interveniente, interessati alla prosecuzione del procedimento finalizzato all'accertamento della natura in tesi anticoncorrenziale e abusiva delle funzioni di vigilanza esercitate dal CNM e al conseguente ordine di eliminazione delle condotte integranti illecito antitrust».

e quindi non è in posizione di indifferenza e neutralità rispetto agli interessi e alle posizioni soggettive che vengono in rilievo nello svolgimento della sua attività istituzionale". E "Ciò emerge con particolare evidenza nei rilevanti poteri parare-golatori e consultivi attribuiti all'Autorità garante ... e nell'ampio margine di discrezionalità amministrativa" che connota i provvedimenti rimessi alla competenza dell'Autorità. Ed anche con riguardo al procedimento che si svolge dinanzi all'Autorità, la Corte costituzionale evidenzia che "l'attività dell'Autorità garante si sviluppa nell'ambito di un contraddittorio che non si differenzia – se non per la sua intensità – da quello procedimentale classico e che resta di natura verticale, proprio perché il privato si confronta con un soggetto che, nell'irrogazione della sanzione, in quanto titolare di un ben definito interesse pubblico, non è in posizione di parità".

La Corte costituzionale conclude dunque affermando la inammissibilità delle sollevate questioni di costituzionalità "per difetto di legittimazione del rimettente", al quale non può dunque riconoscersi natura giurisdizionale.

Riconosciuta la piena sindacabilità degli atti delle autorità amministrative indipendenti l'attenzione si sposta su ulteriori profili quali quelli relativi alla individuazione del giudice competente ad operare tale sindacato (giudice ordinario o giudice amministrativo, questione quasi sempre risolta direttamente dal legislatore a favore del secondo) e sull'estensione del sindacato del giudice amministrativo e, ancora, sulla necessità o opportunità della previsione di una speciale disciplina processuale [94].

In tale direzione sembra essersi mosso il legislatore che, nel novellare la disciplina del processo amministrativo, ha introdotto un rito speciale abbreviato pro-

---

[94] Nelle leggi istitutive è in genere rinvenibile una propensione per l'affermazione della giurisdizione esclusiva del giudice amministrativo. Cfr. CHITI, *Le procedure giurisdizionali speciali*, in *Trattato di diritto amministrativo*, a cura di S. CASSESE, cit., 3654 ss.; F. MERUSI, *Giustizia amministrativa e Autorità indipendenti*, in *Dir. amm.*, 2002, 201, ritiene che l'art. 4 della legge n. 205/2000, che ha introdotto l'art. 23-bis nella legge n. 1034/1971, pone una procedura speciale per i ricorsi avverso gli atti delle autorità indipendenti, con abrogazione di tutte le disposizioni particolari in materia di amministrazioni indipendenti incompatibili con l'attribuzione alla giurisdizione del giudice amministrativo e con il procedimento abbreviato ivi disciplinato; G. VERDE, *Autorità indipendenti e tutela giurisdizionale*, in *Riv. dir. proc. civ.*, 767, ritiene preferibile il sindacato del giudice ordinario poiché gli atti delle autorità amministrative indipendenti incidono su situazioni soggettive. A favore di un sindacato pieno, esteso anche al merito cfr. G. MORBIDELLI, *Sul regime amministrativo delle Autorità indipendenti*, cit., 251, secondo cui "la riconduzione al sistema costituzionale delle autorità indipendenti richiede una loro sottoposizione al pieno controllo giurisdizionale, come svolgimento della loro soggezione alla legge, considerando che difettano controlli amministrativi e controlli politici". Nello stesso senso A. CARANTA, *Il giudice delle decisioni delle Autorità indipendenti*, in *I garanti delle regole*, a cura di S. CASSESE-C. FRANCHINI, cit., 181; *contra*, C. MALINCONICO, *Le funzioni amministrative delle Autorità indipendenti*, cit., 50, per cui «il sindacato del giudice amministrativo debba limitarsi alla verifica della eventuale manifesta illogicità o ingiustizia dell'atto, dell'incoerenza interna o con atti adottati in altri casi identici, senza scendere al merito dell'atto».

prio per i ricorsi avverso gli atti delle autorità indipendenti: l'art. 23-bis, comma 1, lett. d), della legge n. 1034/1971 (come introdotto dall'art. 4 della legge n. 205/2000) include tra i casi di rito speciale accelerato l'impugnativa degli atti delle amministrazioni indipendenti [95]. Oggi è l'art. 119 del codice del processo amministrativo (d.lgs. n. 104/2010) a prevedere un "rito abbreviato" per le controversie relative ai "provvedimenti adottati della Autorità amministrative indipendenti, con esclusione di quelli relativi al rapporto di servizio con i propri dipendenti".

Altro profilo meritevole di considerazione è quello relativo al potere regolamentare delle autorità di regolazione [96].

Il legislatore ha conferito alle autorità di regolazione ampi poteri regolamentari [97]. Questo fenomeno presenta numerosi profili problematici relativi alla collocazione dei regolamenti delle autorità indipendenti nell'assetto costituzionale delle fonti del diritto, al rapporto degli stessi con le fonti di grado primario (sia statali che regionali) e ai limiti di tale potestà normativa.

Secondo alcuni, il conferimento di un ampio potere regolamentare alle autorità indipendenti condurrebbe a ritenere che queste ultime finiscono per superare il

---

[95] Sulla legge n. 205/2000 v. M. CLARICH, *Introduzione alla l. n. 205/2000*, in *Giorn. dir. amm.*, n. 11, 2000, 107. Nell'originario progetto di legge era previsto (all'art. 5) che contro gli atti delle autorità amministrative indipendenti potessero essere dedotti come vizi soltanto l'incompetenza, la violazione di legge, il palese errore di apprezzamento e la manifesta illogicità del provvedimento, nell'evidente scopo di restringere l'ambito dell'eccesso di potere (però non accolto in sede di definitiva approvazione della legge). V. CERULLI IRELLI, *Aspetti costituzionali e giuridici delle Autorità*, in AA.VV., *L'indipendenza delle Autorità*, cit., 60, opera una distinzione fra gli atti normativi delle autorità amministrative indipendenti ed i provvedimenti puntuali: per i primi appare opportuna l'introduzione dell'unico grado di giudizio, per i quali "effettivamente il solo scrutinio giurisdizionale affidato al Consiglio di Stato ... può essere sufficiente ... in una prospettiva di semplificazione del procedimento di controllo giurisdizionale", mentre per l'altra tipologia di atti «non sembrano emergere motivi particolarmente significativi che inducono ad assoggettarli ad un controllo giurisdizionale specifico e proprio».

[96] Sul potere normativo delle autorità indipendenti v. F. POLITI, *Regolamenti delle autorità amministrative indipendenti*, in *Enc. giur. Treccani*, vol. XXVI, Roma, 2002; S. FOÀ, *I regolamenti delle autorità amministrative indipendenti*, Torino, 2002; S. NICODEMO, *Gli atti normativi delle autorità indipendenti*, Padova, 2002; P. BILANCIA, *Attività normativa delle autorità indipendenti e sistema delle fonti*, in *Le amministrazioni indipendenti*, a cura di S. LABRIOLA, cit., 147 ss.; N. MARZONA, *Il potere normativo delle autorità indipendenti*, cit., 88.

[97] M.S. GIANNINI, *Consob*, cit., 57 ss., secondo cui i regolamenti della Consob anche se denominati "regolamenti, non sono fonti secondarie ma primarie: non come leggi; possono però modificare norme dispositive, e possono sviluppare autonomamente materie aventi dignità legislativa non trattate dalla legge". S. FOÀ, *I regolamenti delle autorità amministrative indipendenti*, cit., 116, propone la definizione di "regolamenti semi-indipendenti"; G. DELLA CANANEA, *Atti amministrativi generali*, Padova, 2000, 109, secondo cui "laddove manchi una formale attribuzione della potestà di stabilire precetti, le autorità indipendenti sono solite emanare, con valenza esplicativa o applicativa delle norme giuridiche".

principio di separazione dei poteri, cumulando sia il potere normativo che quello esecutivo. La peculiarità del fenomeno delle autorità di regolazione è generata dal fatto che esse finiscono per sommare al potere di normazione anche quello di provvedere nel caso singolo.

Rinviando a quanto già esposto con riguardo al potere normativo delle autorità di regolazione (v. *supra*, capitolo secondo), va ribadito il valore di garanzia del principio di legalità e l'importanza – costituzionalmente fondata – del controllo giurisdizionale di tutti gli atti delle autorità (e quindi anche di quelli normativi) quale garanzia per il singolo e non potendo ritenersi sufficiente l'argomentazione, che mira ad escludere il controllo giurisdizionale degli atti normativi delle autorità di regolazione, fondata sull'alto grado di "tecnicismo" che impregnerebbe gli atti normativi posti dalle autorità indipendenti [98].

## 5. Considerazioni conclusive

La riflessione dottrinale ha evidenziato la differenza che intercorre fra la teoria del c.d. ordinamento sezionale ed il modello delle autorità di regolazione [99].

In una prima fase era stato anche autorevolmente sostenuto che la funzione di "governo di settore" esercitata dalle autorità indipendenti rappresentasse un'evoluzione degli ordinamenti sezionali [100]. Questa nozione era usata per illustrare il rapporto di direzione e di controllo intercorrente tra poteri pubblici ed imprese private [101]. Nella nozione di ordinamento sezionale l'affermazione della rilevanza

---

[98] G. AMATO, *Le autorità indipendenti*, in *Storia d'Italia. Annali XIV. Legge diritto giustizia*, a cura di L. VIOLANTE, Torino 1998, 381.

[99] F. MERUSI, *Democrazia e autorità indipendenti*, Bologna, 2000, 17, che sottolinea quanto l'ordinamento sezionale sia antitetico al modello delle amministrazioni indipendenti: «L'ordinamento sezionale, prodotto originale della legislazione degli anni '30, affida un determinato settore economico alla normazione al potere amministrativo di un organo dello Stato separandolo dalla disciplina dell'ordinamento generale, il che può, in astratto, servire sia per "programmare" il settore, sia per garantire l'esistenza di un mercato concorrenziale, sia per correggere il mercato "troppo concorrenziale"». E più avanti (p. 23): «Negli ordinamenti sezionali l'organo preposto al settore era un organo governativo idoneo a trasmettere al settore l'indirizzo politico, o politico-economico, governativo».

[100] M.S. GIANNINI, *Gli ordinamenti sezionali rivisitati (traendo spunto dall'ordinamento creditizio)*, in S. AMOROSINO (a cura di), *La ristrutturazione delle banche pubbliche*, Milano, 1991, 9 ss. La nozione degli "ordinamenti sezionali" elaborata dall'Autore rappresenta, a sua volta, uno sviluppo della teorica della pluralità degli ordinamenti giuridici (S. ROMANO, *L'ordinamento giuridico*, Firenze, 1918). Secondo questa teoria, gli atti delle autorità pubbliche di settore avevano valore normativo all'interno dell'ordinamento sezionale e valore soltanto amministrativo nell'ordinamento generale.

[101] Sull'applicabilità dello schema dell'ordinamento sezionale alle autorità indipendenti cfr. S. AMOROSINO, *Il processo di costruzione dell'Autorità e del mercato regolato dell'energia*, in

pubblica dell'attività economica esercitata è funzionale alla creazione di un'apposita autorità cui vengono assegnati poteri vincolanti su tutti i soggetti operanti nel settore [102].

L'istituzione delle autorità di regolazione risponde ad una differente logica istituzionale. La regolazione si presenta infatti come attività avente il fine di garantire il corretto funzionamento di un determinato settore in base ad un determinato principio.

Autorevole dottrina ha proposto una distinzione delle autorità amministrative indipendenti in "Autorità di garanzia" e "Autorità di regolazione" [103] e in altra sede ha proposto, prendendo le mosse dalla disciplina positiva, un'articolazione in tre tipologie di autorità:

1) quelle aventi funzioni esclusivamente di aggiudicazione e non di regolazione, in quanto chiamate a decidere concretamente su singole fattispecie applicando la legge, con limitata attribuzione di potestà regolamentare circoscritta al funzionamento delle autorità medesime;

2) una seconda tipologia, svolgente prevalentemente funzioni di regolazione, e solo marginalmente compiti di tipo aggiudicativo;

---

*Attività regolatoria e autorità indipendenti. L'Autorità per l'energia elettrica e il gas*, cit., 131; *contra*, F. MERUSI, *Democrazia e autorità indipendenti*, cit., 24 ss.; M. CLARICH, *Le autorità indipendenti nello spazio regolatorio*, in *Dir. pubbl.*, 2004, n. 3, 1035 ss.

[102] Secondo S. FOÀ, *I regolamenti delle autorità amministrative indipendenti*, Torino, 2002, 36, "Veniva in tal modo utilizzata con nuovo vigore la teoria degli ordinamenti giuridici, con particolare riferimento alle attività economiche di rilevanza pubblica. I requisiti necessari per l'esistenza di un ordinamento giuridico erano gli stessi teorizzati da Santi Romano: la pluralità di soggetti, il potere normativo e la produzione di regole distinte da quelle dell'ordinamento generale, la previsione di una autorità investita del potere di dettare regole e vigilare in ordine alla loro osservanza".

[103] G. AMATO, *Le autorità indipendenti nella Costituzione economica*, in AA.VV., *Regolazione e garanzia del pluralismo*, Milano, 1997, 3 ss. Secondo tale distinzione le autorità di garanzia eserciterebbero esclusivamente o prevalentemente attribuzioni diverse, dal punto qualitativo, dalle tradizionali potestà amministrative; non opererebbero una ponderazione tra interessi diversi al fine di scegliere la misura satisfattiva del bisogno loro affidato, ma stabilirebbero regole o vigilerebbero sul rispetto di regole che garantiscano le modalità di gioco tra gli operatori, restando perciò a questi ultimi la scelta di come soddisfare i loro interessi. Le autorità di regolazione, invece, svolgerebbero funzioni che "vanno dritte a decisioni di merito: predeterminano i contenuti di concessioni e contratti di servizio, fissano parametri di tariffe, entrano insomma nella sostanza delle decisioni finali, così come le tradizionali autorità amministrative"; di conseguenza, le Autorità di regolazione potrebbero anche non essere incluse nel novero delle autorità indipendenti, non solo in base alla tipologia delle funzioni svolte, pressoché identiche a quelle dell'apparato amministrativo statale, ma anche e soprattutto per il fatto "che si tratta di strutture incardinate nell'organizzazione dell'amministrazione statale, e perciò non caratterizzate dal requisito dell'indipendenza che distingue gli organismi in esame". Secondo S. FOÀ, *I regolamenti delle autorità amministrative indipendenti*, cit., 43, con le "autorità garanti" il legislatore opera un "assoluto affrancamento di queste autorità dall'esecutivo".

3) una terza tipologia, infine, che, in deroga al modello regolativo "puro" pare costituire un'autorità "ibrida", a metà tra regolazione ed aggiudicazione, dovendo svolgere ad un tempo funzioni sia di regolazione che di aggiudicazione [104].

Altri, attenendosi più strettamente al dato positivo, hanno proposto una distinzione basata sulla prevalenza del settore cui è preposta l'autorità competente: a) autorità in cui è prevalente la funzione di garanzia della collettività per l'attuazione e la tutela di interessi che riguardano l'ordinamento nel suo complesso e che sono di immediata derivazione costituzionale; b) autorità con prevalente funzione di regolazione amministrativa di determinati settori della vita economica; c) autorità con prevalente funzione amministrativa di indirizzo, coordinamento e vigilanza in settori eminentemente tecnici [105].

I vari tentativi di "classificazione" e di "definizione" operati dalla dottrina (anche autorevole) dimostrano quanto sia preferibile prescindere da istanze "definitorie" e concentrare piuttosto l'attenzione sulle forme e modalità di azione delle stesse, e dunque sul concreto *modus operandi* delle stesse e sugli effetti che si producono nell'intero ordinamento [106].

---

[104] G. AMATO, *Autorità semi-indipendenti ed Autorità di garanzia*, cit., 647 ss.; S. AMOROSINO, in *Attività regolatoria e autorità indipendenti*, in *Rass. giur. En.el.*, 1996, 101 ss., propone, rispetto alla proposta di classificazione suggerita da Amato, di distinguere tra Autorità di regolazione e "Autorità di regolazione ed aggiudicazione", intendendosi per aggiudicazione il potere di decidere sugli assetti di segmenti del mercato.

[105] F. PATRONI GRIFFI, *Tipi di autorità amministrative indipendenti*, in *I garanti delle regole*, cit., 29.

[106] S. CASSESE, *Negoziazione e trasparenza nei procedimenti davanti alle Autorità indipendenti*, in AA.VV., *Il procedimento davanti alle Autorità indipendenti*, cit., 42 ss., evidenzia come trasparenza delle decisioni, apertura dei procedimenti, reciproca complementarietà ed integrazione tra procedimento e sindacato del giudice siano i principi della democrazia procedurale su cui riposa la legittimazione delle Autorità indipendenti.

NOTE

NOTE

NOTE

NOTE

NOTE

NOTE

Finito di stampare nel mese di novembre 2022
nella Rotolito S.P.A. – Via Sondrio, 3
20096 Pioltello (MI)